include

거꾸로 읽는 C++

유동근 지음

정보문화사
Information Publishing Group

거꾸로 읽는 C++

초판 1쇄 인쇄 | 2013년 4월 12일
초판 1쇄 발행 | 2013년 4월 19일

지 은 이 | 유동근
발 행 인 | 이상만
발 행 처 | 정보문화사
편 집 팀 장 | 김우진
책 임 편 집 | 정수진
표지디자인 | 서정희
내지디자인 | 성은경
주   소 | 서울 종로구 동숭동 1–81
전   화 | (02)3673–0037~9(편집부) (02)3673–0114(대)
팩   스 | (02)3673–0260
등   록 | 제1–1013호
I S B N | 978–89–5674–585–5

도서 문의 및 A/S 지원
정보문화사 홈페이지 | http://www.infopub.co.kr
저자 이메일 | wips@naver.com

저자의 글

많은 개발자들이 Java, PHP, C#, 또는 Objective-C 등의 개발 언어를 사용하거나 이들 언어에서 파생된 또 다른 언어를 사용하고 있을 것이다. 또는 여전히 C/C++를 사용하는 개발자도 많이 있을 것이다. 이들 언어의 공통점은 모두 객체 지향 언어라는 것이다. 개발자는 수많은 객체 지향 언어 중에 상황에 맞는 언어를 선택해 사용할 수 있다. 하지만 저자는 개발에 어떤 언어를 사용하든지 공통적으로 C++를 알아야 한다고 생각한다. 왜 그럴까?

C++는 다른 언어에 비해 저수준 언어이면서 그 자신이 객체 지향을 추구하고 있다. 우리가 객체 지향의 특정 원리를 이야기할 때 C++보다 세밀하게 그 원리를 이야기할 수 있는 언어는 없다. C++는 자신이 갖고 있는 언어적 요소를 모두 자기 스스로 설명할 수 있다. 그래서 C++를 잘 알면 어떤 언어를 사용하든지 개발자 자신이 사용하는 언어를 보다 본질적으로 이해하는 데 도움이 된다.

저자도 현재 안드로이드와 아이폰 관련 개발을 하고 있고 당연히 Java와 Objective C를 주로 사용한다. 일할 때는 C++를 거의 사용하지 않으며 가끔 취미로 무언가를 만들 때 사용한다. 하지만 저자에게 여전히 가장 친숙하고 자신 있는 언어는 C++이다. 개인적으로 Java와 Objective-C 역시 아주 잘한다고 생각한다. 이런 오만한 생각을 갖는 것은 Java나 Objective-C의 추상적 원리를 다른 개발자에게 자신 있게 설명할 수 있고 스스로 응용할 수 있기 때문이다. 바로 C++가 바탕에 있기 때문이라고 생각한다. 왜 그것이 필요하고, 어떻게 동작하는지 이야기할 수 있다. 그래서 다른 객체 지향 언어를 사용하는 개발자에게도 C++는 중요하다. C++ 개발자에게는 두말할 필요도 없다. 이런 생각이 C++ 책을 쓰게 된 계기가 되었다.

20년 전에 C++로 수행한 첫 프로젝트의 경험을 잊을 수 없다. 6개월 정도 진행한 프로젝트는 결과적으로 엉망으로 끝났다. 그래서 C++와 객체 지향 관련 도서를 다시 꼼꼼히 보게 되었고 C++의 거의 모든 것이 정리되었다. 처음 C++ 책을 봤을 때는 문법에 너무 집중했다. 실패해 본 후에 다시 봤을 때는 그것을 언제 사용해야 하는지 보이기 시작했다. C++ 책을 집필하겠다고 생각했을 때 그 느낌으로 쓰고 싶었다. C++의 문법적 원리를 설명하는 책은 많다. 이것이 잘못되었다고 생각하지는 않는다. 프로젝트를 수행하면서 반복해 본다면 분명 큰 도움이 될 것이다. 하지만 처음 C++를 배우는 사람이 언어문법 위주로 배운다면 문법적 요소가 그저 외워야 할 형식으로만 다가올 것이다.

이 책을 보면서 C++의 문법적 형식은 외우지 말라고 당부하고 싶다. 기억나지 않는다면 사용할 때 찾아보면 된다. 그러다 보면 외우려 하지 않아도 기억하게 된다. 반대로 그 문법적 요소의 목적이 무엇인지는 꼭 이해하도록 하자. 그래야 특정 상황에서 무엇을 찾아야 하는지 기억할 수 있다. 이 책의 목적과 구성도 이와 같다. 이 책의 일관된 주제는 하나다. C++와 객체지향을 이해하는 것이다. 외우는 것이 아니다. 그래서 모든 것을 목적 위주로 설명한다. 개인적으로 책을 읽으시는 분들께 한 가지 아쉽고 죄송한 것이 있다. C++는 객체 지향적 문법을 제외한 많은 부분이 C와 같다. C++ 만큼 C도 중요하다고 생각한다. 좀 과장되게 이야기하면 개발자가 아니더라도 컴퓨터 엔지니어라면 C는 알아야 한다고 생각한다. 하지만 이 책에서 이 두 가지를 모두 다룰 수는 없었다. 혹시 C를 잘 알지 못한다면 그 부분은 가볍게 생각해 주기 바란다. 어느 정도 이해하고 있다면 C의 자세한 문법은 개인적으로 좀 더 깊이 탐구해 주기를 당부한다.

끝으로 감사드리고 싶은 분들께 감사의 말씀을 전하고 싶다. 한 분 한 분 언급한다면 몇 페이지에 걸쳐 기술해야 할 것 같다. 도와주시고 함께하시는 모든 분들께 감사드린다. 특별히 같이하지 않을 때도 늘 챙겨주시고 먼저 연락 주시는 정보문화사 분들께 감사드린다. 지금 같이 일하고 있는 키위플 임직원 분들께도 감사의 인사를 드린다. 특히 바쁜 개발 중에 뜬금없이 부탁했는데도 책을 리뷰해 주신 오성택 전임과 허승원 연구원께 감사드린다. 정보문화사와 이전 책을 집필할 때 하나뿐인 딸아이가 초등학교 1학년이었다. 그 아이가 올해 중학생이 되었다. 탈 없이 건강하게 자라준 아이와 아내에게 고마움과 사랑을 전하고 싶다. 마지막으로 부족한 글을 읽어 주시는 모든 분들께 진심으로 감사의 말씀을 드린다.

유동근 wips@naver.com

CONTENTS
차 례

CHAPTER 4 ★★★ 개발자의 실수를 줄이는 것도 생산성의 중요 요소

CHAPTER 7 ★★★ 포함과 상속: 우리는 미래로 간다!

무엇을 위해 C++를 배우는가?

C++나 OOP를 배우는 목적은 언제나 생산성을 위한 것이다.
이런 생산성은 빠른 개발과 적은 오류, 그리고 쉬운 유지·보수라는
요구 조건을 만족시켜야 하는데, 크게 보면 이런 요구 사항은
재사용 하나로 대부분 만족시킬 수 있다.

chapter point

✓ OOP OOP는 Object Oriented Programming의 약자로, 객체 중심 프로그래 밍 또는 객체 지향 프로그래밍으로 해석할 수 있다. 동작보다는 객체, 논리 보다는 자료를 바탕으로 구성되는 프로그래밍이다.

✓ 생산성 기술적 진보가 추구하는 유일한 목표이다. 개발 속도, 적은 오류, 유 지·보수를 동반한다.

✓ 재사용 생산성의 가장 중요한 요소로, 이미 만들어진 것을 가져다 사용하는 것을 말한다. 즉, 프로그램을 몇 번이고 적재하지 않아도 2개 이상의 스택에 의해 사용하는 것이 허용되는 성질이다.

 1.1 C++와 OOP에 너무 큰 기대는 하지 말자

첫 제목에 대한 변(辯)

글을 시작하면서 첫 제목이 너무 맥 빠진다고 생각할 수도 있겠다. 어떤 것을 시작하거나 공부하면서 두 가지 방향 중 하나를 선택할 수 있는데, 하나는 희망 섞인 말로 의욕을 북돋우어 주는 것이고 또 다른 하나는 현실을 냉철하게 바라보도록 한 다음 차분히 그것을 배우도록 하는 것이다. 제목만을 두고 볼 때 아마 후자의 목적을 가지고 있을 것이라 생각할 수도 있지만 사실 그렇지 않다. 사실은 글을 처음 읽는 사람들에게 역설적으로 더욱 큰 호기심을 자극하면서 동시에 현실을 정확히 직시하기 위함이다.

제목과 같이 이것이 정확한 현실이다. C++와 OOP^{Object-Oriented Programming}에 대해 막연한 기대를 갖지는 말자. C++나 OOP에 막연한 호기심을 가질 수도 있지만 사실 그렇게 대단한 것은 아니다. C++뿐만 아니라 Java언어 혹은 .NET 같은 프레임워크도 마찬가지다. 필자가 천성적으로 맥 빠지게 하는 재주가 있어서 이렇게 말하는 것이 절대 아니다. 현실을 정확하게 파악하고 단순한 기대보다는 목적이 무엇인지 알 필요가 있다. 이것을 단순히 재미로 배우는 것은 아니니까 말이다.

C++의 한계와 특징

객체 지향 프로그래밍 방법론은 현대 프로그래밍에서 필수적이며, C++는 객체 지향 프로그래밍^{OOP} 언어로서 훌륭한 언어이다. 따라서 우리가 C++를 공부해야 하는 이유는 명확하다. 하지만 이것은 큰 의미의 목적일 뿐이다. 우리가 C++와 OOP의 세부적인 요소를 배울 때 세부적인 요소에 묻혀 무의식적으로 배우게 되고 이 때문에 본질적인 요소를 깨닫지 못하게 되는 경향이 있다. 앞으로 C++와 OOP를 배울 때 이런 잘못을 하지 않기를 당부한다.

필자는 C++를 무척 좋아한다. 단순히 필자가 가장 잘 다루는 프로그래밍 언어이기 때문이 아니라 OOP 언어로서 이보다 세밀하게 객체 지향을 설명할 수 있는 컴퓨터 언어는 없기 때문이다. 객체 지향의 모든 것을 C++언어로 모두 설명할 수 있다. 다른 언어와 달리 C++의 언어적 원리와 OOP의 모든 개념을 C++로 설명할 수 있다. 설명되지 않는 원리를 단순히 암기하고 외워야 하는 것만큼 답답한 것은 없다. 하지만 C++는 그렇지 않다. 원리를 알고자 한다면 모든 것을 C++ 언어로 모두 설명할 수 있다.

건축에 비유한다면 C++는 모래와 시멘트, 벽돌이나 나무 같은 기본 자재와 같다. 이런 재료를 이용해서 건물을 만드는 것처럼 C++를 원재료로 모든 것을 만들 수 있다. Java의 가상 머신과 객체 또한 C++로 만들 수 있다. Java와 .NET 같은 프레임워크는 잘 만들어진 벽돌과 같다. 하지만 기존에 만들어진 벽돌(객체)보다 더욱 정교한 벽돌(객체)을 필요로 한다면 한계에 부딪힐 것이다. C++는 불편하지만 대단히 정교하면서 강력한 객체 지향 언어이다. 이것을 사용하는 개발자의 상상력과 의지가 C++의 정교함과 강력함을 증가시키며 불편함을 감소시킬 것이다.

1.2 일관된 목표는 생산성

기술적 진보와 생산성

그렇다면 C++를 배우는 목적은 무엇일까? 이것을 알기 위해서는 프로그래밍 패러다임의 변화를 먼저 파악해야 한다. 프로그래밍의 패러다임은 시대에 따라 변화해 왔다. 프로그래밍에서 패러다임의 변화는 보다 뛰어나고 빠른 기술적 진보를 의미한다고 할 수 있다.

기술적 진보는 항상 보다 뛰어나고 보다 빠른 속도를 지향한다. 이것을 한마디로 정리하면 바로 생산성이다. 생산성이라는 말은 뛰어나다는 보편적 미사여구보다는 빠른 속도에 좀 더 초점을 맞춘 말이라고 볼 수 있다. 즉, 기술적 진보는 생산성 향상을 위해 변화해 왔으며 프로그래밍도 마찬가지로 이런 생산성을 추구하며 변화해 왔다. 과거 70년대와 80년대 유행했던 절차적 프로그래밍은 90년대 이후에 OOP로 진보했는데, 이것 역시 생산성을 목표로 발전해 온 것이다. 너무 야박해 보일지 몰라도 기술적 진보가 추구하는 유일한 목표는 바로 생산성이다.

일관된 목표는 생산성

과거로부터 현재, 그리고 미래에 나올 새로운 언어나 개념들이 추구하는 일관된 목표가 바로 생산성이다. 우리가 C++나 OOP를 배울 때도 바로 여기에 배움의 근거를 두어야 한다. 단지 하나의 개념과 문법을 배우는 것이 중요한 것이 아니다. 이 개념과 문법이라는 것이 어떻게 생산성의 목표에 부합하도록 설계되었는지를 아는 것이 중요하다. 그래서 이 책의 모든 내용도 단지 하나의 개념과 문법을 현상으로 설명하는 것이 아니라 생산성이라는 목표를 어떻게 만족시키고 있는지에 대해 이야기할 것이다.

C++는 C에 비해서는 생산성이 높은 언어지만 사실 Java나 .NET 같은 프레임워크가 C++에 비해 생산성이 높다(개발 분야에 따라 상대적이기는 하지만). 그렇다고 C++가 Java나 .NET 프레임워크에 비해 비생산적이라 단정 지으면 안 된다. C++는 다른 언어나 프레임워크로 할

수 없는 독특한 영역을 담당하고 있기 때문에 단순히 빨리 개발할 수 있느냐의 여부로 비교할 수 없다. 실제로 안드로이드 프레임워크는 Java 프레임 하위 영역을 대부분 C++로 구현하고 있다.

지금까지 이야기한 것과 같이 프로그래밍 분야의 기술적 진보와 많은 언어적 발전은 생산성을 목표로 이루어졌다. 그렇다면 이런 생산성의 본질은 무엇일까? 다음 단원에서 구체적으로 살펴보자.

1.3 생산성의 요소들

생산성을 한마디로 말하면 빠른 속도를 말한다. 하지만 빠름이라는 말 자체는 너무 추상적인 말이다. 그래서 이제부터 무엇이 빠르다는 것인지를 좀 더 구체적으로 이야기하고자 한다.

빠른 생산

프로그래밍 분야에서 빠른 생산이란 빠른 개발을 의미한다. 앞에서도 잠시 언급한 것과 같이 빨리 개발한다고 해서 개발자에게 여유가 생기는 것은 아니다. 아마 개발이 빨리 끝나면 새로운 개발 작업이 시작될 것이다. 하지만 회사나 사용자 입장에서 보면 더 많은 제품 개발을 통해 더 많은 이익과 편리를 제공받을 수 있다. 이것이 회사 입장에서 보면 생산적인 것이다.

빠른 생산에 대해 좀 더 생각해볼 필요가 있다. 빠른 생산이라는 것은 단순히 현재 개발하는 제품을 빠르게 개발한다는 것을 말한다. 하지만 한발 더 나아가 생각한다면 다음에 개발할 제품을 빠르게 개발하기 위한 요소 개발을 의미하기도 한다. 즉, 현재 개발하는 제품에 사용된 여러 요소 기술과 자원이 다음 제품을 개발하기 위한 밑거름이 되고, 이것을 통해 다음 제품을 더 빠르게 개발할 수 있다면 이 또한 생산성 향상이라고 볼 수 있다.

적은 오류

아무리 빨리 제품을 개발할 수 있다고 해도 개발된 제품이 오류 투성이라면 이것을 생산적이라고 볼 수는 없을 것이다. 제품을 개발하는 회사나 제품을 사용하는 사용자는 개발 기간이 좀 더 걸리더라도 오류가 적은 제품을 원할 것이다. 오류가 많은 제품은 제품으로서의 역할을 할 수 없기 때문이다. 따라서 생산성을 판단할 때 제품의 오류가 적어야 한다는 것은 너무나 당연한 사실이다.

특히 프로그래밍 분야에서 이것은 매우 중요한 생산성의 요소이다. 비슷한 제품을 개발할 때 경험이 많은 개발자와 경험이 적은 개발자가 가장 많이 차이나는 부분이 바로 이 부분이다. 사실 애플리케이션에 어떤 기능 하나를 만들 때 개발자의 능력과 경험 차이가 개발 속도에 그다지 큰 영향을 미치지 않는다. 하지만 기능의 안정성은 개발자의 능력과 경험에 따라 큰 차이를 보인다. 당연히 능력과 경험이 많은 개발자의 애플리케이션이 훨씬 오류가 적으며 안정적이다. 더 생산적이라고 볼 수 있는 것이다. 아마도 경험 많은 개발자는 이전에 경험한 오류에 대한 경험을 바탕으로 코드 설계 시점부터 오류가 발생하지 않도록 코드를 설계하기 때문일 것이다.

유지·보수의 용이성

프로그래밍을 통한 애플리케이션 개발은 항상 유지·보수를 동반한다. 기존 제품에 새로운 기능을 추가하거나 사용 중에 발생한 오류를 수정하는 행위 등이 유지·보수에 해당된다. 이것은 애플리케이션 개발에서 항상 동반되는 과정이기 때문에 얼마나 쉽게 유지·보수할 수 있는지가 생산성을 측정하는 중요한 요소가 된다. 프로그램 코드를 만드는 개발자의 능력에 따라 코드가 융통성을 가질 수도 있고 그렇지 않을 수도 있다. 다음 코드를 살펴보자.

[소스 1-1] IntSum.cpp – IntSum.exe

```
1: #include <stdio.h>
2:
3: void main ()
4: {
5:     int sum = 0;
6:     sum += 1;
7:     sum += 2;
8:     sum += 3;
9:     :
10:     sum += 100;
12:     printf ("sum = %d\n", sum);
13: }
```

1에서 100까지 정수의 합을 구하는 예이다. 1에서 100까지 정수의 합을 100 라인에 걸쳐 나열하였다. 다음은 역할은 동일하지만 루프를 이용해 1에서 100까지 정수의 합을 구하는 코드이다.

```
[소스 1-2] IntSum.cpp – IntSum.exe

 1: #include <stdio.h>
 2:
 3: void main ()
 4: {
 5:     int sum = 0;
 6:
 7:     for (int i = 0; i <= 100 ;i++)
 8:         sum += i;
 9:
10:     printf ("sum = %d\n", sum);
11: }
```

이 방법 외에도 합의 공식을 이용해 값을 구하는 등 여러 가지 방법이 있을 것이다. 이런 여러 가지 방법이 하나같이 1에서 100까지의 합을 구해줌으로 현재 당장의 요구 조건은 만족하고 있다. 하지만 1에서 100까지 합이 아니라 1에서 1000까지의 합을 구해야 한다거나 1에서 사용자가 입력한 수까지의 합을 구해야 한다면 이야기는 달라질 것이다. [소스 1-1]은 합을 구하는 범위가 달라지면 많은 수정이 필요하다. 하지만 [소스 1-2]나 합의 공식을 이용한 경우에는 합의 범위가 달라지더라도 소스의 수정 범위가 적을 것이다. 이때 어느 것이 유지·보수가 쉽다고 볼 수 있을까? 당연히 후자일 것이다. 이는 실제 애플리케이션 개발에서도 똑같이 적용된다. 지금 당장 동일한 기능을 하도록 개발되었다고 해서 끝난 것이 아니다. 애플리케이션 개발은 유지·보수가 쉽도록 개발되어야 한다. 그래야 생산성이 높다고 볼 수 있는 것이다.

1.4 생산성의 가장 중요한 수단인 재사용

재사용이 모든 것을 해결한다

앞서 빠른 개발, 적은 오류, 유지·보수의 용이성이 프로그래밍의 생산성을 측정하기 위한 중요한 요소라고 했는데, 이런 목표를 달성하기 위해서 어떻게 해야 하는 것일까? 어렵게 생각할 필요는 없다. 예전부터 너무나 많은 프로그래머들이 했던 것이다. 바로 재사용reuse을 잘하면 된다. 재사용이란 이미 만들어진 것을 가져다 사용하는 것을 말한다. 이미 만들어진 것을 가져다 사용하면 제품 개발의 속도를 높일 수 있다. 따라서 앞에서 이야기한 생산성의 첫 번째 요소를 자연스럽게 충족시킨다. 재사용을 많이 하면 많이 할수록 제품 개발은 빨라지게 된다. 재사용을 한다는 것은 코드가 과거에 이미 만들어져 있었다는 것이고 그 코드는 시간을 거치면서 자연스럽게 테스트가 됐다고 볼 수 있다. 과거에 어느 정도 테스트를 거쳤다면 코드에 오류가 적다는 것을 의미한다. 따라서 항상 그런 것은 아니지만 재사용을 많이 한 코드는 자연스럽게 오류가 적을 수밖에 없다.

재사용을 많이 하려면 코드가 일관된 인터페이스와 모듈화 등이 잘 되어 있어야 한다. 만약 일관된 인터페이스나 모듈화가 되지 않는 코드를 재사용한다면 얻는 것보다 잃는 것이 많을 것이다. 그러한 코드는 근본적으로 재사용하기가 힘들뿐만 아니라 설령 재사용한다고 하더라도 많은 오류가 발생할 것이기 때문이다. 결론적으로 재사용에 적합한 코드는 일관된 인터페이스와 모듈화가 잘 된 코드이다. 코드 재사용은 앞에서 이야기한 것처럼 제품 개발이 빠르고 오류가 적을 뿐만 아니라 유지·보수도 용이한 경향이 있다. 재사용이 유지·보수를 직접적으로 쉽게 하는 것은 아니지만 재사용되는 코드에 의해 유지·보수가 쉬워지는 것은 엄연한 사실이다.

재사용도 시대에 따라 변한다

지금까지 이야기한 것과 같이 재사용은 생산성 전반에 영향을 미치는 중요한 수단이다. 과거부터 프로그래머들은 늘 재사용을 추구해 왔고, 지금도 추구하고 있다. 그래서 재사용을 위한 방법론도 과거부터 지금까지 계속 발전해왔다고 볼 수 있다.

과서 60년대 프로그래머들은 소스 코드 수준에서 재사용을 추구했다고 볼 수 있다. 그 당시 프로그래머들은 잘 정리된 코드를 만들어 다음 작업에 재사용했다. 이런 소스 코드 재사용은 가장 오래된 방법이기는 하지만 여전히 가장 일반적으로 사용되는 방법이기도 하다. 소스 코드 재사용은 한 가지 중요한 제한 사항이 있다. 바로 동일한 언어로 코드를 만들어야 한다는 것이다. 어떤 경우에는 동일 언어인 경우라도 동일 컴파일러가 아닌 경우에는 문제가 발생하기도 한다. 이런 제한 사항 때문에 프로그래머들은 좀 더 진보적인 방법을 추구하게 되었는데, 이것이 바로 모듈화를 통한 재사용이다.

7, 80년대 프로그래머들은 다양한 언어 혹은 동일 언어 사이의 재사용을 증대시키기 위해 다양한 방법으로 모듈화를 통한 재사용을 시도했다. 모듈화란 잘 설계되고 일관된 인터페이스를 가진 함수를 구현하여 라이브러리 형태로 만든 다음 여러 애플리케이션 개발에서 재사용하는 방법이다. 이것은 컴파일된 바이너리 코드를 라이브러리로 만들기 때문에 언어 사이의 재사용이 어느 정도 가능하다. 또한 컴파일된 바이너리 코드 특성상 재사용 시에 코드 수정이 불가능하기 때문에 인터페이스 실계에 더욱 신경을 쓰게 된다.

이런 방법이 재사용성을 증대시키기는 했지만 완벽한 재사용을 구현하지는 못했다. 대부분의 프로그래밍 언어들이 함수라는 개념을 가지고 있지만 함수의 인자 전달 순서나 인자의 제거에 대한 일관된 기준이 없어 모듈화된 코드를 항상 재사용할 수 없기 때문이다. 그리고 잘 설계된 함수만을 재사용하기 때문에 함수가 처리해야 하는 데이터를 재사용하는 애플리케이션이 관리해야 하는 문제가 생긴다. 데이터는 재사용하는 애플리케이션이 관리하고 논리만 재사용하는 것은 반쪽 재사용에 지나지 않는다. 또 재사용하는 애플리케이션이 데이터를 관리함으로써 데이터에 대한 접근이 임의로 수행되고 재사용하는 모듈의 독립성이 떨어지게 된다. 이런 여러 가지 요소를 사용하면서 과거에 비해 재사용성이 증가했지만 아직도 많이 부족하다.

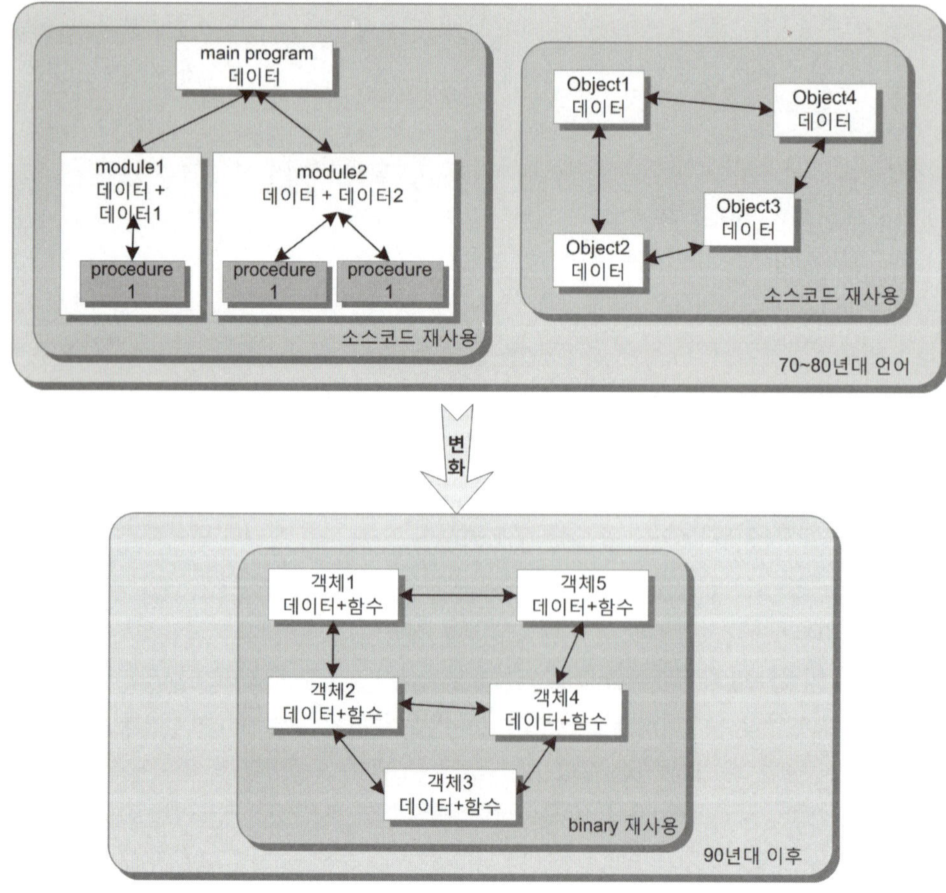

[그림 1-1] 시대에 따른 재사용 변화

재사용의 획기적 변화 OOP

90년대 들어 프로그래머들의 재사용 욕구는 OOP^{Object-Oriented Programming}를 낳게 했고, OOP 의 등장으로 재사용은 과거와는 차원이 다른 형태로 발전하게 되었다. OOP가 추구하는 것을 간단히 말하면 재사용을 좀 더 효율적으로 하자는 것이다. 여기에 바로 우리가 OOP를 배우는 목적이 있다. OOP에 막연하게 접근할 것이 아니라 재사용을 잘하기 위한 수단으로 OOP를 바라보아야 한다. 어떤 이는 OOP 자체를 목적으로 배운다. 다시 말하지만 OOP는 목적이 아니다. OOP가 추구하는 한 가지 목표는 재사용을 잘하는 것이다. 그리고 이를 통해 생산성을 높이는 것이다. 더 빨리 제품을 개발하고 오류도 적으면서 유지·보수도 쉽게 하려는 것이 OOP의 궁극적 목표이다. 미래에 좀 더 진보된 방법론이 나올 수도 있겠지만 현재까지 이런 목표를 가장 잘 지원하는 방법론이 바로 객체 지향적 프로그래밍^{OOP} 방법론이다. 그리고 OOP를 구현하기 위한 언어적 수단이 바로 C++, Java나 .NET 프레임워크인 것이다.

OOP의 기본은 데이터와 이것을 처리하는 함수를 객체라는 단위로 묶고, 이 객체를 이용해 애플리케이션을 구현하도록 하는 것이다. OOP 방법론을 이용해 잘 설계된 객체는 나중에 재사용이 쉽고 객체의 상속 기능을 통한 확장과 변경도 용이하다. 이런 것이 바로 애플리케이션 개발의 생산성을 높이는 수단이 되는 것이다.

또, OOP의 객체는 항상 데이터와 이것을 처리하는 함수가 함께 만들어지기 때문에 독립성이 매우 강해서 재사용성을 더욱 증가시키는 요소가 된다. 바로 이런 점들이 OOP가 프로그래밍에서 재사용과 생산성을 획기적으로 증가시킨 이유이다.

Java와 .NET

Java는 이전에 나온 C++를 모태로 한 좀 더 진보적인 OOP 언어이다. C++는 소스 코드나 바이너리 모듈 형태의 객체 재사용이 가능하지만 그 객체 자체가 독립적인 행위를 할 수는 없다. 단지 재사용될 뿐이다. 또 C++로 컴파일된 바이너리는 특정 하드웨어에 의존적이지만 Java로 컴파일된 바이너리는 하드웨어 독립적이기 때문에 Java로 만들어진 객체는 어떤 하드웨어에서도 실행될 수 있다. 이때 Java 가상 머신이 실제 하드웨어에서 객체를 실행시키는 일을 한다. 또 Java의 객체 하나하나는 완전히 독립적인 실행 객체가 되기 때문에 인터넷 같은 광역 네트워크상에서 동적으로 링크될 수도 있다. 그리고 Java는 언어이자 프레임워크로 재사용될 수 있는 많은 객체를 제공한다. 이렇게 제공되는 객체는 단지 하나의 도구로 쉽게 애플리케이션 개발에 사용될 수 있다. 이런 점들 때문에 Java가 C++에 비해 좀 더 생산적이라고 볼 수 있다. 하지만 앞에서 이야기한 것과 같이 C++는 자신의 고유 영역을 가지고 있어

Java로 구현하기 힘든 상황에서는 반드시 C++를 사용해야 한다.

Java가 많은 장점을 가지고 있지만 언어적으로는 오직 Java 언어만 사용해야 한다. 반면에 .NET은 Java가 가지는 많은 장점에 언어의 통일까지 이루었다. 즉 .NET 객체를 구현하기 위해 특정 언어를 고집할 필요가 없다. 또한 .NET은 프레임워크로, 재사용될 수 있는 많은 객체를 제공하고 있다. 프로그래머는 자신의 객체를 만들거나 아니면 기존에 .NET이 제공하는 객체를 사용해서 애플리케이션을 완성할 수도 있다. 몇몇의 경우에는 Java에 비해 .NET이 좀 더 진보적인 개념을 포함하고 있다고 볼 수도 있다.

우리는 OOP를 구현하는 많은 언어적 방법 중에 C++를 이용한다. C++는 OOP를 구현하는 가장 오래된 언어지만 가장 원론적인 언어이다. 앞에서 이야기한 것과 같이 C++는 Java나 .NET과 비교하면 아무런 객체도 만들어 놓지 않았다고 할 정도로 적은 객체를 가지고 있다. 필요하다면 프로그래머는 OOP 방법론에 따라 모든 것을 만들어야 한다. 이것이 프로그래머를 힘들게 하지만 역설적으로 이것 때문에 C++의 강점인 세밀한 객체 설계가 가능하기도 하다. C++는 모든 것을 언어만으로 설명하며 객체를 완성해 나갈 수 있는 유일한 언어이다.

1.5 생산성과 성능 향상

생산성이란 주제에서 고의적으로 제외시킨 것이 하나 있다. 성능 향상을 위해서는 크기가 작고 속도가 빠른 애플리케이션을 개발해야 한다. 그러기 위해서는 앞에서 이야기한 여러 주제에 역행하는 것이 좋다. 사실 객체 지향 프로그래밍은 과거에 비해 애플리케이션의 크기를 크게 하며 실행 속도를 느리게 하는 경향이 있다. 아마 가볍고 빠른 애플리케이션은 재사용이 적고 필요로 하는 기능을 모든 상황에 최적화되도록 직접 구현해야 할 것이다. 크기가 작고 속도도 빠르면서 생산성도 높다면 최고겠지만 이 모든 것을 얻을 수는 없다. 하드웨어 기술은 비약적으로 발전하기 때문에 작고 빠른 속도로 실행되는 애플리케이션은 하드웨어 기술에 의존하도록 하고, 프로그래밍 패러다임은 사회적으로 다양한 요구를 빨리 만족시키기 위해 생산성을 택한 것이다.

하지만 C++는 C 언어를 모태로 하기 때문에 Java나 .NET 프레임워크에 비해 성능이 우수하다. C++는 컴파일되고 나면 순수 기계어 밖에 남지 않는다. C++로 컴파일된 바이너리 코드에는 객체가 존재하지 않는다. 따라서 C++로 개발된 애플리케이션은 하드웨어적으로 단지 실행될 뿐이다. 그래서 C++로 개발된 애플리케이션이 Java나 .NET에 비해 작고 빠른 속도로 실행된다. Java나 .NET은 그 자체가 하드웨어적으로 실행될 수 있는 바이너리가 아니기 때문에 바로 실행될 수 없다. 가상머신에 의해 실행되거나 JIT$^{Just\ In-Time}$ 컴파일러에 의해 하드웨어적으로 실행될 수 있도록 한 번 더 컴파일되어야 하기 때문에 C++에 비해 느리다.

하드웨어 사양이 느린 기계에서 C++를 객체 지향 언어로 사용하는 이유가 여기에 있다. 고급 사양의 시스템은 단지 생산성만을 추구하면 되지만 실행 속도가 느린 시스템은 생산성만을 추구할 수 없다. 아직 하드웨어적인 발전과 사양이 생산성만을 추가해도 될 만큼 뒷받침해주지 않기 때문이다. 이런 시스템은 객체 지향과 성능 향상을 동시에 추구해야 하는데, 이것을 동시에 추구하기 위한 유일한 수단이 바로 C++이다.

1.6 실습을 위한 준비

이 책에 나오는 예제 코드는 대부분 표준 C++를 따르고 있다. 하지만 대중적으로 사용되는 몇몇 컴파일러를 위해 특정 컴파일러에 의존적인 문법 또한 사용할 것이다. 이 책은 표준 C++의 정확한 사양을 말하고자 하는 것이 아니다. 이 책은 C++와 OOP를 새로운 관점에서 이야기하고자 하는 것이므로 몇몇 예제 코드에서 표준 C++를 따르지 않는 것이 그렇게 중요한 것은 아니다.

Visual C++ 6.0

1998년에 발표된 Visual C++ 6.0은 아주 오래된 C++ 컴파일러이다. 몇몇 부분에서 표준 C++와 차이가 있지만 Visual C++는 작고 빠르며, 구하기 쉽다. 그래서 이 책의 예제 코드는 Visual C++ 6.0에서 컴파일될 수 있도록 구현했다.

Visual C++ 6.0에서 작업하기 위해서는 우선 워크스페이스^{workspace}와 프로젝트를 생성해야 한다. Visual C++ 6.0을 실행한 상태에서 [File]-[New] 메뉴를 선택하여 워크스페이스와 프로젝트를 생성한다.

프로젝트 유형으로 [Win32 Console Application]을 선택한 다음 [Project name]에는 'HelloVisual_60'을 입력하고 [OK] 버튼을 누른다. 다음으로 [Win32 Console Application – Step 1 of 1]에서 [An empty project]를 선택한 다음 [Finish] 버튼을 누른다. [An empty project]를 선택하여 프로젝트를 생성하면 빈 프로젝트가 생성되는데, 이렇게 빈 프로젝트를 생성하는 것은 소스 코드 파일을 직접 생성하기 위해서이다.

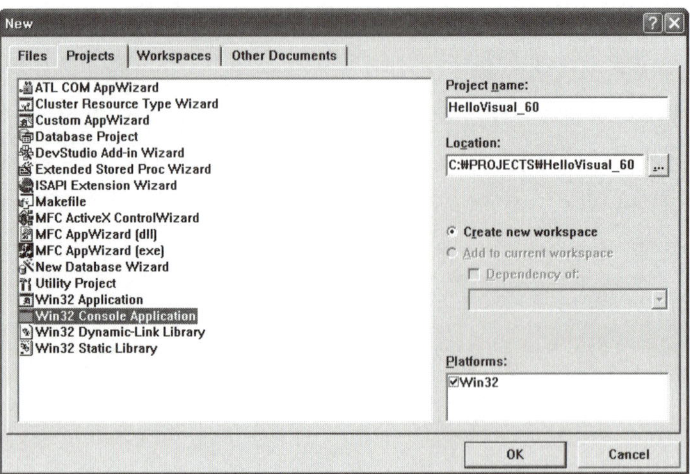

[그림 1-2] Visual C++ 6.0 프로젝트 생성

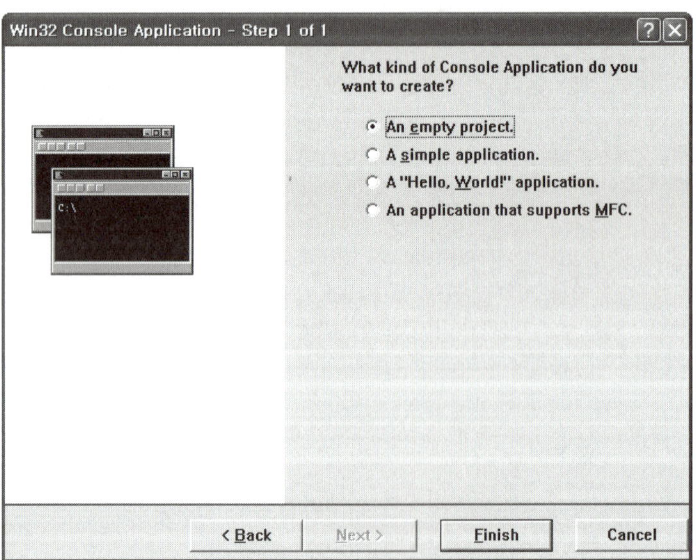

[그림 1-3] Visual C++ 6.0 프로젝트 생성

빈 프로젝트에 소스 코드를 추가하기 위해 [New]-[File] 메뉴를 선택하고 [Files] 탭에서
[C++ Source File]을 선택한 다음 [File]에 생성할 소스 코드 파일 이름을 입력하고 [OK] 버
튼을 누른다.

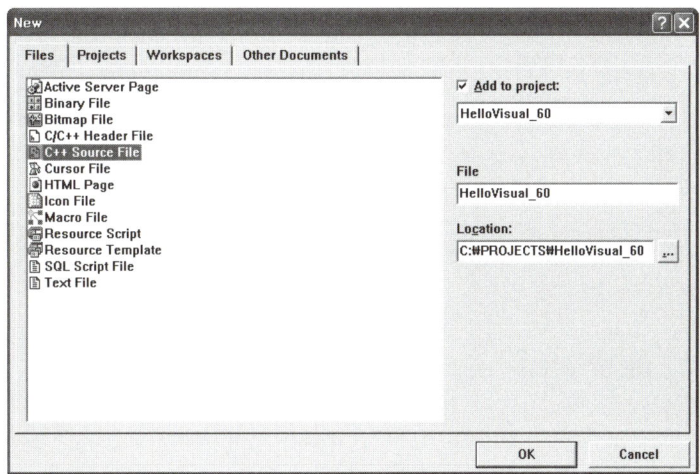

[그림 1-4] 소스 코드 생성

실행 파일 이름은 프로젝트 이름을 따라가기 때문에 여기서 소스 코드 명칭은 중요하지 않다. 여기서는 특별한 의미 없이 프로젝트 이름과 같이 'HelloVisual_60'을 입력했다. 코드 확장자는 자동으로 '.cpp'가 된다. 소스 코드의 확장자는 중요한 의미를 갖는다. Visual C++는 확장자가 .c인 경우 내부적으로 C 컴파일러로 소스를 컴파일하고 .cpp인 경우 C++ 컴파일러로 소스를 컴파일한다. 따라서 소스 코드의 확장자는 반드시 '.cpp'이어야 한다. 특별히 확장자를 명시하지 않으면 '.cpp'가 되며, 이렇게 생성된 소스 코드에 다음과 같이 코드를 입력한다.

[소스 1-3] HelloVisual_60.cpp – HelloVisual_60.exe

```
1: #include <iostream>
2:
3: using namespace std;
4:
5: int main ()
6: {
7:     cout << "Hello visual 60" << endl;
8:
9:     return 0;
10: }
```

코드에 대한 설명은 뒤에서 배울 내용이므로 여기서는 생략한다. 소스 코드 구현이 끝나면 컴파일과 링크를 수행해야 한다. Visual C++는 빌드라는 과정을 통해 컴파일과 링크를 일괄 처리한다. Visual C++뿐만 아니라 뒤에서 이야기할 Visual Studio 2005/2008/2010/2012에서도 빌드를 위한 단축키는 〈F7〉 키이다. 빌드 중에 에러가 발생하면 중단되는데, 에러를 탐색하는 단축키는 〈F4〉 키이다. 이 키 역시 Visual Studio 2005/2008/2010/2012에서 동일하다.

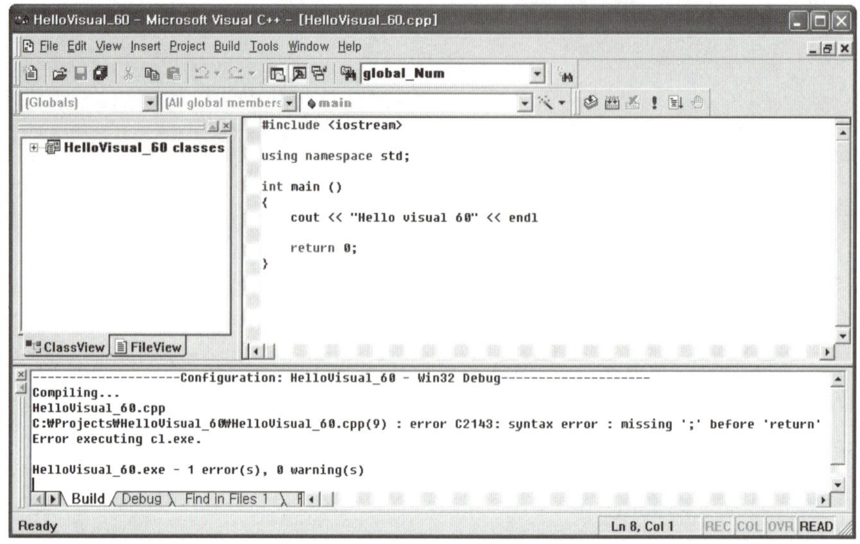

[그림 1-5] 빌드 에러

빌드 중에 에러가 없다면 실행 파일이 생성된다. 생성된 실행 파일을 실행하기 위한 단축키는 〈Ctrl〉+〈F5〉이다. 〈Ctrl〉+〈F5〉로 실행하면 화면에 콘솔 창이 나타나고 실행 결과가 표시된 후 사용자의 입력을 대기한다. 마지막에 실행 대기하는 것은 소스 코드 논리와 상관없이 실행 결과를 확인할 수 있도록 Visual C++가 대기시키는 것이다.

[그림 1-6] 실행

Visual Studio 2005/2008/2010/2012

Visual C++ 6.0 이후에 Microsoft의 .NET 전략에 의해 개발된 툴이 Visual Studio .NET

2002이다. Visual Studio.NET 2002는 2003 버전을 거쳐 현재 Visual Studio 2005/2008/2010/2012까지 나와 있다. Visual Studio.NET 2002/2003와 Visual Studio 2005/2008/2010/2012(이하 Visual Studio 2005/2008/2010/2012)에서 .NET 플랫폼을 위한 부분을 제외하면 Visual Studio 2005/2008/2010/2012과 Visual C++ 6.0은 차이가 별로 없다. 단지 Visual C++ 6.0에 비해 표준 C++를 좀 더 충실하게 따르고 있다는 점이 다르다.

Visual Studio 2005/2008/2010/2012는 Visual C++ 6.0의 워크스페이스를 솔루션^{solution}이라고 부른다. 따라서 Visual Studio 2005/2008/2010/2012로 작업할 때 제일 먼저 할 일은 솔루션과 프로젝트를 생성하는 것이다. Visual Studio 2005/2008/2010/2012를 실행한 상태에서 [파일]–[새로 만들기]–[프로젝트] 메뉴를 선택하여 솔루션과 프로젝트를 생성할 수 있다.

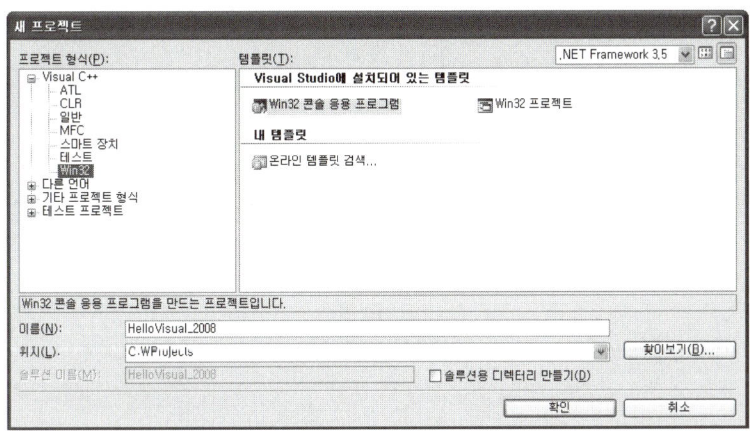

[그림 1-7] Visual Studio 2008 프로젝트 생성

[프로젝트 형식]은 [Win32]로, [템플릿]은 [Win32 콘솔 응용 프로그램]으로 지정한다. [이름]에 'HelloVisual_2008'을 입력하고 [확인] 버튼을 누른다. Visual Studio 2005/2008/2010/2012 역시 프로젝트 이름이 실행 파일의 이름으로 사용된다.

[Win32 응용 프로그램 마법사]가 나타나면 [추가 옵션]의 [빈 프로젝트]에 체크하고 [마침] 버튼을 눌러 프로젝트 생성을 완료한다. [빈 프로젝트] 옵션은 Visual C++ 6.0의 [An empty project]와 같이 소스 코드 없는 빈 프로젝트를 생성하도록 한다. 그래서 이렇게 생성된 프로젝트에 소스 코드를 추가해야 한다. Visual Studio 2005/2008/2010/2012에서 소스 코드를 추가하기 위해서는 [프로젝트]–[새 항목 추가] 메뉴를 선택한다.

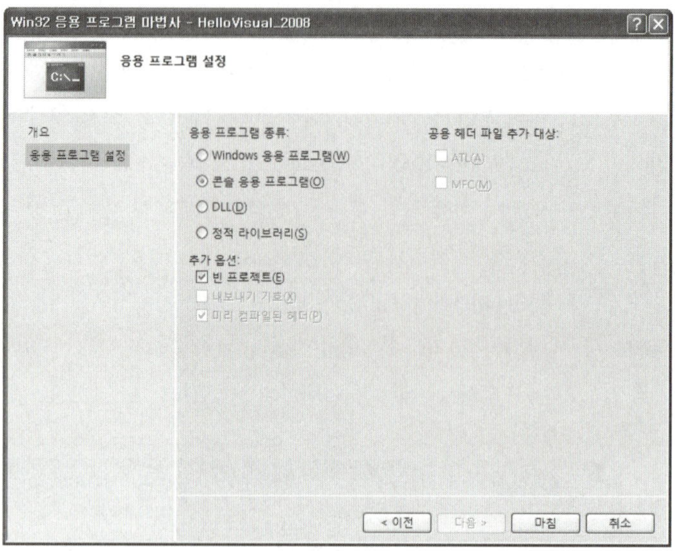

[그림 1-8] Visual Studio 2008 Win32 응용 프로그램 마법사

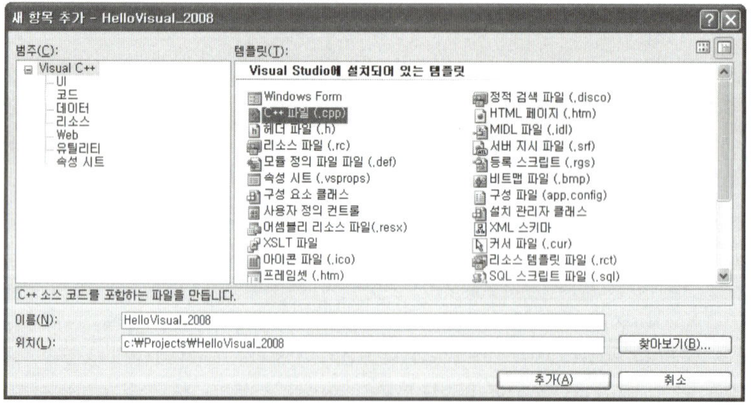

[그림 1-9] Visual Studio 2008 새 항목 추가

[새 항목 추가]의 [템플릿]에서 [C++ 파일(.cpp)]을 선택하고 [이름]에 적당한 소스 이름을 입력한 다음 [추가] 버튼을 누른다. 앞에서 언급한 것과 같이 소스 코드 이름은 임의로 정할 수 있다. 이렇게 추가된 소스에 코드를 추가한 다음 빌드를 수행할 수 있다. 소스 코드와 빌드하는 방법, 오류를 찾고 애플리케이션을 실행하는 방법은 앞의 Visual C++ 6.0과 동일하다.

Cygwin과 g++

Cygwin은 레드햇에서 만든 툴로, GNU 개발툴을 포함한 다양한 UNIX 툴을 Windows 환경에서 동작할 수 있도록 한다. 이것을 실행하면 리눅스의 bash 쉘이 나타나고, 이 안에서 리눅스의 거의 모든 명령을 그대로 실행할 수 있다. 또한, XFree86 패키지를 설치하면 X 윈도우도 띄울 수 있고 X 기반 프로그램도 실행할 수 있다.

Cygwin을 사용하려면 먼저 설치를 해야 한다. http://www.cygwin.com에서 setup.exe를 다운로드받아 설치한다.

첫 화면에서 [다음] 버튼을 누르고 설치에 필요한 파일을 어떻게 제공할 것인지를 선택한다. [Install from Internet]을 선택하고 [다음] 버튼을 누른다([그림 1-10]).

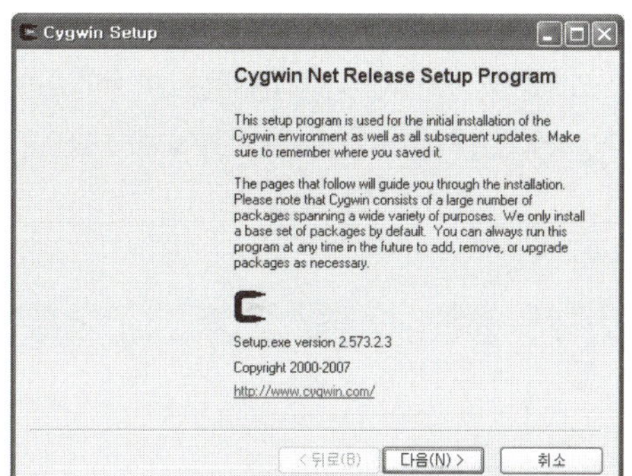
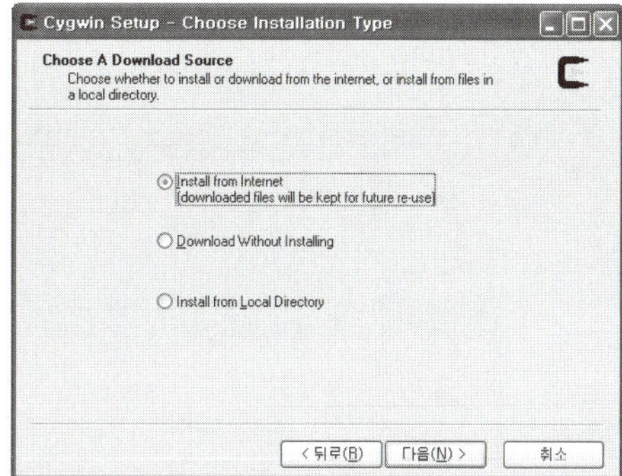

[그림 1-10] Cygwin 설치 1

다음으로 Cygwin을 설치할 폴더를 선택한다. [Install For]는 Cygwin을 사용할 수 있는 권한을 선택하는 부분으로, 디폴트를 선택하면 된다. [Default Text File Type]은 CR 문자에 대한 처리 방법을 선택하는 부분으로, 이것 역시 디폴트를 선택하면 된다. 설정을 마치고 [다음] 버튼을 누르면 Cygwin 패키지를 다운로드할 폴더를 선택하는 화면이 나오는데, [Local Package Directory]에서 'C:\cygwin\download'를 지정하고 [다음] 버튼을 누른다([그림 1-11]).

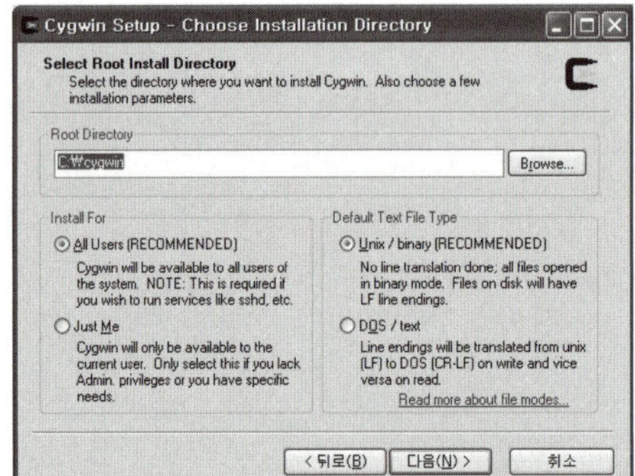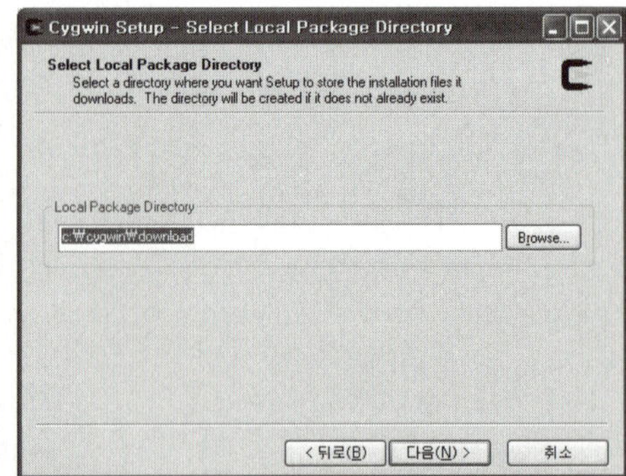

[그림 1-11] Cygwin 설치 2

다음은 앞에서 설치 패키지를 인터넷으로 다운로드 받겠다고 한 경우 인터넷 설정을 어떻게 할 것인지를 묻는 화면이다. 일반적으로 [Use IE Settings]를 선택한 후 [다음] 버튼을 누른다. 다음 화면은 설치 패키지를 다운로드 받을 사이트를 선택하는 화면이다. 사이트를 선택하고 [다음] 버튼을 누른다([그림 1-12]).

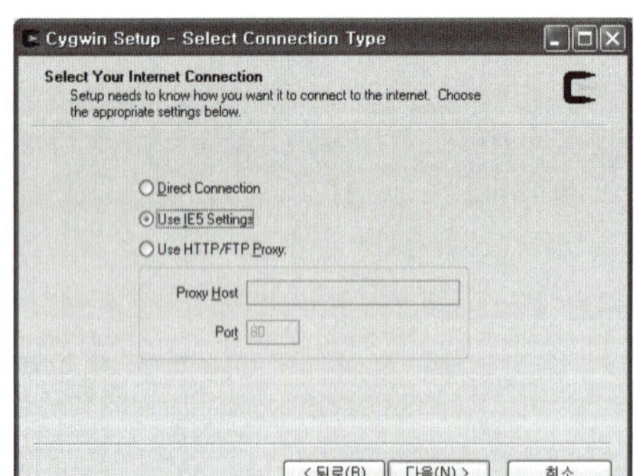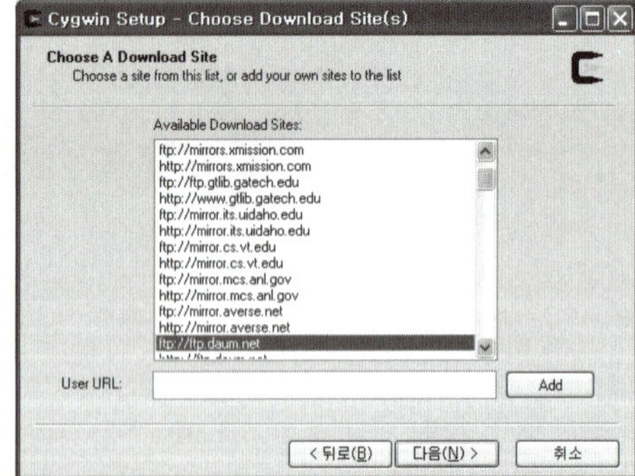

[그림 1-12] Cygwin 설치 3

다음은 설치할 패키지를 선택하는 단계이다. 각 항목의 화살표 옆을 클릭하면 클릭할 때마다 Default→Install→Reinstall→Uninstall로 변경된다. 설치 공간이 넉넉하다면 전체 설치를 권장한다. 설치 패키지 선택이 끝나면 [다음] 버튼을 눌러 설치를 시작한다([그림 1-13]). 설치가 종료되면 Windows 바탕 화면의 Cygwin 단축 아이콘을 실행시켜 Cygwin을 실행할 수 있다.

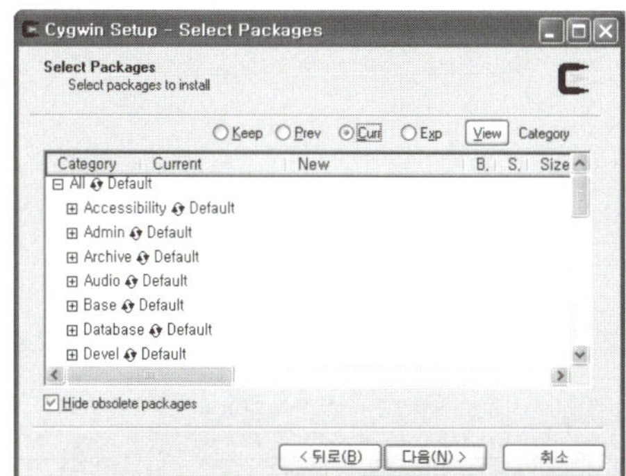 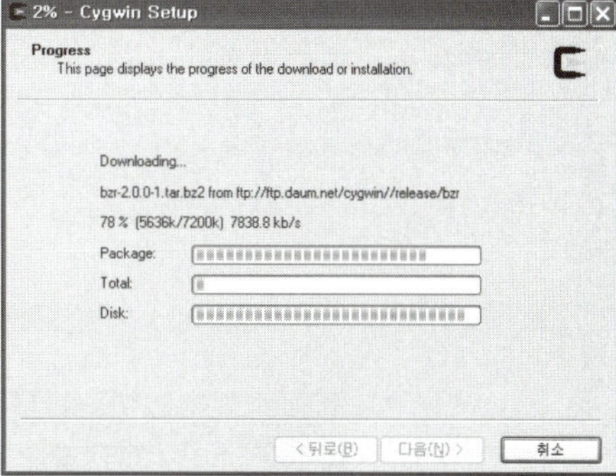

[그림 1-13] Cygwin 설치 4

다음은 Cygwin 실행 화면이다. Cygwin은 Windows 로그인 계정을 홈 폴더로 실행한다. 여기서 에디터로 소스 코드를 작성한다. 리눅스의 기본 에디터인 vi를 이용해 소스 코드를 편집한다. 사실 에디터는 어떤 것을 사용해도 상관없다.

[그림 1-14] Cygwin 실행

```
$ vi HelloCygwin.cpp
```

를 입력하여 HelloCygwin.cpp 소스를 생성한다.

vi 에디터의 사용법은 이 책의 범위를 벗어나는 내용이므로 여기서는 기술하지 않는다. 다른 여러 자료를 참고하기를 바란다.

소스 코드가 작성되면 g++를 이용해 컴파일과 링크를 수행한다. Cygwin 프롬프트에서 다음 명령을 입력하여 컴파일과 링크를 수행한다.

```
$ g++ HelloCygwin.cpp -o HelloCygwin.exe
```

```
#include <iostream>

using namespace std;

int main ()
{
        cout << "Hello Cygwin" << endl;
        return 0;
}

"HelloCygwin.cpp" 9 lines, 103 characters
```

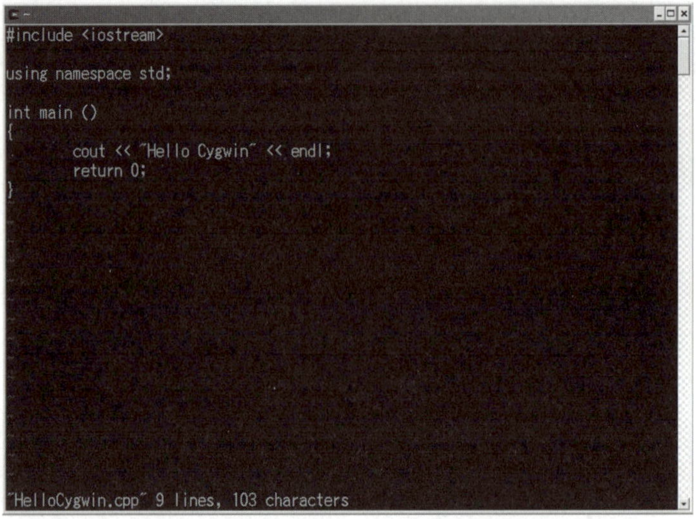

[그림 1-15] vi로 HelloCygwin.cpp 생성

g++는 GNU C++ 컴파일러이다. 위의 명령은 HelloCygwin.cpp를 컴파일하고, 결과물로 HelloCygwin.exe를 생성하라는 명령이다. 에러 없이 컴파일이 완료되면 현재 폴더에 HelloCygwin.exe가 생성되는데, 다음 명령으로 이것을 실행할 수 있다.

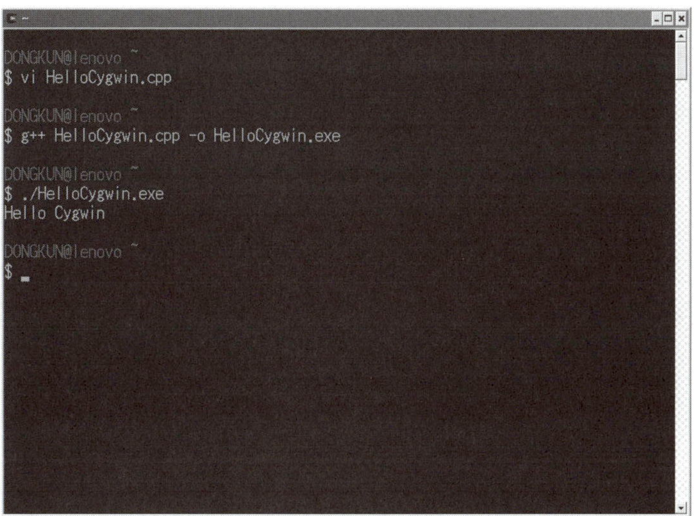

[그림 1-16] HelloCygwin.exe 실행

소스 코드가 많을 때는 make 파일을 구성하여 컴파일하는 방법도 있다. 이때 make 파일을 구성하기 위해 추가적인 설명이 필요한데, 이 역시 이 책의 범위를 벗어나므로 Cygwin과 g++를 이용한 개발 환경은 여기까지 이야기하도록 하겠다.

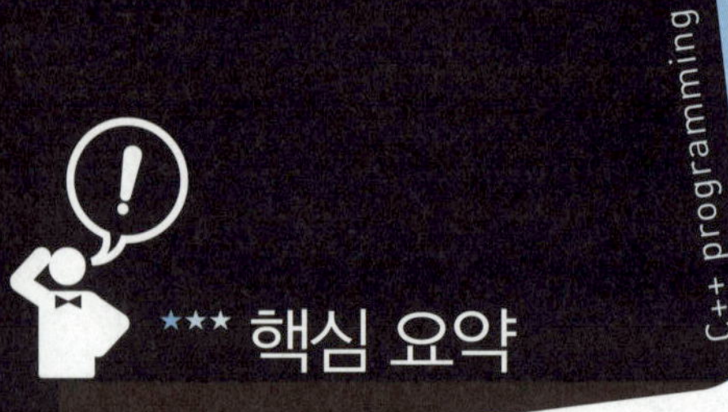

이번 장에서 우리는 C++와 OOP의 목적에 대해서 알아보았다. 그리고 이 책에서 지향하는 목표에 대해서도 이야기했다. 앞으로도 계속 이야기하겠지만 C++와 OOP를 배우는 자체를 목적으로 삼지 않도록 한다. C++나 OOP를 배우는 목적은 언제나 생산성을 위한 것이다. 만약 이것이 어떤 상황에서 비생산적이라면 과감하게 버릴 줄도 알아야 한다. 내가 알고 있는 것이라고 그것만을 고집하는 것은 좋지 않다. C++와 OOP는 많은 상황에서 아주 생산적인 언어와 개념이기 때문에 이것을 배우는 것이다.

생산성은 빠른 개발 속도와 적은 오류, 그리고 쉬운 유지 · 보수라는 요구 조건을 만족시켜야 한다는 것을 다시 한 번 기억하자. 크게 보면 이런 요구 사항은 재사용 하나로 대부분 만족시킬 수 있다는 점도 기억해주기를 바란다. 왜냐하면 우리가 뒤에서 배우는 대부분의 내용은 바로 이런 사항들을 만족시키기 위해 배우는 것이기 때문이다. 이번 장은 우리가 뒤에서 배울 사항에 대해 목표를 명확하게 설정하기 위한 장이다.

끝으로 이번 장에서는 뒤에서 나오는 예제 코드를 실습하기 위한 몇몇 환경에 대해 알아보았다. 실제 C++는 과거에 비해 아주 다양한 플랫폼에서 사용되고 있다. 그리고 미래에는 더욱 다양한 플랫폼에서 사용될 것이다. 새로운 언어나 플랫폼이 나올 때마다 늘 있었던 것이 통일과 분열(특화)이다. Java가 처음 나올 때 마치 미래의 모든 애플리케이션은 Java로 개발될 것처럼 이야기했지만 오히려 C/C++는 자신의 특화된 영역을 찾아갔다. 그리고 Java도 자신의 특화된 영역을 찾아 웹 서비스로 갔다. 앞으로 사회는 더욱 다양한 분야에서 다양한 요구가 있을 것이고, 이에 따라 C/C++ 역시 더욱 더 광범위하고 특화된 영역을 찾아갈 것이다. 우리가 여기서 알아야 할 것은 C++와 OOP이다. 특정 분야에 특화된 기술은 이것을 기본으로 해야만 얻을 수 있는 것이다. 다양한 플랫폼에서 다양하게 사용되는 C++ 환경을 경험해보기를 바란다.

CHAPTER 2

한눈에 보는 C++

과거에는 C++ 언어를 배울 때 문법적 측면을 기준으로 배웠다.
그러나 이제는 새로운 접근법이 필요하다. 중요한 것은 문법적 순서가 아니라
그것이 왜 필요한지 이해하는 것이다. 핵심은 특정 언어나 문법이 아닌
빠르고 안정적으로 소프트웨어를 개발하는 것에 있다.

chapter point

✓ **목적으로 분류한 C++의 문법적 요소** C++의 문법적 요소를 목적별로 분류
해 보면 재사용성을 높이기 위한 문법, 개발자 실수를 줄이기 위한 문법, 코
드 직관성을 높이기 위한 문법, 미래 변화 가능성에 대응하기 위한 문법으로
나눌 수 있다.

✓ **C를 기반으로 한 C++** C++ 언어는 C언어 문법을 포함한다. C++는 C를
기반으로 객체지향적 요소를 포함한 언어다. 그래서 C++를 배우기 전에 C
를 아는 것이 중요하다.

2.1 문법적 요소로 분류한 C++

앞에서 C++와 객체 지향 프로그래밍의 목적을 이야기했다. 이 책은 이 목적을 기준으로 C++에 대한 이야기를 진행할 것이다. 하지만 이런 방법으로 이야기를 진행하는 것은 기존에 C++를 설명하는 방법과 차이가 있다. 그래서 먼저 기존 방법으로 C++를 이야기하고 넘어가자.

C++의 문법적 요소는 정말로 많다. 그리고 이 문법적 요소들의 대부분은 객체 지향 프로그래밍을 언어적으로 구현하기 위한 요소들이다. 예전에는 이 문법적 요소들을 배울 때 단순히 나열하고 순차적으로 배워 나갔다. 이것은 마치 영어 단어 외울 때 단어 사전을 기준으로 알파벳 'A'부터 'Z'까지 순차적으로 외워 나가는 것과 비슷하다. 정말 단순한 방법으로 매우 비생산적이다. 아무런 목적 없이 순차적으로 배우는 것은 기억에 오래 남지도 않고 피부에 와 닿지도 않는다. 그래서 실제 상황에 그것을 적절히 사용할 수 없다. 목적을 명확히 하고 배우도록 하자.

C++의 언어적 요소를 나열하고 이것을 순차대로 배우는 것은 사실 배우는 사람을 위한 방법이 아니다. 그럼에도 불구하고 이렇게 계속 순차적으로 하는 것은 배우는 사람을 고려해서가 아니라 가르치는 사람을 고려한 것이다. 실제 C++로 소프트웨어를 개발해보면 우리가 특히 어렵게 배우는 C++ 문법적 요소가 거의 사용되지 않거나 또는 사용되어서는 안 되는 경우도 많다는 것을 알게 된다. 그럼에도 불구하고 우리는 계속 같은 방법으로 문서를 만들고, 그것을 읽고 배워 나간다. 특히 문법적으로 복잡한 부분을 이야기할 때는 더욱 그렇다. 그래서 이 책은 기존의 방법과는 다르게 접근해보고자 한다.

클래스부터 템플릿까지

예전부터 C++를 설명할 때 제일 먼저 이야기하는 것이 클래스이다. 이것이 객체 지향 프로그래밍에서 가장 기본이 되고 이것을 이해하지 않으면 다른 요소를 이야기할 수 없기 때문이다.

대부분 클래스를 제일 먼저 설명하고 템플릿을 가장 마지막에 설명한다. 이렇게 구분하는 기준은 클래스가 가장 기본이 되고 문법적으로 템플릿이 가장 어렵기 때문이다. 클래스를 구현할 때는 class라는 키워드를 사용하기 때문에 제일 먼저 설명한다. 클래스를 이야기한 다음 이것의 구성 요소인 멤버 변수와 멤버 함수에 대해 이야기한다.

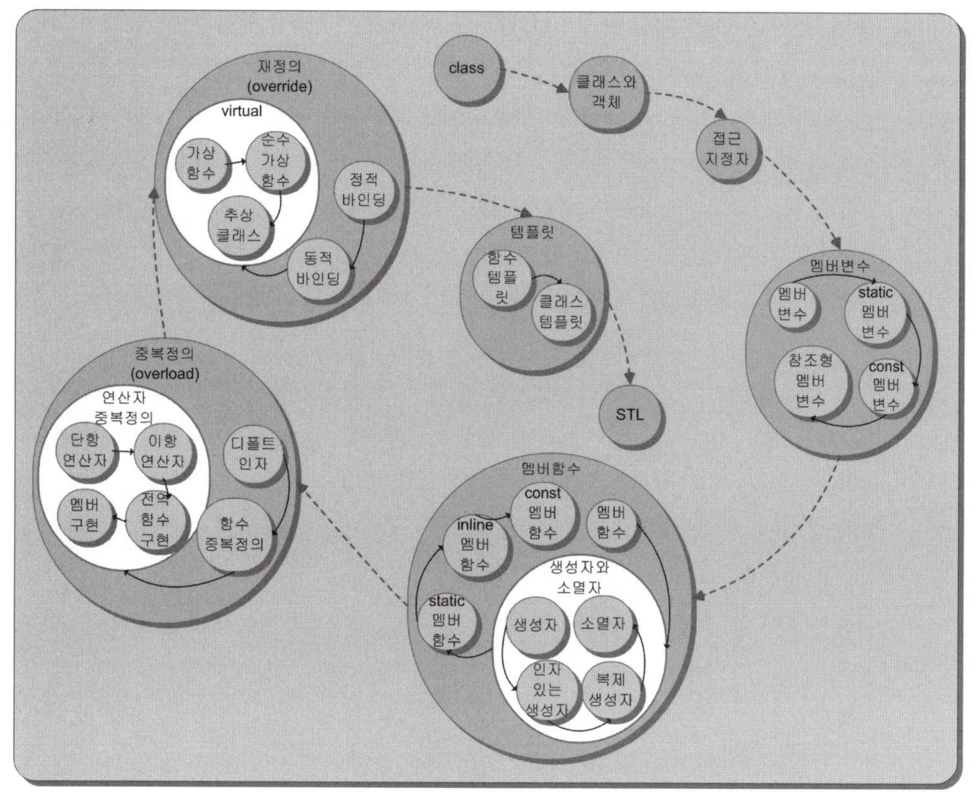

[그림 2-1] 전통적 방식의 C++ 문법

클래스를 이용하기 위해서는 객체를 생성해야 하는데, 이를 위해 클래스에 대한 일반적인 사항을 설명한 다음 클래스와 객체의 관계에 대해 설명하도록 하자. 그리고 이때 객체의 멤버를 사용하기 위한 '.'와 '->'도 함께 설명한다. 이렇게 클래스에 대한 일반적인 요소를 설명한 다음 접근 지정자 문법을 설명하도록 하겠다. 뒤에서 좀 더 자세히 알아보겠지만 접근 지정자는 객체 멤버를 외부에 은폐하거나 노출하기 위한 수단으로 사용된다. 여기서 왜 객체 멤버를 은폐해야 하는지 정확하게 알아야 한다. 객체 멤버를 은폐하는 이유는 객체와 객체 사이의 독립성을 강화하기 위해서이다. 왜 객체와 객체 사이의 독립성을 강화해야 할까? 객체의 재사용을 쉽게 하기 위해서이다. 즉, 접근 지정자의 궁극적인 목적은 은폐를 통한 재사용성 강화에 있다. 그런데 일반적인 방법으로 설명할 때는 이런 궁극적인 목적보다는 접근 지정자라는 문법에 초점을 두고 설명한다.

멤버 함수에 대해 설명할 때도 마찬가지다. 문법적 의미에서 멤버 함수는 모두 동일하지만 멤버 함수의 목적은 모두 다르다. 문법적 의미에서 멤버 함수에는 생성자, 소멸자, 일반 멤버 함수, inline 멤버 함수, static 멤버 함수, virtual 멤버 함수 등이 있다. 생성자와 소멸자 외에 이들 멤버 함수 사이에 연관 관계는 전혀 없다. 하지만 이 역시 문법적으로 멤버 함수라는 것은 동일하기 때문에 대부분 함께 나열하고 설명한다. 멤버 함수 외에 멤버 변수나 기타 멤버의 요소들도 마찬가지다. 일반적으로 일반 멤버 변수와 static 멤버 변수, 그리고 상수형 멤버 변수, 열거형 타입 등을 순서대로 나열하고 설명한다. 문법적으로 멤버 변수이기 때문이다. 즉, 문법적으로 분류된 기준에 따라 설명하는 것이다. 하지만 사용 목적으로 보면 이들은 모두 다르다. 예를 들어 상수형 멤버 변수는 개발자의 실수를 줄이기 위해 사용되며, 정적 멤버 변수는 같은 클래스 사이에 데이터를 공유하기 위해 사용한다. 개발자의 실수를 줄이기 위한 요소에는 상수형 멤버만 있는 것은 아니다. 멤버 함수의 생성자와 소멸자 역시 문법적 분류와 달리 개발자 실수를 줄이기 위한 요소이다. 그래서 상수형 멤버는 생성자나 소멸자와 함께 이야기해야 한다. 물론 개발자 실수를 줄이기 위한 다른 요소들과 함께 말이다.

멤버 변수와 멤버 함수에 대한 이야기가 끝나면 보통 중복 정의에 대해 이야기한다. 중복 정의란 동일한 이름의 함수나 연산자를 여러 개 정의하는 것을 말한다. 함수를 여러 개 정의하는 것을 함수 중복 정의라 하고, 연산자를 중복 정의하는 것을 연산자 중복 정의라고 한다. 분명한 것은 개념적으로는 어렵지 않은 중복 정의가 C++ 문법 중에서 가장 어려운 것 중 하나라는 것이다. 이런 이유 때문인지 실제 소프트웨어 개발에서 개발자들은 중복 정의를 잘 사용하지 않는다. 특히 연산자 중복 정의를 잘 사용하지 않는다. 하지만 경험적으로 볼 때 C++ 문법 중 가치 없는 문법은 하나도 없다. 생산성이라는 하나의 목적을 기준으로 본다면 중복 정의 역시 중요하다. 그렇다고 이것이 문법적으로 어려운 만큼 중요하다는 것은 아니다. 하지만 많은 문서들은 이것이 제일 중요한 것처럼 이야기한다. 그 이유는 문법적으로는 이것이 가장 복잡하기 때문에 문서에서 설명할 내용이 그 만큼 다양하고 많기 때문이다. 그래서 개발자들도 이것을 너무 중요하게 생각하는 경향이 있다. 하지만 중요한 것은 항상 그것을 사용하는 목적이며 문법적으로 어려운 사항이 있다면 그것을 사용하는 순간에 참고 문서를 참고하면 된다. 항상 목적을 정확하게 이해하자.

중복 정의와 재정의는 용어적으로 비슷하지만 사실 이 두 개는 전혀 다르다. 중복 정의는 동일 클래스 내에서 함수나 연산자를 여러 개 정의하는 것이고, 재정의는 상속 관계가 있는 상하(부모 자식)클래스 사이에 함수를 다시 구현하는 것이다. 그래서 재정의는 필수적으로 상속을 먼저 이야기해야 한다. 상속도 단일 상속부터 다중 상속까지 다양하다. 다양한 상속 문법을 설명한 다음 재정의 문법을 설명한다. 사실 객체 지향 프로그래밍에서 재정의만큼 중요한 것은 없다. 재정의가 객체 지향 프로그래밍의 50%라고 해도 과언이 아니다. 이것만 정확히 이해한다면 50%는 파악한 것이라고 할 수 있다. 객체 지향 프로그래밍의 궁극적 목표인 재사용에 상속과 재정의가 가장 중요하기 때문이다. 하지만 이렇게 중요한 재정의 역시 목적을 이해하지 않고 단지 문법만 이해하는 경향이 많다. 그리고 이것을 설명하는 문서 역시 중요도와 상관없이 몇 페이지 정도 언급하고 끝나버리는 경우가 많다. 왜냐하면 문법적으로는 재정의 문법이 너무 단순하기 때문이다.

템플릿과 STL

많은 문서에서 템플릿과 STL을 부록처럼 취급한다. 문서 끝에 잠시 다루거나 아니면 아무런 언급 없이 그냥 넘어간다. 예전에 필자 역시 그렇게 취급했다. 알면 좋고 몰라도 그만인 것으로 생각했다. 하지만 재정의와 비교해도 손색이 없을 만큼 중요한 것이 바로 템플릿이다. 재사용에는 상속과 재정의를 통한 재사용만 있는 것이 아니라 템플릿을 이용한 재사용도 있기 때문이다. 템플릿을 이용한 재사용은 소스 코드를 작게 만들기는 하지만 실행 코드를 작게 만들지는 않는다. 이 때문에 예전에는 템플릿을 많이 사용하지 않았지만 요즘에는 실행 코드의 크기에 많은 의미를 두지 않기 때문에 템플릿을 이용한 재사용도 많이 사용한다. 특히 STL이나 몇몇 상용 라이브러리들이 템플릿을 기반으로 하기 때문에 템플릿은 C++에서 점점 더 중요한 의미를 가진다.

STL^Standard Template Library 은 C++ 표준 라이브러리이다. C++는 Java나 .NET과 달리 언어가 프레임워크를 제공하지 않기 때문에 C++로 개발된 애플리케이션은 프레임워크에 의해 실행되지 않는다. C++ 코드는 컴파일된 다음 오직 하드웨어가 이해하는 바이너리 코드로 하드웨어에 의해 직접 실행된다. 그리고 Java나 .NET과 같은 프레임워크 라이브러리도 없다. 이런 점에서 C++가 Java나 .NET 같은 프레임워크 언어에 비해 생산성이 떨어지지만, 이런 상황에서도 C++는 STL을 통해 이 부분을 어느 정도 보완하고 있다. 따라서 C++ 프로그래밍에서 STL 또한 필수적이라고 할 수 있다. 또, 이 STL의 많은 부분이 템플릿에 의존하기 때문에 STL을 배우기 위해서는 템플릿에 대한 이해 또한 필수라고 할 수 있다. 템플릿과 STL을 버린 자식처럼 취급하지 말자.

2.2 목적별로 분류한 C++

새로운 분류

앞의 방법과 다르게 우리는 C++ 문법을 목적에 따라 분류하고 배울 것이다. C++의 문법 중에 목적 없이 만들어진 것은 하나도 없으며 이런 관점에서 C++ 문법을 배우는 것이 좀 더 명확하게 C++를 이해할 수 있다.

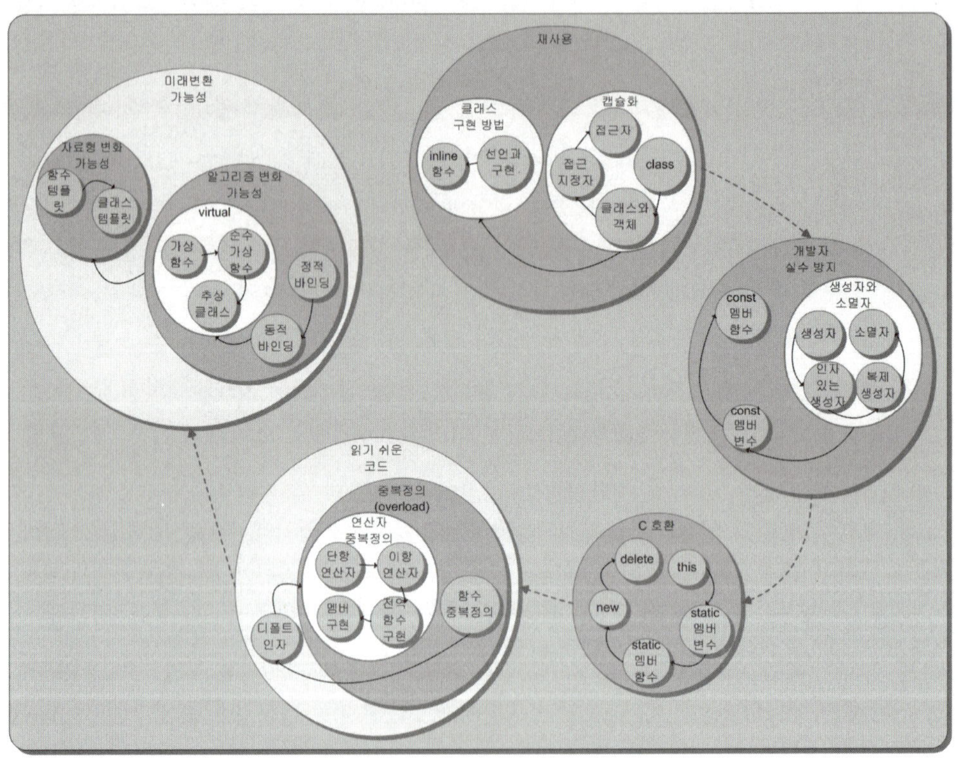

[그림 2-2] 목적으로 분류한 C++문법

재사용성을 높이기 위한 문법

C++의 문법적 요소 중에 가장 많은 부분을 차지하는 것이 재사용성을 높이기 위한 문법이다. 그리고 이 중심에 바로 클래스가 있다. 클래스는 무엇이며 왜 구현해야 하는 것일까? 클래스를

구현하는 본질적인 이유는 재사용을 증대시키기 위해서이다. 예전에는 데이터 구조와 데이터를 처리하는 함수를 분리해 구현했다. 이렇게 하다 보니 함수를 재사용하는 것만 가능했다. 데이터 구조와 함수가 분리해 재사용하면 데이터에 대한 구조 변경이 있을 때 함수를 재사용하는 것이 힘들어지고, 함수를 따로 다시 수정해야 하는 문제가 발생한다. 이것은 비생산적이다. 이것보다는 데이터 구조와 함수를 하나로 묶어 재사용하는 것이 데이터 구조 변경에 좀 더 능동적으로 대처할 수 있는 방법이다. 데이터 구조와 데이터를 처리하는 함수를 하나로 묶어서 구현하는 것이 바로 클래스 설계의 기본이자 객체 지향 프로그래밍의 기본이다. 그래서 이 책은 이것을 가장 먼저 이야기할 것이다.

클래스가 재사용의 기본이지만 실제로 재사용할 때는 상속과 재사용 그리고 템플릿을 이용한다. 물론 이들은 재사용뿐만 아니라 뒤에서 이야기할 미래 변화 가능성을 대비하기 위한 요소이기도 하다. 한 번 설계된 클래스는 두 가지 형태로 재사용된다. 하나는 그대로 사용되는 경우이고, 다른 하나는 수정되거나 확장되어야 하는 경우이다. 후자의 경우 수정이나 확장을 위해 클래스를 상속받고 특정 멤버 함수를 재정의한다. 그래서 재사용에서 상속과 재정의는 필수적이다.

재사용성을 높이기 위한 템플릿은 재정의와 비슷하다. 하지만 이것은 상속을 동반하지 않고, 단지 클래스 내부의 자료형만을 새롭게 정의하는 것이다. 클래스를 수정하거나 확장해 재사용할 때 다시 두 가지 상황이 있을 수 있다. 하나는 클래스의 논리적 알고리즘이 수정되거나 확장되어야 하는 경우이고, 다른 하나는 클래스나 함수에서 사용하는 데이터 자료형이 변경되어야 하는 경우이다. 전자의 경우 상속과 재정의를 사용하고, 후자의 경우 템플릿을 사용한다. 즉, 템플릿은 클래스나 함수의 논리는 그대로 재사용하면서 자료형이 변경되어야 하는 경우에 사용한다.

개발자의 실수를 줄이기 위한 문법

프로그래밍은 사람이 하는 일이다. 소프트웨어를 개발하면서 고의적으로 오류를 만드는 프로그래머는 없을 것이다. 소프트웨어를 개발할 때 발생하는 오류는 대부분 사람의 실수 때문에 발생한다. 따라서 프로그래머의 실수를 얼마나 줄이느냐 하는 것이 오류가 적은 소프트웨어를 개발하는 데 매우 중요하다. 프로그래머는 많은 경험을 통해 실수를 줄일 수 있지만 이것은 오랜 시간을 필요로 하기 때문에 모든 프로그래머들에게 보편적으로 적용할 수 없다. 그래서 현대적인 객체 지향 언어들은 언어적인 차원에서 프로그래머의 실수를 줄이려는 요소를 가지고 있고 C++ 역시 이런 요소를 가지고 있다.

개발자들이 가장 많이 하는 실수이면서 가장 많은 오류를 만들어 내는 것이 무엇일까? 바로 데이터의 초기화와 해제에 관련된 오류다. 이런 오류는 기존에는 개발자 스스로 주의해야 했다.

하지만 C++는 이것을 생성자와 소멸자라는 특별한 멤버 함수로 자동화시켰다. 생성자와 소멸자만 잘 구현한다면 데이터 초기화와 해제로 인한 문제는 대부분 해결할 수 있다. 생성자에는 자신의 데이터를 디폴트 값으로 초기화시키기 위한 인자가 없는 디폴트 생성자와 다양한 인자를 이용해 데이터를 초기화시키는 인자가 있는 생성자가 있다. 그 외 복제 생성자가 있는데, 이들 중에 복제 생성자는 데이터 초기화와 코드 직관성을 위한 두 가지 목적을 가지고 있다. 코드 직관성을 위한 이야기는 다음에 이야기하도록 하자.

개발자의 실수를 줄이기 위한 문법에 생성자와 소멸자만 있는 것은 아니다. 상수형 멤버 변수와 상수형 멤버 함수 역시 개발자의 실수를 줄이기 위한 문법이다. 개발자는 설계할 때와 다른 용도로 변수나 함수를 사용하는 경우가 있는데, 이때 프로그램에 오류가 발생할 가능성이 높다. 이때 상수형 멤버 변수나 상수형 멤버 함수를 사용하면 이런 실수를 줄일 수 있다. 생성자와 소멸자, 상수형 멤버와 상수형 멤버 함수는 사실 문법적으로 어떤 연관성도 가지고 있지 않지만 개발자의 실수를 줄이기 위한 목적으로 볼 때 이들은 모두 같은 목적을 가지고 있기 때문에 이들을 함께 다룰 것이다.

코드의 직관성을 높이기 위한 문법

우리 속담에 "보기 좋은 떡이 먹기도 좋다."라는 말이 있다. 이 말은 아름다운 음식이 식욕을 돋우고 맛도 좋게 느끼게 한다는 뜻이다. 프로그램 코드에서도 이 말은 비슷하게 적용된다. 보기 좋은 코드는 생산성 향상에 직접적으로 도움을 준다. 다음 두 코드를 살펴보자.

```cpp
char sz1[32] = "Hello ";
char sz2[32] = "world";

strcat (sz1, sz2);                    // sz1 + sz2를 수행한다.
```

이 코드와 다음 코드를 비교해보자.

```cpp
string str1 = "Hello ";
string str2 = "world";

str1 = str1 + str2;
```

위의 두 코드는 문자열을 연결하는 코드를 C와 C++로 각각 구현한 것이다. 하는 일은 동일하다. 즉, 두 문자열("Hello"와 "world")을 연결하는 일을 한다. 하지만 두 코드를 읽는 사람이 C나 C++ 언어에 대해 잘 모른다면 어떨까? 아마 후자의 코드는 C나 C++뿐만 아니라 컴퓨터 언어에 대한 지식이 거의 없는 사람도 대충 이해할 것이다. 이렇게 가독성이 높고 직관적인 코드는 여러 가지 측면에서 생산성을 높여준다. 첫 번째, 여러 명이 팀을 이루어 프로그래밍 작업을 할 때 자신이 작성하지 않은 코드라도 좀 더 쉽게 이해할 수 있다. 물론 주석을 이용해 가독성을 높일 수 있다고 반문하는 사람들도 있겠지만 가장 좋은 것은 주석 없이도 코드를 쉽게 읽을 수 있도록 작성하는 것이다. 두 번째, 가독성이 높으면 이후 유지·보수 시에 코드를 작성한 자신에게도 유리하다. 자신이 작성한 코드라 할지라도 어느 정도 시간이 지나면 제대로 기억나지 않기 때문이다. 시간이 지난 다음에 유지·보수를 위해 자신의 코드를 분석해야 한다는 것은 시간 낭비이다.

이렇듯 직관적이고 이해하기 쉬운 코드는 생산성 향상에 도움을 준다. C++의 많은 문법이 이런 직관적이고 이해하기 쉬운 코드를 위해 설계되었다. 바로 앞에서 구현한 코드는 연산자 중복 정의 기능을 이용한 것이다. 이외에도 중복 정의, 복제 생성자, 디폴트 인자, 참조형, 예외 처리 등이 이런 목적으로 사용된다. C++의 문법 중에 코드 직관성을 높이기 위한 문법이 가장 많다. 그리고 이것이 가장 복잡하다.

미래 변화 가능성에 대한 대비

한 번 작성된 코드는 미래에 변화하게 되어 있다. 가깝게는 동일 프로젝트를 진행하는 도중에도 바뀔 수 있고, 멀게는 새로운 프로젝트에서 이미 구현된 코드를 재사용하기 위해 수정할 수도 있다. 기존 기능을 수정하기 위해서 바꾸는 경우도 있고, 새로운 기능 구현을 위해 바꾸는 경우도 있다. 이와 같이 코드는 항상 변화를 염두에 두고 융통성 있게 구현되어야 한다.

C++를 포함한 객체 지향 프로그래밍 언어들은 코드의 미래 변화 가능성을 대부분 지원한다. 그중에 C++가 가장 다양한 방법을 지원한다고 볼 수 있다. C++ 언어의 여러 문법 중에서는 상속과 재정의Override가 해당된다. 템플릿 또한 미래 변화 가능성을 지원하기 위한 요소에 속한다. 미래의 코드는 두 가지 형태로 변화된다. 첫째는 논리적 알고리즘이 변화되어야 하는 경우, 두 번째는 논리적 알고리즘은 그대로 사용하고 알고리즘 내부에서 사용하는 자료형이 변화되어야 하는 경우이다. 첫 번째 경우에 사용할 수 있는 문법이 상속과 재정의이고, 두 번째 경우에 사용할 수 있는 문법이 템플릿이다. 간혹 이 두 가지가 함께 사용되는 경우도 있다. C++는 재정의와 템플릿을 함께 사용하는 것도 가능하다. 문법적으로 상속과 재정의는 아주 간단하지만 재사

용에 필수적인 요소이기 때문에 개념적으로는 C++에서 가장 중요하다. 또한, 내부적으로 언어적 구현을 위한 원리를 가지고 있기 때문에 간단히 알아볼 내용은 아니다. 이에 대해서는 뒷부분에서 자세히 알아보도록 하겠다.

재사용을 위해 상속이나 템플릿만 사용할 수 있는 것은 아니다. 재사용을 위해 사용할 수 있는 또 다른 요소는 포함이다. 포함은 C++ 문법은 아니지만 이것에 대해서도 뒤에서 알아보도록 하겠다.

2.3 C와 C++의 기본 문법 차이

C와 C++언어는 같으면서도 다르다. C++의 모태가 된 언어가 C언어이기 때문에 C와 C++는 많은 부분에서 비슷하다. 이 책은 C++와 객체 지향 프로그래밍에 초점을 두고 있기 때문에 주로 C++에 새롭게 추가된 내용을 다루고 있지만, C와 C++의 조금씩 다른 부분도 알아야 할 필요가 있다. 이것 역시 생산성 향상을 위해 개선된 경향이 있기 때문이다.

자유로운 변수 선언

C에서 지역 변수는 전역 변수와 달리 항상 블록 앞에 선언되어야 한다. 이런 규칙은 변수를 실제 사용하는 위치와 변수를 선언하는 위치가 서로 멀리 떨어지게 만들기 때문에 코드의 가독성을 떨어뜨린다. 하지만 C++는 지역 변수를 선언할 때 어느 위치에서나 변수를 선언할 수 있기 때문에 변수를 사용하는 위치와 선언하는 위치를 가깝게 유지하여 코드의 가독성을 높이는 효과를 가져온다.

```cpp
void func()
{
    int a = 10;
    cout << a << endl;
    int b = 20;
    cout << b << endl;
}
```

위의 코드는 변수를 선언한 간단한 코드로 변수 b가 함수의 중간에 선언된 것을 볼 수 있다. C에서는 허용되지 않는 이런 문법이 C++에는 자연스럽게 허용된다. 여기에는 장단점이 있다.

변수를 어디서나 선언할 수 있다는 점은 변수를 남용하는 결과를 가져올 수도 있다. 즉, 계획 없이 임시 변수가 즉흥적으로 등장할 수 있다. 목적 없는 임시 변수는 잘못 사용될 가능성이 높고, 이것은 논리적 오류를 발생시킬 가능성이 있다. 반면에 변수를 어디서나 선언할 수 있으면 그 변수를 사용하는 부분과 선언하는 부분의 거리가 가까워지기 때문에 코드의 가독성이 높아진다. 변수의 선언과 사용이 가까우면 자료형에 대한 판단이 쉽게 이루어져 가독성이 높아진다. 장점은 살리고 단점은 주의해 사용하도록 하자.

for 문의 변수 존속 범위

지역 변수 중에 많이 사용하는 지역 변수에는 for 루프를 위한 지역 변수가 있다. for 루프를 위한 변수는 보통 임시 변수의 성격이 강하다. for를 위한 지역 변수는 보통 i, j라고 선언하는데, 이런 지역 변수를 for와 함께 선언할 수 있다면 유용할 것이다. 앞서 언급한 것과 같이 C++에서는 지역 변수를 어디서나 선언할 수 있기 때문에 for 루프에서도 지역 변수를 바로 선언하고 사용할 수 있다.

```
for (int i = 1; i < 10 ;i++)
    cout << 2 << " X " << i << " = " << 2*i << endl;
```

앞의 코드와 같이 C++에서는 for 루프의 초기화에 변수 선언을 함께 할 수 있다. 이렇게 for 루프를 위해 선언한 변수는 루프 안에서만 유효하다. 만약 루프를 벗어나게 되면 이 변수는 지역 변수로 존재하지 않는다. 즉, for 루프를 위한 임시 변수를 만들어야 할 때 이런 방법이 특히 유용하게 사용될 수 있다.

for 루프에 임시로 변수를 선언해 사용하는 형식이 유용하기는 하지만 컴파일러에 따라 변수의 존속 기간이 약간 다르게 해석되는 경우도 있기 때문에 for 루프에 변수를 선언할 때는 현재 사용하는 컴파일러의 기능을 정확하게 이해할 필요가 있다. 어떤 컴파일러는 위와 같이 선언한 지역 변수의 경우 for 루프를 벗어나도 계속 유효하게 인정한다. 그래서 만약 같은 블록의 다음 코드에서 똑같은 이름으로 변수를 선언하면 컴파일 에러가 발생한다. 이것은 컴파일러에 따라 약간씩 다르다. C++ 표준은 for 루프에 선언된 변수가 for 루프를 벗어나면 유효하지 않은 것이다.

반드시 선언되어야 하는 함수 선언

C++는 C에 비해 융통성이 좋아진 면도 있지만 문법적으로 엄격해진 측면도 있다. 문법적으로 엄격해진 것 중에 선언되지 않은 함수를 절대 허용하지 않는다는 것이 있다. C는 선언되지 않는 함수에 대해 디폴트로 정수를 반환하는 함수로 가정하고 컴파일한다.

```
int main ()
{
    function ();
    return 0;
}

float function ()
{
    return 1.0f;
}
```

예를 들어, 위와 같이 코드를 구현하면 C 컴파일러는 이것을 컴파일한다. 컴파일러에 따라 경고를 표시할 수는 있지만 컴파일 자체가 중단되지는 않는다. 여기에서는 main에서 호출하는 function 함수가 앞에 선언되지 않았기 때문에 컴파일러는 function을 int 자료형을 반환하는 function 함수로 추측하고 컴파일한다. 뒤에서 int를 반환하는 형식이 아닌 다른 형식으로 선언되어 있지만 이것이 치명적인 문제가 아니라면 컴파일 자체가 중단되지는 않는다. 물론 이것이 컴파일된다고 해서 이렇게 사용하자는 뜻은 아니다. 위와 같이 함수를 선언하지 않고 사용하는 것은 오류를 일으킬 가능성이 많기 때문에 바람직하지 않다.

이 코드를 C++ 컴파일러로 컴파일하면 컴파일 에러와 함께 바로 컴파일 자체가 중단된다. C++ 컴파일러는 명확한 선언이 없는 함수를 컴파일하지 않는다. 그리고 선언된 형식과 실제 구현 형식이 다른 경우에도 컴파일하지 않는다. 그래서 C++에서 함수를 사용할 때는 함수 선언을 명확하게 한 다음에 함수를 사용해야 한다. 과거에 개발된 C 코드를 C++로 다시 컴파일할 때 가장 많은 에러가 생기는 코드가 함수 선언에 관한 코드이다. 다시 한 번 정확하게 기억하자. C++는 함수를 사용하기 전에 반드시 선언해야 한다.

C++의 자료형

C++는 C를 기반으로 하기 때문에 C의 모든 자료형을 모두 지원한다. 그리고 여기에 추가로 몇 몇 자료형을 지원하는데 이것을 정리하면 다음과 같다.

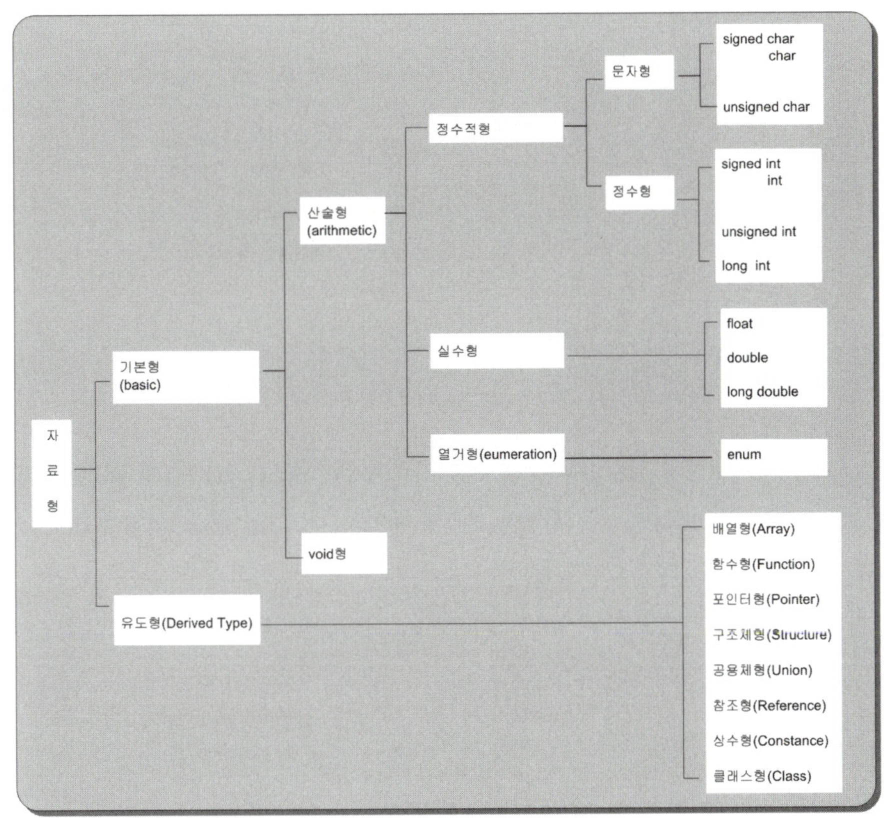

[그림 2-3] C++ 자료형

위 자료형은 C++가 지원하는 자료형으로, C와 달리 몇몇 추가된 자료형이 눈에 보인다. 먼저 유도형 자료형이란 기본 자료형을 바탕으로 개발자가 정의하는 자료형을 말하는데, 이중에 클 래스는 C에 없는 자료형이다. 앞에서 잠시 언급한 것과 같이 이것은 객체 재사용을 위해 필수적 이며 C++ 언어의 핵심이다. 이 부분은 뒤에서 보다 자세히 설명한다.

[표 2–1] C++ 기본 자료형

기본 자료형 이름	설명	크기	범위
char	문자나 작은 정수	1바이트	signed: −128~127 unsigned: 0~255
short int(short)	작은 정수	2바이트	signed: −32768~32767 unsigned: 0~65535
int	정수	4바이트	signed: −2147483648~2147483647 unsigned: 0~4294967295
long int(long)	큰 정수	4바이트	signed: −2147483648~2147483647 unsigned: 0~4294967295
bool	논리적인 참, 거짓	1바이트	true/false
float	실수	4바이트	+/− 3.4e +/− 38 (~7digits)
double	배정도 실수	8바이트	+/− 1.7e +/− 308 (~15digits)
long double	큰 배정도 실수	8바이트	+/− 1.7e +/− 308 (~15digits)
wchar_t	유니코드	2바이트	유니코드 문자 1자

기본 자료형 중에 새로 추가된 첫 번째 자료형이 bool이다. bool은 참과 거짓을 표현하기 위한 자료형이다. 이것을 프로그램에서 상수로 표현할 때는 true와 false로 표현하며 내부적으로는 0과 1로 표현된다.

```
bool flag = true;
```

bool 자료형의 자료형 크기는 1byte이다. 크기는 char와 동일하지만 내부적으로 무조건 0(false)과 1(true)로만 데이터를 표현하기 때문에 다른 자료형의 값을 사용하면 이것이 변환되어 사용된다.

```
int intFlag = 10;        // 내부적으로 그대로 10을 가진다.
bool boolFlag = 10;      // 내부적으로 참의 값이 1을 가진다.
```

위와 같이 bool 자료형에 0과 1 이 아닌 값을 대입하면 0이나 1로 변환되어 저장된다. bool 외에 또 하나 추가된 자료형이 wchar_t이다. wchar_t는 2byte 자료형으로 char 보다 많은 문자를 표현하기 위해 사용된다. 과거에는 char를 이용해 문자를 표현했다. char는 1byte 자료형이기 때문에 표현할 수 있는 문자수가 256자로 제한되어 세계 여러 국가의 언어를 표현하기에는 부족했다. 그래서 보통 char 두 개를 연결해 문자를 표현했다. 이것은 문자와 자료형의 크기가 일치하지 않고, 코드 체계가 서로 다른 나라의 문자 코드를 변환하기 위해 많은 시간과 비용이 드는 문제가 있었다. 그래서 문자와 자료형 크기를 일치시키고 세계 여러 국가의 문자를 단일 코드체계로 표현하기 위해 유니코드라는 것을 만들게 되었는데, 이것을 자료형으로 표현한 것이 바로 wchar_t이다.

문자열 사용

C/C++ 자료형 중에 가장 많이 사용하는 자료형이 무엇일까? 보통 char와 int를 가장 많이 사용한다. 이중에 char는 문자열을 표현할 때 많이 사용하는데, 한 가지 주의할 것은 문자와 문자열은 다르다는 점이다. 문자는 문자 하나를 의미하며 문자열은 0으로 종료되는 문자의 집합을 의미한다. 상수를 표현할 때도 문자는 작은 따옴표(' ')로 표현하고 문자열은 큰 따옴표(" ")로 표현한다. 그런데 이렇게 많이 사용하는 문자열을 C/C++는 언어적으로 지원하지 않기 때문에 문자열을 사용할 때는 어쩔 수 없이 문자의 배열을 사용해야 한다. 그리고 이것을 이용해 어떤 연산을 할 때는 문자 배열을 핸들링하는 함수를 사용해야 한다. 언어적인 연산이란 CPU가 처리하는 행동이다. a+b란 a의 값과 b의 값을 CPU가 연산하는 행동이다. 그런데 문자 배열을 한 번에 더하는 CPU는 존재하지 않는다. 그래서 문자 배열을 이용할 때는 문자 배열을 하나하나 연산하는 함수를 이용해야 한다.

```
char str1[] = "Hello ";
char str2[] = "world";
char buff[128];
strcpy (buff, str1);
strcat (buff, str2);        // 이것은 buff = str1 + str2와 같다.
```

위의 코드는 의미상 str1+str2지만 이것이 문자에 대한 배열이기 때문에 직접 연산할 수는 없다. 앞에서 이야기한 것과 같이 CPU가 이것을 연산할 수는 없다. 그래서 문자열을 연결해주는 strcat라는 함수를 호출하여 str1+str2를 흉내내게 된다. 이런 식의 코드는 직관성을 많이 떨어뜨리기 때문에 좋은 코드라고 할 수 없다. 그래서 C++는 문자열을 직관성 있게 다루기 위해 문자열 처리 클래스를 준비해 두고 있는데, 이 클래스가 바로 string이다. 물론, C++ 역시 C를 모태로 하기 때문에 언어적으로 문자열을 지원하지는 않는다. string 클래스는 단지 문자열을 좀 더 쉽게 다루기 위해 언어 외적으로 표준 라이브러리에 추가된 클래스일 뿐이다.

[소스 2-1] string.cpp – String.exe

```cpp
1: #include <iostream>
2: #include <string>
3:
4: using namespace std;
5:
6: int main()
7: {
8:     string str;
9:     cout << "문자열을 입력하시오 : ";
10:    cin >> str;
11:
12:    cout << "입력된 문자열 : " << str << endl;
13:
14:    return 0;
15: }
```

위 코드는 string 클래스를 사용하는 가장 기본적인 코드이다. 다시 한 번 강조하지만 string 은 C++ 언어가 지원하는 것이 아니라 언어에 포함된 표준 클래스이기 때문에 이것을 사용하기 위해서는 반드시 string이라는 헤더를 포함해야 한다. 주의할 것은 C의 표준 문자열 헤더인 string.h와 달리 여기에는 .h가 없다는 것이다. 그리고 string 클래스는 string 헤더 안에 std라는 이름 공간에 묶여 있기 때문에 이것을 사용할 때는 using namespace를 이용해 std에 대한 디폴트 사용을 명시해야 한다. string 클래스가 문자 배열보다 좋은 첫 번째 이점은 크기를 명시하지 않아도 된다는 점이다. 보통 문자 배열을 사용할 때는 사용할 문자 개수의 최대 크기에 맞도록 배열을 크기를 선언해야 하지만 string 클래스는 이렇게 할 필요가 없다. 그리고 C++의 표준 입·출력 객체인 cin과 cout이 string 클래스를 지원하기 때문에 특별한 처리 없이 cin과 cout을 이용해 문자열을 입·출력 받을 수 있다. 다음은 [소스 2-1]의 실행 결과이다.

[그림 2-4] string.exe 실행

이런 간단한 이점 외에도 string 클래스는 문자열 복사, 검색, 분리 등 많은 내용을 포함하고 있기 때문에 문자 배열을 사용할 때보다 좀 더 쉽게 문자열을 다룰 수 있다. 먼저 문자열을 복사할 때는 단순히 대입 연산자('=')로 문자열을 대입하면 된다.

```
string str1 = "Hello ";
string str2 = str1;

str2 += "world";
```

위 코드는 string 객체를 이용해 문자열을 복사하고, 합치는 코드이다. 문자열을 합칠 때는 더하기('+') 연산자나 더하기 복합 연산자('+=')를 이용할 수 있기 때문에 문자 배열을 사용할 때 보다 훨씬 더 직관적인 코드를 작성할 수 있다. string 클래스의 이런 기능은 연산자 중복 정의를 이용한 기능이다. 다시 한 번 이야기하지만 C++ 언어가 문자열을 연산해주는 것이 아니라 연산자 중복 정의 함수를 호출하도록 코드를 구현해야만 가능하다. string 클래스는 이런 연산자 중복 정의를 이미 구현해 두고 있다. 특별히 중요한 사항은 아니지만 이런 이유 때문에 string 클래스를 이용한 문자열 복사와 문자열 합치기는 문자 배열을 사용하는 것보다 약간 느리다. 어차피 string 클래스의 연산자 중복 정의를 통해 내부적으로는 strcpy와 strcat를 호출하기 때문이다. 그렇다면 왜 string 클래스를 이용해 문자열을 사용해야 하는 것일까? string 클래스를 사용하는 것은 문자열 처리에서 직관적 코드를 구현하기 위한 사항일 뿐이다. C++에서 중요한 것은 속도가 아니라 생산성이다. 물론 속도와 생산성을 모두 얻을 수 있다면 최상이다.

string 클래스는 문자열 복사와 합치기 외에 다른 기능도 많이 제공한다. 이 기능들은 어떤 경우에는 연산자 중복 정의를 통해 제공되고, 어떤 경우에는 클래스 멤버 함수를 통해 제공된다. 이들 함수를 정리하면 다음과 같다.

[표 2-2] string 클래스 기능

함수 / 연산자	설명
= assign	문자열을 string 객체에 대입한다. 문자열은 ""나 또 다른 string 객체일 수 있다.
swap	두 문자열을 교환한다.
+= append push_back	string 객체에 문자나 문자열을 추가한다.
insert erase	string 객체의 특정 위치에 문자열를 삽입한다.
""	string 객체 안의 문자열을 지운다.
+	문자열을 연결한다.
== , != , < , <= , > , >=	string 객체의 문자열에 대해 비교 연산을 수행한다. 반환값은 true나 false다.
compare	두 문자열을 비교한다. 반환값은 결과에 따라 −1, 0, +1 일 수 있다.
length	string 객체의 문자열 길이를 반환한다.
size	string 객체의 문자열 길이를 반환한다.
empty	string 객체가 빈 문자열 인지를 반환한다. 반환값은 true나 false 다.
<<	표준 출력 객체에 문자열을 출력한다.
>> getline	표준 입력 객체로부터 문자열을 입력받는다.
c_str	string 객체 내의 문자열 포인터를 반환한다. 이것은 C 문자열 형식으로 변환이 필요한 경우에 사용한다. 이것은 0으로 종료되는 문자열이다.
data	string 객체 내의 문자열 포인터를 반환한다. 이것은 C 문자열 형식으로 변환이 필요한 경우에 사용한다. 이것은 0으로 종료되지 않는다.
[ ] at	특정 위치의 문자를 반환받는다.
find	string 객체 내의 문자열을 찾는다.
replace	문자열을 치환한다.
substr	문자열을 분리한다.

[표 2-2]의 함수 중에 c_str은 string 객체에 저장된 문자열을 C의 문자열 포인터로 변환할 때 사용한다. 즉, 이것을 이용하면 string 객체에 저장된 문자열을 C의 문자열 함수에 사용할 수 있다. 반대의 경우는 필요하지 않다. C 문자 배열을 string 객체를 위해 사용할 때는 단순히 대입하거나 insert 또는 append 함수를 호출하면 된다. 하지만 string 객체에 저장된 문자열을 C 형식으로 사용할 때는 반드시 c_str 함수를 호출해서 문자 포인터를 얻어야 한다.

```
string str = "C++ string object";
char buff[128];
strcpy (buff, str.c_str ());
```

위와 같은 코드를 많이 사용하지는 않지만 C의 문자열 함수가 좀 더 다양하기 때문에 가끔 C로 문자열을 처리하는 것이 편리할 때가 있다. 이때 사용하면 유용하다.

[소스 2-2] substring.cpp – Substring.exe

```
 1: #include <iostream>
 2: #include <string>
 3:
 4: using namespace std;
 5:
 6: int main()
 7: {
 8:     string file;
 9:     cout << "파일이름을 입력하시오 : ";
10:     cin >> file;
11:
12:     int idx = file.find_last_of ( '.' );
13:     if (idx == string::npos)
14:        cout << "확장자가 없는 파일이다";
15:     else
16:        cout << "파일 확장자 : " << file.substr (idx) << endl;
17:
18:     return 0;
19: }
```

[소스 2-2]는 string 클래스의 find_last_of와 substr 함수를 이용해 문자열을 분리하는 코드이다. find_last_of는 string 객체에 저장된 문자열로부터 인자로 지정된 문자 위치를 찾아 그 위치를 인덱스로 반환한다. 이것을 이용해 substr 함수를 호출하면 특정 문자 다음의 문자열을 string 객체로부터 분리할 수 있다. [소스 2-2]는 파일명을 입력받고, '.'로 분리되는 파일 확장자를 찾아 출력한다.

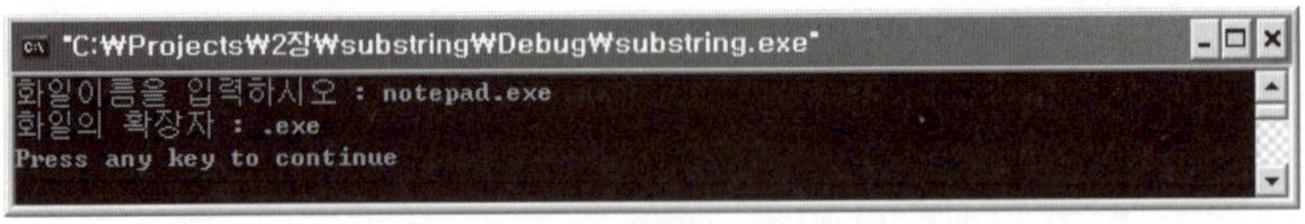

[그림 2-5] substring.exe 실행(string 객체 문자열 분리)

묵시적 포인터 참조형

C++는 변수 자료형으로 C에는 없는 참조형reference이라는 자료형을 제공한다. 이것을 이용하면 변수에 대한 별명을 만들 수 있다. 먼저 참조형의 사용 형식을 보기 위해 다음 코드를 살펴보자.

```cpp
int a = 10;
int& r = a;

r = 20;

cout << 'a = ' << a << endl;
cout << 'r = ' << r << endl;
```

위 코드에서 r은 a의 참조형으로 a의 별명이면서 a를 참조한다. r은 a의 값을 복제하는 것이 아니라 a를 그대로 참조한다. 그래서 r을 이용해 어떤 값을 대입하면 그 값은 그대로 a에 반영된다. a와 r은 같은 변수다. 이와 같이 어떤 변수에 대해 별명을 만들기 위한 자료형을 참조형이라고 한다. 참조형 변수를 선언하는 형식은 참조형 변수가 참조할 자료형과 함께 참조형 변수를 선언할 때 변수명 앞에 '&' 기호를 붙이면 된다. 변수를 사용할 때 '&' 기호는 그 변수의 포인터를 의미하지만 참조형 변수를 선언할 때 '&'는 선언하는 변수가 참조형이라는 것을 의미한다. '&'가 사용되는 위치에 따라 여러 목적이 있기 때문에 주의하도록 한다. 여기서는 참조형 변수를 선언하는 경우이다.

참조형 변수는 선언될 때 대입 연산자('=')를 통해 특정 변수를 한 번 참조하고 다시 다른 변수를 참조할 수 없다. 선언할 때 사용되는 대입 연산자만 참조로 인정하고 다른 대입 연산자는 값을 대입하는 것으로 인정하기 때문이다. 그래서 참조형 변수는 반드시 선언과 동시에 참조되어야 한다. 즉, 다음과 같이 코드를 구현할 수는 없다.

```
int &r;          // r은 참조형 변수로 반드시 선언과 함께 다른 변수를 참조해야 한다.
int a = 10;
int b = 20;
r = a;           // a를 참조하고자 하지만 참조되지 않는다.
r = b;           // b를 참조하고자 하지만 참조되지 않는다.
```

위 코드에서 r = a;는 r에 a를 참조라는 의미가 아니다. r이라는 참조형 변수가 이미 만들어졌기 때문에 r = a;는 r이 참조하는 변수에 a의 값을 대입하라는 의미로 해석된다. 그 다음의 r = b; 역시 마찬가지다. 참조형 변수가 선언된 다음의 대입 연산자는 참조하는 변수에 새로운 값을 대입하라는 의미로 해석되기 때문에 새로운 참조를 설정할 수 없다는 사실을 항상 기억하기 바란다. 그래서 참조형 변수는 반드시 선언과 함께 특정 변수를 참조해야 한다.

지금까지 참조형 변수의 일반적인 면을 살펴보았는데, 특별한 의미가 없었다. 하지만 함수에 인자로 사용될 때 참조형 변수는 중요한 의미가 있다. 참조형 변수를 함수의 인자로 사용해야 하는 경우는 포인터를 함수 인자로 사용해야 하는 경우와 같다. 즉, 함수 안에서 전달된 인자의 값을 변경해야 할 필요가 있을 때 포인터 변수를 사용하듯이 참조형 변수를 사용할 수 있다.

[소스 2-3] Swap.cpp – Swap.exe

```cpp
 1: #include <iostream>
 2:
 3: using namespace std;
 4:
 5: void swap (int& a, int& b);
 6:
 7: int main ()
 8:     {
 9:     int a, b;
10:     cout << "(a, b) = ";
11:     cin >> a >> b;
12:
13:     swap (a, b);
14:
15:     cout << "(" << a << "," << b << ")" << endl;
16:
17:     return 0;
18:}
19:
```

```
20: void swap (int& a, int& b)
21: {
22:     int temp = a;
23:     a = b;
24:     b = temp;
25: }
```

[소스 2-3]은 두 정수를 입력받고 swap 함수를 호출하여 이 두 정수를 서로 교환한 다음 출력하는 코드이다. 여기서 swap 함수는 인자를 참조형 변수로 선언했다. swap 함수가 밖에서 전달된 인자를 직접 접근해 값을 교환할 예정이기 때문이다. 이때 참조형 변수를 사용할 수도 있지만 포인터를 사용할 수도 있다. 포인터 역시 주소를 이용해 함수 밖의 실인자actual argument에 직접 접근할 수 있다. 실인자란 함수 호출에서 사용된 인자를 말한다. 함수 호출에서 포인터를 이용해 실인자에 직접 접근하는 방식을 주소(포인터)에 의한 호출call by address이라고 한다. 이런 주소에 의한 호출을 참조형으로 구현한 것이 바로 [소스 2-3]의 swap 함수이다. 이것을 참조에 의한 호출call by reference이라고 한다. 참조형은 이와 같이 함수 인자로 사용될 때 유용하다.

[그림 2-6] Swap.exe 실행(참조에 의한 호출)

참조형과 관련해 마지막으로 살펴볼 내용은 참조형 변수의 실체에 대한 내용이다. 참조형 변수를 변수에 대한 별명이라고 했지만 사실 참조형 변수는 포인터 변수다. 내부적으로 C++ 컴파일러는 참조형 변수를 구현하기 위해 포인터 변수를 사용한다. 실제 포인터 변수와 차이나는 것은 개발자 코드에서 참조형 변수를 이용해 참조하는 변수에 접근할 때 실제 포인터 변수와는 달리 '*'를 붙이지 않아도 된다는 점이다. 컴파일러는 참조형 변수를 이용해 참조하는 변수에 접근할 때 묵시적으로 '*'를 붙여 접근한다. 그래서 참조형 변수를 마치 변수의 별명처럼 사용할 수 있는 것이다.

```
int a = 10;
int& r = a;     // 내부적으로 변수 a의 주소를 r에 저장한다.
r = 20;
```

위 코드에서 int& r = a;를 실행할 때 컴파일러는 변수 a의 주소를 r에 저장한다. 그리고 r = 20;을 실행할 때 변수 r 앞에 "*" 기호는 없지만 내부적으로 r이 가리키는 변수인 a에 20의 값을 저장한다. 참조형 변수의 본질은 포인터 변수라는 사실을 기억해 두기 바란다. 참조형 변수는 "*"를 사용하지 않아도 되는 묵시적 포인터와 같다.

2.4 C++의 표준 입·출력

C의 표준 입·출력과 C++의 표준 입·출력

대부분 언어적으로 어떤 내용을 살펴볼 때 키보드를 통해 입력받은 내용을 언어적으로 가공하여 화면으로 출력한다. 이 책 역시 그렇다. 그래서 다음 내용을 알아보기 위해 C++가 지원하는 입·출력에 대해 알아보자. 키보드와 화면을 통한 입·출력을 표준 입·출력이라고 하는데, C와 C++는 표준 입·출력으로 스트림stream 입·출력을 지원한다.

스트림이란 일련의 연속된 문자들이다. 정확하게 표현하면 순차적으로 들어오고 나가는 바이트 데이터를 스트림이라고 한다. 이 스트림이 어디로부터 데이터를 받아들이고 어디로 나가는지는 중요하지 않다. 경우에 따라 스트림의 입력이 파일이 될 수도 있고 키보드가 될 수도 있다. 또 경우에 따라서는 스트림의 출력이 화면이 될 수도 있고 파일이 될 수도 있다. 이런 스트림을 이용한 입·출력은 입력과 출력을 추상화할 수 있다는 상점이 있다. 즉, 프로그램은 스트림을 내상으로 입·출력하고 스트림을 특정 장치에 연결하면 프로그램의 입·출력이 여러 장치에 대해 적용될 수 있기 때문에 입·출력 장치별로 코드를 구현할 필요가 없어진다.

스트림 중에 컴파일러가 기본적으로 제공하는 스트림을 표준 스트림이라고 하며, 이것을 이용한 입·출력을 표준 입·출력이라고 한다. C언어는 stdin, stdout, stderr, stdprn, stdaux 다섯 개의 스트림을 제공하는데, 이중에 stdin과 stdout가 표준 입·출력을 위해 사용되는 스트림으로 각각 키보드와 화면을 대상으로 입·출력을 수행한다. 그리고 이것을 이용해 입·출력을 수행하는 함수가 바로 scanf와 printf 같은 함수이다. 결론적으로 C에서 표준 입·출력이란 scanf와 printf 같은 함수를 이용한 입·출력을 말한다.

C++ 역시 C를 포함하기 때문에 scanf와 printf 같은 함수를 이용해 표준 입·출력을 할 수 있다. 이때는 당연히 C의 stdio.h를 포함해야 한다. 하지만 C++는 이 방법 외에 C++만의 표준 입·출력을 제공하는데, 이것이 바로 cin과 cout을 이용한 입·출력이다. cin과 cout은 표준 입·출력이라는 관점에서 보면 scanf나 printf와 같지만 이들과 달리 함수가 아니다. cin과 cout은

C++ 클래스 객체이다. 그리고 이것을 이용해 입·출력할 때 사용하는 '>>'과 '<<'는 이것에 정의되어 있는 연산자 중복 정의 함수이다. 이것을 이용하면 편리하고 직관적인 코드를 구현할 수 있다.

```c
#include <stdio.h>

int main ()
{
    printf ("Hello world\n");
    return 0;
}
```

```cpp
#include <iostream>
using namespace std;
int main ()
{
    cout <<"Hello world" << endl;
    return 0;
}
```

위 코드에서 왼쪽은 C의 표준 출력 코드이고, 오른쪽 C++의 표준 출력 코드이다. 오른쪽의 코드가 좀 더 직관적으로 보인다. 이렇게 C++의 cin과 cout을 이용하면 C와 표준 입·출력은 동일하지만 좀 더 직관적인 코드를 구현할 수 있다.

cin과 cout은 객체이다

C++의 표준 입·출력 객체인 cin과 cout은 C++ 표준 라이브러리인 STL의 istream과 ostream 클래스로 구현되고 선언된 객체이다. 그리고 이것은 iostream이라는 헤더에 구현되고 선언되어 있다. 그래서 코드에 iostream을 포함하면 cin과 cout을 이용해 입·출력을 수행할 수 있다.

[그림 2-7]에 보이는 istream과 ostream이 cin과 cout의 클래스이다. istream과 ostream 안에는 정수, 실수, 문자열 등의 자료형에 대해 '>>'과 '<<'가 입·출력으로 연산자 중복 정의되어 있다. 이외에 istream과 ostream은 입·출력을 위해 또 다른 다양한 함수를 구현하고 있기 때문에 이들을 이용하면 좀 더 정밀하고 편리하게 입·출력을 구현할 수 있다. 다른 함수를 이야기하기 전에 표준 입·출력이 사용하는 조정자에 대해 알아보도록 하자.

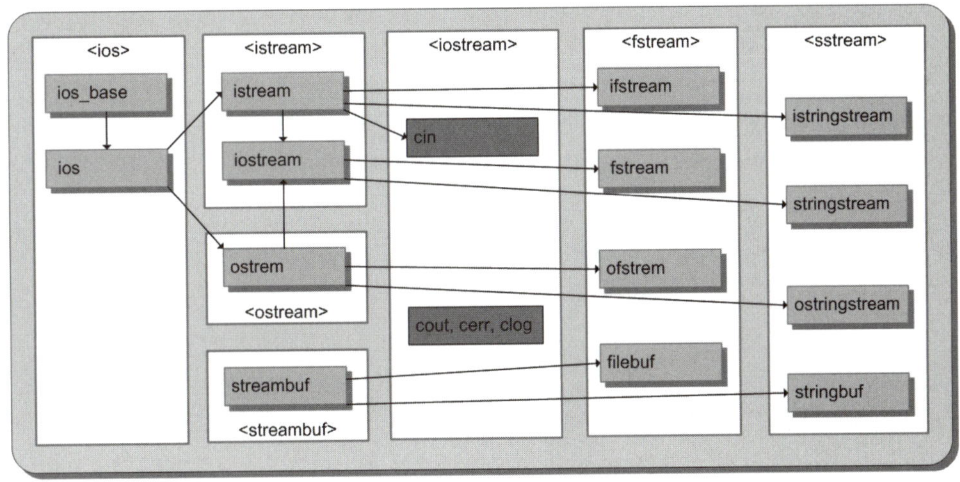

[그림 2-7] istream과 ostream

cin과 cout 조정자

조정자^{manipulator}란 입·출력 형식을 조작하는 함수들이다. 조정자는 iostream, iomanip 등의 헤더에 정의되어 있기 때문에 조정자를 사용할 때는 iostream, iomanip를 소스에 포함해야 한다.

[표 2-3] 조정자

조정자	의미
endl	스트림 버퍼의 모든 내용과 함께 '₩n'을 출력하고 스트림 버퍼를 비운다.
flush	스트림 버퍼의 모든 내용을 출력하고 스트림 버퍼를 비운다.
dec	출력 데이터를 10 진수 형식으로 출력한다.
oct	출력 데이터를 8 진수 형식으로 출력한다.
hex	출력 데이터를 16 진수 형식으로 출력한다.
left	출력 데이터를 왼쪽으로 붙여 출력한다.
right	출력 데이터를 오른쪽으로 붙여 출력한다.
setbase	출력 진법을 지정한다. hex나 oct, 그리고 dec를 이용해 진법을 지정하는 것과 동일하다.
setfill	출력 칸 안에 채울 문자를 지정한다.
setw	데이터가 출력될 화면의 폭을 지정한다.
setprecision	실수의 유효숫자 자리수를 지정한다. 지정한 유효숫자 자리에서 반올림된다.

조정자는 함수지만, 그렇다고 해서 이것을 사용할 때 함수 형식으로 호출할 필요는 없다.

```cpp
#include <iostream>
using namespace std;
int main ()
{
    cout << endl;
    return 0;
}
```

예를 들어, 위 코드와 같이 cout에 endl을 출력한다고 가정해보자. 이때 조정자 endl은 함수이기 때문에 위 코드는 cout에 endl 함수의 주소를 전달하는 형식이 된다. C/C++에서 함수 이름은 함수 주소라는 사실을 정확하게 기억하기 바란다. 이렇게 cout에 endl의 주소를 전달하면 cout에 함수 주소를 전달받도록 정의된 연산자 함수는 전달된 endl 함수 주소를 이용해 endl 함수를 간접 호출하게 된다. 그리고 endl 함수는 '\n'과 함께 스트림 버퍼의 내용을 출력하고 스트림 버퍼를 비우도록 구현했다.

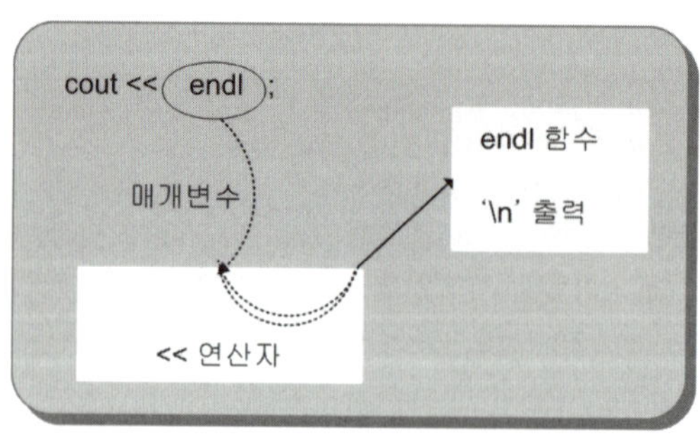

[그림 2-8] 조정자 함수 간접 호출

endl 뿐만 아니라 [표 2-3]의 모든 조정자 함수는 이와 같이 구현된 함수이다. hex는 출력 내용을 16진수로, oct는 8진수로 출력하도록 정의된 함수이다. 이런 원리 때문에 개발자가 직접 조정자 함수를 구현하고 사용할 수도 있다. [표 2-3]에 나온 조정자 함수 중 가장 많이 사용되는 조정자는 endl이다. 다음은 몇몇 조정자를 사용한 코드이다.

[소스 2-4] manipulator.cpp – Manipulator.exe

```cpp
1: #include <iostream>
2: #include <iomanip>
3:
4: using namespace std;
5:
6: int main()
7: {
8:      double pi = 3.1415;
9:      int i = 16;
10:
11:      cout << pi << endl;
12:      cout << setw(10) << setfill('0') << pi << endl;
13:      cout << setprecision(3) << pi << endl;
14:      cout << "dec= " << setbase(10) << i << endl;
15:      cout << "hex= " << setbase(16) << i << endl;
16:      cout << "oct= " << setbase(8) << i << endl;
17:
18:      return 0;
19: }
```

[소스 2-4]는 조정자의 사용을 보여주기 위한 코드이다. 여기서는 8~9행에 선언된 pi와 i의 값을 다양한 조정자를 이용해 출력한다. 11행의 출력은 endl이라는 조정자만 사용하였다. 그래서 단순히 출력되고 줄바꿈된다. 다음으로 12행의 setw라는 조정자는 출력을 위한 폭을 확보한다. 여기서는 10칸을 확보하여 뒤에 출력되는 pi는 10칸 안에 출력된다. 다음으로 같은 행의 setfill은 출력할 내용이 확보한 칸보다 작은 경우 채울 문자를 지정하는 지정자다. 13행의 setprecision은 뒤에 출력할 내용의 실수 정밀도를 지정하는 함수이다. 여기서는 소수점 이하 3자리까지 출력하도록 지정했다. 14~16행의 setbase는 출력 진법을 지정하는 조정자로서 hex와 oct, 그리고 dec를 이용한 진법 지정과 같다. 다른 점이라고 한다면 여기서는 setbase라는 조정자 함수를 직접 호출하여 진법을 지정한 것이고, hex를 이용하면 hex라는 조정자 함수의 주소를 이용해 cout가 내부적으로 간접 호출하여 진법을 지정한다는 것이다.

[그림 2-9] Manipulator.exe 실행(조정자 출력)

setf

istream과 ostream은 앞의 조정자와 유사한 기능을 setf 함수를 통해 제공하기도 한다. setf는 istream과 ostream의 멤버 함수이기 때문에 cin과 cout 객체를 이용해 호출할 수 있다. setf 함수는 플래그와 마스크를 인자로 전달받아 다양한 입·출력 형식을 지정한다. setf 함수는 플래그만 전달받을 수 있도록 중복 정의되어 있기 때문에 필요하지 않다면 마스크는 전달하지 않을 수도 있다. 주의할 것은 플래그와 마스크를 함께 전달할 때와 플래그만 전달할 때 사용하는 인자 값이 정해져 있기 때문에 이것을 혼용해 사용하지 않도록 한다.

[표 2-4] setf 인자

형식	의미
setf(ios_base::boolalpha)	bool 값을 true나 false로 입·출력한다.
unsetf(ios_base::noboolalpha)	앞의 설정을 해제한다.
setf(ios_base::showbase)	16진수로 출력할 때 0x 출력한다.
unsetf(ios_base::showbase)	앞의 설정을 해제한다.
setf(ios_base::showpoint)	소수점 이하 값이 없을 때 뒤쪽의 소수점을 표시한다.
unsetf(ios_base::showpoint)	앞의 설정을 해제한다.
setf(ios_base::showpos)	플러스 부호 출력한다.
unsetf(ios_base::showpos)	앞의 설정을 해제한다.
setf(ios_base::uppercase)	대문자로 출력한다.
unsetf(ios_base::uppercase)	앞의 설정을 해제한다.
setf(ios_base::internal, ios_base::adjustfield)	값은 오른쪽 정렬로 출력하고, 부호와 진법을 나타내는 기호는 왼쪽으로 정렬해 출력한다.
setf(ios_base::leftl, ios_base::adjustfield)	왼쪽 정렬로 출력한다.
setf(ios_base::right, ios_base::adjustfield)	오른쪽 정렬로 출력한다.

setf(ios_base::dec, ios_base::basefield)	10진수로 출력한다.
setf(ios_base::hex, ios_base::basefield)	16진수로 출력한다.
setf(ios_base::oct, ios_base::basefield)	8진수로 출력한다.
setf(ios_base::fixed, ios_base::floatfield)	고정 소수점 형식으로 출력한다.
setf(ios_base::scientific, ios_base::floatfield)	지수 표현 형식으로 출력한다.

스트림 제어

istream과 ostream의 상위 클래스인 basic_ios 클래스는 스트림 버퍼를 제어하기 위한 함수를 몇몇 제공한다. 이 함수를 이용하면 스트림 버퍼의 상태를 알아볼 수도 있고, 스트림 버퍼를 지울 수도 있다.

[표 2-5] ios_base 스트림 제어 함수

함수	의미
good	입·출력을 위한 스트림의 상태가 정상이면 true를 반환하고, 반대의 경우 false를 반환한다.
eof	이전의 입·출력에 의해 스트림이 파일의 끝에 도달했으면 true를 반환하고, 반대의 경우 false를 반환한다.
fail	예상하지 못한 입력이 들어오는 등 에러가 발생하면 true를 반환하고, 반대의 경우에는 false를 반환한다.
bad	이전의 입·출력에서 잘못된 파일 핸들 등에 의해 에러가 발생했으면 true를 반환하고, 반대의 경우에는 false를 반환한다.
clear	앞의 에러 상태를 모두 정상 상태로 돌린다.
ignore	스트림 버퍼에 남아 있는 내용을 무시할 때 사용한다.

[표 2-5] 함수 외에 마지막으로 하나만 더 알아보자. 문자열을 '>>'를 이용해서 입력받으면 문자열을 화이트스페이스로 토큰 분리하여 입력받게 된다. 화이트스페이스에는 공백, 탭, 줄 바꿈 문자가 있다. 이중에 공백은 문자열을 입력받을 때 사용되는 문자이기 때문에 문자열이 분리되면 안 되는 경우에는 '>>'를 이용해 문자열을 입력받으면 안된다. 이때 사용하는 함수가 바로 getline이다. getline 함수는 〈Enter〉 키를 입력하기 전까지 라인 단위로 문자열을 입력받는다.

[소스 2-5] getline.cpp – Getline.exe

```
1: #include <iostream>
2: #include <string>
3:
```

```
 4: using namespace std;
 5:
 6: int main ()
 7: {
 8:     string str;
 9:
10:     cout << "이름을 입력하세요 : ";
11:
12:     getline (cin,str);
13:
14:     cout << "감사합니다, " << str << ".\n";
15:
16:     return 0;
17: }
```

istream의 상위 클래스인 basic_istream에는 [소스 2-5]에서 사용한 전역 함수 getline과 비슷한 getline 함수가 멤버 함수로 구현되어 있다. 이 함수는 char 배열을 인자로 전달받아 〈Enter〉 키를 입력할 때까지 라인 단위로 문자열을 입력받는다. 그 외 사용법은 동일하다.

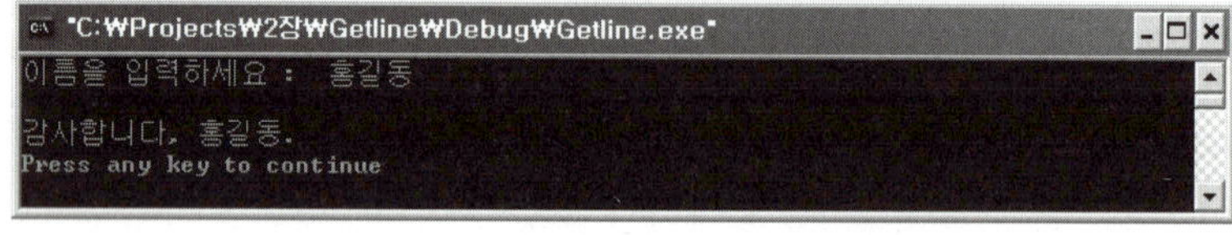

[그림 2-10] Getline.exe 실행(getline 입력)

다음 장부터 C++의 다양한 문법을 알아볼 것이다. 이때 목적에 따라 C++ 문법을 분류하고, 이 기준에 따라 C++의 문법을 이야기할 것이다. 이런 식으로 C++ 문법을 분류하고 이야기하는 것은 기존의 방법과 다른 방법인데, 이 방법의 특징을 정확하게 파악하기 위해 이번 장에서는 먼저 기존 방법으로 C++ 문법을 분류하는 방법을 알아보았다. C++를 배우는 목적은 좀 더 생산적인 방법으로 소프트웨어를 개발하고자 하는 데 있다. 그래서 C++로 배우는 모든 요소는 이 기준에 맞추어져야 한다.

기존에는 C++를 배울 때 가장 기본이 되면서 쉬운 문법인 클래스부터 가장 어려운 부분인 템플릿까지 순차적으로 배웠다. 하지만 우리는 기존의 방식과 다르게 문법적으로는 전혀 연관성이 없지만 같은 목적을 가지고 있다면 이 요소들을 함께 이야기할 것이다. 가장 먼저 알아볼 내용은 가장 기본이 되는 클래스이다. 이것이 C++의 가장 기본 문법이면서 생산성을 높이기 위해 가장 처음 알아야 할 사항이기 때문이다. 다음으로 개발자 실수를 줄이기 위한 문법적 요소를 알아볼 것이다. 여기에는 생성자와 소멸자, 그리고 상수형 멤버들이 있다. 그런 다음 직관적인 코드를 만들기 위한 문법과 미래 변화 가능성을 위한 C++ 문법들을 알아볼 것이다. 마지막으로 템플릿과 STL에 대해 알아볼 것이다. 사실 템플릿은 미래 변화 가능성을 대비한 문법이지만 이야기할 내용이 많기 때문에 마지막 부분에서 다룰 것이다.

이번 장은 C와 C++의 차이점에 대해 이야기했다. C++는 C를 기반으로 하기 때문에 기본적인 부분에는 문법적인 차이가 거의 없다. 하지만 변수 선언 위치 같은 부분과 자료형 등에서 일부 차이가 있나. 물론, 클래스나 중복 정의는 C 에는 없는 완전히 새로운 것으로 C와 유사한 몇몇 요소 중에 C와 차이나는 부분을 주로 이야기했다. 먼저 변수 선언 위치에 대해 이야기했다. C와 달리 C++는 지역 변수를 선언할 때 어디에서나 선언할 수 있기 때문에 변수를 사용하는 위치와 선언하는 위치를 항상 가깝게 유지할 수 있다. 이것은 작지만 직관적인 코드를 위해 중요한 부분이다. 또 C의 기본 자료형과 C++에 새로 추가된 기본 자료형을 이야기했다. 새로 추가된 기본 자료형에는 bool과 wchar_t가 있다. 참조형 역시 C++에 새로 추가된 것이다. 이것을 이용하면 변수에 대한 참조 별명을 만들고, 자신이 참조하는 변수를 접근할 수 있게 한다. 또한 함수 안에서 인자로 전달된 실인자 값을 바꿀 수도 있다.

또 C++ 언어의 기본 자료형은 아니지만 많이 사용하는 자료형 중 하나인 string 클래스에 대해 알아보았다. string을 이용해 문자열을 처리하는 일반적인 방법과 C 함수와 함께 사용하기 위해 C 문자열로 변환하는 방법도 알아보았다. 마지막으로 cin과 cout을 이용한 표준 입·출력에 대해 알아보았다. cin과 cout은 다양한 자료형을 위해 연산자 중복 정의된 '〉〉'과 '〈〈'를 가지고 있다. 이것을 이용하면 직관적이면서 쉽게 입·출력을 구현할 수 있다. 그리고 cin과 cout은 입·출력을 위한 또 다른 다양한 함수와 조정자를 가지고 있기 때문에 좀 더 정밀하고 편리하게 입·출력을 구현할 수 있다.

재사용을 위한 구성 요소

소프트웨어를 개발하는 데 재사용만큼 개발을 안정적이고 빠르게
만들어주는 것도 없다. 이것을 구현하기 위해서는 클래스 캡슐화가 필요하다.
이것은 또한 미래를 위한 준비다. 클래스는 나중에 자신이나
또 다른 개발자가 상속이나 포함 기법을 통해 재사용하게 될 것이다.

chapter point

- **클래스** C++에서 클래스란 데이터와 데이터를 처리하는 함수를 하나로 캡슐화하기 위한 문법적 요소다. 개발자는 이것을 통해 코드 재사용성을 증대시키고 작업 단위를 분리한다.

- **클래스와 객체** C++에서 클래스는 새롭게 정의한 자료형이고 이를 이용해 실제 메모리상에 생성한 변수가 객체이다. 클래스는 컴파일러가 객체를 생성하기 위해 참조하는 설계도일 뿐이다.

- **접근 지정자** 클래스는 작업의 기본 단위다. 클래스 내부를 외부에 적절히 은폐하면 코드 독립성이 강해지고, 재사용성이 높아진다. C++ 은 개발자가 클래스 내부를 감추거나 공개할 수 있도록 private, protected, 그리고 public 이라는 접근 지정자를 제공한다.

- **접근자** 접근자는 문법적 요소가 아니다. 이것은 숨겨진 클래스 멤버를 외부에서 접근할 수 있도록 하기 위한 공개된 멤버 함수이다. 이를 통해 클래스는 일관된 인터페이스를 갖게 된다.

 **데이터와 알고리즘**

이번 장에서는 객체 지향 프로그래밍의 기본 요소인 클래스에 대해 알아볼 것이다. 클래스란 구조체에 함수를 캡슐화한 것이 기본 개념이기 때문에 클래스를 다루기 전에 구조체에 대해 알아봐야 한다.

소프트웨어의 중심에 데이터가 있다

소프트웨어 사용자는 항상 데이터에 관심이 많다. 좀 더 정확하게 말하면 데이터를 처리하기 위해 소프트웨어를 사용한다. 80년대 초에 엑셀과 같은 스프레드시트를 기본으로 통합한 Lotus라는 소프트웨어가 있었다. 잘 알려지지 않은 사실이지만 PC를 대중화시키는 데 가장 결정적인 역할을 한 소프트웨어가 Lotus이다. 80년대 초 회사의 수치 데이터를 탁상용 전자 계산기로 처리하던 시절에 Lotus의 등장은 혁명적이었다. 개인이나 회사에서는 Lotus를 사용하기 위해 PC를 구매했다. Lotus를 사용하기 위해 PC를 구매했다고 했지만 본질은 회사의 수치 데이터를 처리하기 위해 Lotus가 필요했고, 이를 위해 PC를 구매한 것이다. 어떻게 보면 80년대 초에는 Microsoft를 성공으로 이끈 MS-DOS 보다 Lotus의 영향력이 더 컸다.

대부분의 사람들은 하드웨어 시스템이 어떤 설계 구조를 가지고 있는지 얼마나 혁명적 기술인지에 별로 관심이 없다. 그리고 소프트웨어 역시 마찬가지다. 사람들이 관심 있는 것은 자신의 데이터를 얼마나 빠르고 정확하게 처리해주느냐이다. 하드웨어 시스템이나 소프트웨어를 개발하는 사람들도 이런 사용자의 관점에서 시스템을 바라볼 필요가 있다. 단지 지적 호기심이나 성취를 위해 하드웨어 시스템과 소프트웨어를 개발하는 것은 아니다.

우리가 개발한 시스템은 사용자에게 유용하게 사용되어야 한다. 그래서 사용자가 관심 있는 것에 우리도 관심을 가져야 한다. 즉, 데이터를 우리가 개발하는 하드웨어 시스템과 소프트웨어 시스템의 중심에 두어야 한다. 특히 하드웨어 시스템은 데이터를 입력받고, 연산하고, 출력하는 기계 장치지만 소프트웨어 시스템은 이것을 통해 실제 데이터를 논리적으로 처리하기 때문에 데이터를 항상 소프트웨어 시스템의 중심에 두어야 한다.

기본 자료형

데이터 처리의 기본은 데이터를 메모리상에 표현하는 것이다. 그래서 모든 컴퓨터 언어는 데이터를 표현하기 위해 자료형을 준비해 두고 있다. C++ 역시 그렇다. C++의 자료형은 C를 기본으로 하기 때문에 C와 대부분 비슷하다. 이것을 간단히 정리해보면 다음과 같다.

[표 3-1] C++ 자료형

구분	형	크기	자료형 범위
논리형	bool	1	true, false
문자형	char	1	−128~127
	unsigned char	1	0~255
정수형	__int8	1	−128~127
	short	2	−32,768~32,767
	unsigned short	2	0~65,535
	__int16	2	−32,768~32,767
	int	4	−2,147,483,648~2,147,483,647
	unsigned int	4	0~4,294,967,295
	long	4	−2,147,483,648~2,147,483,647
	unsigned long	4	0~4,294,967,295
	__int32	4	−2,147,483,648~2,147,483,647
	__int64	8	9,223,372,036,854,775,808~9,223,372,036,854,775,807
실수형	float	4	3.4E−38~3.4E+38
	double	8	1.7E−308~1.7E+308
	long double	8	1.2E−4932~1.2E+4932

위의 자료형은 C++의 기본 자료형으로 데이터를 가장 원천적으로 표현할 때 사용한다. 아마 대부분 C의 자료형과 비슷하다. 특이한 것은 bool 자료형인데, 이것은 1byte 크기의 자료형으로 참/거짓을 표현하기 위해 사용된다. 참/거짓을 상수로 표현할 때는 true(참), false(거짓)가 사용된다.

```
bool flag = true;                    // or flag = false;
```

이외에 __int8, __int16, __int32, __int64는 Microsoft 컴파일러에서만 정의된 자료형으로, __int64의 경우 64비트 정수를 표현하기 위해 사용된다. 다른 C++ 컴파일러에서는 long long으로 표현되기도 한다.

자료형은 변수를 선언하거나 함수의 인자 혹은 반환값을 정의할 때 사용된다. 실제 이것을 이용해 변수를 선언하고 상수를 대입하며 함수를 선언하는 등의 내용은 C언어적 요소와 동일하므로 이 책에서는 다루지 않는나.

기본 자료형은 물질의 최소 원소와 같다. 가장 원천적인 데이터를 표현할 수는 있지만 실제적인 데이터를 표현하기에는 부족함이 많다. 그래서 기본 자료형을 응용하여 파생 자료형을 만들어서 사용하게 된다. C++의 파생 자료형에는 배열, 공용체, 구조체, 클래스 등이 있다.

- 기본 자료형 : 논리형, 문자형, 정수형, 실수형
- 파생 자료형 : 배열, 구조체, 공용체, 클래스

배열과 구조체

기본 자료형을 이용해 파생 자료형을 만들 때 가장 기본이 되는 것이 배열과 구조체이며, 공용체는 구조체의 한 형태이다. 기본 자료형을 이용해 파생 자료형을 만들 때 두 가지 경우가 있을 수 있다. 동일한 자료형이 여러 개 필요한 경우와 서로 다른 여러 개의 자료형을 하나로 묶어야 할 경우이다. 전자의 경우 배열을 사용하고 후자의 경우 구조체를 사용한다. 그렇다면 실제 세계의 데이터를 표현할 때는 무엇이 더 많이 사용될까? 구조체가 더 많이 사용된다.

예를 들어, 학생 10명의 성적을 처리해야 한다고 가정하자. 10명의 학생 이름, 국어, 영어, 수학 점수를 입력받고 총점과 평균을 산출할 때 배열을 사용한다면 다음과 같이 선언할 수 있다.

```
char name[10][20];
int kor[10], eng[10], math[10];
float tot[10], avg[10];
```

이것은 두 가지 점에서 효율적이지 못하다. 첫째, 배열을 사용하는 것은 사용자의 관점에서 메모리에 데이터를 효율적으로 표현하지 못하는 경향이 있다. 이것은 사용자가 바라보는 데이터 관점과 다르다. 사용자는 한 사람의 이름, 국어, 영어, 수학, 총점, 평균을 하나의 단위로 바라본다. 하지만 위와 같이 배열을 선언하면 모든 사용자의 이름은 하나로 연속적이며 국어, 영어, 수학 점수 역시 마찬가지다.

결론적으로 사용자가 바라보는 데이터의 단위와 소프트웨어가 구현한 데이터 단위가 다르게 표현됨으로써 이것을 구현하는 개발자가 혼란스러울 수 있다. 이렇게 되면 나중에 학생 수가 늘어나거나 과목 수가 늘어난다면 배열의 모든 요소의 개수를 늘리거나 새로운 과목 배열을 추가해야 하는 집단적 수정 작업이 필요해진다. 수정 범위를 최소한으로 묶을 수 있도록 하는 것이 융통성 있는 코드를 개발하는 비법이다.

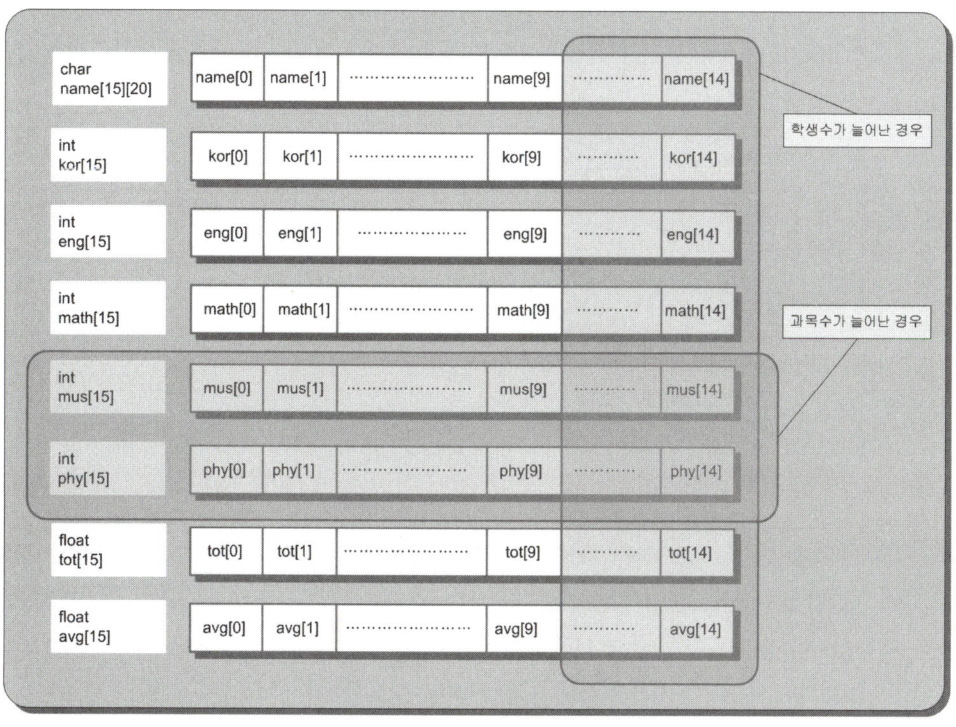

[그림 3-1] 배열

[그림 3-2] 학생 수와 과목이 늘어난 경우

둘째, 배열을 사용하는 것이 성능 향상에 도움이 되지 못하는 경우가 있다. 배열은 동일 자료형을 메모리상에 연속적으로 배치한다. 소프트웨어는 사용자가 바라보는 단위로 배열을 엑세스하려고 하는 경향이 있다. 예를 들어 사용자 한명에 대한 총점과 평균을 구하고자 한다면 다음과 같이 배열을 엑세스하는 경우가 일반적이다.

```
tot[0] = kor[0] + eng[0] + math[0];
avr[0] = tot[0] / 3;
```

이것은 효율적이지 못하다. 일반적으로 연산 장치는 연산을 위해 주변 데이터를 한 번에 캐쉬로 로딩한다. 그래서 kor[0]이 읽힐 때 사실은 kor[1]~kor[9] 역시 연산장치의 캐쉬에 로딩된다. 하지만 위의 코드와 같이 eng[0]과 연산이 이루어지기 때문에 캐쉬로 로딩된 kor[1]~kor[9]는 그냥 버려지게 되어 성능 향상에 도움이 되지 않는다. 그렇다고 배열을 사용하는 것이 항상 성능에 도움이 되지 못한다는 뜻은 절대 아니다. 예를 들어, 10명에 대한 국어 전체의 총점을 구하고자 한다면 오히려 배열을 사용하는 것이 성능에 도움이 된다.

이와 같은 이유로 배열을 사용해 데이터를 표현하는 것보다는 사용자가 바라보는 관점에서 데이터를 구조화시켜야 한다. 이때 사용하는 것이 구조체이다. 구조체는 사용자가 바라보는 데이터를 소프트웨어로 표현할 때 가장 이상적인 표현 방법이다. 위에서 배열로 표현한 10명에 대한 이름, 국어, 영어, 수학, 총점, 평균을 구조체로 표현하면 다음과 같다.

```
struct STUDENT
{
    char name[20];
    int kor, eng, math;
    float tot, avg;
};
```

C++의 구조체 선언 방법은 C와 동일하다. struct 키워드와 함께 구조체 이름을 기술하고 중괄호({, })를 기술한 다음 구조체 멤버를 나열하면 된다. 구조체 멤버에는 기본 자료형뿐만 아니라 거의 모든 파생 자료형을 사용할 수 있다. 이렇게 구조체를 선언한 다음 구조체를 변수로 생성해야 한다. 작은 차이지만 C++는 C와 달리 변수를 선언할 때 struct라는 키워드를 생략할 수 있다.

```
STUDENT stdnt[10];                  // C++ 스타일 구조체 변수
struct STUDENT stdnt[10];           // C 스타일 구조체 변수
```

위와 같이 C++는 C 스타일의 구조체 변수도 여전히 사용할 수 있다. 이런 구조에서 배열은 구조체를 여러 개 변수로 선언하기 위해 사용될 수 있다.

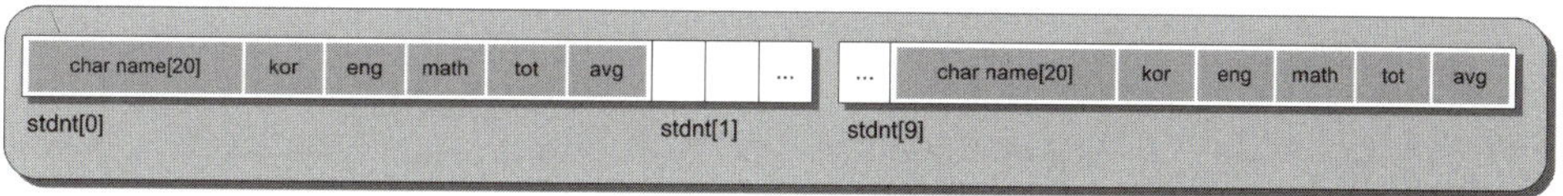

[그림 3-3] 배열

구조체를 이용해 데이터를 표현하면 사용자가 바라보는 것과 데이터 구조가 자연스럽게 일치한다. 그래서 과목이 늘어나거나 학생 수가 늘어나도 구조체 멤버를 추가하거나 배열 개수만 늘려 간단히 수정할 수 있다. 변화에 더욱 융통성 있게 대응할 수 있는 것이다. 또 총점과 평균을 구할 때도 하나의 구조체를 다음과 같이 하나의 단위로 엑세스하기 때문에 항상 인접한 메모리를 엑세스할 가능성이 높아 성능 향상에도 도움이 된다.

```
stdnt[0].tot = stdnt[0].kor + stdnt[0].eng + stdnt[0].avg;
stdnt[0].avg = stdnt[0].tot / 3;
```

이렇게 구조체를 이용해 데이터를 표현하는 것은 아주 자연스러운 행위이다. 하지만 우리가 구조체를 이용해 데이터를 표현하는 것만 필요한 것은 아니다. 위와 같이 단지 총점과 평균만 구한다면 모르겠지만 일반적인 경우는 구조체를 이용해 다양한 처리를 구현해야 한다. 이런 경우 다양한 처리를 직접 나열하는 것보다는 이것을 함수로 구현하는 것이 일반적이다.

데이터를 처리하는 함수

항상 데이터를 처리하는 것은 함수이다. 보통 소프트웨어를 개발한다고 하면 데이터를 처리하는 것을 개발하는 것이다. 함수를 구현하지 않고 데이터를 처리할 수도 있지만 함수를 구현하지 않는다면 데이터를 처리하는 모든 부분에 중복된 코드를 계속 구현해야 한다. 이런 이유 때문에 데이터의 다양한 처리는 항상 함수가 하게 된다. 예를 들면, 앞의 STUDENT 구조체를 위

한 함수를 다음과 같이 구현할 수 있을 것이다.

```c
void set_student (STUDENT* pstdnt, char *name, int kor, int eng, int math)
{
    strcpy (pstdnt->name, name);
    pstdnt->kor        = kor;
    pstdnt->eng        = eng;
    pstdnt->math       = math;
}

float calc_tot (STUDENT* pstdnt)
{
    pstdnt->tot = pstdnt->kor + pstdnt->eng + pstdnt->avg;
    return pstdnt->tot;
}

float calc_avg (STUDENT* pstdnt)
{
    pstdnt->avg = pstdnt->tot / 3;
    return pstdnt->avg;
}
```

프로그램 = 데이터 정의 + 함수 + 함수...

지금까지 이야기한 것과 같이 소프트웨어에서 가장 중심이 되는 것이 데이터이고, 이것을 조작하기 위해 여러 함수를 만드는 것이 바로 소프트웨어 개발이다. 하지만 데이터는 데이터의 모양을 정의하고 이것을 메모리에 생성하는 자체를 의미하는 것이지 데이터가 자신의 조작 행위를 기술하지는 않는다. 그래서 우리는 항상 함수를 통해 데이터의 조작 행위를 기술한다. 결론적으로 소프트웨어 개발의 대상이 되는 프로그램이란 데이터를 정의하고 이 데이터를 조작하는 함수를 구현하는 것이라고 볼 수 있다.

데이터와 함수의 불편한 동거

데이터와 이를 처리하는 함수는 항상 공존한다. 이것이 소프트웨어의 기본이기 때문이다. 하지만 여기서 공존이란 말은 동일한 소프트웨어 내부에 구현되어 있다는 것을 의미하는 것이지 실제 거리상으로 또는 논리상으로 이 두 개가 가깝게 결합되어 있다는 의미는 아니다. 대부분의 경우 데이터 구조를 정의한 구조체는 헤더 파일과 전역 변수로 선언되고, 함수는 독립된 소스 코드에 구현된다. 이렇게 거리상으로 또는 논리적으로 떨어져 구현된 것을 느슨하게 결합된 구조라고 한다.

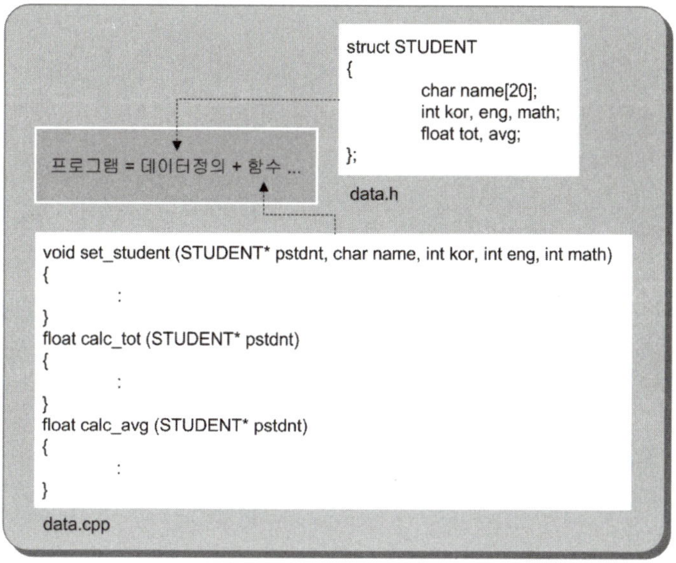

[그림 3-4] 구조체와 함수

느슨하게 결합된 구조는 수정과 재사용에 문제점을 발생시키고 궁극적으로 생산성을 저하시킨다. 앞의 예시를 생각해보자. 만약 새로운 과목이 추가되었다면 구조체 선언이 수정되어야 한다. 뿐만 아니라 처리하는 모든 함수가 변화된 구조체에 맞게 수정되어야 한다. 수정의 범위가 커지면 필연적으로 발생하는 오류도 증가한다. 그렇다면 아예 수정을 하지 않거나 함수화를 하지 않는다면 어떨까? 이건 더 큰 문제다. 소프트웨어 개발은 설계된 이후에 계속 수정을 거칠 수밖에 없다. 그리고 함수화를 하지 않으면 데이터를 처리하는 코드를 반복적으로 계속 기술할 수밖에 없기 때문에 오히려 재사용성을 떨어뜨리고 수정의 범위를 더욱 크게 만들 수 있다.

만약 다른 소프트웨어 개발에 이 데이터 구조와 함수를 재사용하고 싶다면 데이터 구조를 선언한 헤더를 먼저 복사한 다음 함수를 복사해야 한다. 이동하는 범위가 크면 재사용이 불편하다고 볼 수 있다. 또, 이렇게 다른 소프트웨어 개발에 재사용되는 경우에는 똑같은 경우가 거의 없기 때문에 거의 많은 수정을 동반한다. 그래서 데이터 구조와 함수를 복사한 다음 잠시 전에 언급한 것과 같은 복잡한 수정 작업을 서쳐야 하는 것이다.

이렇게 데이터 구조와 이를 처리하는 함수는 항상 공존하지만 C언어적 관점의 구조체와 함수는
느슨한 결합으로밖에 구현할 수 없기 때문에 여러 가지 생산성에 문제점이 생긴다. 물론 기존에
는 이것이 전부였기 때문에 어쩔 수 없다고 하지만 이제는 새로운 방법론과 새로운 컴퓨터 언어
의 기능이 있으므로 이를 이용하면 된다.

3.2 재사용을 위한 첫 번째 준비 : 캡슐화

캡슐화의 이점

앞에서 이야기한 것과 같이 데이터와 함수의 느슨한 결합은 여러 가지 문제를 발생시킨다. 그
래서 데이터와 함수의 강한 결합이 필요하다. 바로 캡슐화이다. 캡슐화란 데이터와 이 데이터를
처리하는 함수를 강하게 결합하는 것이다. 객체 지향 프로그래밍의 첫 번째가 바로 캡슐화이다.

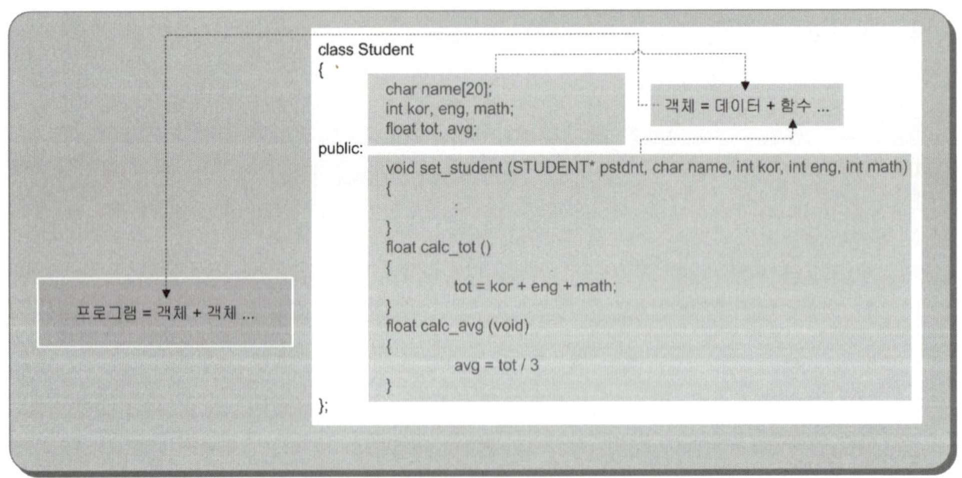

[그림 3-5] 캡슐화

캡슐화의 첫 번째 이점은 바로 재사용성의 증가이다. 클래스라는 단위로 데이터와 함수를 강하
게 연결하기 때문에 재사용할 때 클래스 단위로 복사하거나 상속받아 재사용한다.

캡슐화의 두 번째 이점은 데이터와 함수를 클래스 단위로 작업하기 때문에 여러 개발자의 분리
작업이 쉽다는 것이다. 분리 작업된 클래스는 작은 벽돌이나 부품으로 조합하여 하나의 큰 제
품을 구성하는 것과 같은 작업을 가능하게 한다.

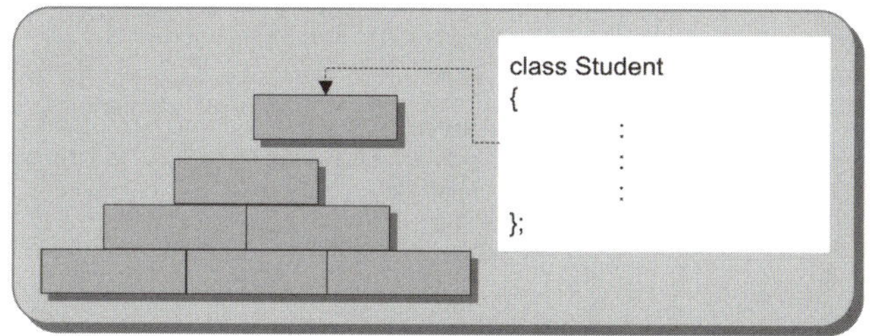

[그림 3-6] 캡슐화는 조립을 쉽게 한다.

이제 C++에서 캡슐화를 구현하기 위한 과정을 알아보자. C++에서 캡슐화를 할 때 사용하는 문법적 요소는 클래스class이다. 사실 C++뿐만 아니라 대부분의 현대적 객체 지향 언어들은 모두 클래스를 이용해 캡슐화를 구현한다.

클래스 기본 형식

클래스를 선언하는 기본 형식은 다음과 같다.

```
class 클래스 이름 [ : 접근 지정자 상위 클래스 이름]
{
[접근 지정자:]
멤버 함수
멤버 변수
};
```

위와 같이 클래스 선언은 class 키워드로부터 시작된다. 그 다음에 클래스 이름이 온다. 이름은 C의 이름 형식 규칙을 그대로 따른다. 상속이 필요하다면 클래스 이름 뒤에는 상위 클래스 이름이 올 수도 있다. 하지만 상속을 받지 않는 최상위 클래스를 선언할 때는 클래스 이름 뒤에 여는 중괄호('{')가 나타나며, 클래스 끝에는 닫는 중괄호('}')가 와야 한다. 일반적으로 닫는 중괄호 뒤에 세미콜론(';')을 생략하는 실수가 많은데 주의해야 한다. 클래스 선언을 헤더 파일(.h)로 구현한 경우 닫는 중괄호 뒤에 세미콜론을 잊으면 헤더 파일에서 에러가 발생하는 것이 아니라 소스 컴파일에서 에러가 발생한다. 쉬운 내용이지만 찾기 어려운 문법적 오류이므로 닫는 중괄호 뒤에 세미콜론을 잊지 않도록 하자.

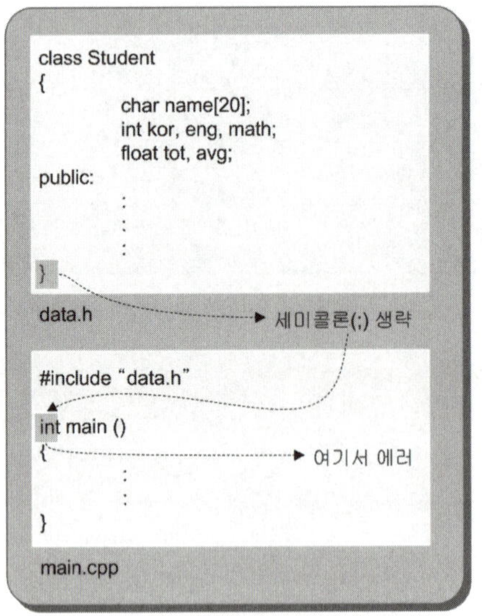

[그림 3-7] 세미콜론 생략 에러

클래스 중괄호('{ }') 사이에는 클래스 멤버들이 자유롭게 기술될 수 있다. 클래스 멤버들은 뒤에서 다룰 접근 지정자 뒤에 여러 번 기술될 수 있다. 접근 지정자가 필수 요소는 아니다. 접근 지정자가 생략될 경우 디폴트 접근 지정자는 private이다. 이것과 다른 접근 지정자의 의미는 뒤에서 기술할 것이다.

클래스 = 데이터(멤버 변수) + 함수(멤버 함수)

클래스 중괄호('{ }') 사이에는 클래스 멤버들이 자유롭게 기술될 수 있다고 했는데, 클래스 멤버에는 데이터와 데이터를 처리하는 함수 두 가지가 있다. 데이터는 클래스가 다루고자 하는 데이터를 표현한다. 데이터는 C++의 기본 자료형이나 파생 자료형 모두 사용될 수 있다. 사실 클래스에 데이터를 기술하는 방법은 구조체를 기술하는 방법과 동일한 규칙을 따른다.

```
struct STUDENT
{
    char name[20];
    int kor, eng, math;
    float tot, avg;
};
```

```
class Student
{
    char name[20];
    int kor, eng, math;
    float tot, avg;
};
```

이 두 가지 예를 보면 왼쪽은 구조체로 데이터를 표현한 것이고 오른쪽은 클래스로 데이터를 표현한 것이다. 데이터를 표현하는 방법에서 구조체와 클래스는 완벽하게 동일하며 실제 객체를 생성하여 만들어지는 메모리 구조도 동일하다.

클래스에 기술될 수 있는 데이터를 멤버 변수라고 부르는데, 이는 클래스의 요소 중에 데이터 멤버를 말한다. 정리하면 멤버 변수는 클래스에서 데이터 구조를 기술한다. 그런데 이것만으로는 클래스에 뭔가 부족하다. C++에서 클래스는 구조체와 달리 캡슐화 수단으로 데이터와 함수의 강한 결합을 필요로 한다. 그래서 멤버 변수와 함께 데이터를 처리하기 위한 함수가 필요하다. 이 함수를 멤버 함수라고 부른다. 멤버 함수도 역할에 따라 다양한 용어로 불릴 수 있지만 아직까지 여기서는 모두 멤버 함수로 통일해서 부르기로 하자.

[소스 3-1] Student.cpp – Student.exe

```cpp
 1: #include <iostream>
 2:
 3: using namespace std;
 4:
 5: class Student
 6: {
 7: public:
 8:     char name[20];
 9:     int kor, eng, math;
10:     float tot, avg;
11: public:
12:     void print ()
13:     {
14:         cout << "이름 = " << name << endl;
15:         cout << "성적\t국어\t영어\t수학\t총점\t평균" << endl;
16:         cout << "\t" << kor << "\t" << eng << "\t" << math <<
17:         "\t" << tot << "\t" << avg << endl;
18:     }
19: };
20:
21: int main ()
22: {
23:         Student stdnt;
24:         strcpy (stdnt.name, "홍길동");
25:         stdnt.kor = 100;
26:         stdnt.eng = 90;
27:         stdnt.math= 80;
```

```
28:         stdnt.tot = stdnt.kor + stdnt.eng + stdnt.math;
29:         stdnt.avg = stdnt.tot/3;
30:
31:         stdnt.print ();
32:
33:         return 0;
34: }
```

위의 예시 코드에서는 print가 멤버 함수이다. 예시 코드에서는 하나밖에 기술되지 않았지만 멤버 함수는 여러 개 만들 수 있다. 지금까지 클래스의 기본 구성을 살펴보았다. 결론적으로 클래스는 캡슐화 수단으로 데이터와 함수의 강한 결합을 구현한다. 그리고 데이터와 함수를 각각 멤버 변수와 멤버 함수라고 부른다. 즉, 클래스 = 멤버 변수 + 멤버 함수가 되는 것이다.

클래스와 객체

클래스 선언은 파생 자료형으로 단지 선언에 지나지 않는다. 즉, 새로운 자료형을 하나 선언하는 것이라고 볼 수 있다. 예를 들어 int라는 자료형은 실제 메모리에 존재하지 않는다. 구조체와 클래스도 마찬가지다. 새로운 자료형이 하나 선언되었다고 해서 그것이 메모리에 만들어지는 것은 아니다. int라는 자료형은 소프트웨어 개발자가 정수라는 자료형을 사용할 것을 컴파일러에게 알리기 위한 수단이지 int 자신이 메모리에 만들어지는 것이 아니다. 자료형이란 단지 컴파일러가 참조하는 자료의 타입일 뿐이다. 그래서 이런 자료형을 이용해 실제 메모리상 변수를 만들어야 한다. 자료형을 이용해 메모리상에 만들어지는 실제 변수를 객체라고 한다. 객체를 만들어야만 메모리상에 실제 클래스로 정의한 데이터 구조가 생성되고, 이것을 이용해 멤버 함수를 호출할 수 있다.

다음 그림과 같이 int는 a라는 변수를 만들기 위해 컴파일러가 참조하는 자료형이고, 실제 메모리에 만들어지는 것은 a이다. 마찬가지로 Student는 클래스로 선언한 자료형이고, 실제 메모리에 만들어지는 것은 stdnt이다. 이것이 바로 객체이다. 특히나 객체라는 용어는 int a처럼 기본 자료형으로 생성하는 변수보다는 클래스로 생성한 변수를 의미하는 용어이다.

클래스와 객체라는 용어는 여러 가지 형태로 비유될 수 있다. 그림으로 살펴보면 객체는 붕어빵이다. 붕어빵 틀은 붕어빵을 만들기 위한 수단이지 목적은 아니다. 제품 설계도 역시 마찬가지다. 제품을 만들기 위해 설계도를 그리는 것이지 제품 설계도가 목적은 아니다. 이렇게 어떤 존재를 만들기 위해 형태를 정의하거나 선언하는 것을 C++ 언어적으로 보았을 때 클래스라고 하고, 이것을 이용해 실제 만들어 내는 실존적 존재를 객체라고 한다.

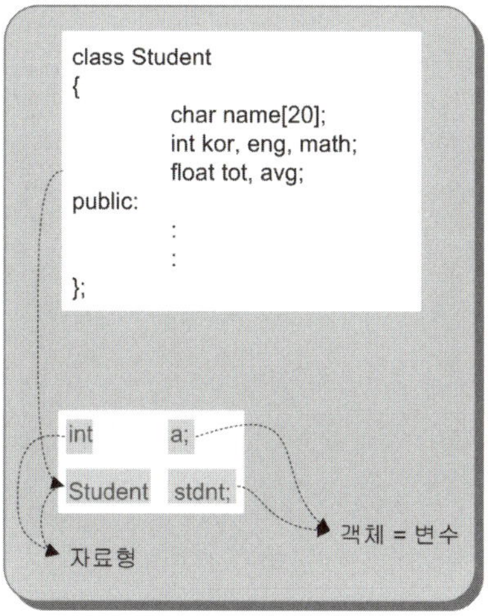

class Student
{
char name[20];
int kor, eng, math;
float tot, avg;
public:
:
:
};
int
a;
Student
stdnt;
자료형
객체 = 변수

[그림 3-8] 자료형과 객체

class Student
{
char name[20];
int kor, eng, math;
float tot, avg;
public:
:
:
};
Student
stdnt;

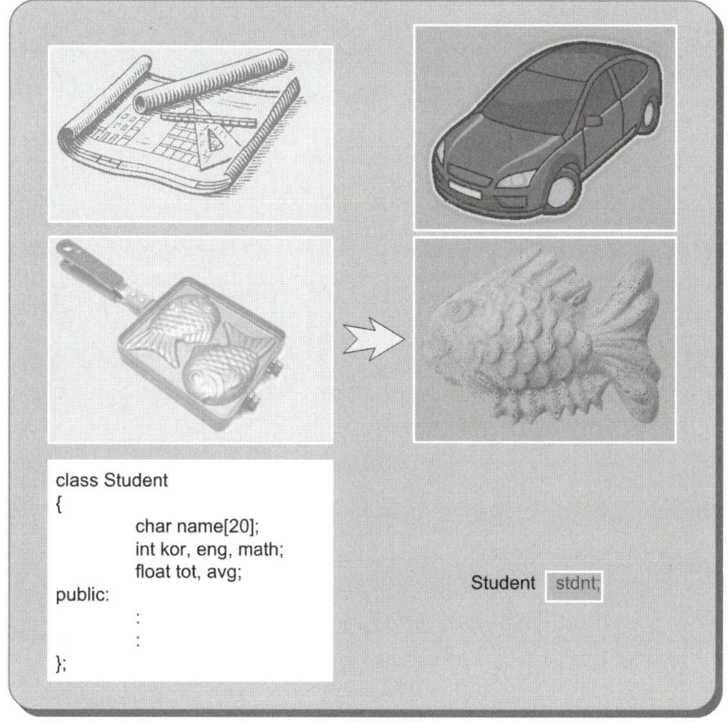

[그림 3-9] 설계도를 이용한 제품 구현

구조체와 클래스

다음 주제로 넘어가기 전에 구조체와 클래스의 차이에 대해 알아보자. C++의 구조체와 클래스는 어떤 차이가 있을까? 이 물음에 아마 많은 사람들이 구조체는 함수를 갖지 않지만 클래스는 함수를 갖는다고 말할 것이다. 지금까지 그런 관점(클래스=데이터+함수)에서 이야기했기 때문에 그렇게 말하는 것도 당연하다. 그런데 함수를 갖지 못하는 것처럼 이야기한 것은 C 관점의 구조체를 강조하기 위한 것일 뿐 C++에서는 구조체 역시 함수를 가질 수 있다. 또 구조체를 이용해 객체를 선언할 때도 C의 구조체와 달리 struct라는 키워드를 생략할 수 있다.

그렇다면 과연 C++에서 구조체와 클래스의 차이점은 무엇일까? 사실 구조체와 클래스는 99% 비슷하다. C++에서 구조체는 클래스가 할 수 있는 것은 거의 할 수 있다. 유일한 차이점은 디폴트 접근 지정자의 차이이다. 다시 앞에서 봤던 구조체와 클래스를 비교해보자.

<table>
<tr><td>

```
struct STUDENT
{
    char name[20];
    int kor, eng, math;
    float tot, avg;
};
```

</td><td>

```
class Student
{
    char name[20];
    int kor, eng, math;
    float tot, avg;
};
```

</td></tr>
</table>

위의 코드에서 구조체와 클래스의 이름 차이에는 의미를 두지 않도록 하자. 관습적으로 구조체는 대문자 이름을 사용하는 것뿐이다. 중요한 것은 두 자료형에서 디폴트 접근 지정자의 차이이다. 결론만 말하자면 구조체의 디폴트 접근 지정자는 public이고, 클래스의 디폴트 접근 지정자는 private이다. 위의 코드와 같이 디폴트 접근 지정자가 생략된 구조체와 클래스는 다음과 같이 명시적으로 접근 지정자를 지정한 것과 같다.

<table>
<tr><td>

```
struct STUDENT
{
public:
    char name[20];
    int kor, eng, math;
    float tot, avg;
};
```

</td><td>

```
class Student
{
private:
    char name[20];
    int kor, eng, math;
    float tot, avg;
};
```

</td></tr>
</table>

이것이 전부가 아니다. 이런 차이 때문에 구조체는 선언한 후에 다음과 같이 중괄호('{ }') 초기화가 가능하지만, 클래스는 이렇게 초기화할 수 없다.

```
STUDENT stdnt = {"홍길동", 100, 90, 80, };    // 구조체는 가능
Student stdnt = {"홍길동", 100, 90, 80, };     // 클래스는 컴파일 에러 발생
```

중괄호('{ }') 초기화를 위해서는 외부에 멤버가 공개되어 있어야 한다. 하지만 클래스의 디폴트 접근 지정자가 private이기 때문에 클래스로 선언한 객체는 중괄호('{ }') 초기화를 할 수 없다. 만약 클래스의 디폴트 접근 지정자 대신 명시적으로 접근 지정자를 public으로 선언하면 어떨까? 당연히 클래스도 중괄호('{ }') 초기화가 가능하다. 그렇게 한다면 구조체와 클래스는 완전히 동일하다고 볼 수 있다.

3.3 클래스의 모든 것을 감추어라 : 은폐

캡슐화가 데이터와 함수를 강하게 결합하는 것이라면 은폐는 클래스를 외부에 노출하지 않는 것이다. 가급적이면 클래스 멤버를 외부에 노출하지 않는 것이 좋다.

접근 지정자

클래스를 이용한 캡슐화 후에 가능하면 모든 멤버(멤버 변수와 멤버 함수)를 외부에 감추고 꼭 필요한 요소들만 클래스 외부에 공개하는 것이 좋다. 클래스가 자신의 멤버를 외부에 감추거나 공개하기 위해 사용하는 C++ 문법적 요소를 접근 지정자라고 한다. 접근 지정자는 private, protected, public 세 가지가 있는데, 이중에 하나를 클래스 내부에 명시하고 콜론(':')을 사용한다. 앞의 클래스 선언 형식에서 이것을 볼 수 있다.

[표 3-2] 접근 지정자

접근 지정자	의미
private	클래스 외부와 하위 클래스에 멤버를 공개하지 않는다.
protected	클래스 외부에는 멤버를 공개하지 않지만 하위 클래스에는 멤버를 공개한다.
public	클래스 외부와 하위 클래스에 멤버를 공개한다.

private는 멤버를 외부에 숨기는 일을 하는데 이것을 은폐라고 한다. 하지만 클래스의 모든 멤버를 은폐한다면 클래스 외부에서는 전혀 그 클래스를 사용할 수 없을 것이다. 그래서 클래스를 선별적으로 공개해야 할 필요가 있다. 이를 위해 C++는 두 개의 접근 지정자를 더 제공하고 있다. 이것이 바로 protected와 public이다. 이것에 관해서는 뒤에서 설명할 것이다.

접근 지정자는 한 번 기술되면 다음에 새로운 접근 지정자가 나타나기 전까지는 동일 접근 지정자가 계속 영향을 미친다. 또, 접근 지정자는 기술하는 데 순서가 없으며 동일 접근 지정자가 여러 번 나타나도 된다. 하지만 가급적이면 멤버 변수와 멤버 함수를 역할별로 적절히 분류하여 접근 지정자를 기술해야 코드의 가독성을 높일 수 있다.

가능하면 모든 것을 감추어라

클래스 멤버를 가능하면 모두 은폐하고 필요한 멤버만 공개하는 것이 좋다. 많이 은폐하면 당장은 불편하지만 단점보다 장점이 더 많다. 먼저 은폐의 단점을 먼저 살펴보기 위해 다음 코드를 구현하고 컴파일해보자.

[소스 3-2] Point.cpp – Point.exe

```
1: #include <iostream>
2:
3: using namespace std;
4:
5: class Point
6: {
7: private:
8:     int m_x, m_y;
9:     void print ()
10:     {
11:         cout << "Point = (" << m_x << "," << m_y << endl;
12:     }
13: };
14:
15: int main ()
16: {
17:     Point pt;
18:     pt.m_x = 100;
19:     pt.m_y = 100;
20:
21:     pt.print ();
```

```
22:
23:     return 0;
24: }
```

이것을 컴파일하면 다음과 같이 18, 19, 21행에서 컴파일 에러가 발생할 것이다.

```
Output
--------------------Configuration: Point - Win32 Debug--------------------
Compiling...
Point.cpp
C:\Projects\Point\Point.cpp(18) : error C2248: 'm_x' : cannot access private member declared in class 'Point'
        C:\Projects\Point\Point.cpp(8) : see declaration of 'm_x'
C:\Projects\Point\Point.cpp(19) : error C2248: 'm_y' : cannot access private member declared in class 'Point'
        C:\Projects\Point\Point.cpp(8) : see declaration of 'm_y'
C:\Projects\Point\Point.cpp(21) : error C2248: 'print' : cannot access private member declared in class 'Point'
        C:\Projects\Point\Point.cpp(9) : see declaration of 'print'
Error executing cl.exe.

Point.exe - 3 error(s), 0 warning(s)

Build / Debug \ Find in Files 1
```

[그림 3-10] Point.exe 실행(클래스 은폐로 발생한 컴파일 에러)

위와 같이 소프트웨어 개발자가 클래스 내부에 은폐된 멤버 변수나 멤버 함수를 직접적으로 사용하면 은폐 원칙에 어긋나기 때문에 컴파일 에러가 발생한다. 그러면 소프트웨어 개발자는 은폐를 풀어버리고 싶은 충동을 느끼게 된다. 하지만 이런 불편함이 개발자의 실수를 방어하기 때문에 이 충동을 행동으로 옮겨서는 안 된다. 이 불편함을 은폐를 풀어버리는 것으로 해결할 것이 아니라 C++ 언어의 다른 요소와 객체 지향 설계 방법으로 해결해야 한다. 은폐를 강하게 할 때 유일한 단점은 컴파일 오류로 인해 클래스 사용이 조금 불편하다는 것이다.

하지만 은폐를 강하게 해서 얻는 장점이 단점보다 훨씬 많고 중요하다. 은폐를 강하게 하면 대부분의 멤버가 숨어 있기 때문에 클래스 멤버를 사용하는 외부 함수는 노출된 몇몇 멤버를 통해서만 해당 클래스를 엑세스할 수 있다. 이렇게 함으로써 클래스의 독립성이 강해진다. 독립성이 강한 클래스는 해당 클래스 하나만 다른 곳으로 가져가면 바로 사용할 수 있기 때문에 재사용이 용이하다. 하지만 멤버가 은폐되지 않은 경우 외부에서 클래스 멤버를 임의로 엑세스하게 되고, 이 경우 클래스 하나만 다른 곳으로 이동시키기가 점점 힘들어진다. 즉, 은폐를 강화하는 것도 재사용성을 증대시키기 위한 목적이 크다.

은폐는 또한 유지·보수를 쉽게 한다. 외부에 많이 공개된 클래스는 함부로 내부를 수정하기 힘들다. 어느 코드가 클래스 수정에 영향을 받을지 찾기 힘들기 때문이다. 하지만 은폐가 잘된 클래스는 약속된 멤버 외에는 외부에서 사용하지 않는다는 것이 보장되기 때문에 약속된 멤버 외에 다른 부분은 마음 놓고 수정해도 된다. 결론적으로 은폐를 강하게 하면 할수록 재사용성과 유지·보수가 쉬워진다. 결국 생산성이 증가하게 되는 것이다. 은폐에 따르는 단점은 오늘의 불편함이지만, 은폐를 통해 얻는 이점은 내일과 모레에도 계속 이어진다.

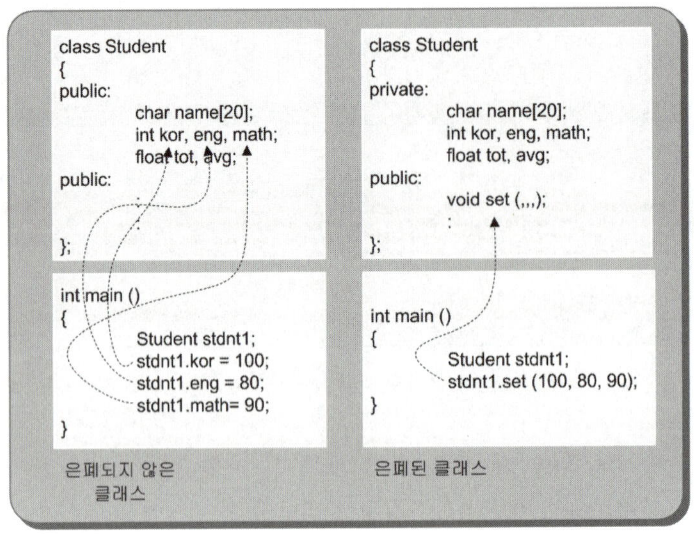

[그림 3-11] 은폐하면 유지·보수가 쉬워진다.

선별적인 공개 : private, protected, public

[소스 3-2]의 7행과 같이 클래스 멤버를 은폐할 때 사용하는 키워드는 private이다. private는 디폴트이기 때문에 맨 처음 멤버를 은폐하고자 할 때는 생략할 수 있다. 하지만 이 방법을 권장하지는 않는다. 명확히 하기 위해서 항상 명시해주는 것이 좋다. 좋은 코드란 자동으로 되는 상황을 상상하지 말아야 하며, 주석이 없어도 될 만큼 코드가 명확해야 한다. private를 한 번 명확하게 하는 수고로 얻는 것이 훨씬 많다.

private는 멤버를 은폐하는 일을 한다. 앞에서 언급한 것과 같이 은폐만 한다면 클래스 외부에서 클래스를 전혀 사용할 수 없기 때문에 필요한 부분에 대해서는 외부에 공개해야 한다. 이때 사용하는 키워드가 앞서 이야기한 protected와 public이다. protected 접근 지정자 역시 private와 같이 외부에는 멤버를 공개하지 않는다. 이것은 상속된 하위 클래스에만 멤버를 공개하는 접근 지정자이다. 마지막으로 public 접근 지정자는 하위 클래스와 클래스 외부에 멤버를 공개하는 접근 지정자다. public을 남용하는 것은 은폐라는 원칙에 어긋나므로 가급적이면 자제해야 한다. 그래서 public을 사용할 때는 원칙을 세워서 사용해야 한다.

- 먼저 클래스의 모든 멤버는 private나 protected로 은폐시킨다.
- 외부에 공개해야 하는 멤버에 대해서만 public을 명시한다. 특별한 경우가 아니라면, 특히 멤버 변수는 외부에 공개하지 않는다.

위에서 강조한 것과 같이 정말 특별한 경우가 아니라면 멤버 변수는 공개하지 않는 것이 좋다. 즉, 외부에 공개해야 할 멤버조차도 멤버 함수에 한해서 공개하는 것이 좋다. 멤버 변수를 공개하게 되면 외부에서 멤버 변수에 바로 접근하게 되고, 나중에 어떤 이유에 의해 멤버 변수명이 변경되거나 멤버 변수가 없어지거나 하는 경우 여기에 대응할 방법이 전혀 없다. 멤버 변수를 외부에서 직접 사용하면 클래스 자신의 코드를 실행할 수 없기 때문에 변경에 대응할 방법이 전혀 없어지고 변경된 멤버 변수를 사용하는 곳을 모두 찾아 직접 수정해야 한다. 변경의 범위가 소프트웨어 전체로 확대되는 것이다. 이런 경우 우리는 접근자라는 특수 목적의 멤버 함수를 만들어 사용할 수 있다. 접근자와 접근 지정자는 다른 용어다. 접근자에 대한 내용은 뒤에서 살펴보자.

인터페이스

public은 클래스 외부에 멤버를 공개할 때 사용하는데, 특히 멤버 함수로 public을 사용해 공개한 경우 이를 인터페이스라고 한다. 즉, 모든 멤버가 은폐된 상태에서 클래스 내부로 들어가는 통로 역할을 한다고 해서 이를 인터페이스라고 하는 것이다. 모든 멤버를 은폐한 상황에서 인터페이스는 특히 중요하다. 클래스를 수정할 때 외부에 공개되지 않은 부분은 아무리 수정을 가해도 외부에 영향을 주지 않지만 인터페이스는 외부에 영향을 주는 유일한 멤버 함수이기 때문이다.

또한, 클래스의 인터페이스는 아주 잘 설계되고 정의되어야 한다. 역으로 클래스를 사용하는 입장에서는 클래스가 정의한 인터페이스만 정확하게 따른다면 전혀 다른 일을 하는 클래스라도 쉽게 연결해 사용할 수 있다.

생성자와 소멸자는 감추지 마라

클래스의 모든 멤버는 private, protected, public 중 어느 것이든 될 수 있다. 하지만 생성자와 소멸자는 반드시 public으로 해야 한다. 여기서는 생성자는 객체가 생성될 때 호출되는 멤버 함수라는 것과 소멸자는 객체가 파괴될 때 호출되는 멤버 함수라는 것만 알아두고 다음 코드를 살펴보자.

```cpp
class Point
{
private:
    Point ()
    {
    }
    ~Point ()
    {
    }

    int m_x, m_y;
};

int main ()
{
    Point pt;

    return 0;
}
```

이 코드는 단지 Point 클래스를 선언하고 이것을 이용해 main 함수에서 객체를 생성한 다음 파괴하는 논리뿐이다. 하지만 이것은 생성자와 소멸자가 private로 선언되었기 때문에 컴파일되지 않는다. main 함수에서 Point pt;에 의해 pt라는 객체가 생성될 때 생성자가 호출되어야 한다. 하지만 Point의 생성자는 private로, 클래스 외부에 공개되지 않는다는 규칙 때문에 생성자가 호출되지 못한다. 객체가 생성될 때 생성자가 호출되어야 한다는 문법과 private 멤버는 외부에 공개되지 않는다는 문법 중에 private 문법이 우선시되어 객체 생성에 실패하는 것이다.

설령 위의 예에서 생성자가 public이라 할지라도 소멸자가 private이기 때문에 컴파일되지 않는다. main 함수가 종료할 때 pt 객체가 파괴되면 소멸자가 호출되어야 한다. 하지만 소멸자가 private이기 때문에 앞의 경우와 같이 문법적 충돌이 일어난다. 결론적으로 생성자와 소멸자를 public으로 해야 한다는 것은 문법적 강제 사항은 아니지만 논리적으로 그렇게 하지 않으면 객체를 생성하거나 파괴할 수 없다.

뒤에서 생성자를 private로 하는 특수한 경우를 살펴볼 것이다. 하지만 이 경우도 소멸자는 반드시 public으로 해야 한다. 생성자를 private로 하는 것은 클래스 외부에서 객체를 임의로 생성하지 못하도록 막기 위해서이다. 이것은 객체 생성을 외부에서 하지 못하도록 하고 클래스 내부에 둠으로써 객체 생성을 클래스가 감시하도록 하고자 하는 것이다. 객체 생성을 모니터링함으로써 C++ 메모리 할당에서 발생하는 여러 문제를 사전 예방하고자 함이다.

3.4 멤버 함수의 역할 분담 : 접근자

접근자와 접근 지정자는 다르다. 접근자는 클래스 멤버 함수의 역할을 기준으로 특정 목적의 멤버 함수에 붙이는 이름이고, 접근 지정자는 private, protected, public과 같이 C++에서 지원하는 문법적 요소이다.

접근자

멤버 함수는 기본적으로 클래스 데이터를 처리한다. 그런데 이 데이터 처리를 세분화해보면 단순히 클래스 외부와 멤버 변수를 주고받기 위한 함수와 멤버 변수에 대해 연산이나 기타 다양한 처리를 하는 함수로 나누어진다. 이때 전자를 접근자라고 한다. 즉, 접근자는 멤버 변수를 단순히 클래스 외부에 주고받는 일을 하는 멤버 함수이다.

[소스 3-3] Point.cpp – Point.exe

```
 1: #include <iostream>
 2:
 3: using namespace std;
 4:
 5: class Point
 6: {
 7: private:
 8:     int m_x, m_y;
 9:
10: public:
11:     void setx (int x) {
12:         m_x = x;
13:     }
14:     void sety (int y) {
15:         m_y = y;
16:     }
17:     int getx () {
18:         return m_x;
19:     }
```

```cpp
20:       int gety () {
21:           return m_y;
22:       }
23:       void print ()
24:       {
25:           cout << "Point = (" << getx () << "," << gety () <<
26:                ")" << endl;
27:       }
28: };
29:
30: int main ()
31: {
32:     Point pt;
33:     pt.setx (100);
34:     pt.sety (100);
35:
36:     pt.print ();
37:
38:     return 0;
39: }
```

위의 코드에서 setx, sety, getx, gety 함수가 접근자이다. 그리고 print 함수가 연산이나 기타 다양한 처리를 하는 일반적인 멤버 함수이다. 접근자는 멤버 변수에 값을 전달하기 위해 set- 계열의 함수를 구현하고, 멤버 변수의 값을 얻기 위해 get- 계열의 함수를 구현한다. 이것은 관습일 뿐이다. 다른 이름을 사용해도 무방하다. 다른 멤버 함수와 달리 접근자 함수는 항상 클래스 외부와 클래스 사이에 멤버 변수를 주고받는 일을 한다. 그렇다면 이런 접근자 함수는 왜 필요할까? 은폐된 멤버 변수에 외부에서 접근할 수 없기 때문에 외부와의 인터페이스를 위해서이다.

은폐와 접근자

클래스의 독립성을 강화하기 위해 클래스 멤버, 특히 멤버 변수를 가급적이면 은폐하라고 했지만 은폐만 하면 외부에서는 그 멤버 변수를 전혀 사용할 수 없게 된다. 그래서 은폐 후에 은폐된 멤버 변수에 접근할 수 있도록 통로, 즉 인터페이스를 public으로 구현하는데 이것이 바로 접근자이다.

은폐와 접근자의 목적은 클래스 독립성을 강화하는 것이다. 만약 멤버 변수가 은폐되지 않았다면 이 멤버를 클래스 외부에서 자유롭게 접근할 수 있다. 이런 상황에서 멤버 변수가 사라지거나 변경된 경우 변경된 멤버 변수가 접근하는 곳을 모두 찾아 수정하는 것 외에는 다른 방법이 없다.

하지만 멤버 변수를 은폐시키고 접근자를 통해 멤버 변수에 접근하는 경우라면 얘기가 다르다. 만약 은폐된 멤버 변수가 사라지거나 변경된 경우 클래스 외부는 전혀 수정할 필요가 없다. 오직 접근자 함수만 멤버 변수의 변경에 맞추어 적절히 수정하면 된다. 전체를 찾아 수정하는 것에 비하면 훨씬 효율적이다. 변화에 대해 융통성 있게 대응할 수 있도록 소프트웨어를 구현하는 것도 생산성에 큰 도움이 된다.

접근자 값 검증

접근자를 통해 멤버 변수에 접근하는 것의 또 다른 이점은 멤버 변수에 접근할 때마다 항상 접근자 코드가 실행되기 때문에 유효하지 않은 값이 외부에서 전달될 경우 이것을 사전에 검증할 수 있다는 것이다.

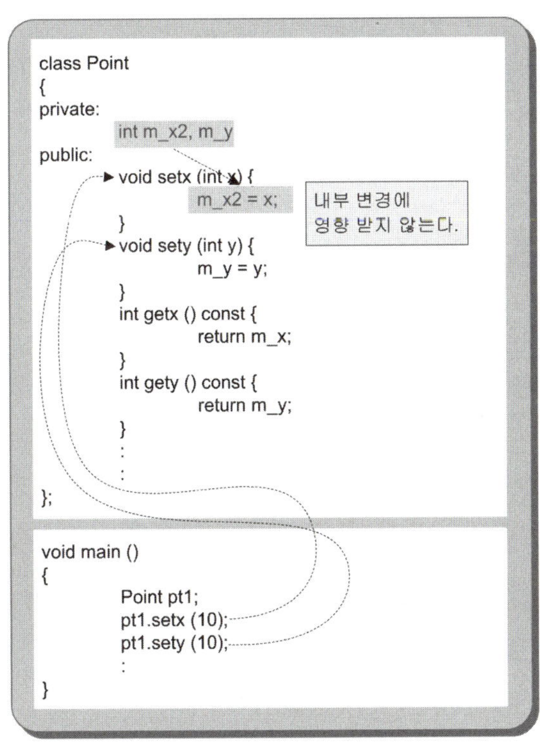

[그림 3-12] 접근자의 필요성

```cpp
1: #include <iostream>
2:
3: using namespace std;
4:
5: #define MAX_X (100)
6: #define MIN_X (0)
7:
8: #define MAX_Y (100)
9: #define MIN_Y (0)
10:
11: class Point
12: {
13: private:
14:     int m_x, m_y;
15:
16: public:
17:     void setx (int x) {
18:         if (MAX_X < x)
19:             x = MAX_X;
20:         if (x < MIN_X)
21:             x = MIN_X;
22:         m_x = x;
23:     }
24:     void sety (int y) {
25:         if (MAX_Y < y)
26:             y = MAX_Y;
27:         if (y < MIN_Y)
28:             y = MIN_Y;
29:         m_y = y;
30:     }
31:     int getx () {
32:         return m_x;
33:     }
34:     int gety () {
35:         return m_y;
36:     }
37:     void print () {
38:         cout << "Point = (" << getx () << "," << gety () <<
39:                     ")" << endl;
40:     }
41: };
```

```
42:
43: int main ()
44: {
45:     Point pt;
46:     pt.setx (200);
47:     pt.sety (-10);
48:
49:     pt.print ();
50:
51:     return 0;
52: }
```

위의 코드를 보면 setx와 sety 함수가 자신에게 전달된 인자 x, y를 m_x와 m_y에 설정하기 전에 MAX_X, MIN_X, MAX_Y, MIN_Y로 검증하는 것을 볼 수 있다. 따라서 클래스 멤버인 m_x와 m_y는 항상 MAX_X(MAX_Y)와 MIN_X(MIN_Y) 사이의 값을 가지게 된다. 위의 코드 46, 47행에서 범위를 벗어난 값을 전달했지만 클래스는 항상 MAX_X(MAX_Y)와 MIN_X(MIN_Y) 사이의 값을 갖는다.

[그림 3-13] Point.exe 실행 결과

또한, 접근자를 이용해 멤버 변수에 접근하는 것은 값의 범위가 변경된 경우 단지 접근자 함수만 수정하면 되기 때문에 변화에 훨씬 더 융통성 있게 대응할 수 있다.

접근자를 이용할 때의 유일한 단점은 멤버 변수에 직접 접근했을 때에 비해 실행 속도가 느려진다는 것이다. 멤버 변수에 바로 접근하는 것은 오버헤드가 없지만 접근자 함수를 통한 접근은 함수 호출에서 오버헤드가 생기기 때문이다. 하지만 이 경우도 걱정할 필요는 없다. 오버헤드가 엄청난 횟수의 루프에서 호출된 경우가 아니라면 무시해도 관계 없고, 접근자 함수를 통해 얻는 이점이 오버헤드로 인해 느려지는 것보다 훨씬 크기 때문이다. 만약 엄청난 횟수로 반복되는 루프에서 접근자 함수를 호출한다면 뒤에서 다룰 인라인 함수로 이를 극복할 수 있다.

마지막으로 접근자 함수에서 값의 범위를 검사할 때 define된 상수를 사용해도 되지만 클래스 내에 나열자enum를 이용하는 것도 좋다. 클래스 내부에 선언된 나열자는 클래스 이름으로 사용 범위가 제한되기 때문에 캡슐화 원칙을 자연스럽게 따르는 효과가 생긴다.

```
1: class Point
2: {
3: private:
4:   int m_x, m_y;
5:
6:   enum {MIN_X = 0, MAX_X = 100, MIN_Y = 0, MAX_Y = 100};
7:
8: public:
9:       void setx (int x) {
10:          if (MAX_X < x)
11:              x = MAX_X;
12:          if (x < MIN_X)
13:              x = MIN_X;
14:          m_x = x;
15:       }
16:       void sety (int y) {
17:          if (MAX_Y < y)
18:              y = MAX_Y;
19:          if (y < MIN_Y)
20:              y = MIN_Y;
21:          m_y = y;
22:       }
23:       :
24:       :
25: };
```

[소스 3-5]의 6행에 선언된 enum 상수는 Point 클래스 외부에서 사용할 수 없다.

3.5 클래스 선언과 구현

선언과 구현

앞에서 이야기한 것과 같이 클래스의 멤버는 멤버 변수와 멤버 함수가 있다. 이중에 멤버 변수는 선언만 필요하다. 선언이란 클래스 내부에 멤버 변수나 멤버 함수를 기술하는 것을 말한다. 멤버 변수의 경우 자료형과 함께 멤버 변수의 이름을 기술하는 것만으로 객체가 생성될 때 객체 안에 멤버 변수가 만들어진다. 멤버 함수는 이와는 달리 선언과 함께 멤버 함수를 반드시 구현해야 한다. 멤버 함수에서 선언이란 컴파일러에게 함수 원형을 알리기 위한 수단일 뿐이다. 함수가 선언되었다고 해서 그 함수가 어떤 기능을 하는 것이 아니므로 멤버 함수는 선언과 함께 반드시 구현을 해야 한다.

선언과 구현이 필요한 것은 멤버 함수에만 해당되는 것이 아니다. C++의 모든 함수(멤버 함수와 클래스에 포함되지 않는 전역 함수)는 선언과 구현이 필요하다. 컴파일러는 함수 호출부를 컴파일할 때 이 함수가 정확하게 호출되고 있는지를 알아야 한다. 컴파일러가 함수 호출부를 컴파일할 때 함수 호출에 대한 정보를 얻기 위해 참조하는 것이 바로 선언이다. 그리고 이는 호출부 컴파일에서 참조되기 위해 반드시 호출 전에 선언되어야 한다. [그림 3-14]와 같이 함수 선언이 함수 호출 전에 있어야만 컴파일러는 이것을 참조해 함수가 정확하게 호출되고 있는지 검증하고, 이것을 바탕으로 하드웨어 코드를 생성해 낸다.

```
class Point
{
private:
          int m_x, m_y;
public:
          void setx (int x);       선언
          void sety (int y);
          void print();
          :
          :
};
```
선언

```
void Point::setx (int x)       구현
{
          m_x = x;
}
void Point::sety (int y)
{
          m_y = y;
}
void Point::print ()
{
          cout << "Point = (" << getx () << "," << gety ()
                    <<  ")" << endl;
}
int main ()
{
}
```
구현

[그림 3-14] 함수 선언과 호출

이렇게 함수 선언은 실제 코드를 생성하기 위한 것이 아니라 컴파일러에게 정보를 제공하기 위해서만 사용된다. 따라서 함수를 위한 실제 코드가 필요한데, 이것이 바로 함수 구현이다. 그래서 함수는 선언과 구현이 모두 필요하다고 할 수 있다. 일반적이지는 않지만 함수 구현이 함수 호출 전에 있다면 함수 선언은 생략할 수 있다. 이 경우 컴파일러는 함수 구현에 사용된 정보만으로 함수를 판단할 수 있기 때문에 함수 선언을 필요로 하지 않는다. 하지만 현실적으로 모든 함수를 함수 호출 전에 구현하는 것은 소스 코드를 배치하기 어렵게 만드는 경향이 있다. 그래서 일반적으로 함수 선언을 앞에 선언하고 함수 구현은 뒤쪽에 한다.

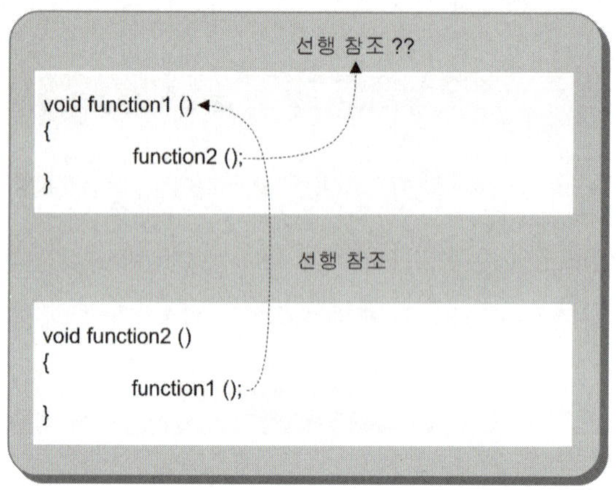

[그림 3-15] 함수 구현을 항상 앞에 할 때의 문제점

선언과 구현의 분리

함수는 일반적으로 선언과 구현을 분리한다. 이것은 클래스 멤버 함수도 비슷하다. 하지만 클래스 멤버 함수는 선언과 구현을 함께 할 수도 있고 분리할 수도 있다. 클래스의 경우 함수 선언과 구현을 함께 한다는 것은 클래스 선언 내부에 바로 구현 코드를 기술하는 것이다. 앞의 클래스 예제 코드들이 모두 이렇게 구현되었다. 이렇게 클래스 내부에 멤버 함수의 선언과 구현을 함께 하는 것을 인라인inline 방식이라고 한다. 인라인 함수의 장점과 단점을 살펴보면 다음과 같다.

[표 3-3] 함수 구분

함수 구분	의미
인라인 함수	• 치환에 의해 함수가 호출되기 때문에 호출에 대한 오버 헤드가 없다. • 클래스에 함수 선언과 구현이 함께 있기 때문에 직관적이고 이해하기 쉽다. • 함수 구현이 큰 경우 클래스 선언이 너무 커질 가능성이 있다. • 함수 구현이 큰 경우 치환에 의한 호출은 오버헤드 감소라는 이점보다는 실행 코드가 커지는 단점이 더 크다. • 템플릿(template)에서는 모든 멤버 함수를 인라인 함수로 구현해야 한다.
일반 함수	• 함수가 작고 빈번하게 호출되는 경우 함수 호출에 대한 오버헤드가 발생한다. • 함수가 크고 반복적으로 호출되는 경우 일반적으로 많이 사용하는 방법이다. • 함수 선언과 구현이 분리되어 있기 때문에 멤버 함수를 이해할 때는 모두 참조해야 하는 불편함이 있다.

```cpp
class Point
{
private:
        int m_x, m_y;
public:
        :
        :
};
inline void Point::setx (int x) {
        m_x = x;
}
inline void Point::sety (int y) {
        m_y = y;
}
inline int Point::getx () const {
        return m_x;
}
inline int Point::gety () const {
        return m_y;
}

inline void Point::setx (int x) {
        m_x = x;
}
                                        치환

void main ()
{
        Point pt1;
        pt1.setx (10);
        pt1.sety (10);
        :
}
```

[그림 3-16] 인라인 함수의 호출

멤버 함수를 구현할 때 인라인 함수나 일반 함수 중에 어떤 것을 사용할 것인지는 전적으로 개발자의 선택 사항이다. 하지만 인라인 함수가 치환에 의해 호출된다는 특징 때문에 작고 빈번하게 호출되는 함수는 인라인 함수로 구현하고, 보다 큰 함수는 일반 함수로 구현하는 것이 일반적이다. 함수가 작고 크다는 기준은 주관적이므로 인라인 함수로 할 것인지 일반 함수로 할 것인지에 대한 절대적 기준은 없다. 멤버 함수를 일반 함수로 구현할 때는 다음과 같이 클래스 바깥에 클래스 이름과 함께 구현한다.

```
반환값 클래스 이름::함수 이름(인자)
{
}
```

C++에서 콜론 두 개(::)는 범위 지정 연산자 scope resolution operator 로 클래스 이름을 지정할 때 사용한다. 이 앞에는 클래스나 또 다른 네임스페이스가 올 수 있다. 위의 형식에서는 클래스 이름을 명시함으로써 뒤에 나타나는 함수가 해당 클래스의 멤버 함수임을 명시한다. 뒤에서 다시 한 번 기술하겠지만 콜론 두 개 앞에 아무것도 적지 않으면 어떤 이름에도 포함되지 않았다는 뜻으로 전역이라는 의미를 갖는다. 다음은 앞의 예제 코드에서 구현한 Point 클래스의 print 함수를 일반 함수로 구현한 것이다.

```cpp
void Point::print ()
{
    cout << "Point = (" << getx () << "," << gety () <<
     ")" << endl;
}
```

헤더에 선언을 하고, 소스에 구현을 한다

함수 선언과 구현을 분리하면서 구현을 같은 소스 파일에 두는 것은 소스 파일의 크기를 너무 크게 만든다. 그래서 일반적인 경우 함수 선언이 포함된 클래스 선언은 헤더 파일로 정의하고 함수 구현은 별개의 소스 파일로 구현한다.

클래스를 사용하는 쪽은 단지 헤더만 포함하면 되기 때문에 다음 그림과 같이 클래스를 헤더 파일과 소스로 분리하는 것이 관리와 사용에 모두 유리하다. 물론 아주 작은 크기의 클래스일 경우에는 오히려 너무 많은 헤더와 소스를 만들게 되어 관리가 도리어 어려워지지만 일반적인 경우에는 이렇게 하는 것이 여러모로 좋다.

```
class Point
{
private:
            int m_x, m_y;
public:
            void setx (int x);
            void sety (int y);
            void print();
            :
            :
};
```

Point.h - 선언

```
void Point::setx (int x)
{
            m_x = x;
}
void Point::sety (int y)
{
            m_y = y;
}
void Point::print ()
{
            cout << "Point = (" << getx () << "," << gety ()
                        <<  ")" << endl;
}
:
:
```

Point.cpp - 구현

[그림 3-17] 클래스 하나에 대해 선언과 구현을 헤더와 소스로 분리


```
1: class Point
2: {
3: private:
4:     int m_x, m_y;
5:
6:     enum {MIN_X = 0, MAX_X = 100, MIN_Y = 0, MAX_Y = 100};
7:
8: public:
9:     void setx (int x);
10:    void sety (int y);
11:    int getx () {
12:        return m_x;
13:    }
```

```
14:     int gety () {
15:         return m_y;
16:     }
17:     void print();
18: };
```

앞에서 구현한 Point 클래스를 헤더 파일과 구현 파일로 분리한다면 먼저 클래스 선언을 헤더 (Point.h)로 분리한다. 위와 같이 헤더에 구현된 클래스 선언은 멤버 변수와 멤버 함수의 선언을 포함한다. 그리고 접근자 같은 함수는 인라인 함수로 구현한다. 여기서는 getx, gety를 인라인 함수로 구현했다. 헤더 파일에 대한 구현이 끝나면 소스 파일을 구현해야 한다.

[소스 3-7] Point.cpp – Point.exe

```cpp
1: #include <iostream>
2: #include "Point.h"
3:
4: using namespace std;
5:
6: void Point::setx (int x)
7: {
8:     if (MAX_X < x)
9:         x = MAX_X;
10:    if (x < MIN_X)
11:        x = MIN_X;
12:    m_x = x;
13: }
14:
15: void Point::sety (int y)
16: {
17:     if (MAX_Y < y)
18:         y = MAX_Y;
19:     if (y < MIN_Y)
20:         y = MIN_Y;
21:     m_y = y;
22: }
23:
24: void Point::print ()
25: {
26:     cout << "Point = (" << getx () << "," << gety () <<
27:         ")" << endl;
28: }
```

클래스의 멤버 함수를 구현하는 구현 소스는 먼저 헤더의 선언이 필요하기 때문에 2번 행과 같이 클래스 선언을 포함해야 한다. 그리고 멤버 함수 구현에 따라 멤버 함수를 구현한다. 마지막으로 다음과 같이 선언하고 구현된 클래스를 사용하는 부분이 있을 수 있다.

[소스 3-8] main.cpp – Point.exe

```
1: #include <iostream>
2: #include "Point.h"
3:
4: using namespace std;
5:
6: int main ()
7: {
8:    Point pt;
9:    pt.setx (200);
10:   pt.sety (-10);
11:
12:   pt.print ();
13:
14:   return 0;
15: }
```

클래스를 사용하는 코드는 선언만 있으면 된다. 그래서 2행과 같이 클래스를 선언한 헤더를 포함한다. 사용하는 방법은 분리하기 전과 동일하다. 이렇게 코드를 분리하면 소스 코드가 많아지지만 관리 측면에서는 훨씬 유리하다.

인라인inline

멤버 함수를 선언과 구현으로 분리하는 순간 해당 함수는 일반 함수가 된다. 그런데 이렇게 분리한 함수를 계속해서 인라인 함수로 사용하고 싶다면? 단지 관리적인 측면만을 위해 구현을 분리했을 뿐 여전히 치환에 의한 호출을 하고 싶다면 어떻게 해야 할까? 이때 사용하는 것이 inline이라는 키워드다.

```
inline 반환값 클래스 이름::함수 이름(인자)
{
}
```

함수를 구현할 때 위와 같이 함수 앞에 inline이라는 키워드를 붙이면 이 함수는 계속 인라인 함수가 된다. 즉, 치환에 의해 호출된다. 하지만 이렇게 인라인 함수를 구현할 때 한 가지 주의 해야 할 사항이 있다. 인라인 함수는 치환에 의해 함수가 호출되기 때문에 컴파일러가 호출할 때 치환되는 함수를 참조할 수 있어야 한다는 점이다. 그래서 앞에서 함수 구현을 별도의 소스 코드로 분리한다고 했는데, 인라인 함수는 계속 컴파일러에 의해 참조할 수 있는 위치에 있어야 한다. inline 키워드로 분리한 함수는 헤더가 참조하기 가장 좋은 위치인 클래스 헤더에 함께 두 어야 한다.

[소스 3-9] Point.h – Point.exe

```
1: class Point
2: {
3: private:
4:     int m_x, m_y;
5:
6:     enum {MIN_X = 0, MAX_X = 100, MIN_Y = 0, MAX_Y = 100};
7:
8: public:
9:     void setx (int x);
10:    void sety (int y);
11:    int getx () {
12:       return m_x;
13:    }
14:    int gety () {
15:       return m_y;
16:    }
17:    void print();
18: };
19:
20: inline void Point::setx (int x)
21: {
22:     if (MAX_X < x)
23:         x = MAX_X;
24:     if (x < MIN_X)
25:         x = MIN_X;
26:     m_x = x;
27: }
28:
29: inline void Point::sety (int y)
30: {
```

```
31:     if (MAX_Y < y)
32:         y = MAX_Y;
33:     if (y < MIN_Y)
34:         y = MIN_Y;
35:     m_y = y;
36: }
37:
38: inline void Point::print ()
39: {
40:     cout << "Point = (" << getx () << "," << gety () <<
41:             ")" << endl;
42: }
```

[소스 3-9]는 헤더 파일(Point.h)이다. 멤버 함수의 선언과 구현을 분리하면서 계속 인라인 함수로 사용하고자 한다면 함수 구현부를 헤더에 두고 함수 앞에 inline이라는 키워드를 붙이면 된다. 만약 함수 구현부를 헤더에 두면서 inline 키워드를 붙이지 않는다면 이것은 일반 함수가 되고, 헤더 파일이 여러 소스에서 참조될 때 링크 과정에서 동일 함수가 여러 개 있다는 에러가 발생할 것이다.

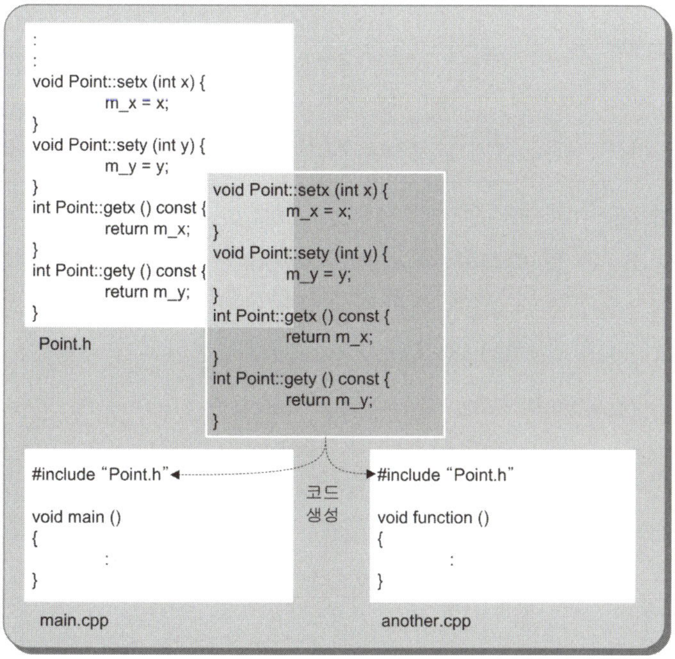

[그림 3-18] inline 키워드를 붙이지 않으면 함수가 여러 개 만들어질 수 있다.

헤더 중복 참조 방지

클래스 하나에 하나씩 헤더 파일과 소스 파일을 따로 구현하는 것이 소스 관리에 유리하지만 헤더가 너무 많아지면 중복 참조될 가능성이 높아진다. 이것을 해결하기 위한 첫 번째 방법은 개발자가 동일 헤더 파일을 중복 참조하지 않도록 주의하는 것이다. 하지만 앞에서 이야기한 것과 같이 이를 개발자의 노력에 맡기면 실수할 가능성이 생긴다. 그래서 이런 문제 역시 컴파일러에 맡기는 것이 좋다. 컴파일러에서 이것을 해결하기 위한 방법은 헤더 파일에 #ifndef와 #define, 그리고 #endif를 이용해 상수를 정의하는 것이다. 다음 코드를 살펴보자.

[소스 3-10] Point.h — Point.exe

```
 1: #ifndef        __POINT_H__
 2: #define        __POINT_H__
 3:
 4: class Point
 5: {
 6: :
 7: :
 8: };
 9:
10: #endif        // __POINT_H__
```

위 소스의 1, 2, 10행과 같이 #ifndef __POINT_H__가 정의되어 있지 않다면 #define을 이용해 __POINT_H__를 정의하도록 한다. 하지만 만약 동일 헤더(Point.h)가 두 번 포함되면 첫 번째 헤더를 포함할 때 __POINT_H__가 정의되기 때문에 두 번째 포함될 때는 #ifndef에 의해 #ifndef 안쪽은 컴파일되지 않는다. 이렇게 하여 동일 헤더가 두 번 포함되는 것을 막을 수 있다. 표준은 아니지만 Visual C++는 이 방법 외에 #pragma once라는 키워드를 지원한다. 이것 역시 앞에서 이야기한 #ifndef, #define, #endif를 이용한 것과 동일한 기능을 하지만 사용하기가 훨씬 간단하다.

이번 장에서는 소프트웨어에서 중심이 되는 것이 데이터라고 정의했다. 이 데이터를 구현하기 위한 수단으로 과거 언어들은 구조체나 배열을 사용했지만 현대 객체 지향 언어들은 클래스를 이용한다. 현대 객체 지향 언어들이 클래스를 정의하는 목적은 단순히 데이터 구조를 정의하는 것뿐 아니라 데이터와 데이터를 처리하는 함수를 강하게 연결하기 위해서이다. C++ 역시 데이터를 정의할 때 클래스를 이용한다. 클래스란 데이터와 데이터를 처리하는 함수를 강하게 연결하기 위한 수단으로, 이것을 통해 재사용성이 증대하고 단위 작업으로 작업을 분리하기가 용이하다.

어쨌든 클래스의 목적을 알았다면 클래스를 구현하기 위한 문법적 형식을 알아야 한다. 클래스의 문법적 형식은 구조체와 거의 동일하다. 오히려 구조체보다 좀 더 융통성있다고 할 수 있다. 다음으로 클래스를 선언한 후 반드시 객체를 생성해야 한다. 클래스란 자료형에 지나지 않으며 이것을 이용해 객체를 생성하는 것이 진정한 목표이다. 객체란 클래스를 이용해 실제 메모리상에 생성한 클래스의 실존적 존재이다. 객체를 생성하는 방법은 몇 가지가 있는데, 여기서는 변수 선언을 통해 객체를 생성하는 방법에 대해 알아보았다. 다른 방법에 대해서는 뒤에서 다루도록 한다.

문법적인 의미를 떠나 클래스를 정의할 때 은폐는 아주 중요하다. 이것은 객체 지향 프로그래밍에서 중요하게 다루는 사항이기도 하다. C++에서 멤버를 은폐시킬 때 사용하는 키워드는 private, protected, public 세 가지다. 클래스를 설계할 때 은폐를 잘하면 독립성이 강해지고, 독립성이 강해지면 재사용성이 증대한다. 가급적이면 모든 멤버, 특히 멤버 변수는 은폐시키는 것이 좋다. 은폐된 멤버 변수를 외부와 연결하기 위해서는 접근자를 이용한다. 접근자 함수는 멤버 변수가 수정되었을 때 변화에 능동적으로 대처할 수 있고, 값에 대한 검사를 수행할 수 있기 때문에 멤버 변수에 잘못된 값이 전달되는 것을 사전에 막을 수 있다.

마지막으로 함수의 선언과 구현을 분리하는 것에 대해서 알아보았다. 사실 함수의 선언과 구현을 분리하는 것은 관리적인 측면이 크다. 개발하는 소프트웨어의 크기가 크지 않을 때는 하나의 소스 코드에 모든 기능을 구현해도 별 무리가 없다. 그러나 규모가 큰 소프트웨어를 개발할 때는 하나의 소스 코드에 모든 기능을 구현하면 분리 작업의 어려움, 재사용의 불편함, 유지ㆍ보수의 불편함 등 여러 가지 문제가 발생한다. 그러므로 소스 코드를 선언과 구현으로 각각 분리하고 사용하는 것이 좋다.

개발자의 실수를 줄이는 것도 생산성의 중요 요소

개발자는 자주 실수한다. 이 실수를 효과적으로 줄이는 것도 소프트웨어 개발에 아주 중요한 부분이다. C++문법 중에는 이를 도와주는 것이 있다. 개발자가 신경 쓰지 않아도 데이터가 초기화되도록 하는 것, 모두 사용한 데이터가 자동으로 해제되도록 하는 것, 실수로 데이터를 변경하지 못하도록 하는 것 등이다.

chapter point

✓ **생성자와 소멸자** 생성자란 객체가 생성될 때 호출되는 멤버 함수로서 객체 멤버를 초기화하기 위한 목적으로 사용한다. 그리고 소멸자는 객체가 파괴될 때 호출되는 멤버 함수로서 객체 내부에서 생성한 또다른 자원을 삭제하기 위한 목적으로 사용한다.

✓ **복제 생성자** 복제 생성자는 생성자의 한 종류로서 객체 생성과 함께 객체를 대입 받는 경우, 함수 인자로 객체를 전달하는 경우, 그리고 함수 반환값으로 객체를 반환하는 경우 멤버 변수 값을 복사하기 위해 호출되는 생성자다. 이것은 객체 단위로 자원 할당이 필요할 때 반드시 구현해야 한다.

✓ **const** C와 달리 C++는 멤버함수에 대해서도 const를 지정할 수 있다. 이를 통해 멤버 변수 값을 변경시키는 멤버 함수와 그렇지 않은 멤버 함수를 다르게 구현할 수 있다.

4.1 데이터 처리 시작 : 초기화와 해제

데이터를 처리한다는 것은 일반적으로 연산 처리를 의미한다. 하지만 이런 처리에 앞서 맨 처음 해야 할 일은 바로 데이터를 초기화하는 것이다. 데이터를 모두 사용한 다음에는 초기화를 해제해야 한다. 즉, 데이터 처리는 일반적으로 초기화→처리→해제의 순으로 진행된다.

지역 변수, 전역 변수 그리고 정적 변수

데이터 초기화를 알아보기 전에 전통적 관점에서 데이터 초기값을 정리해보자. 흔히 변수는 선언된 위치에 따라 세 가지 종류가 있다. 지역 변수, 전역 변수, 정적 변수가 바로 그것이다. 이 외에 레지스터 변수도 있지만 이것은 선언된 위치를 기준으로 하지 않기 때문에 여기서는 이야기하지 않겠다. 여기서 지역 변수, 전역 변수, 정적 변수의 초기값이란 초기화되지 않은 값을 말한다.

- 지역 변수는 초기화되지 않은 경우 임의의 값을 가진다.
- 전역 변수는 초기화되지 않는 경우 0(NULL) 값을 가진다.
- 정적 변수는 초기화되지 않은 경우 0(NULL) 값을 가진다.

[소스 4-1] NoIntializtion.cpp – NoIntializtion.exe

```
1: #include <iostream>
2:
3: using namespace std;
4:
5: int globalValue;
6:
7: void function ();
8:
9: int main ()
10: {
11:     int localValue;
12:     static int staticValue;
11:
14:     cout << "초기화되지 않은 전역 변수 = " << globalValue << endl;
15:     cout << "초기화되지 않은 지역 변수 = " << localValue << endl;
16:     cout << "초기화 되지 않은 정적 변수 = " << staticValue << endl;
17:
```

```
18:     function ();
19:
20:     return 0;
21: }
22:
23: void function ()
24: {
25:     int localValue2;
26:     cout << "초기화 되지 않은 두번째 지역 변수 = " << localValue2 << endl;
27: }
```

위 예제는 초기화되지 않은 지역 변수, 전역 변수, 정적 변수의 초기값을 보여주기 위한 예이다. 실행 결과는 다음과 같다.

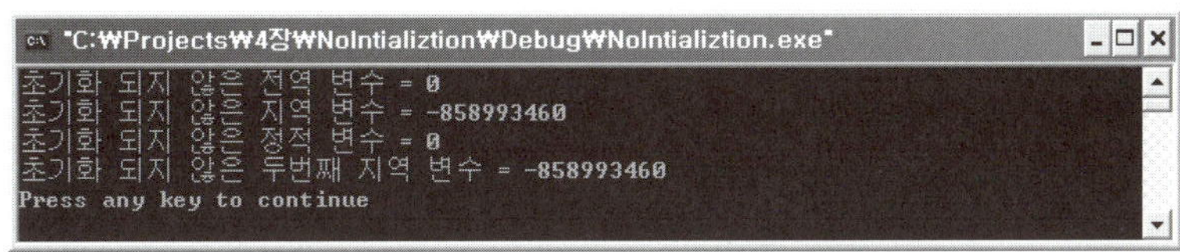

[그림 4-1] NoIntializtion.exe 실행 결과

[그림 4-1]과 같이 초기화되지 않은 전역 변수와 정적 변수는 디폴트로 0(NULL)을 갖는다. 하지만 초기화되지 않은 지역 변수는 어떤 값을 가질지 예상할 수 없다. 흔히 이런 값을 쓰레기 garbage 값이라고 부른다. 몇몇 컴파일러의 경우 효율적인 디버깅을 위해 지역 변수에도 0이 아닌 규칙적인 값을 지정하고 있지만 이것은 오직 디버깅을 위한 방법일 뿐 공식적인 것은 아니다. 결론적으로 초기화되지 않은 전역 변수와 정적 변수는 0(NULL) 값을 갖고, 지역 변수는 쓰레기 값을 갖는다.

초기화되지 않는 지역 변수가 쓰레기 값을 갖는 이유는 지역 변수는 스택에 만들어지기 때문이다. 전역 변수와 정적 변수는 정적 힙이라는 곳에 생성되고, 지역 변수는 스택에 생성된다. 정적 힙은 컴파일 단계에서 실행 파일에 영역이 그대로 생성된다. 만약 전역 변수를 초기화하지 않았다면 컴파일러는 실행 파일 영역에 0 값을 초기화시켜 둔다. 만약 Windows에서 전역 변수로 int globalValue;라고 선언했다면 이것은 실행 파일 안에 4바이트 영역으로 생성된다. 당연히 초기화되지 않았으므로 실행 파일의 4바이트는 0으로 채워져 있다. 그리고 이것은 실행 파일이 실행될 때 메모리에 그대로 올라온다. 그래서 초기화되지 않은 전역 변수와 정적 변수는 0(NULL) 값을 갖는 것이다.

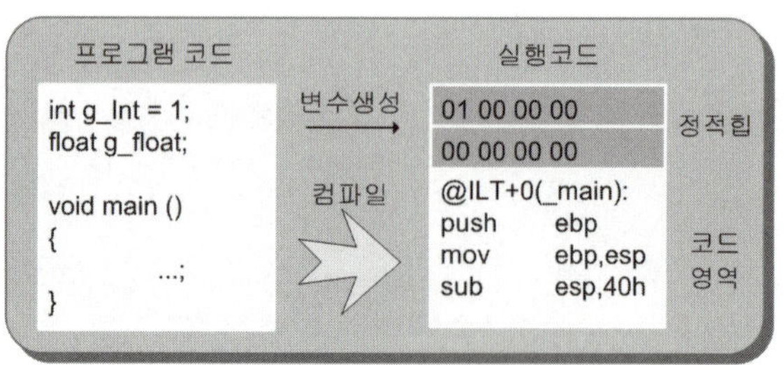

[그림 4-2] 전역 변수 생성 과정

이와는 달리 지역 변수는 컴파일러에 의해 생성되지 않는다. 컴파일러는 컴파일할 때 지역 변수의 크기를 계산하고, 중괄호 시작('{')에서 스택 포인터를 지역 변수 크기만큼 감소시켜 둔다. 그리고 중괄호 안('{ }' 사이)에서는 감소된 스택 포인터 뒤쪽을 지역 변수로 사용한다. 이것이 전부이다. 컴파일러는 스택 포인터만 조정할 뿐 스택에 대해 어떤 초기화도 수행하지 않는다. 그래서 스택 포인터가 조정될 때 스택에 있던 값이 임의로 지역 변수의 초기값이 되는 것이다.

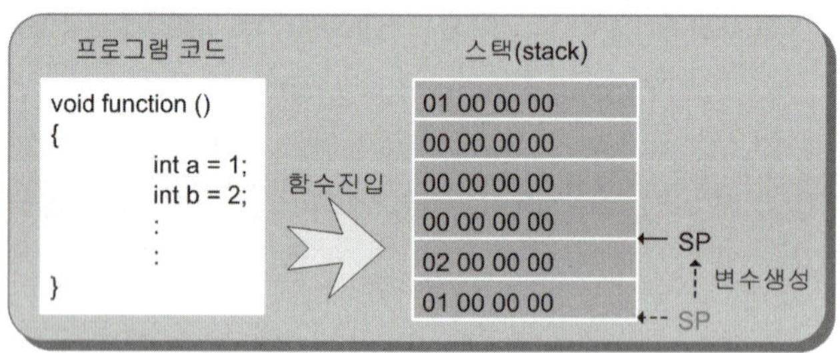

[그림 4-3] 지역 변수 생성 과정

이와 비슷한 경우가 하나 더 있다. 바로 할당된 메모리이다. 소프트웨어 실행 중에 동적인 크기의 영역이 필요한 경우 흔히 메모리를 할당한다. C에서 메모리 할당은 malloc이라는 함수를 이용하고, C++에서는 new라는 함수를 이용한다. 이것에 대해서는 뒤에서 다시 이야기하기로 하겠다. 여기서 중요한 것은 이런 할당 메모리 역시 초기화가 되어 있지 않다는 것이다. 물론 어떤 할당 함수나 방법에 따라 초기화되는 경우도 있지만 일반적으로 사용하는 malloc과 new는 메모리만 할당할 뿐 어떤 초기화도 수행하지 않는다. 따라서 지역 변수와 비슷하게 할당된 메모리 역시 쓰레기 값을 갖는다고 보면 된다.

초기화되지 않은 데이터는 버그의 출발지

소프트웨어 버그의 원인은 수만 가지가 있다. 이 중 가장 대표적인 것은 바로 초기화되지 않은 데이터로부터 발생하는 버그이다. 좀 더 과장되게 말하면 초기화되지 않은 데이터는 모든 버그의 출발지이다.

버그와 관련해 소프트웨어 개발에서 가장 중요한 것은 버그를 만들지 않는 것이다. 그리고 그 다음으로 중요한 것은 버그를 만들게 된다면 규칙성 있는 버그를 만드는 것이다. 프로그래밍에서 재현할 수 있는 버그는 해결된 버그와 다름없다. 규칙성 있게 발생하는 버그를 해결하는 것은 시간문제이며, 만약 규칙성이 발견되지 않는다면 규칙성을 발견하는 것이 버그 해결의 첫 번째 단계이다.

사실 버그를 발생시키지 않는 방법은 한 가지로 정리할 수 없다. 하지만 버그가 발생했을 때 발생된 버그가 규칙성을 갖도록 하는 방법은 있다. 바로 초기화이다. 불규칙한 버그의 상당수는 초기화되지 않은 데이터로부터 시작된다. 그리고 명확한 초기화는 버그 자체를 줄이는 데 상당히 효과적이다. 이런 이유 때문에 소프트웨어 개발자는 데이터를 사용하기 전에 항상 초기화하는 습관을 들여야 한다. 하지만 이것을 개발자 자신의 습관과 의지에만 맡기는 것은 비생산적이다. 좀 더 좋은 방법은 초기화가 자동으로 수행되도록 하는 것이다. C++를 비롯하여 현대적인 객체 지향 언어들은 자동적인 데이터 초기화를 언어적 기능으로 정의하고 있는데, 이것이 바로 생성자constructor이다.

C++의 할당된 데이터는 저절로 반환되지 않는다

C/C++는 malloc이나 new에 의해 동적으로 할당된 메모리를 자동으로 반환하지 않는다. 전역 변수, 정적 변수, 지역 변수는 동적으로 할당되는 것이 아니므로 반환에 대해 신경 쓰지 않아도 된다. 하지만 malloc이나 new에 의해 할당된 메모리는 힙heap이라는 동적 메모리 공간에 만들어지기 때문에 반환하지 않을 경우 궁극적으로 메모리 부족 상태가 발생하고 프로그램이 다운되는 사태가 발생한다. 이런 오류 역시 굉장히 불규칙적으로 발생한다. 그래서 C/C++에서는 malloc이나 new로 할당한 메모리는 반드시 반환해야 한다.

이렇게 개발자가 매번 신경 써서 해야 한다는 것은 비생산적이다. 그래서 언어적으로 자동화시킨 것이 C++의 소멸자destructor이다. 여기서 C++와 다른 객체 지향 언어가 선택한 방법이 약간 다르다. C++는 소멸자를 통해 데이터 반환의 자동화를 구현한다면, 현대적인 객체 지향 언어들은 가비지 컬렉션garbage collection 기능으로 데이터 반환을 자동화시킨다.

 4.2 생성자를 이용한 데이터 초기화

개발자의 실수를 줄이는 것도 생산성의 중요한 요소

앞에서 객체 지향 언어가 이전의 절차적 언어에 비해 생산성이 높다고 했다. 여기서 생산성이란 꼭 제품을 빨리 개발한다거나 유지·보수가 쉽다는 것만을 의미하지는 않는다. 오류를 적게 하는 것, 즉 버그 발생을 줄이고 버그의 규칙성을 만드는 것도 생산성의 중요한 평가 기준이다. 사실 제품 개발에 소요되는 시간과 비용은 어느 정도 예측 가능하다. 하지만 프로그램적인 오류는 비용과 시간을 전혀 예측할 수 없게 만든다. 그래서 프로그램적인 오류를 줄이고 오류를 규칙적으로 만드는 것이 어떤 면에서는 생산성에 더 중요한 요소가 된다고 할 수 있다.

오류를 만들고 싶어하는 개발자는 없을 것이다. 또, 오류를 규칙적으로 만들고 싶어하지 않는 개발자 역시 없을 것이다. 그렇다면 어떻게 해야 오류를 줄이고 규칙적이 될까? 여러 가지 방법이 있을 수 있겠지만 한 가지만 지키면 된다. 바로 데이터 초기화이다. C++에서 데이터는 클래스로 캡슐화되기 때문에 멤버 변수를 초기화하는 것만 잊지 않고 정확히 지켜도 소프트웨어의 오류는 줄어든다. 또한, 오류가 발생한 경우에도 규칙적이 된다. 이 간단한 한 가지가 생산성을 올리는 하나의 요소인 것이다. 그런데 이런 초기화를 개발자의 의지에만 맡기면 실수할 가능성이 있다. 그래서 이것을 잊지 않도록 자동화시켜야 한다. 이것이 앞에서도 언급한 생성자이다.

생성자란

생성자는 멤버 변수를 초기화하기 위한 멤버 함수의 한 종류로서 개발자의 실수를 줄이기 위해 언제나 자동으로 호출되어야 한다. 이 시기가 바로 객체가 생성될 때이다. 객체가 생성될 때마다 항상 생성자가 자동으로 호출된다. 따라서 개발자는 생성자에 멤버 변수 초기화를 둠으로써 멤버 변수 초기화를 잊어도 되는 것이다.

```
class 클래스 이름
{
public:
    클래스 이름()
    {
    }
};
```

생성자는 멤버 함수의 한 종류이지만 다른 멤버 함수와 달리 함수 이름을 임의로 정할 수 없다. 또한 생성자는 반환값이 없기 때문에 반환값을 기술하지 않는다. 일반적인 함수에서 반환값을 생략하면 디폴트 반환값이 int이지만, 생성자는 반환값 자체가 없다. C++에서 반환값을 가지지 않는 함수는 생성자와 소멸자 두 종류이다.

- 생성자 : 객체가 생성될 때 자동으로 호출되는 함수로 반환값을 가지지 않는다.
- 소멸자 : 객체가 파괴될 때 자동으로 호출되는 함수로 반환값을 가지지 않는다.

이 두 함수는 객체가 생성될 때 자동 호출되는 함수로서의 의미만 갖기 때문에 반환값을 갖는다는 것은 논리적으로 모순이다. 그래서 반환값을 가지지 않는 것이다. 결론적으로 생성자를 선언할 때 반환값을 기술하지 않는 것은 생략이 아니라 반환값이 없음을 의미한다.

생성자를 선언할 때 기술하는 함수 이름은 클래스 이름과 동일해야 한다. 이것은 생성자의 기본 문법이기 때문에 특별한 이유는 없다. 단지 다른 일반적인 함수들과 구별하기 위해 생성자는 클래스와 동일한 이름을 사용할 뿐이다. 함수 이름 다음부터는 일반적인 함수 구현과 비슷하다. 괄호('( )') 사이에 생성자로 전달할 인자를 나열하고, 중괄호('{ }') 사이에 함수 논리를 기술한다. 함수 논리는 어떤 것이나 될 수 있지만 생성자 원래의 목적에 맞게 멤버 변수 초기화가 일반적으로 기술될 것이다.

[소스 4-2] Point.cpp – Point.exe

```
1: #include <iostream>
2:
3: using namespace std;
4:
5: class Point
6: {
7: private:
8:     int m_x, m_y;
9:
10: public:
11:     Point ()
12:     {
13:         cout << "생성자 호출" << endl;
14:         m_x = 0;
15:         m_y = 0;
```

```
16:    }
17:    :
18:    :
19: void print () {
20:     cout << "Point = (" << getx () << "," << gety () <<
21:             ")" << endl;
22:  }
23: };
24:
25: int main ()
26: {
27:     Point pt;// 여기서 생성자가 호출된다.
28:
29:     pt.print ();
30:
31:     return 0;
32: }
```

위 코드는 앞에서 구현한 Point 클래스에 생성자를 추가한 코드이다. 27행에서 pt라는 Point 클래스 객체가 생성될 때 11~16행에 구현된 생성자가 호출된다. 27행과 같이 생성자는 명시적으로 호출하지 않아도 생성자 호출 코드가 컴파일러에 의해 자동으로 만들어진다. 그래서 개발자가 잊어버리고 데이터를 초기화하지 않은 경우에도 생성자에 기술된 값으로 멤버 변수가 초기화된다.

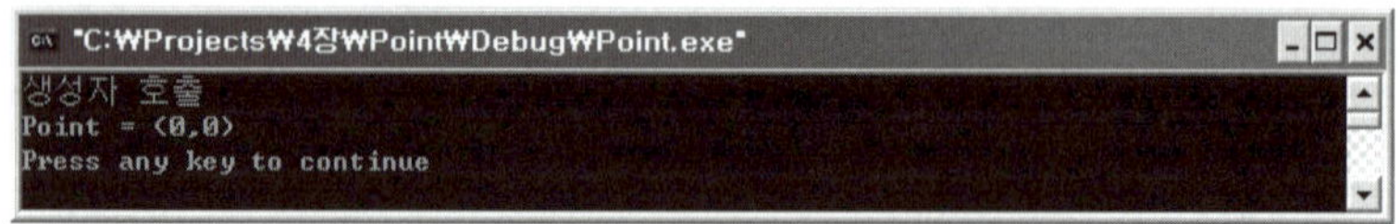

[그림 4-4] Point.exe 실행(생성자에 의한 초기화)

사실 앞의 코드는 생성자를 알아보기 위해 간단히 구현했지만, 생성자도 앞에서 알아본 접근자를 이용해 초기화하는 것이 좋다. 사실 여기에 대해서는 상반된 의견이 있다. 생성자에서도 접근자를 이용하자는 의견과 생성자는 클래스를 설계한 사람이 직접 구현하는 것이므로 접근자를 이용하지 말아야 한다는 의견이다. 필자는 전자를 따른다. 그 이유는 클래스를 구현하는 나 자신도 믿지 않기 때문이다. 아무리 자신이 설계하고 구현한 클래스라 하더라도 실수할 가능성이 있다. 접근자를 이용함으로써 자신의 실수도 접근자에서 검증할 수 있도록 하는 것이다. 접근자는 인자의 유효성을 검사하고 있다.

```
Point () {
    setx (0);
    sety (0);
}
void setx (int x) {
    if (MAX_X < x)
      x = MAX_X;
    if (x < MIN_X)
      x = MIN_X;
    m_x = x;
}
void sety (int y) {
    if (MAX_Y < y)
      y = MAX_Y;
    if (y < MIN_Y)
      y = MIN_Y;
    m_y = y;
}
```

디폴트 생성자

생성자는 객체가 생성될 때 자동 호출되는 함수로서 동일 클래스 내에 여러 개 구현될 수 있다. 이것을 공식적으로는 생성자를 중복 정의overload한다고 말한다. 만약 클래스 내에 생성자가 여러 개 구현된 경우 이 생성자들을 역할에 따라 분류하면 세 가지 종류가 있다.

- 디폴트 생성자 : 생성자가 어떤 인자도 전달받지 않고 디폴트 값으로 멤버 변수를 초기화하는 생성자를 말한다.
- 인자가 있는 생성자 : 생성자가 인자를 전달받고 이것을 이용해 멤버 변수를 초기화하는 생성자를 말한다.
- 복제 생성자 : 클래스 객체가 생성되면서 자기 자신과 동일한 클래스 타입의 객체를 전달받는 생성자이다.

이 세 종류의 생성자 중에 가장 기본이 되는 생성자가 디폴트 생성자로 [소스 4-3]이 디폴트 생성자를 구현한 예이다. 디폴트 생성자는 아무런 인자 없이 단순히 객체를 생성할 때 호출된다.

따라서 디폴트 생성자는 멤버 변수를 디폴트 값으로 초기화할 수밖에 없다. 이렇게 객체 생성에 아무런 값을 전달하지 않고 디폴트 값으로 멤버 변수를 초기화하는 생성자를 디폴트 생성자라고 한다. 하지만 때에 따라 객체 생성에 다양한 값을 전달하고, 이것을 이용해 멤버 변수를 초기화해야 하는 경우도 생긴다. 이때 인자가 있는 생성자를 사용한다.

4.3 초기화 데이터의 전달 : 인자가 있는 생성자

인자가 있는 생성자

객체를 생성한 다음 클래스 멤버 변수에 다른 값을 전달하고자 할 때 앞에서 알아본 접근자를 이용할 수 있다. 그런데 만약 객체를 생성한 다음 초기값으로 사용하기 위해 접근자를 사용한다면 처음부터 이 값을 생성자에서 설정하는 것이 좋다. 이와 같이 멤버 변수의 초기값을 목적으로 접근자를 사용할 때 생성자 인자를 통해 이 값을 전달하고, 이 값을 이용해 멤버 변수를 초기화시킬 수 있다. 이때 사용하는 것이 인자가 있는 생성자이다.

인자 있는 생성자를 생성하는 것 자체가 중복 정의에 해당한다. 인자 있는 생성자를 하나만 만들 수 있는 것은 아니다. 필요하다면 생성자로 전달하는 인자의 개수나 자료형에 따라 여러 개만들 수도 있다.

```
class 클래스 이름
{
public:
    클래스 이름(인자 리스트...)
    {
    }
};
```

인자가 있는 생성자 역시 생성자로서의 기본적인 문법을 따른다. 즉, 함수 이름은 클래스 이름과 동일하며 반환값을 갖지 않는다. 대신 생성자로 전달하는 인자와 인자의 자료형을 괄호 ('( )') 안에 기술하는 것이 다르다. 그리고 멤버 변수를 초기화할 때 전달된 인자를 이용한다.

[소스 4-3] Point.cpp – Point.exe

```cpp
 1: #include <iostream>
 2:
 3: using namespace std;
 4:
 5: class Point
 6: {
 7: private:
 8:     int m_x, m_y;
 9:
10:
11: public:
12:     Point(int x, int y)
13:     {
14:         cout << "인자가 있는 생성자 호출" << endl;
15:         setx (x);
16:         sety (y);
17:     }
18:     :
19:     :
20:     void print ()
21:     {
22:         cout << "Point = (" << getx () << "," << gety () <<
23:             ")" << endl;
24:     }
25: };
26:
27: int main ()
28: {
29:     Point pt(50, 60); // 생성자로 50, 60 값을 전달한다.
30:
31:     pt.print ();
32:
33:     return 0;
34: }
```

위 코드는 앞에서 구현한 Point 클래스에 인자가 있는 생성자를 추가한 코드이다. 29행에서 pt 라는 Point 클래스 객체가 생성될 때 인자로 50과 60을 전달했다. 이렇게 객체가 생성될 때 전달한 값은 생성자의 인자로 사용되며, 12~17행에 구현된 생성자에 전달된다. 그리고 생성자는 이 값을 이용해 멤버 변수를 초기화한다. 이때도 앞에서 구현한 setx와 sety 값은 접근자를 이용하는 것이 값을 검증한다는 관점에서 용이하다. 다음을 보면 위 코드에 대한 실행 결과로 29 행에서 전달한 값이 생성자로 전달되었음을 알 수 있다.

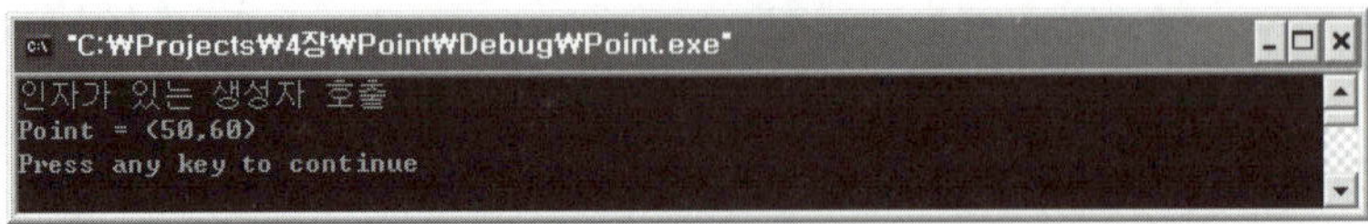

[그림 4-5] Point.exe 실행(인자를 가지는 생성자에 의한 초기화)

인자가 있는 생성자는 디폴트 생성자를 막는다

모든 클래스는 최소한 하나의 생성자를 가지고 있어야 한다. 이것이 원칙이다. 만약 클래스를 구현하는 개발자가 생성자를 하나라도 구현하지 않는다면 어떻게 될까? 사실 이 경우 컴파일 에러가 발생해야 한다. 하지만 실제로 해보면 컴파일 에러가 발생하지 않는다. 왜 그럴까? 바로 컴파일러가 생성자를 하나 제공해주기 때문이다. 이때 컴파일러가 제공하는 생성자는 인자를 갖지 않는다. 그래서 이 역시 디폴트 생성자라고 부른다. 즉, 디폴트 생성자는 두 가지 의미가 있다.

• 인자를 가지지 않는 생성자
• 클래스에 생성자가 존재하지 않는 경우 컴파일러가 제공해주는 생성자

컴파일러가 제공하는 생성자는 아무런 일을 하지 않는, 단지 형식적인 생성자이다. 컴파일러 입장에서 보면 멤버 변수를 어떤 값으로 초기화시켜야 하는지 모르기 때문에 자신이 제공하는 생성자로 멤버 변수를 초기화시킬 수 없다. 결론적으로 컴파일러가 제공하는 디폴트 생성자는 "모든 클래스는 최소한 하나 이상의 생성자를 구현해야 한다."라는 원칙을 형식적으로 수행하기 위한 것이다. 이런 디폴트 생성자가 컴파일러에 의해 만들어지지 않는 경우가 하나 있다. 바로 개발자가 클래스 내부에 하나 이상의 생성자를 직접 구현한 경우이다. 이 경우 컴파일러는 디폴트 생성자를 제공하지 않는다. 그런데 이것이 문제가 되는 경우가 있다.

만약 개발자가 직접 클래스 내부에 인자가 없는 생성자(이 역시 디폴트 생성자라 부른다)를 구현한 경우는 문제가 되지 않는다. 왜냐하면 어차피 컴파일러가 만들어 주는 생성자와 동일하기 때문이다. 하지만 개발자가 클래스 내부에 인자가 있는 생성자를 만들면서 인자가 없는 생성자를 함께 구현하지 않으면 이것은 문제가 될 수 있다. 이 경우 다음과 같이 객체를 생성하면 오류가 발생한다.

```
Point pt;                       // 컴파일 오류 발생
Point pt(50, 60);               // 컴파일된다.
```

첫 번째 경우 컴파일 오류가 발생하는데, 그 이유는 컴파일러가 디폴트 생성자를 제공하지 않는 상황에서 인자가 없는 형태로 객체를 생성했기 때문이다. 그래서 인자가 있는 생성자를 구현할 때는 반드시 인자가 없는 생성자도 구현해야 한다. 어떤 것을 먼저 구현할 것인지는 개발자가 판단할 문제이지만 이 규칙은 절대 잊지 않도록 하자.

인자 전달의 관용적 표현

인자를 가지는 생성자에게 인자를 전달하는 가장 일반적인 표현은 지금까지 예제에서 사용했던 표현이다. 즉, 객체를 생성할 때 괄호('( )') 사이에 인자를 나열하는 방법이다. 하지만 이 방법 외에 몇 가지 관용적으로 사용할 수 있는 표현이 있다. 이런 관용적인 표현은 그냥 외워서 사용하면 된다. 첫 번째 경우는 인자가 하나인 경우에 '='로 인자를 지정하는 것이다. 다음과 같이 생성자가 구현된 경우라면 Point pt = 40;과 같이 사용할 수 있다.

```
class Point
{
public:
    Point(int xy)
    {
        cout << "인자가 하나 있는 생성자 호출" << endl;
        setx (xy);
        sety (xy);
    }
    :
    :
};
```

컴파일러는 Point pt = 40;을 Point pt(40);으로 해석하여 컴파일한다. 이런 관용적 표현은 객체를 생성할 때 호출되는 생성자와 연관되어 있기 때문에 객체를 생성할 때만 사용할 수 있다.

```
Point pt;
pt = 4;          // 컴파일 오류
```

위의 코드와 같이 객체를 생성한 다음에 '='를 이용해 값을 대입하는 것은 연산자 중복 정의에 해당한다. 만약 연산자 중복 정의가 구현되어 있지 않다면 이것은 생성자와 상관이 없으므로 컴파일되지 않는다.

두 번째 관용적 표현은 객체 배열을 초기화할 때 다양하게 생성자를 호출하는 경우다. 이 경우 '='와 함께 중괄호('{ }')를 기술하고, 중괄호 사이에 호출하고자 하는 생성자를 나열하면 된다.

```
Point pt[] = {Point(), Point(50, 60), Point(40)};
```

위 코드에서 생성되는 Point 객체는 세 가지이다. 첫 번째 객체는 디폴트 생성자를 호출하고, 두 번째 객체는 인자가 두 개 전달되는 생성자를 호출하며, 마지막 객체는 인자가 하나 전달되는 생성자를 호출한다. 이렇게 객체를 배열로 생성하면서 다양한 생성자를 호출할 때는 '='와 중괄호('{ }')를 사용한다. 배열에서 생성자 호출 방법을 이야기한 후에 디폴트 생성자를 호출하는 문법 때문에 혼란스러울 수도 있다. 디폴트 생성자는 '( )' 없이 호출하는데, 배열에서 디폴트 생성자를 호출할 때는 '( )'를 기술한다. 이것도 관용적인 표현이기 때문에 특별한 이유는 없다.

[그림 4-6] 객체를 배열로 생성할 때 다양한 생성자 호출

위 실행 결과는 객체가 배열로 생성된 경우 다양한 생성자 호출을 보여준다.

임시 객체 생성

앞에서 객체를 배열로 생성할 때 생성자를 다양하게 지정하는 방법을 살펴봤다. 이와 유사한 문법을 갖지만 완전히 다르게 사용되는 관용적 표현이 하나 더 있다.

```
클래스 이름(인자);
```

단순히 클래스 이름과 함께 인자를 나열하는 이런 모습은 앞에서 객체 배열을 생성할 때 다양한 생성자를 호출하기 위한 것이다. 하지만 객체 배열이 아닌 상황에서 이 형식은 임시 객체를 하나 생성하는 의미로 해석된다.

```
int main()
{
    display (Point(50, 60));
    return 0;
}

void display (Point pt)
{
    pt.print ();
}
```

위 코드에서 display에 전달한 Point(50,60)이 바로 임시 객체 문법이다. 컴파일러는 임시 객체 Point(50,60)을 하나 생성하고 이것을 인자로 전달한다. 이처럼 인자 전달이나 함수 반환을 위해 임시 객체 생성이 필요한 경우 코드에서 직접 임시 객체를 생성하는 것보다는 위와 같이 사용하는 것이 훨씬 간편하다. 관용적 표현이면서 많이 사용하는 방법이니 잘 기억해 두도록 하자. 한 가지 주의할 사항은 임시 객체도 엄연한 객체이므로 생성자와 소멸자가 정확하게 호출된다는 것이다. 컴파일러가 생성하는 임시 객체도 직접 생성한 객체와 다를 것이 없다.

4.4 소멸자를 이용한 초기화 해제

소멸자 destructor

생성자가 객체가 생성될 때 자동으로 호출되는 멤버 함수라면, 소멸자는 객체가 파괴될 때 자동으로 호출되는 멤버 함수이다. 그래서 생성자와는 반대로 객체가 파괴될 때 정리할 내용이 있다면 소멸자에 구현해야 한다. 이것 역시 개발자의 실수를 줄이기 위한 것이다. 객체를 위한 정리

작업을 개발자에게만 맡긴다면 아무래도 실수할 가능성이 있다. 생성자와 소멸자는 항상 자동으로 호출되기 때문에 개발자의 무의식적인 실수를 줄이기 위한 C++의 기능이라고 볼 수 있다.

```
class 클래스 이름
{
public:
    ~클래스 이름()
    {
    }
};
```

소멸자의 형식은 위와 같다. 생성자와 같이 반환값이 없다. 생략된 것이 아니라 없는 것이다. 소멸자 역시 명시적으로 함수를 호출하는 것이 아니기 때문에 반환값을 받을 수 없다. 다음으로 소멸자는 틸드(tilde: '~') 기호를 붙이고 함수 이름을 기술한다. 함수 이름은 생성자와 같은 클래스 이름이다. 마지막으로 괄호('( )')를 기술한 다음 중괄호('{ }') 사이에 함수를 구현하면 된다. 소멸자가 필요 없는 클래스의 경우 소멸자를 구현하지 않을 수도 있다.

한 가지 특이한 것은 생성자와 달리 소멸자는 인자를 가지지 않는다는 것이다. 객체는 소멸 시점이 모호하다. 생성자의 경우 객체를 선언하는 시점이 명확하기 때문에 이를 통해 생성자로 인자를 전달할 수 있지만 소멸자는 그렇지 않다. 전역 변수로 선언된 객체의 경우 프로그램이 종료될 때 소멸자가 호출되고, 지역 변수로 선언된 객체의 경우 닫는 중괄호('}')에서 소멸자가 호출된다. 이 경우 모두 소멸자를 호출하는 어떠한 코드도 없다. 그래서 소멸자는 인자를 전달할 방법이 없기 때문에 인자를 갖지 않는다.

소멸자가 반드시 있어야 할까?

생성자가 하는 초기화는 명확하다. 어떤 형태로든 멤버 변수를 의미 있는 값으로 채워야만 버그 발생과 버그 규칙성이 생긴다. 하지만 소멸자가 하는 초기화 해제는 모호하다. 초기화 해제를 하지 않아도 어차피 소멸자가 호출되는 시점에 객체가 사라질 것이므로 문제될 것이 없다. 사라지는 데이터에 대해 어떤 처리를 하지 않는다고 문제가 되지는 않는다. 하지만 다음 코드를 보자.


```
1: #ifndef        __MYSTRING_H__
```

```
 2: #define          __MYSTRING_H__
 3:
 4: class MyString
 5: {
 6: private:
 7:     char* m_str;
 8:     int   m_len;
 9:
10: public:
11:     MyString()
12:     {
13:         m_str = NULL;
14:     }
15:     MyString (char* str)
16:     {
17:         m_len = strlen (str);
18:         m_str = (char*) malloc (m_len+1);
19:         strcpy (m_str, str);
20:     }
21:
22:     char* c_str ()
23:     {
24:         return m_str;
25:     }
26: };
27:
28: #endif        // __MYSTRING_H__
```

위 소스는 STL이 제공하는 string 클래스를 비슷하게 구현한 MyString 클래스 헤더이다. 이 헤더를 바탕으로 main 함수에서 MyString을 다음과 같이 사용했다.

```
int main ()
{
    MyString str1("Hello world!!");

    cout << str1.c_str () << endl;

    return 0;
}
```

실행 결과는 화면에 "Hello world!!" 문자열을 출력하고 종료한다. 출력 결과가 중요한 것은 아니다. 위 코드는 한 가지 문제점을 가지고 있다. MyString 클래스는 생성자에서 인자로 전달된 문자열을 멤버 변수 m_str에 복사해 두는데, 이때 malloc 함수를 호출하여 메모리를 할당받는다. 그런데 MyString 클래스는 이 메모리를 해제하는 것을 구현하지 않았기 때문에 객체가 사라진 뒤에도 메모리가 계속 남아 있게 된다. 이것이 바로 문제가 되는 것이다. 이와 같이 객체 소멸과 함께 반드시 처리해야 하는 일이 필요한 경우 소멸자를 이용한다.

사실 앞에서 구현했던 Point 클래스는 객체 소멸과 함께 해야 할 일이 없다. 그래서 Point 클래스는 소멸자를 구현할 필요가 없다. 하지만 MyString 클래스는 다르다. 앞에서 언급한 것과 같이 클래스 내부에서 메모리를 할당받았기 때문에 객체 소멸과 함께 할당받은 메모리를 해제해야 하고, 이를 위해 반드시 소멸자를 구현해야 한다.

[소스 4-5] MyString.h – MyString.exe

```
1: #ifndef         __MYSTRING_H__
2: #define         __MYSTRING_H__
3:
4: class MyString
5: {
6:      :
7:      :
8:      ~MyString()
9:      {
10:          free (m_str);
11:      }
12:      :
13:      :
14: };
15:
16: #endif        // __MYSTRING_H__
```

위 코드는 앞에서 구현한 MyString 클래스에 소멸자를 추가한 것이다. 앞의 예를 보고 객체 내부에서 할당받은 메모리를 해제하기 위해 소멸자를 사용한다고 생각하지 않도록 하자. 사실 소멸자는 이보다 범위가 좀 더 넓다. 소멸자는 메모리 해제 외에 어떠한 정리 작업도 할 수 있다. 예를 들면, 객체 내부에서 접속했던 네트워크를 종료한다든지 데이터베이스에 대한 접속을 종료한다든지 메모리를 해제하는 등 여러 가지 다양한 것을 구현할 수 있다. 그래서 "소멸자는 할당 개념이 있는 모든 것을 정리하기 위해 사용할 수 있다."라고 정리하는 것이 바람직하다.

4.5 복제 생성자

값을 복사할 때 생기는 문제

앞에서 구현한 Point 클래스를 상상하면서 다음 코드를 살펴보자.

```
Point pt1 (50, 60);
Point pt2 = pt1;
```

이 코드를 보는 사람들은 누구나 pt1의 값을 pt2로 대입하는 것으로 생각할 것이다. 그리고 실제 컴파일러도 이렇게 실행한다. 즉, 앞의 Point 클래스에 선언된 m_x와 m_y를 pt2에서 pt1로 그대로 복사할 것이다. 그래서 pt2의 m_x와 m_y 역시 50과 60의 값을 가진다. 이렇게 컴파일러는 객체와 객체가 대입('=')될 때 그 객체들이 가진 멤버 변수 값을 그대로 1:1 복사한다. 그런데 이런 복사가 문제를 발생시키는 경우가 있다. 앞에서 구현한 MyString 클래스를 사용하는 경우다.

```
MyString str1 ("Hello world!!");
MyString str2 = str1;
```

위 코드는 직관적으로 str1의 "Hello world!!"라는 문자열을 str2로 복사한다는 의미이다. 하지만 실제 이것을 컴파일하고 실행하면 프로그램은 다운된다.

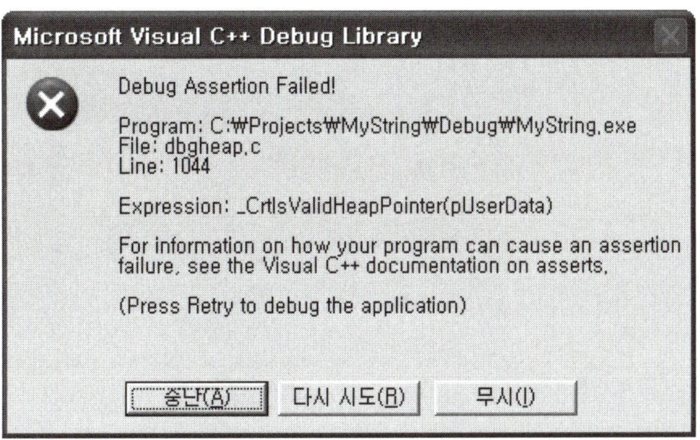

[그림 4-7] 값의 복사 문제

이것이 다운되는 이유는 컴파일러가 생성한 코드가 MyString str2 = str1; 문장을 실행할 때 값을 복사하기 때문이다. 컴파일러가 생성한 코드는 MyString str2 = str1; 문장을 실행할 때 str1의 두 멤버 변수 값을 str2의 두 멤버 변수에 그대로 복사한다. 그런데 이중에 m_str은 str1이 할당한 메모리 주소이므로 이것이 str2에 그대로 복사되면 str2 입장에서 문제가 된다. 즉, str2는 자신의 m_str에 새롭게 할당받는 것이 아니라 str1이 할당받은 주소를 받았을 뿐이다. 이렇게 되면 두 객체가 동일한 주소를 갖게 되는 문제가 발생한다.

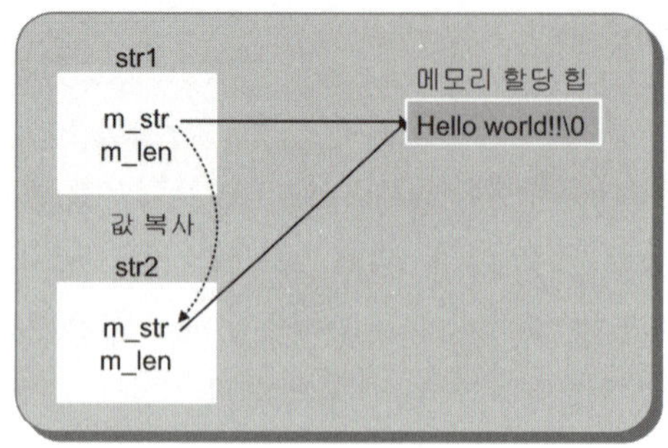

[그림 4-8] str1과 str2의 m_str 포인터

이 상황에서 지역 객체로 선언된 str1이 사라질 때 str1의 소멸자는 자신의 m_str을 해제한다. str1 입장에서 보면 m_str이 복사되었다는 사실을 모르기 때문에 자신의 m_str을 파괴할 수밖에 없다. 이렇게 str1이 자신의 m_str을 파괴하면 str2가 가지고 있는 m_str은 파괴된 버퍼를 가리키는 형태가 되고, str2 객체 역시 소멸자에서 m_str을 파괴함으로써 파괴된 버퍼를 중복 파괴하는 문제가 발생한다.

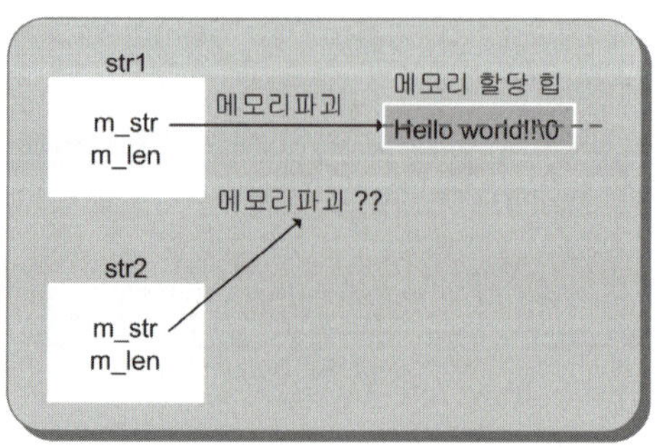

[그림 4-9] str1과 str2의 m_str 중복 파괴

이와 같은 문제는 MyString 외에 할당 개념이 있는 모든 클래스에서 발생할 수 있다. 앞에서도 언급한 것과 같이 할당 개념이 있는 모든 클래스는 소멸자에서 할당된 내용을 파괴한다. 이때 파괴되는 것이 이미 다른 객체에 복사되어 사용되고 있을 수도 있기 때문에 단순히 파괴하면 문제가 발생한다. 어떻게 하면 이것을 해결할 수 있을까? 이것을 해결하기 위한 방법은 사실 생성자에 있다.

복사 문제를 해결하는 복제 생성자

컴파일러는 객체 대입('=')에서 무조건 값의 복사를 수행한다. 값의 복사는 객체에 따라 문제가 발생할 수도 있고 발생하지 않을 수도 있다. 값의 복사가 문제가 되는 것은 객체 내부에 할당 멤버 변수가 있는 경우이다. 할당 멤버 변수의 값을 복사하면 할당 값이 중복으로 사용되기 때문에 반드시 새로운 할당을 만들어서 복사해야 한다. 이것을 할당에 의한 복사라고 한다. 하지만 이 경우 컴파일러는 이것을 자동으로 해주지 않기 때문에 개발자가 코드로 직접 구현해야 한다. 값의 복사가 아닌 할당에 의한 복사를 하기 위해 사용하는 것이 바로 복제 생성자copy constructor이다.

앞에서 설명한 것과 같이 생성자는 객체가 생성될 때 자동으로 호출되어 객체 자신의 멤버를 초기화하기 위한 멤버 함수이다. 이런 생성자 중에 좀 특이한 형태와 목적을 갖는 생성자가 바로 복제 생성자이다. 복제 생성자도 원칙적으로 일반 생성자와 같이 객체가 생성될 때 호출된다. 하지만 일반적인 생성자가 호출되는 경우 외에 몇 가지 경우가 더 있다.

- 객체를 생성하면서 객체를 대입('=')받을 때 복제 생성자가 호출된다.
- 객체를 함수 인자로 전달할 때 복제 생성자가 호출된다.
- 객체를 함수 반환값으로 반환할 때 복제 생성자가 호출된다.

MyString 클래스를 이용한 첫 번째 경우를 보면 다음과 같다.

```
MyString str1 ("Hello world!!");
MyString str2 = str1;     // 또는 MyString str2(str1);으로 사용될 수도 있다.
```

앞에서 살펴본 것으로 복제 생성자가 호출되는 가장 일반적인 경우다. 이렇게 객체가 생성되면서 객체를 받는 경우 항상 복제 생성자가 호출된다. 두 번째는 함수 인자로 객체가 전달되는 경우로 다음과 같은 상황이다.

```
int main ()
{
    MyString str1 ("Hello world!!");
    display (str1);
    return 0;
}

void display (MyString str2)
{
    cout << str2.c_str () << endl;
}
```

위 코드와 같이 함수 인자로 객체가 전달될 때 복제 생성자가 호출된다. 위의 코드에서 str2는 함수 인자로서 str1을 받는다. 여기서 str2는 새로 생성되는 객체이고, str1은 새로운 객체에 전달되는 값으로 MyString str2 = str1 관계가 성립한다. 사실 이것도 생각해보면 첫 번째 경우와 동일하다고 볼 수 있다. 복제 생성자가 사용되는 마지막 경우는 함수의 반환값으로 객체가 반환되는 경우이다.

```
int main ()
{
    MyString str2 = getMyString ()
    return 0;
}

MyString getMyString ()
{
    MyString str1("Hello world!!");
    return str1;
}
```

위 코드와 같이 함수의 반환값으로 객체가 반환되는 경우 복제 생성자가 호출된다. 위 코드에서 str1 객체가 함수에서 반환되고 str2 객체가 생성되면서 이것을 받게 되는데, 이 상황도 앞의 경우와 같이 MyString str2 = str1;의 관계가 성립한다. 객체가 생성되면서 또 다른 객체를 받는 경우는 항상 복제 생성자가 호출된다.

복제 생성자 형식을 보기 전에 오해하기 쉬운 몇 가지 상황을 살펴보자. 만약 함수가 객체를 반환하지만 호출한 쪽에서 객체를 받지 않는다면 어떻게 될까?

```
getMyString ();              // = getMyString ();에서 반환을 받지 않는다.
```

즉, 위와 같이 호출하면 어떻게 될까? 함수는 반환하지만 반환값을 받지 않는다면 컴파일러는 임시 객체를 무조건 생성한다. 직접적으로 눈에 보이지는 않지만 getMyString ( ); 앞에 컴파일러에 의해 임시 객체가 만들어진다. 그리고 이 임시 객체와 함수 반환 객체 사이에 복제 생성자가 호출된다. 어쨌든 함수 반환이 객체이면 무조건 복제 생성자가 호출된다고 보면 된다. 다음으로 오해하기 쉬운 코드는 다음과 같은 경우이다.

```
MyString str1 ("Hello world!!");
MyString str2;

str2 = str1;
```

위 코드의 str2 = str1;에서 복제 생성자가 호출될까? 여기서는 복제 생성자가 호출되지 않는다. 다시 한 번 강조하지만 복제 생성자는 객체가 생성되면서 다른 객체를 대입('=')받을 때 호출된다. 위와 같이 이미 객체 생성이 끝난 다음에 객체를 대입받는 것은 대입 연산자 중복 정의로 봐야 한다. 대입 연산자 중복 정의에 대해서는 뒤에서 이야기하겠다. 여기서는 위 상황은 복제 생성자가 호출되는 상황이 아니라는 것만 알아두자.

복제 생성자의 형식

이제 복제 생성자의 형식을 알아보자.

```
class 클래스 이름
{
public:
    클래스 이름(const 클래스 이름& 기존 객체)
    {
    }
};
```

복제 생성자의 문법적 형식은 위와 같다. 기본 형식은 일반 생성자와 동일하다. 복제 생성자만의 특징은 인자로 자기 자신과 동일 타입의 클래스 객체를 받는다는 것이다. 이때 타입은 반드시 참조형(&)으로 해야 한다. const는 없을 수도 있지만 객체 타입은 반드시 참조형이어야 한다. 앞에서 구현한 MyString 클래스의 복제 생성자는 다음과 같이 구현할 수 있다.

[소스 4-6] MyString.h – MyString.exe

```
 1: #ifndef        __MYSTRING_H__
 2: #define        __MYSTRING_H__
 3:
 4: class MyString
 5: {
 6: :
 7: :
 8:     MyString(const MyString& src)
 9:     {
10:         m_len = src.m_len;
11:         m_str = (char*) malloc (m_len+1);
12:         strcpy (m_str, src.m_str);
13:     }
14:     :
15: :
16: };
17:
18: #endif        // __MYSTRING_H__
```

MyString 클래스의 복제 생성자를 위의 코드와 같이 구현하고 다음과 같이 객체를 사용한다면 str1은 복제 생성자의 인자인 src로 전달되고 str2는 자기 자신이 된다. 즉, 생성되는 객체 자신에 대해 복제 생성자가 호출되고 등호의 우항 객체가 인자로 전달된다.

```
MyString str1("Hello world!!");
MyString str2 = str1;
```

앞에서 예로 든 함수 인자로 객체가 전달되는 상황이라면 함수의 형식 인자(함수 정의에 사용한 객체)가 복제 생성자 호출에 사용되고, 실인자(함수 호출에 사용된 객체)가 복제 생성자의 인자로 전달된다. 이것 때문에 복제 생성자는 반드시 참조형을 인자로 받는다. 만약 복제 생성자가 참조형이 아닌 객체를 받으면 복제 생성자 호출을 위해 또 복제 생성자가 필요한 순환 구조에 걸리게 된다.

복제 생성자의 구현은 값의 복사가 아닌 할당에 의한 복사를 하면 된다. MyString 클래스의 복제 생성자는 인자에 전달된 객체로부터 문자열 길이를 얻고, 이것을 이용해 독립 버퍼를 할당받은 다음 문자열을 복사받는다. 복제 생성자의 구현은 이외에 클래스에 따라 다양할 수 있다. 이렇게 구현함으로써 MyString 클래스는 어떤 방법으로 객체가 생성되든지 항상 유일한 독립 버퍼를 소유하게 된다. 따라서 객체가 파괴될 때 소멸자가 자신의 버퍼를 파괴하더라도 다른 객체는 영향을 받지 않는다.

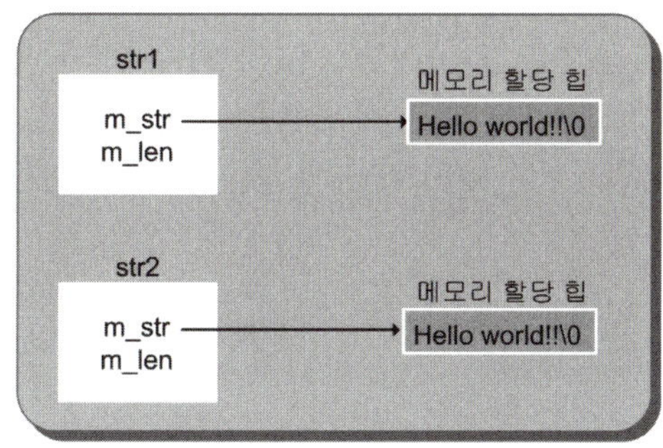

[그림 4-10] str1과 str2의 m_str 독립

복제 생성자 피하기

복제 생성자는 개발자의 실수를 줄이고 직관적 코드를 구현하기 위해 사용된다고 볼 수 있다. 즉, 개발자가 대입('=')이나 함수 호출 또는 함수 반환값에서 객체를 부담없이 자연스럽게 사용하기 위해 구현한다고 볼 수 있다. 이런 자연스러움 때문에 복제 생성자는 개발자가 의식하지 못하는 사이에 많은 호출을 만들어 낸다. 앞에서 구현한 MyString 클래스를 기준으로 다음 코드를 살펴보자.

```cpp
int main ()
{
    MyString str1 ("Hello world!!");
    MyString str2 = getMyString (str1);
    return 0;
}
```

```cpp
MyString getMyString (MyString str2)
{
    MyString str3 = str2;
    return str3;
}
```

코드 논리에는 의미를 두지 말자. 여기서는 함수 호출만 보기 위해서 이렇게 구현했을 뿐이다. 위의 코드에서 main 함수를 제외하고 몇 번의 함수 호출이 일어날까? 코드를 실행하지 말고 상상으로 계산해보자. strcpy 같은 표준 함수를 제외하고 아홉 번 호출된다. 눈에 당장 보이는 것은 str1에 대한 생성자와 getMyString 함수 자체에 대한 호출, 이렇게 두 번이다. 나머지는 복제 생성자와 소멸자에 의한 호출이다. getMyString이 호출될 때 getMyString 함수의 형식 인자 str2와 실인자 str1 사이에 복제 생성자가 한 번 호출되고, getMyString 함수 안에서 str3와 str2 사이에 복제 생성자가 한 번 호출된다. 다음으로 str3가 반환되면서 함수 밖의 str2와 str3 사이에 복제 생성자가 한 번 호출된다. 마지막으로 getMyString 안의 str2와 str3가 지역 변수이기 때문에 함수가 반환될 때 두 번의 소멸자가 호출되고, main 함수가 종료될 때 str1와 str2에 대해서 소멸자가 두 번 호출된다. 만약 getMyString 호출이 루프에 있다면 어떨까?

```cpp
for (int i = 0; i < 1000 ;i++)
{
    MyString str2 = getMyString (str1);
}
```

위 코드에서 함수의 총 호출 횟수는 7000번이다. 아무리 C++가 성능보다는 생산성을 중시하는 객체 지향 언어라고 하지만 끔찍하지 않은가? 개발자들이 단순히 복제 생성자만 구현한다면 성능에 치명적 단점을 가져올 수 있다. C++는 객체 지향 언어지만 다른 객체 지향 언어에 비해 성능을 높일 수 있는 언어이다. 위 코드와 같은 경우 일반 함수 호출을 구현할 때 객체를 바로 전달하기보다는 const 타입의 참조형으로 전달하는 것이 성능 향상에 도움이 된다. 즉, getMyString을 다음과 같이 구현하는 것이 좋다.

```cpp
MyString getMyString (const MyString& str2)
{
    MyString str3 = str2;
    return str3;
}
```

이것 하나로 함수 호출에 객체가 전달되는 것이 아니라 객체의 참조형이 전달됨으로써 복제 생성자와 소멸자 호출이 한 번씩, 두 번 줄어든다. 또, 논리상 가능하다면 객체를 바로 반환하는 것보다는 이 역시 참조형으로 반환하는 것이 좋다. 물론 이것은 논리상 함수 안에서 반환하는 객체가 정적으로 선언되어 있어야 가능하다.

컴파일러가 디폴트로 제공하는 세 가지

클래스 구현에서 복제 생성자를 구현하지 않으면 컴파일러는 클래스 멤버 변수를 1:1로 복사하는 복제 생성자를 디폴트로 제공한다. 물론 할당에 의한 복사가 필요한 경우 컴파일러가 제공하는 것을 사용하면 안 된다. 컴파일러는 세 가지를 제공한다.

- 값에 의한 복사를 수행하는 복제 생성자
- 디폴트 생성자
- 값에 의한 복사를 수행하는 대입 연산자

값에 의한 복사를 수행하는 복제 생성자와 디폴트 생성자는 지금까지 이야기했다. 컴파일러는 이와 비슷하게 값에 의한 복사를 수행하는 대입 연산자 중복 정의를 제공한다. 다음 코드를 보자.

```cpp
MyString str1 ("Hello world!!");
MyString str2;

str2 = str1;
```

앞에서 잠시 이야기했지만 str2 = str1;은 복제 생성자가 호출되는 경우가 아니다. 이 경우 컴파일러는 값에 의한 복사를 수행하는 대입 연산자를 제공한다. 컴파일러가 제공하는 대입 연산자 역시 값의 복사를 수행하기 때문에 할당이 필요한 객체에는 사용할 수 없다. 그래서 클래스를 구현할 때 복제 생성자와 유사한 기능을 하는 대입 연산자를 중복 정의해야 한다. 이것에 대해서는 뒤에서 좀 더 자세히 알아보도록 하고 여기서는 이 경우에 대입 연산자 중복 정의가 필요하다는 사실만 기억하자.

4.6 const 지정자

버그를 줄이기 위해서는 자신도 믿지 마라

사용자는 기능은 많지만 오류 때문에 문제를 일으키는 소프트웨어보다는 기능은 조금 적어도 오류 없이 잘 실행되는 소프트웨어를 원한다. 그래서 개발자는 많은 기능을 빠르게 구현하는 것 못지않게 오류가 적은 소프트웨어를 개발하는 것에 관심을 가져야 한다. 소프트웨어 버그는 발생했을 때 빨리 해결하는 것도 중요하지만 발생하지 않도록 원천적으로 막는 것이 더 중요하다. 손자병법에도 "싸우지 않고 이기는 것을 최고의 병법"이라고 했듯이 버그 역시 발생한 후에 빨리 해결하는 것보다는 원천적으로 발생하지 않도록 하는 것이 가장 중요하다.

많은 버그가 개발자의 실수에 의해 발생한다. 그래서 이런 실수를 얼마나 줄일 수 있느냐 하는 것이 버그를 줄이는 데 결정적인 역할을 한다. 앞에서 알아본 생성자, 소멸자 같은 것이 여기에 해당한다. 개발자가 잊지 않고 늘 해야 했던 초기화와 초기화 해제를 생성자와 소멸자가 대신 해줌으로써 개발자는 초기화와 초기화 해제를 신경 쓰지 않아도 된다. 이와 같이 늘 잊지 않고 해야 했던 어떤 일을 언어적 기능에 맡김으로써 개발자의 실수를 줄일 수 있다. 또 한 가지 개발자의 실수를 줄이는 방법이 있다. 바로 개발자 자신을 믿지 않는 것이다. 실수를 하고 싶어서 하는 개발자는 없다. 모두 의도하지 않게 실수하는 것이다. 이런 실수를 최대한 줄이는 것이 버그를 줄이는 핵심이다. 그래서 개발자 자신도 항상 실수할 수 있다는 가능성을 열어 두고 자신이 할 수 있는 실수를 원천 봉쇄하라는 것이다.

마음속의 수갑 : const

개발자의 실수를 줄일 수 있는 좋은 방법 중 하나가 바로 const 키워드를 적극적으로 활용하는 것이다. C에서 const 키워드는 상수형 변수를 선언할 때 사용한다. C++에서는 멤버 함수를 선언할 때도 사용할 수 있다. C++가 멤버 함수를 선언할 때 const를 사용한다면 이것을 상수형 멤버 함수라고 한다. 먼저 변수를 선언할 때 사용하는 const 키워드를 살펴보자.

```
const int a = 10;
    :
a = 20;                    // 여기서 컴파일 에러가 발생한다.
```

위와 같이 코드를 구현한 경우 a = 20;에서 컴파일 에러가 발생한다. 상수형 변수는 최초 한 번만 값을 대입받을 수 있고, 다음에는 새로운 값을 받을 수 없다. 아마 컴파일 에러가 발생하면 개발자는 a라는 변수에 선언된 const를 제거하고 싶을 것이다. 하지만 이렇게 하면 안 된다. 좀 불편하지만 한 번 고민을 해봐야 한다. 처음 a라는 변수를 선언할 때는 상수형 변수로 선언했다. 그렇다면 그것이 계속 그 목적에 맞게 사용되고 있는지 고민해봐야 한다. 뒤에서 a = 20;을 구현했다는 것은 두 가지 경우가 있다. 첫 번째는 a의 목적이 상수형에서 변수형으로 바뀐 경우이고, 두 번째는 개발자가 실수한 경우이다. 첫 번째 경우는 설계를 다시 신중하게 검토한 다음에 변수 선언에 사용된 const를 제거할 수 있다. 하지만 두 번째 경우라면 개발자의 실수이므로 a = 20;을 하면 안 된다. 이와 같이 const를 상수형으로 사용할 모든 변수에 붙여주면 개발자의 실수를 컴파일 에러를 통해 사전에 검증할 수 있게 되는 것이다. const를 많이 사용하면 좀 불편하지만 개발자의 작은 실수를 사전에 검증할 수 있는 길이 생긴다. 실제로 이 작은 것이 버그를 줄이는 데 엄청난 일을 한다. 변수에 습관적으로 const를 사용해보자.

C는 일반 변수에 대해서만 const를 붙일 수 있지만, C++는 일반 변수를 포함해 멤버 변수와 멤버 함수에 대해서도 const를 붙일 수 있다. 멤버 변수에 const를 붙이면 멤버 변수가 const라는 것이다. 일반 변수에 const를 붙인 것과 같이 값을 한 번만 대입('=')받을 수 있으며, 이후부터는 새로운 값을 대입받을 수 없다는 뜻이다. 이것은 약간의 문법적 설명이 더 필요한데, 이에 대한 설명은 뒤에서 다시 하겠다. 여기서는 멤버 함수에 const를 붙인 경우에 대해 알아보자.

상수형 멤버 함수

C++는 멤버 함수에 const를 붙일 수 있다. 다음과 같은 형식이다.

```
class 클래스 이름
{
    반환값 함수 이름(인자 리스트) const
    {
    }
};
```

이것은 멤버 함수 선언만 보인 경우로, 멤버 함수를 구현할 때도 동일하게 함수 뒤에 const를
붙여야 한다. 이렇게 멤버 함수 뒤에 const를 붙이면 이것은 상수형 멤버 함수가 된다. 상수형
멤버 함수는 함수 내에서 멤버 변수를 변경할 수 없다. 주의할 것은 멤버 변수만 변경할 수 없다
는 뜻이지 지역 변수나 전역 변수를 변경할 수 없다는 뜻은 아니라는 점이다. 개발자가 해당 멤
버 함수를 구현할 때 이 멤버 함수 내에서는 멤버 변수를 변경하지 않겠다고 약속하는 것이다.
이렇게 약속한 후에 시간이 지나 개발자가 이것을 잊고 해당 멤버 함수 내에서 멤버 변수의 값
을 변경하고자 한다면 컴파일러는 에러를 나타낸다. 즉, 개발자가 처음 구현할 때와 다르게 멤
버 함수를 사용하고 있다고 알리는 것이다. 이런 상황에서 개발자는 당장 const를 제거하고 싶
은 충동에 빠진다. 하지만 이 역시 그렇게 하면 안 된다. 에러가 났다는 것은 개발자가 원래 설
계(약속)와 다르게 함수를 사용하고 있다는 뜻이거나 실수를 한 경우다. 만약 이것이 실수에 의
한 것이라면 버그 발생 가능성을 컴파일러가 자동으로 찾아준 것이 된다. 이런 작은 행위가 버
그를 줄이는 데 엄청난 도움을 준다.

앞에서 구현한 Point 클래스의 경우, getx와 gety라는 함수는 단순히 멤버 변수 값을 반환만
할 뿐 멤버 변수 값을 변경하지는 않는다. 이런 함수가 바로 const를 붙여야 할 함수이다. 이 외
에도 print 함수는 멤버 변수의 값을 출력만 할 뿐 변경하지 않는다. 이것 역시 const 함수가 되
어야 한다. 이렇게 처음 설계할 때 함수의 목적에 맞게 const 함수를 선언하는 것이 미래의 실수
를 방지하기 위한 좋은 방법이다.

[소스 4-7] Point.cpp – Point.exe

```cpp
1: class Point
2: {
3: :
4: :
5:     void setx (int x) {
6:         if (MAX_X < x)
7:             x = MAX_X;
8:         if (x < MIN_X)
9:             x = MIN_X;
10:        m_x = x;
11:     }
12:     void sety (int y) {
13:         if (MAX_Y < y)
14:             y = MAX_Y;
15:         if (y < MIN_Y)
```

```
16:                y = MIN_Y;
17:            m_y = y;
18:        }
19:        int getx () const {
20:            return m_x;
21:        }
22:        int gety () const {
23:            return m_y;
24:        }
25:        void print () const {
26:            cout << "Point = (" << getx () << "," << gety () <<
27:                    ")" << endl;
28:        }
29: };
```

위의 코드와 같이 Point 클래스의 getx, gety, print는 const 함수가 되어야 하지만 setx, sety 는 const 함수가 되면 안 된다. 이 함수들은 논리적으로 함수 내부에서 멤버 변수를 변경해야 하기 때문이다.

const로는 const만

const로 선언한 멤버 함수는 멤버 변수 값을 변경할 수 없다. 여기서 멤버 변수 값을 변경할 수 없다는 것은 지접저인 변경만을 의미하는 것은 아니다. const 멤버 함수는 직접적인 변경, 즉 대입('=')에 의한 변경뿐만 아니라 다른 함수 호출에 의한 간접적인 변경도 허용하지 않는다.

```
void print () const
{
    setx (20); // 여기서 컴파일 오류 발생
    cout << "Point = (" << getx () << "," << gety () <<
        ")" << endl;
}
```

논리적으로 이상하지만 Point 클래스의 print 함수를 위와 같이 구현한다면 컴파일 오류가 발생할 것이다. 왜냐하면 print 함수가 const로 선언되었다는 것은 멤버 변수 값을 변경하지 않겠다는 뜻인데, 함수 내에서 setx 함수를 호출함으로써 멤버 변수 값이 변경될 수 있기 때문이다. 이와 같이 const로 선언된 멤버 함수는 직접적인 변경 외에 const로 선언되지 않은 멤버 함수도 호출하지 못한다.

하지만 반대의 경우는 허용된다. 즉, const로 선언되지 않은 멤버 함수가 const로 선언된 멤버
함수를 호출하는 것은 허용된다는 것이다.

```cpp
void setx (int x)
{
    if (MAX_X < x)
        x = MAX_X;
    if (x < MIN_X)
        x = MIN_X;
    m_x = x;

    print ();   // 이것은 허용된다.
}
```

역시 논리적으로는 어색하지만 위와 같이 코드를 구현하면 print 함수 호출이 정상적으로 컴파
일된다. const로 선언되지 않은 함수는 당연히 멤버 변수를 변경할 수 있다. 멤버 변수를 변경
할 수 있는 함수가 멤버 변수를 변경하지 않는다면 아무 문제가 없다. 못하는 데 하려고 하는
것은 문제가 되지만, 할 수 있는데 하지 않는 것은 문제가 되지 않는 것이다.

객체를 선언할 때도 const를 이용해 선언할 수 있는데, 이때 const로 선언된 객체는 const로 선
언된 함수만 호출할 수 있다.

```cpp
const Point pt(50, 60);
pt.print ();              // 컴파일된다.
pt.setx (20);             // 컴파일 오류가 발생한다.
```

위 코드에서는 setx를 호출하는 부분에서 에러가 발생한다. Point 객체 pt가 const로 선언되었
기 때문이다. pt는 상수형 객체이기 때문에 값이 변경되면 안 된다. 하지만 setx 함수를 호출하
면 값이 변경될 수 있기 때문에 컴파일 오류가 발생한다. 이때 역시 개발자는 이 부분에서 const
를 제거하는 것이 아니라 다시 검토해야 한다. 반대의 경우를 보자.

```
Point pt(50, 60);
pt.print ();                    // 컴파일된다.
pt.setx (20);                   // 컴파일된다.
```

위 코드에서는 Point 객체 pt가 상수로 선언되지 않았다. 이렇게 상수로 선언되지 않은 객체를 이용해 상수형 멤버 함수 print를 호출하는 것은 허용된다. 앞에서도 이야기한 것과 같이 변경이 가능한 멤버를 변경하지 않는 것은 문제가 되지 않는다.

가능하면 const로

필자는 const를 즐겨 사용할 것을 권장한다. 상수형 멤버 함수의 가능성이 조금이라도 있으면 const로 멤버 함수를 선언하자. const로 멤버 함수를 선언하면 컴파일 에러가 많이 증가하기 때문에 개발자 입장에서 당장은 불편할 것이다. 하지만 컴파일 에러가 나타날 때마다 그것을 반갑게 맞이하는 습관을 들여야 한다. 컴파일 에러라는 것은 개발자에게 버그 가능성이 있는 부분을 미리 알려주는 것이기 때문이다. const에 의해 컴파일 에러가 발생할 때마다 다시 한 번 함수를 검토할 기회가 생기는 것이기 때문에 그 만큼 함수는 논리적 오류가 적어진다.

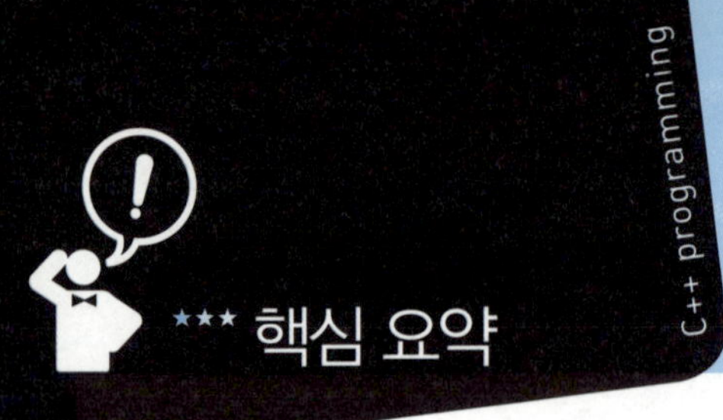

이번 장에서는 개발자 실수를 줄이기 위한 C++의 언어적 요소를 살펴보았다. 개발자의 실수를 줄이는 것이 오류 없는 소프트웨어를 개발하는 데 중요한 역할을 하기 때문이다. 개발자 역시 사람이라는 것을 항상 염두에 두자. 아무리 경험 많은 개발자라고 하더라도 실수는 발생하기 마련이다. 그 실수를 줄이기 위한 것이 오류 없는 소프트웨어를 개발하는 데 가장 중요한 요소이다.

개발자의 실수 중 가장 흔한 것이 데이터 초기화를 하지 않는 것이다. 초기화를 하지 않으면 오류도 많아지고 오류가 불규칙해진다. 데이터 초기화만 잘해도 오류가 적어지고 오류가 발생해도 규칙적이 된다. C++는 이런 데이터 초기화를 개발자의 의지에 맡기는 것이 아니라 생성자에게 맡긴다. 생성자를 이용해 데이터를 초기화하면 개발자가 신경 쓰지 않아도 자동으로 초기화가 이루어지기 때문에 실수가 줄어든다. 데이터 초기화와 함께 초기화 해제 역시 중요하다. 특히 내부적으로 어떤 다른 요소를 할당하는 객체는 특히 중요하다. 자동으로 초기화 해제를 하기 위한 C++의 언어적 기능이 소멸자다. 생성자와 소멸자를 이용해 데이터를 자동으로 초기화하고 해제하도록 하자.

소멸자와 달리 생성자 문법은 간단하지 않다. 클래스를 사용하는 개발자는 객체를 생성할 때 항상 다양한 값으로 초기화하기를 원하기 때문이다. 어떤 경우에는 디폴트 값으로, 또 어떤 경우에는 특정 값으로, 또는 또 다른 객체를 이용해 초기화하기를 원한다. 이런 다양한 상황에 대해 C++는 디폴트 생성자, 인자 있는 생성자, 복제 생성자로 이것을 지원한다. 특히 복제 생성자가 사용되는 또 다른 객체는 단순 대입, 함수로 인자 전달, 함수 반환값으로 객체 반환 등의 상황이 있을 수 있다.

마지막으로 개발자의 실수를 줄이기 위해 const에 대해 알아보았다. const는 컴파일 오류에 의해 당장의 불편함을 가져오지만 이것을 통해 개발자는 해당 코드를 다시 검토할 수 있는 기회를 갖게 되기 때문에 결과적으로는 버그를 줄이는 효과를 얻는다. 그래서 const를 즐겨 사용할 필요가 있다.

C++ 언어는 없다!

언어적 본질을 알면 다양한 상황에서 언어를 좀 더 융통성 있게 사용할 수 있다.
객체의 메모리는 어떻게 구성되어 있고, 멤버 변수와 함수는 메모리상에
실제 어떻게 존재하는 것일까? new와 delete는 내부적으로 어떻게
동작하는 걸까? 그리고 static은 C++에서 어떻게 존재하는 걸까?
당연한 것으로 받아들이는 것이 중요할 때가 있다.

chapter point

✓ **this** 객체를 이용해 멤버 함수를 호출할 때 묵시적으로 전달되는 객체 포인터이다. 그리고 멤버 함수 내에서 사용하는 멤버 변수는 컴파일러에 의해 this를 이용해 묵시적으로 참조된다.

✓ **new와 delete** C++는 new와 delete 키워드로 메모리를 할당하거나 삭제하는 기능을 제공한다. 이것이 기존 메모리 관리 함수와 다른 것은 객체를 생성하거나 삭제할 때 생성자와 소멸자를 자동 호출한다는 점이다.

✓ **static** C와 달리 C++는 멤버 변수에 대해서도 static을 지정할 수 있다. 이 경우 동일 클래스의 모든 객체가 공유하는 멤버 변수를 만들 수 있다.

5.1 this와 C로 설명하는 C++

사실 이번 장의 내용은 지금까지와 달리 생산성과 관련이 없다. 이번 장은 C++의 언어적 원리를 설명하기 위한 부분이다. 이것을 이해하는 것이 생산성에는 도움이 되지는 않겠지만 C++의 나머지 원리를 좀 더 잘 이해하고 응용하는 데는 도움을 줄 것이다.

멤버 변수와 멤버 함수

앞에서 구현한 Point 클래스의 선언을 다시 살펴보자. 먼저 멤버 변수만 정리해보자.

```cpp
class Point
{
private:
    int m_x, m_y;
};
```

위와 같이 Point 클래스는 int 타입의 m_x와 m_y를 멤버 변수로 갖는다. 위 클래스의 크기는 32비트 시스템에서 실행한다고 가정했을 때 얼마일까? 아마 8바이트라고 답할 것이다. 맞는 말이다. Point 클래스의 크기는 8바이트이다. 왜냐하면 멤버 변수 m_x와 m_y가 각각 4바이트이기 때문이다. 그럼 이번에는 Point 클래스에 멤버 함수를 몇 개 추가해보자.

```cpp
class Point
{
private:
        int m_x, m_y;
public:
        void setx (int x) {
            m_x = x;
        }
        void sety (int y) {
            m_y = y;
        }
        int getx () const {
            return m_x;
        }
        int gety () const {
```

```cpp
            return m_y;
        }
        void print () const {
            cout << "Point = (" << getx () << "," << gety () <<
                    ")" << endl;
        }
    };
```

논리적으로 완벽하지는 않지만 위와 같이 setx, sety, getx, gety, print 함수를 멤버 함수로 추가했다. 이렇게 멤버 함수를 추가한다면 Point 클래스 크기는 얼마가 될까? 아마 여전히 8 바이트라고 답하는 사람도 있을 것이고, 고민하는 사람도 있을 것이다. 결론부터 말하자면 Point 클래스의 크기는 8바이트이다. 따라서 이 클래스를 이용해 생성한 객체 역시 8바이트이다.

```cpp
int main ()
{
    Point pt;
    cout << "Point의 크기 = " << sizeof(pt) << endl;
    return 0;
}
```

다음은 이 코드의 실행 결과이다.

[그림 5-1] 객체의 크기

[그림 5-1]과 같이 위 코드를 실행하면 8이 출력된다. 이상의 결과로 정리할 수 있는 사항은 클래스의 크기는 멤버 함수의 개수와 상관없이 항상 멤버 변수의 크기만 계산된다는 것이다.

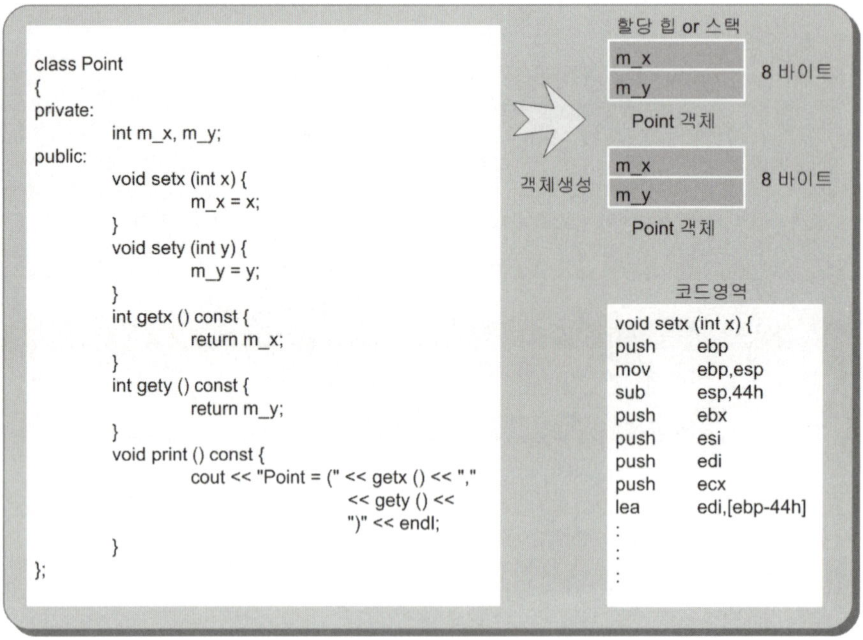

[그림 5-2] 객체와 메모리

위의 그림과 같이 객체가 점유하는 메모리에는 항상 멤버 변수만 존재한다. 그렇다면 멤버 함수는 어디에 있을까? 사실 여기부터 C++의 이야기는 시작된다. 정확하게 이야기하면 멤버 함수라고 해서 따로 영역을 점유하면서 존재하지는 않는다. 멤버 함수도 일반 함수(전역 함수)와 똑같이 코드 세그먼트 영역에 존재할 뿐이다. 본질적으로 멤버 함수와 일반 함수는 똑같다.

멤버 함수의 묵시적 인자 this

앞에서 메모리 구조상 멤버 함수는 일반 함수와 동일한 영역에 존재한다고 했는데, 차이점은 없는 것일까? 함수가 점유하고 있는 메모리의 구조적인 측면에서 볼 때 멤버 함수와 일반 함수는 차이가 없다. 하지만 함수의 실행 패턴으로 볼 때 멤버 함수와 일반 함수는 차이점이 있다.

- 멤버 함수는 멤버 함수를 호출할 때 사용한 객체 주소를 묵시적 인자 this로 전달한다. 이때 this는 첫 번째 인자가 된다.
- 그리고 멤버 함수 내에서는 전달된 묵시적 인자 this를 이용해 멤버에 접근한다.

이 두 가지가 멤버 함수와 일반 함수의 유일한 차이이다. 즉, 멤버 함수는 묵시적 인자 this를 갖는다는 것이다. 다음 코드를 보자.

```
Point pt1, pt2;
pt1.setx (50);        // 여기서 setx 함수에 묵시적 인자 this로 &pt1이 전달된다.
pt1.sety (60);        // 여기서 sety 함수에 묵시적 인자 this로 &pt1이 전달된다.

pt2.setx (70);        // 여기서 setx 함수에 묵시적 인자 this로 &pt2가 전달된다.
pt2.sety (80);        // 여기서 sety 함수에 묵시적 인자 this로 &pt2가 전달된다.
```

컴파일러는 위와 같이 객체(pt1)의 멤버 함수를 호출할 때 항상 객체 주소를 멤버 함수에 묵시적 인자 this로 전달한다. 그리고 멤버 함수 안에서 멤버를 사용할 때 무조건 묵시적 인자 this가 사용되도록 컴파일한다. 이 this는 명시적으로 기술될 필요가 없으며 멤버 함수를 호출할 때 컴파일러에 의해 무조건 전달되도록 하드웨어 코드가 생성되고, 멤버 함수 안에서 멤버에 접근할 때마다 이 this가 무조건 사용되도록 컴파일된다. 그래서 setx와 sety 함수 내부의 코드가 다음과 같이 기술된 경우 묵시적으로 this가 무조건 사용된다고 볼 수 있다.

```
classs Point
{
    void setx (int x)
    {
        m_x = x;    // 실제는 this->m_x = x;로 컴파일된다.
    }
    void sety (int y)
    {
        m_y = y;    // 실제는 this->m_y = y;로 컴파일된다.
    }
};
```

이렇게 멤버 함수는 this를 자동으로 사용하는 함수일 뿐 객체에는 포함되지 않는다. 그러므로 서로 다른 객체 pt1과 pt2를 이용해 setx, sety를 호출했다고 해서 실제 pt1과 pt2에 있는 setx, sety가 호출된 것이 아니다. 멤버 함수는 클래스에 포함되지 않기 때문에 당연히 객체에 포함되지도 않는다. 단지 this를 전달하고 사용할 뿐이다. 객체와 함께 생성되는 것은 멤버 변수일 뿐이다. 앞에서 pt1과 pt2 객체를 이용해 setx와 sety를 호출했는데, 사실은 setx와 sety는 각각 하나이며 this가 각각 pt1과 pt2에 따라 서로 다르게 전달되었을 뿐이다.

pt1.setx (50);은 setx(&pt1, 50);으로 해석되어 this->m_x = x;로 사용된다. 마찬가지로 pt2. setx (70); 역시 setx(&pt2, 70);으로 해석되어 this->m_x = x;로 사용된다. 여기서 this는 첫 번째 경우 pt1의 주소이므로 pt1의 m_x에 값이 대입되고, 두 번째 this는 pt2의 주소이므로 pt2 의 m_x에 값이 대입된다. 이렇게 멤버 함수는 하나다. 단지 그 멤버 함수가 호출될 때 전달되는 this가 다를 뿐이다. 이렇게 정리하고 보면 멤버 함수와 일반 함수의 차이는 단지 this의 존재밖 에 없다는 것을 알 수 있다. 멤버 함수라고 해서 객체에 포함되는 것이 아니라는 것을 다시 한 번 강조한다.

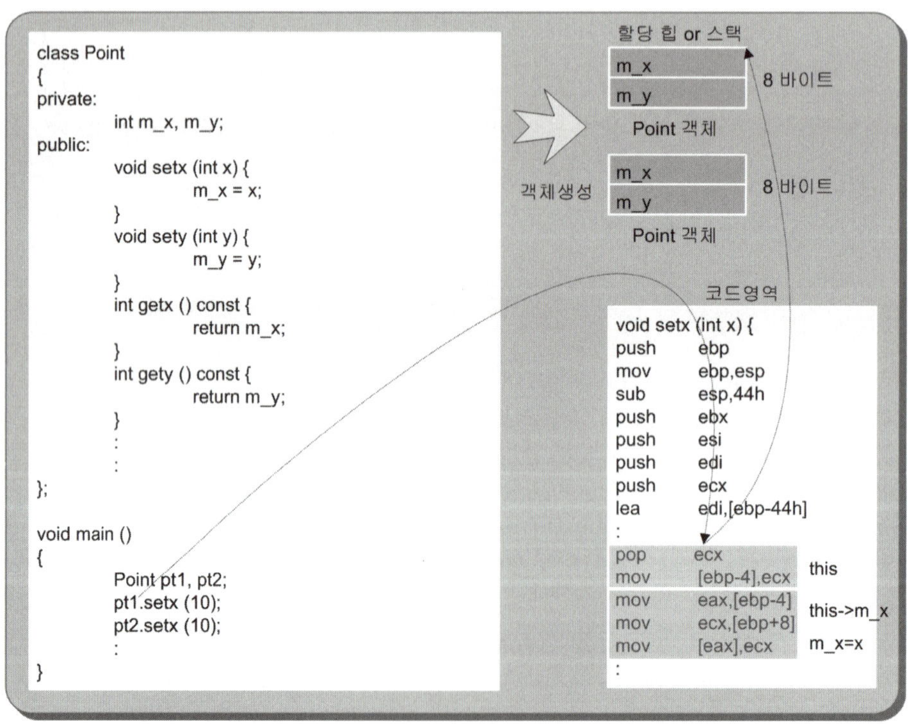

[그림 5-3] this의 전달

this 자료형

앞에서 멤버 함수에 전달되는 this에 대해 알아보았다. 여기서 this는 묵시적 인자로 사용되는 변수 이름이다. 그렇다면 이것의 자료형은 어떻게 될까? this의 정확한 자료형은 다음과 같다.

```
클래스 이름* const this;
```

먼저 this의 자료형은 해당 멤버 함수가 포함되어 있는 클래스의 이름과 같다. 왜냐하면 this는 해당 멤버 함수를 호출할 때 사용한 객체를 전달하는데, 이때 전달하는 객체는 항상 해당 클래스를 이용해 만들기 때문이다. 그리고 this는 항상 객체 포인터이기 때문에 * 자료형이다. 그리고 this 상수형 포인터이다. 즉, this는 변수 이름이지만 이 변수에 다른 포인터를 대입할 수는 없다. 컴파일러가 묵시적으로 사용하는 포인터이기 때문에 다른 포인터를 대입해 사용할 수 없다. 그래서 상수형 포인터가 된다.

이런 this의 다른 형태가 하나 있을 수 있는데, 앞에서 알아본 const 멤버 함수이다.

```
const 클래스 이름* const this;
```

여기에서 this는 클래스 이름 앞에 const가 붙는 형태이다. 이런 this는 멤버 함수가 const로 선언된 경우로 다음과 같은 멤버에서 사용된다.

```cpp
class Point
{
    :
    int gety () const {
        return m_y;
    }
    :
};
```

const가 this 앞에 있는 경우는 this가 상수형 포인터라는 뜻이다. 하지만 const가 클래스 이름 앞에 있는 경우 이것은 this가 가리키는 객체가 상수라는 뜻이다. 이제 논리적으로 설명이 된다. 우리는 앞에서 const가 붙은 멤버 함수에서는 멤버를 변경할 수 없다고 했다. 그 이유가 여기에 있다. 멤버 함수에 const가 붙은 경우, 컴파일러는 this를 상수 객체로 선언한다. 그렇기 때문에 이것을 이용한 변경 행위는 모두 에러가 발생하는 것이다. 멤버 함수 내에서 멤버에 접근할 때는 묵시적으로 앞에 this가 붙는다는 것을 다시 한 번 상기하기 바란다. 그리고 const가 붙은 멤버 함수에서는 const가 붙지 않은 멤버 함수를 호출할 수 없다고 했다. 그 이유도 역시 여기에 있다. const가 붙은 멤버 함수의 this는 "const 클래스 이름* const this" 인데, 이것을 const가 붙지 않은 멤버 함수의 "클래스 이름* const this"로 변환할 수 없기 때문이다.

반대로 const가 붙지 않은 멤버 함수에서는 const가 붙은 멤버 함수로 호출이 가능하다. 바로 "클래스 이름* const this"에서는 "const 클래스 이름* const this"로 변환이 가능하기 때문이다.

- "const 클래스 이름* const this" → "클래스 이름* const this"로 변환: 불가능
- "클래스 이름* const this" → "const 클래스 이름* const this"로 변환: 가능

마지막으로 const로 선언된 객체는 항상 const로 선언된 멤버 함수만 호출할 수 있다고 했다.

```
const Point pt(50, 60);
pt.print ();          // const로 선언된 멤버 함수만 호출할 수 있다.
```

이것도 this와 연관되어 있다. const가 선언된 객체는 상수 객체이므로 이것을 이용해 함수를 호출한 경우 함수에 전달되는 this도 항상 "const 클래스 이름* const this" 형태일 수밖에 없다.

C++는 this를 알고 보면 존재하지 않는다. C++의 멤버 함수는 C의 함수와 동일하다. 단지 호출될 때 this를 묵시적으로 전달하고 사용할 뿐이다.

5.2 C++의 메모리 할당과 해제

정적 메모리와 동적 메모리 할당

프로그램이 사용하는 데이터는 정적으로 또는 동적으로 만들 수 있다. 정적으로 만들 때 우리는 흔히 지역 변수나 전역 변수 또는 정적 변수로 데이터를 선언한다. 정적 메모리는 사용하기 간단하지만 소프트웨어를 개발할 때 그 크기가 이미 정해져 있어야 한다. 즉, 정수 한 개, 실수 열 개와 같이 그 크기를 계산할 수 있을 때 정적 메모리를 사용한다. 하지만 실제 소프트웨어는

많은 경우 동적인 데이터를 필요로 한다. 왜냐하면 실제 상황에서는 입·출력의 개수에 제한을 두지 않기 때문이다.

예를 들어 워드 프로세서를 개발할 때 사용자로부터 입력받을 수 있는 글자의 수에 제한을 두지 않는다. 물론 경우에 따라 예제를 만들 때는 예제를 간단히 하기 위해 글자 수에 제한을 둘 수도 있다. 하지만 상용으로 사용되는 워드 프로세서에서 입력 글자에 제한을 둔다면 그 워드 프로세서는 외면당할 것이다. 즉, 실제 프로그램들은 입·출력에 대한 데이터 크기를 제한하지 않기 때문에 정적으로 데이터를 만들 수 없다. 이때 사용하는 것이 동적인 메모리 할당이다.

malloc과 free

정확하게 말하면 C 언어는 언어적으로 동적 메모리 할당을 지원하지 않는다. C 언어는 정적으로만 데이터 영역을 만들 수 있다. 하지만 앞에서 이야기한 것과 같이 동적 메모리가 필요한 상황이 빈번하게 발생하기 때문에 C언어는 언어 외적으로 동적 메모리 할당을 함수로 지원한다. 이것이 바로 malloc이다. malloc 외에 동적으로 메모리를 할당받기 위한 몇몇 함수가 있지만 malloc은 동적으로 메모리를 할당받을 때 일반적으로 사용할 수 있는 함수이다.

동적으로 할당받은 메모리는 정적 메모리와 달리 자동으로 해제되지 않는다. 프로그램은 메모리가 더 이상 필요 없을 때 직접 해제해야 한다. 메모리를 해제할 때 사용하는 함수가 free이다. malloc 하나에 free 하나가 꼭 필요하다. free를 하지 않는다고 해서 당장 프로그램에 문제가 되지는 않지만 free되지 않은 메모리가 누적되면 프로그램에 사용할 메모리 공간이 부족하게 되므로 나중에는 문제가 될 가능성이 높다. 그래서 malloc으로 할당받은 메모리는 반드시 free 함수를 이용해 해제해야 한다.

[소스 5–1] malloc.cpp – malloc.exe

```
1: #include <iostream>
2:
3: using namespace std;
4:
5: int main ()
6: {
7:     int* pint = (int*) malloc (10*sizeof(int));
8:
9:     for (int i = 0; i < 10 ;i++)
10:         pint[i] = i*10;
11:
```

```
12:        for (int i = 0; i < 10 ;i++)
13:            cout << "pint[" << i << "]=" << pint[i] << endl;
14:
15:        free (pint);
16:
17:        return 0;
18: }
```

위 예제는 malloc과 free의 사용 예를 보여주기 위한 것으로, 7행에서 정수 열 개를 할당하고 이것을 사용한 다음 15행에서 이것을 해제하였다. 사실 이 예제는 데이터 개수가 정수 열 개로 고정되어 있기 때문에 동적으로 메모리를 할당할 필요가 없다. 정적인 배열을 사용하는 것이 오히려 더 효율적이다. 단지 malloc과 free의 사용 방법을 보여주기 위해서 이렇게 했을 뿐이다.

[그림 5-4] malloc.exe 실행 결과(malloc과 free)

동적으로 할당한 메모리의 디폴트 값에 어떤 값이 들어있을까? 동적으로 할당한 메모리는 스택과 비슷하다. 즉, 컴파일러가 컴파일할 때 만들어준 것이 아니라 실행할 때 힙heap에 임의로 만들어진 메모리이기 때문에 힙에 있던 임의의 값이 초기값이 된다. 동적 할당 메모리 역시 반드시 초기화가 필요한 메모리라고 할 수 있다.

new와 delete

C와 달리 C++는 언어적인 관점에서 동적 메모리 할당과 해제를 지원한다. C++가 언어적 키워드로 지원하는 메모리 할당과 해제가 바로 new와 delete이다. new는 malloc과 같이 동적으로 메모리를 할당받을 때 사용하며, delete는 free와 같이 동적으로 할당받은 메모리를 해제할 때 사용한다. 이 두 가지가 비슷하기는 하지만 메모리 할당과 해제를 언어적 키워드로 제공하는 것이기 때문에 malloc과 free보다 new와 delete가 훨씬 이해하기 쉽다.

```
자료형* 변수명 = new 자료형[개수];

delete 변수명;
```

malloc은 인자로 할당 데이터의 크기를 항상 바이트로 지정해야 한다. 또한, 할당된 메모리 주소를 void*로 반환하기 때문에 사용할 때는 자료형으로 변환을 해야 한다. 하지만 new는 키워드에 자료형을 바로 명시할 수 있으므로 자료형에 대한 변환이 필요 없다. 그리고 new는 동적인 배열을 할당할 때 배열 크기를 [ ] 사이에 기술한다. 이때 크기는 바이트 크기가 아닌 자료형의 개수이다. 이런 이유 때문에 new가 malloc보다 사용하기 쉽다. 비슷한 이유로 delete가 free보다 사용하기 쉽다.

[소스 5-2] new.cpp – new.exe

```cpp
 1: #include <iostream>
 2:
 3: using namespace std;
 4:
 5: int main ()
 6: {
 7:      int* pint = new int[10];
 8:
 9:      for (int i = 0; i < 10 ;i++)
10:          pint[i] = i*10;
11:
12:      for (int i = 0; i < 10 ;i++)
13:          cout << "pint[" << i << "]=" << pint[i] << endl;
14:
15:      delete [] pint;
16:
17:      return 0;
18: }
```

위 코드는 앞에서 malloc과 free를 이용해 구현한 동적 메모리 할당을 new와 delete로 변경한 코드이다. [소스 5-1]과 [소스 5-2]를 비교해보면 malloc과 free 대신에 new와 delete를 사용한 것만 다르다. 이렇게 new와 delete는 malloc과 free와 거의 동일하다.

new 속에 malloc이 있다

new와 malloc은 키워드와 함수라는 것 외에는 거의 비슷하다. 사실 new는 C++의 키워드이자 연산자이다. 정확하게는 메모리 할당 연산자이다. C++의 연산자들은 내부 구현을 정의하게 되는데, new와 delete의 내부 구현을 살펴보면 각각 malloc과 free로 되어 있다.

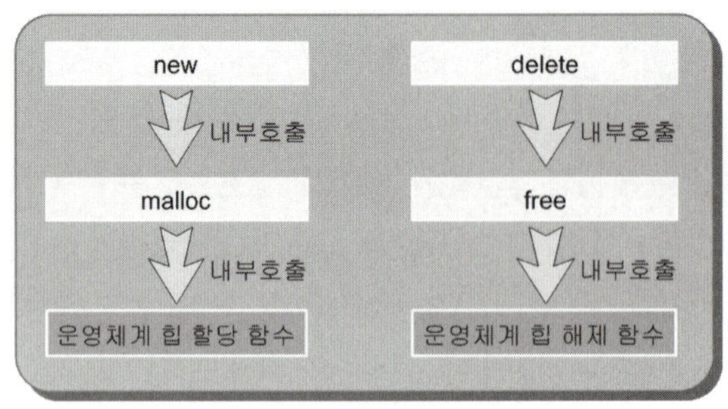

[그림 5-5] new와 delete 내부

이렇게 new와 malloc이 동일하다면 new가 존재하는 이유는 도대체 무엇일까? 바로 클래스 객체 생성에 new의 존재 이유가 있다. 클래스 객체 역시 동적으로 만들어질 수 있다. 그런데 클래스 객체는 일반 데이터와 달리 생성될 때 두 가지 동작을 갖는다.

- 객체 메모리 할당
- 생성자 호출

일반 데이터는 메모리 할당만 이루어지면 된다. 하지만 클래스 객체는 메모리 할당과 더불어 생성자가 반드시 호출되어야 한다. 클래스 객체를 정적으로 생성할 때는 이것을 걱정할 필요가 없다. 정적으로 만들어지는 클래스 객체는 컴파일러가 이 두 가지를 하드웨어 코드로 생성해주기 때문에 개발자는 신경 쓸 필요가 없다.

```
Point pt;     // 정적으로 생성하면 객체 메모리가 생성되고 생성자가 호출된다.
```

하지만 동적으로 클래스 객체를 만들 때는 이 두 가지가 이루어지도록 해야 한다. 동적으로 클래스 객체가 만들어질 때 이 두 가지를 하기 위한 것이 바로 new이다. 만약 클래스 객체를 동적

으로 만들 때 malloc을 사용한다면 객체 메모리만 생성될 뿐 생성자는 호출되지 않는다. 이와
는 달리 클래스 객체를 만들 때 new를 사용하면 객체 메모리 생성과 더불어 생성자가 함께 호
출된다. 결론적으로 클래스 객체를 동적으로 만들 때는 반드시 new를 사용해야 한다.

[소스 5-3] Point.cpp – Point.exe

```cpp
1: #include <iostream>
2:
3: using namespace std;
4:
5: class Point
6: {
7:     :
8:     :
9: public:
10:     Point ()
11:     {
12:         cout << "생성자 호출" << endl;
13:         setx (0);
14:         sety (0);
15:     }
16:     :
17:     :
18: };
19:
20: int main ()
21: {
22:     Point* pt = (Point*) malloc(sizeof(Point));
23:     pt->print ();
24:     free (pt);
25:
26:     pt = new Point;
27:     pt->print ();
28:     delete pt;
29:
30:     return 0;
31: }
```

위 코드는 Point 클래스를 객체로 생성할 때 malloc과 new를 사용한 예이다. 두 경우 모두 객
체 메모리는 정상적으로 할당한다. 하지만 malloc의 경우 생성자가 호출되지 않기 때문에 객체

의 멤버 변수는 모두 쓰레기 값을 갖는다. 이와는 달리 new를 이용해 동적으로 객체를 생성한 경우에는 객체 메모리 할당과 함께 생성자가 실행되므로 멤버 변수의 초기화가 정상적으로 이루어진다. 다음은 위 예제의 실행 결과이다.

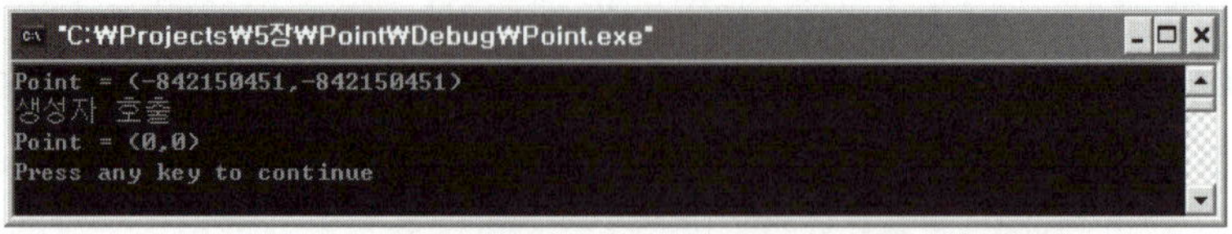

[그림 5-6] Point.exe 실행 결과(malloc과 new에 의한 객체 생성)

실행 결과를 보면 malloc으로 생성한 객체는 생성자가 호출되지 않기 때문에 멤버 변수 값이 임의의 값이 됨을 알 수 있다. 이와 달리 new를 이용해 객체를 생성하면 생성자가 호출되기 때문에 적절한 초기값을 갖는다는 것을 알 수 있다.

delete와 free

클래스 객체를 파괴할 때도 마찬가지다. free는 메모리만 해제할 뿐이다. 이와는 달리 delete는 메모리 해제와 함께 소멸자를 호출한다. Point 클래스는 소멸자가 필요 없지만 실험을 위해 소멸자를 다음과 같이 추가해보자.

[소스 5-4] Point.cpp – Point.exe

```
 1: #include <iostream>
 2:
 3: using namespace std;
 4:
 5: class Point
 6: {
 7:     :
 8:     :
 9: public:
10:     Point ()
11:     {
12:         cout << "생성자 호출" << endl;
13:         setx (0);
14:         sety (0);
15:     }
```

```cpp
16:        ~Point()
17:        {
18:            cout << "소멸자 호출" << endl;
19:        }
20:        :
21:        :
22:    };
23:
24:    int main ()
25:    {
26:        Point* pt = (Point*) malloc(sizeof(Point));
27:        pt->print ();
28:        free (pt);
29:
30:        pt = new Point;
31:        pt->print ();
32:        delete pt;
33:
34:        return 0;
35: }
```

이것의 실행 결과는 다음과 같다.

[그림 5-7] free와 delete에 의한 객체 파괴

위 실행 결과를 보면 free로 파괴한 객체는 소멸자가 호출되지 않았다는 것을 알 수 있다. 그리고 delete로 객체를 파괴했을 때만 소멸자가 호출된 것을 확인할 수 있다. 결론적으로 객체를 동적으로 생성하고 파괴할 때는 malloc과 free를 절대 사용해서는 안 되며, 반드시 new와 delete를 사용해야 한다.

delete와 delete [ ]

[소스 5-2]의 15행을 보면 delete 대신에 delete [ ]를 사용한 것을 볼 수 있다. 배열로 생성한 객체를 파괴할 때는 delete 대신에 delete [ ]를 사용한다. 그렇다면 배열을 사용할 때는 delete

를 사용하면 안 될까? 사실 메모리 해제라는 관점에서만 본다면 delete를 사용해도 된다. 하지만 이것 역시 소멸자와 연관되어 있다. delete는 객체를 파괴할 때 메모리를 해제한 후에 제일 첫 번째 객체에 대해서만 소멸자를 호출한다. 그래서 동적 배열로 만들어진 객체를 파괴할 때 delete를 사용하면 객체 배열의 모든 메모리는 해제되지만 소멸자는 한 번 밖에 호출되지 않는다. 이와는 달리 delete [ ]는 객체 배열을 파괴할 때 메모리 해제뿐만 아니라 모든 객체에 대해 한 번씩 소멸자를 호출하게 된다.

[소스 5-5] Point.cpp – Point.exe

```
1: :
2: :
3: int main ()
4: {
5:        cout << "delete를 사용한 경우" << endl;
6:        Point* pt = new Point[10];
7:        delete pt;
8:
9:        cout << "delete []를 사용한 경우" << endl;
10:       pt = new Point[10];
11:       delete [] pt;
12:
13:       return 0;
14: }
```

위 소스에서 Point 클래스 구현은 앞의 경우와 동일하기 때문에 생략되었다. Point 객체를 동적 배열로 열 개 생성하고 파괴하는 코드이다. 첫 번째는 delete를, 두 번째는 delete [ ]를 이용했다. [그림 5-8]은 이것의 실행 결과이다.

이 실행 결과로 첫 번째와 두 번째 모두 객체를 생성할 때 생성자가 열 번 호출되었다는 것을 알 수 있다. 하지만 객체를 파괴할 때 사용한 delete는 소멸자를 한 번밖에 호출하지 않았다. 이와는 달리 delete [ ]는 열 번의 소멸자를 모두 호출했다. 결론적으로 동적으로 생성한 객체 배열은 반드시 delete [ ]를 사용해 파괴해야 한다. 소멸자를 가지지 않는 기본 자료형을 동적 배열로 생성한 경우에는 delete와 delete [ ] 중에 어떤 것을 사용해도 상관없다.

[그림 5-8] delete와 delete [ ]의 차이

new의 생성자 지정

객체를 생성할 때는 항상 생성자가 호출된다. 당연히 new를 이용해 객체를 생성할 때도 생성자가 호출된다. 그래서 new를 이용해 객체를 생성할 때도 생성자를 지정하는 방법을 알아야 한다. 사실 정적으로 객체를 생성할 때와 거의 동일하다. 즉, 객체 하나를 동적으로 생성하면서 생성자를 지정하는 방법은 괄호('( )') 뒤에 인자를 나열하는 것이다.

```
Point* pt = new Point(50, 60);
```

이것이 전부다. 당연한 이야기지만 특별히 지정하지 않으면 디폴트 생성자가 호출된다. 그런데 객체를 동적 배열로 생성할 때는 약간 다르다. 앞에서 정적 배열로 생성할 때는 중괄호('{ }') 사이에 생성자를 나열하면 된다고 했는데, 객체를 동적 배열로 만들 때는 이렇게 할 수 없다. 즉, 다음과 같은 코드가 허용되지 않는다.

```
Point* pt = new Point[3]{Point(10,10), Point(20,20), Point(30,30)};
```

동적 배열로 객체를 생성할 때는 항상 디폴트 생성자 밖에 호출할 수 없다.

5.3 클래스에 소속만 되는 static

static 키워드의 다양한 목적

이번에는 static에 대해서 알아보자. C에서 static은 흔히 정적 변수를 선언하기 위해서 사용된다. 하지만 정적 변수에도 몇 가지 종류가 있는데, 이것을 정리하면 다음과 같다.

- 지역 변수로 static이 사용될 수 있다.
- 전역 변수로 static이 사용될 수 있다.
- 멤버 변수로 static이 사용될 수 있다.

첫 번째 경우가 가장 흔한 경우이다. 이 경우 지역 변수로 선언되었기 때문에 해당 변수는 일반적인 지역 변수와 같이 함수 안에서만 접근할 수 있다. 하지만 일반적인 지역 변수와 달리 static으로 선언된 변수는 함수가 리턴된 다음에도 프로그램이 종료할 때까지 사라지지 않는다. 그래서 다음에 해당 함수가 호출되었을 때 이전에 사용한 해당 정적 변수 값을 그대로 사용할 수 있다. 다음 코드는 지역 변수로 선언된 static 변수의 예를 보여준다.

```
int increase_function_call ()
{
    static int s = 0;
    s++;
    return s;
}
```

함수 안에서 static으로 선언된 지역 변수가 객체인 경우 그것의 생성자 호출 시점이 애매할 수 있다. 사실 모든 static 변수는 정적 힙이라는 곳에 생성된다. 이 정적 힙은 프로그램이 시작할 때 이미 존재하기 때문에 static으로 지역 변수 객체가 선언된 경우 이것이 생성되는 시점은 프로그램이 시작될 때이다. 하지만 실제 생성자가 호출되는 시점은 이것과 약간 다르다. 생성자가 호출되는 시점은 해당 함수가 최초로 호출될 때이다. 즉, 지역 변수 객체가 static으로 선언되면 실제 객체가 생성되는 시점과 생성자가 호출되는 시점이 약간 다르다는 것을 인식할 필요가 있다.

[소스 5-6] staticCall.cpp — staticCall.exe

```cpp
1: #include <iostream>
2:
3: using namespace std;
4:
5: class theClass
6: {
7: public:
8:         theClass()
9:         {
10:             cout << "생성자 호출" << endl;
11:         }
12:         ~theClass()
13:         {
14:             cout << "소멸자 호출" << endl;
15:         }
16: };
17:
18: void function ();
19:
20: int main ()
21: {
22:
23:         cout << "함수 호출 전" << endl;
24:         function ();
25:         cout << "함수 호출 후" << endl;
26:
27:         return 0;
28: }
29:
30: void function ()
31: {
32:         static theClass t;
33: }
```

[소스 5-6]을 보면 main에서 30~33행에 구현된 function 함수를 호출하는데, function 함수는 단순히 static 지역 변수로 클래스 객체 t를 생성한다. 이것은 t 객체에 의해 호출되는 생성자와 소멸자 호출 순서를 보여주기 위한 것으로 이것의 실행 결과는 다음과 같다.

[그림 5-9] 지역 static 객체 생성

앞에서도 언급했지만 생성자는 객체 생성과 달리 최초로 함수가 호출될 때 불려진다. 하지만 소멸자는 함수가 리턴될 때 호출되는 것이 아니라 프로그램이 종료될 때 호출된다. 생성자 호출 시점만 주의하면 된다.

다음으로 static은 전역 변수에서 사용될 수 있다. 이것은 일반 전역 변수와 같이 프로그램의 시작에서부터 종료할 때까지 변수 값을 계속 유지한다. 하지만 일반 전역 변수와 달리 static 변수가 선언된 소스 이외에 다른 소스에서는 해당 변수에 접근할 수 없다. 즉, 일반 전역 변수는 프로그램 전체에 걸쳐 접근할 수 있지만 static 전역 변수는 특정 소스 코드에만 접근할 수 있다. 그래서 다른 소스에서 동일 이름으로 전역 변수를 선언해 사용할 수 있다.

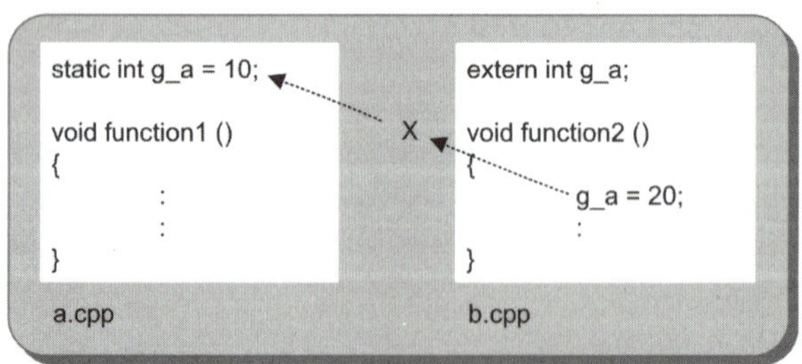

[그림 5-10] static 전역 변수

클래스 객체를 static 전역 변수로 선언하면 어떻게 될까? 사실 이 경우는 전역 변수로 클래스 객체를 선언한 것과 동일하게 동작한다. 프로그램이 시작할 때 생성자가 호출되고, 프로그램이 종료될 때 소멸자가 호출된다.

static 멤버 변수

지금까지 C에서 일반적으로 사용되는 static에 대해 살펴보았다. 이와 더불어 C++는 추가적인 static 기능을 두 개 더 제공하는데, 멤버 변수와 멤버 함수에 static을 사용하는 것이다. 이를 각각 정적 멤버 변수와 정적 멤버 함수라고 한다. 멤버 변수의 static은 다음과 같이 사용될 수 있다.

```
class 클래스 이름
{
public:
    static 자료형 변수명;
};



자료형 클래스명::변수명 = 초기값;
```

먼저 문법적으로 멤버 변수에서 static을 사용할 때는 두 가지 요소가 필요하다.

- 클래스 내의 멤버 변수 선언에서 static을 자료형 앞에 명시한다.
- 클래스 밖에서 클래스 명과 함께 변수명을 명시하고 초기값을 대입한다. 이것이 정적 멤버 변수를 정의하고, 초기화하는 부분이다.

두 번째 사항에 의문이 생길 수 있다. 왜냐하면 일반 멤버 변수는 클래스 내에 선언만 하면 되기 때문이다. 하지만 이것은 static 멤버 변수의 문법적 요소이기 때문에 이 두 가지 사항은 static 멤버 변수를 사용하기 위해 무조건 따라야 한다.

```
class theClass
{
public:
    static int m_nObjCnt;    // m_nObjCnt는 정적 멤버 변수가 된다.
};

int theClass::m_nObjCnt = 0;    // 정적 멤버 변수 생성과 초기화

int main ()
```

```
    {
        theClass obj1, obj2;
        return 0;
    }
```

위와 같이 정적 멤버 변수는 선언과 정의를 따로 하고 초기화한다. 정적 멤버 변수는 일반 멤버 변수와 달리 선언과 정의를 따로 한다는 것에 다시 한 번 주의하자.

그렇다면 static 멤버 변수에는 어떤 기능이 있을까? static 멤버 변수는 일반 멤버 변수와 달리 전역 변수에 가깝다. 일반적으로 멤버 변수라고 하면 객체에 포함된다. 즉, 동일 클래스로 여러 객체가 생성되면 각 객체에 해당 멤버 변수가 독립적으로 존재한다. 하지만 static 멤버 변수는 선언을 위해 클래스 내에는 포함되지만 객체에는 포함되지 않는다. 즉, static으로 선언된 멤버 변수는 동일 클래스로, 객체가 여러 개 생성되어도 하나 밖에 존재하지 않는다. 그래서 정적 멤버 변수는 동일 클래스의 모든 객체가 공유해야 하는 데이터를 저장할 때 사용한다. 이것과 함께 정적 멤버 변수의 특징을 정리하면 다음과 같다.

- 정적 멤버 변수는 동일 클래스가 공유하는 하나의 멤버 변수로 생성된다.
- 정적 멤버 변수는 객체 생성과 상관없이 프로그램이 시작할 때부터 종료할 때까지 존재한다.
- 정적 멤버 변수는 객체에 포함되지 않기 때문에 객체 생성과 관계없이 사용할 수 있다.
- 정적 멤버 변수는 클래스에는 포함되지만 객체에는 포함되지 않기 때문에 정적 멤버 변수에 접근할 때는 클래스를 이용할 수도 있고, 객체를 이용할 수도 있다. 클래스를 이용할 때는 클래스 이름과 함께 범위 지정 연산자('::')를 사용한다.

앞에서도 이야기한 것과 같이 정적 멤버 변수는 의미상 클래스의 멤버일 뿐 동작 방식은 전역 변수에 더 가깝다.


```
1: #include <iostream>
2:
3: using namespace std;
4:
5: class theClass
```

```
 6: {
 7: public:
 8:        static int m_nObjCnt;
 9: public:
10:        theClass()
11:        {
12:            cout << ++m_nObjCnt << "번째 객체 생성" << endl;
13:        }
14:        ~theClass()
15:        {
16:            cout << m_nObjCnt-- << "번째 객체 파괴" << endl;
17:        }
18: };
19:
20: int theClass::m_nObjCnt = 0;
21:
22: int main ()
23: {
24:        theClass obj1, obj2, obj3;
25:
26:        cout << "--- "<< theClass.m_nObjCnt <<
27:            "개의 객체 생성 ---" << endl;
28:
29:        return 0;
30: }
```

위 코드는 정적 멤버 변수 사용을 보여주기 위한 코드이다. 8행에서 선언된 m_nObjCnt는 정적 멤버 변수이기 때문에 모든 theClass 객체에 공유된다. 그래서 main의 24행에서 선언된 theClass 객체 obj1, obj2, obj3는 m_nobjCnt를 공유한다. 여기서는 이렇게 공유된 m_nObjCnt를 이용해 생성자에서 객체 카운트를 증가시키고, 소멸자에서 객체 카운트를 감소시키도록 구현했다. 위와 같이 정적 멤버 변수는 같은 클래스 객체 개수를 카운트하기 위한 목적으로 사용할 수도 있고 같은 클래스 객체가 공유해야 하는 데이터를 관리하기 위해서도 사용한다.

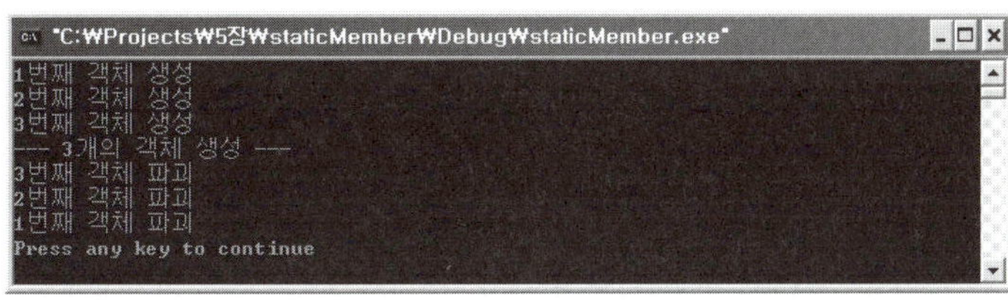

[그림 5-11] staticMember.exe 실행 결과(정적 멤버 변수 사용)

static 멤버 함수

C++에서 정적 멤버 변수와 함께 멤버 함수를 선언할 때도 static 키워드를 붙일 수 있다. 이를
정적 멤버 함수라고 하는데, 이것의 형식은 다음과 같다.

```
class 클래스 이름
{
public:
    static 반환값 함수명(인자 리스트);
};

반환값 클래스명::함수명(인자 리스트)
{
    // 함수구현
}
```

정적 멤버 함수를 구현하는 형식은 일반 멤버 함수와 거의 동일하다. 단지 함수를 선언할 때 반
환값 앞에 static 키워드를 붙이기만 하면 된다. 하지만 정적 멤버 함수는 형식과는 달리 일반
함수와 많은 차이가 있다. 정리하면 다음과 같다.

- 정적 멤버 함수는 형식상 클래스의 멤버 함수이다.
- 정적 멤버 함수는 묵시적 인자 this가 전달되지 않는다.
- 정적 멤버 함수는 this를 가지지 않기 때문에 함수 안에서 일반 멤버 함수나 멤버 변수를
  사용할 수 없다.
- 정적 멤버 함수는 객체 없이 클래스 이름으로 호출할 수도 있다. 정적 멤버 함수는 this가
  전달되지 않기 때문에 this 전달에 사용되는 객체가 필요 없다.
- 정적 멤버 함수는 정적 멤버 변수나 또 다른 정적 멤버 함수, 그리고 전역 변수와 전역 함수
  만 호출할 수 있다.

정적 멤버 함수의 가장 중요한 특징은 this를 가지지 않는다는 것이다. 앞에서 이야기한 것과
같이 C++에서 클래스 멤버 함수를 실행하는 핵심은 바로 this이다. 모든 멤버 함수는 멤버 변
수나 또 다른 멤버 함수를 호출할 때 항상 this를 사용한다. 그런데 정적 멤버 함수는 이런 this
를 갖지 않는다. 그래서 정적 멤버 함수 안에서는 또 다른 정적 멤버나 전역 변수, 전역 함수 외

에 일반 멤버는 전혀 사용할 수 없다. 만약 사용한다면 컴파일 에러가 발생한다.

그렇다면 이런 정적 멤버 함수는 왜 만드는 것일까? 정적 멤버 함수는 사실 전역 함수에 가깝기 때문에 전역 함수를 만드는 이유와 동일하다. 즉, 일반 멤버에는 접근할 필요가 없고 전역 변수나 함수 또는 다른 정적 멤버에 접근할 목적으로 만든다. 하지만 의미나 논리상 함수가 특정 클래스에 의존적인 동작을 많이 한다면 이것을 정적 멤버 함수로 만든다. 결론적으로 기능적인 측면은 전역 함수에 가깝지만 논리적으로 특정 클래스에 의존적인 행위를 많이 하는 함수를 정적 멤버 함수로 만드는 것이다.

[소스 5-8] staticMember.cpp — staticMember.exe

```cpp
1: #include <iostream>
2:
3: using namespace std;
4:
5: class theClass
6: {
7: private:
8:         static int m_nObjCnt;
9: public:
10:         theClass()
11:         {
12:             cout << ++m_nObjCnt << "번째 객체 생성" << endl;
13:         }
14:         ~theClass()
15:         {
16:             cout << m_nObjCnt-- << "번째 객체 파괴" << endl;
17:         }
18:         static int theClass::getObjCnt ()
19:         {
20:             return m_nObjCnt;
21:         }
22: };
23:
24: int theClass::m_nObjCnt = 0;
25:
26: int main ()
27: {
28:         theClass obj1, obj2, obj3;
29:
```

```
30:        cout << "--- "<< theClass.getObjCnt () <<
31:          "개의 객체 생성 ---" << endl;
32:
33:        return 0;
34: }
```

위 코드를 보면 앞서 구현한 [소스 5-7]과 거의 동일하지만 정적 멤버 함수(getObjCnt)를 추가한 것을 알 수 있다. 그리고 한 가지 주의해서 볼 부분은 8행에서 선언된 정적 멤버 변수 m_nObjCnt가 private로 선언되었다는 것이다. 이렇게 private로 선언된 정적 멤버 변수는 정적 멤버 변수로서 동작하지만 외부에서 전혀 접근할 수 없다. 그래서 다음과 같이 main 함수가 m_nObjCnt를 사용하면 컴파일 오류가 발생한다.

```
int main ()
{
    theClass obj1, obj2, obj3;

    cout << "--- "<< theClass.m_nObjCnt <<     // 컴파일 에러가 발생한다.
       "개의 객체 생성 ---" << endl;

    return 0;
}
```

이렇게 은폐된 정적 멤버 변수를 접근할 때는 공개^{public}된 정적 멤버 함수를 사용할 수밖에 없다. 이것이 바로 [소스 5-8]의 getObjCnt이다. getObjCnt는 정적 멤버 함수로서 일반 멤버에는 논리적으로 접근할 필요가 없으며 접근할 수도 없다. 이 함수는 오직 정적 멤버 변수만을 이용할 뿐이다. 또한 일반 멤버에 접근할 필요가 없는 다양한 상황에서 정적 멤버 함수가 사용될 수 있다. 다음에 살펴볼 내용도 정적 멤버 함수를 사용하는 좋은 예가 된다.

static 멤버 함수를 통한 객체 생성 은폐

앞에서 여러 차례 강조한 것과 같이 클래스 은폐는 객체 지향 프로그래밍에서 아주 중요한 요소이다. 은폐는 클래스의 독립성을 강화시키고 재사용성을 증대시켜 생산성을 높일 수 있기 때문이다. 한 단계 더 나아가 객체 생성도 은폐시킬 수 있다. 우리는 객체를 만들 때 흔히 임의의 위치에서 변수로 선언하거나 new를 이용해 객체를 생성한다. 이런 방식이 일반적인 방법이기는 하지만 클래스를 설계한 개발자가 객체 생성을 전혀 통제할 수 없다는 문제점이 있다. 예를 들어 객체가 생성되면서 진행해야 하는 일반적인 절차가 있다고 하자. 만약 임의의 위치에서 임의의 방법으로 객체가 생성될 수 있다면 일반적인 절차는 클래스를 사용하는 개발자의 실수로 인해 지켜지지 않을 수도 있다. 이와 같은 상황에서 클래스 설계자는 객체 생성을 은폐시킴으로써 임의로 객체를 생성할 수 없도록 막아 버리는 것이다. 그리고 객체를 만들기 위한 획일화된 인터페이스를 제공함으로써 객체 생성을 완벽하게 통제할 수 있게 된다.

객체 생성을 은폐시키고 객체 생성을 위한 획일화된 인터페이스를 제공하기 위한 절차는 다음과 같다.

- 클래스의 생성자를 private로 선언한다.
- 클래스 객체를 생성하는 정적 함수를 public으로 구현하고 new를 이용해 클래스 객체를 생성한다.

클래스의 생성자를 private로 선언하면 클래스 외부에서 클래스 객체를 만드는 방법은 모두 컴파일 에러가 발생한다. 외부에서 임의로 만들지 못하게 하는 것이 목표이므로 이것이 제일 먼저이다. 그 다음 외부에서 객체를 만들 수 있도록 하기 위한 획일화된 인터페이스로 정적 멤버 함수를 public으로 구현한다. 앞에서 이야기한 것과 같이 정적 멤버 함수는 객체 생성 없이 클래스 이름으로 호출할 수 있다. 객체를 생성해야 하는 클래스 함수는 객체 없이 호출해야 하므로 반드시 정적 멤버 함수로 구현해야 한다. 일반 멤버 함수는 반드시 객체가 있어야만 호출할 수 있다.

정적 멤버 함수로 구현된 객체 생성 함수는 new로 객체를 생성하고 객체가 처리해야 하는 일반적인 절차를 처리한 다음 생성된 객체를 반환하면 된다.

[소스 5-9] staticMember.cpp – staticMember.exe

```
1: #include <iostream>
2:
3: using namespace std;
4:
5: class theClass
6: {
7: private:
8:     static m_nObjCnt;
9:     theClass()
```

```cpp
10:        {
11:            cout << ++m_nObjCnt << "번째 객체 생성" << endl;
12:        }
13: public:
14:        ~theClass()
15:        {
16:            cout << m_nObjCnt-- << "번째 객체 파괴" << endl;
17:        }
18:        static theClass* createObject()
19:        {
20:            return new theClass;
21:        }
22:        static int getObjCnt ()
23:        {
24:            return m_nObjCnt;
25:        }
26: };
27:
28: int theClass::m_nObjCnt = 0;
29:
30: int main ()
31: {
32:        theClass* pObj = theClass::createObject ();
33:        theClass obj1, obj2;    // 여기서 컴파일 에러가 발생한다.
34:
35:        delete pObj;
36:
37:        return 0;
38: }
```

[소스 5-9]의 33행을 보면 일반적인 객체 생성은 컴파일 에러가 발생하는 것을 볼 수 있다. 이 부분은 에러가 발생하는 것을 보여주기 위한 부분으로, 여기서 객체 생성은 32행과 같이 createObject라는 정적 멤버 함수를 통해야만 가능하다. 다른 방법으로는 객체가 생성되지 않는다. 이제 클래스를 구현한 개발자는 createObject라는 정적 멤버 함수 안에 원하는 논리를 추가해 객체 생성 과정을 완벽하게 통제할 수 있다.

이번 장은 생산성과 관계없는 C++ 언어적 원리에 많은 부분을 할애했다. 직접적으로 생산성과 연계된 부분이 아니지만 이 부분을 이해해야 뒤에서 배울 생산성과 관련 있는 C++ 언어적 요소를 이해할 수 있기 때문이다.

사실 C++라는 문법적 요소는 모두 C 언어로 설명할 수 있다. C++는 다른 객체 지향 언어와 달리 언어적 엔진이 존재하지 않는다. 즉, 언어적으로 C++ 문법을 실행하는 부분이 없다는 뜻이다. C++의 모든 요소들은 컴파일 이후에 하드웨어 코드로밖에 존재하지 않는다. 단지 C++를 객체 지향 언어로 동작하도록 C 언어를 기반으로 하드웨어 코드를 생성할 때 몇몇 요소들을 추가했을 뿐이다. 이런 것들이 모여 C++언어를 객체 지향 언어로 보이도록 한다.

C++를 이해하는 데 가장 중요한 요소는 this이다. 모든 멤버 함수는 this로 설명된다. C++는 멤버 함수를 호출할 때 this를 묵시적 인자로 전달하는데, 이때 this는 멤버 함수를 호출할 때 사용한 객체의 포인터이다. 또 멤버 함수는 this를 이용해 다른 멤버에게 접근한다. 이것이 모든 멤버 함수의 기본 원리이다. 이런 this를 사용하지 않는 유일한 멤버 함수는 정적 멤버 함수이다. 그래서 정적 멤버 함수는 함수 내에서 다른 멤버에 접근할 수 없다.

다음으로 C++는 메모리 할당을 new라는 키워드로, 메모리 해제를 delete라는 키워드로 제공한다. 이것은 C의 malloc이나 free와 거의 동일하다. delete와 free가 new와 alloc과 다른 점은 메모리 할당 외에 생성자와 소멸자를 자동 호출한다는 점이다. 그래서 C++에서 객체를 생성할 때는 반드시 new와 delete를 사용해야 하며, C++에서 객체 배열을 삭제할 때는 소멸자를 호출하는 횟수를 정확하게 하기 위해 delete [ ]를 사용해야 한다. C++에서 객체 이외의 메모리를 할당할 때는 new나 malloc 중 어느 것을 사용해도 상관없다.

마지막으로 static은 C뿐만 아니라 C++에서도 중요하게 사용된다. 바로 정적 멤버 변수와 정적 멤버 함수를 선언하기 위해서이다. 정적 멤버 변수는 클래스에 포함되지만 모든 객체가 공유하는 변수를 선언하기 위해 사용되고, 정적 멤버 함수는 이런 정적 멤버 변수에 접근하기 위해 사용된다. 또, 정적 멤버 함수는 객체 생성의 유일한 인터페이스가 되기 위해 은폐된 객체 생성을 클래스 외부에 노출시킬 때 사용된다.

CHAPTER 6

생산성을 위한 직관적인 코드 만들기

소스 코드를 보기 좋게 만드는 것, 이것은 내일을 위한 준비다.
소프트웨어 개발은 하루 이틀에 끝나지 않고 개발 이후에도 지속적으로
유지·관리되어야 한다. 보기 좋은 코드는 결과적으로 개발을
빠르게 해주고 장기적인 관점에서는 개발자 자신이나 다른 개발자의
소프트웨어 유지·관리를 수월하게 해줄 것이다.

chapter point

- **중복 정의** 중복 정의란 인자 형식은 다르지만 이름이 같은 함수를 여러 개 정의하는 것으로 코드 흐름을 인자나 자료형보다 이름 위주로 읽을 수 있도록 한다. 이름이 같기 때문에 호출이 어떤 함수와 연결될 것인지 명확하게 정의해야 한다.

- **연산자 중복 정의** C++는 객체가 연산자의 피연산자로 사용될 때 객체에 연산 기능을 부여할 수 있도록 연산자 중복 정의 기능을 제공한다. 이것을 이용해 코드 흐름을 객체 위주로 읽을 수 있도록 만들 수 있다.

- **대입 연산자 중복 정의** 연산자 중복 정의는 보통 읽기 쉬운 코드를 만들기 위해 선택적으로 구현할 수 있지만 대입 연산자는 객체 단위로 자원 할당이 필요한 경우 반드시 구현해야 한다. 이것은 '=' 연산자를 이용해 객체 사이 대입이 있는 경우 호출된다.

6.1 읽기 쉬운 코드와 생산성

우리는 컴퓨터 언어를 배울 때 항상 주석문의 중요성에 대해 듣는다. C/C++ 역시 라인 주석문 "//"와 블록 주석문 "/* */"을 지원한다. 아마 주석문을 지원하지 않는 컴퓨터 언어는 없을 것이다. 주석문의 목적은 코드의 가독성을 높이기 위함이다. 잘 기술된 주석문은 후에 해당 코드를 이해하는 데 많은 도움을 준다. 코드를 만드는 순간에는 그 코드를 이해하고 만들지만, 시간이 흘러 그 코드를 다시 보게 된다면 대부분의 사람들은 기억이 흐릿해져 코드를 다시 분석해야 할 것이다. 하지만 주석문을 이용해 해당 코드에 적당한 설명을 기술해 둔다면 좀 더 짧은 시간에 해당 코드를 분석할 수 있을 것이다. 이런 이유 때문에 주석문이 중요하다.

흔히 개발자들이 잘 인식하지 못하지만 주석문보다 더 중요한 것이 있다. 바로 가독성이 높은 코드를 만드는 것이다. 다시 말해 주석문을 잘 기술하는 것보다 주석문 없이도 코드를 읽기 쉽도록 만드는 것이 더 중요하다. 그리고 여기에 부분적으로 주석문이 기술되어 있다면 더욱 좋다. 왜냐하면 주석문을 통해서는 두 단계를 거쳐 코드를 이해해야 하지만 코드의 가독성이 높은 경우에는 그 코드를 읽는 것만으로도 코드를 이해할 수 있기 때문이다.

읽기 쉬운 코드를 위한 몇 가지 제안

그렇다면 읽기 쉬운 코드를 만들기 위해서는 어떻게 해야 할까? 사실 읽기 쉬운 코드를 만드는 방법은 많지만 사회적 통념에 맞게 코드를 작성하고 명칭을 기술할 때 일관되면서 직관적인 명칭을 그대로 사용하는 것이 가장 좋은 방법이다. 이 말 자체가 상당히 추상적이지만 읽기 쉬운 코드를 작성하기 위한 모범답안이라고 할 수 있다.

사회적 통념에 맞는다는 것은 어떤 의미일까? 한 가지 경우를 살펴보자. 어떤 변수 a가 있다고 하자. a가 10보다는 크고 30보다는 작다는 가정 하에 a의 범위 판단을 위해 if문을 사용할 예정이다. 그렇다면,

```cpp
if (a > 10 && a < 30)
{
    // 구현1
}
```

이렇게 작성하는 것보다는

```
if (10 < a && a < 30)
{
    // 구현2
}
```

이렇게 작성하는 것이 사회적 통념에 더 가깝다고 볼 수 있다. 우리는 흔히 수학에서 대소 비교를 할 때 10 〈 a and a 〈 30 이렇게 사용해 왔다. 따라서 소프트웨어를 개발할 때도 동일한 형식을 사용하는 것이 사회적 통념에 맞는다고 볼 수 있다. 이렇게 사회적 통념에 맞게 작성하는 것이 컴퓨터 언어를 잘 아는 개발자뿐만 아니라 누구에게나 가독성이 높다. 함수 이름이나 변수 이름 같은 것을 정할 때 추상적이고 직관적인 명칭을 정하는 것이 좋다. 직관적인 명칭이란 함수 이름이나 변수 이름에 너무 기술적으로 세부적인 사항이나 자료형에 대한 구체적 명시를 하지 않는 것을 말한다. 이렇게 하면 가독성을 높이는 데 도움이 된다.

6.2 중복 정의를 이용해 자료형 독립적인 함수 만들기

중복 정의의 목적

C++에서 직관적인 코드를 만들기 위해 가장 많이 사용되는 것이 중복 정의 overloading 이다. 앞서 이야기한 것과 같이 직관적인 코드는 코드를 이해하기 쉽게 한다. 코드를 이해하기 쉽다는 것은 그 코드를 쉽게 이해하고 가져다 사용할 수 있다는 뜻이며, 유지·보수 시 코드를 쉽게 분석할 수 있다는 뜻이다. 이런 이유 때문에 소프트웨어 개발에서 직관적이고 이해하기 쉬운 코드를 만드는 것이 중요하다.

이런 직관적이고 추상적인 코드를 만들기 위해 C++는 중복 정의라는 것을 하는데, 중복 정의에는 함수 중복 정의와 연산자 중복 정의 두 가지가 있다. 이 두 가지의 목적은 오로지 직관적인 코드를 만들기 위함이다. 중복 정의는 실행 성능이 우수하거나 코드를 작게 만들지 않는다. 오로지 직관적이면서 추상적인 코드를 만들기 위해서이다. 성능적인 측면이나 코드를 작게 생성하는 측면에서 보면 중복 정의가 오히려 나쁜 결과를 가져올 수도 있다. 늘 강조하지만 객체 지향 언어들은 성능보다는 생산성에 초점을 맞추고 있다.

함수 중복 정의는 동일한 함수 이름으로 함수 인자나 자료형이 다른 함수를 여러 개 만드는 기능이다. 이와 비슷하게 연산자 중복 정의는 컴파일러에 의해 이미 정의되어 있는 연산자를 사용자 정의 자료형에 대해서도 연산이 가능하도록 정의하는 것을 말한다.

함수 중복 정의

중복 정의 중에 가장 기본이 되는 것이 함수 중복 정의이다. 함수 중복 정의는 동일한 함수 이름으로 여러 함수를 만드는 것을 말한다. 왜 이름이 동일한 함수를 만들까? 앞에서도 이야기한 것과 같이 코드의 직관성과 추상화를 높이기 위해서이다. 다음 코드를 보자.

```
int add (int a, int b)
{
    return (a + b);
}

int main ()
{
    cout << add (10, 20) << endl;
    return 0;
}
```

위와 같이 두 정수의 합을 구하는 add라는 함수를 구현했다. 그런데 얼마 지나지 않아 실수 두 개의 합도 구할 필요가 생겼다고 가정하자. 이때 C의 경우에는 add라는 이름으로 동일 함수를 만들 수가 없다. 왜냐하면 C에서는 프로그램 전체에 걸쳐 동일한 이름의 함수가 하나 밖에 존재할 수 없기 때문이다. 그래서 C의 경우 add_float와 같이 기존 add와는 다른 이름으로 함수를 구현해야 한다.

```
float add_float (float a, float b)
{
    return (a + b);
}
```

그런데 이 방법에는 문제가 있다. 논리적으로 문제가 있다거나 함수가 실행되지 않는다는 문제가 아니다. 바로 함수 이름에 자료형이 명시됨으로써 가독성이 떨어지고 완벽한 추상화가 이루어지지 않았다는 뜻이다. 클래스만 추상화를 하는 것이 아니라 함수도 추상화를 해야 한다. 함수에서 추상화란 함수 이름을 통해 함수의 기능을 추상적으로 판단할 수 있도록 하는 것이다. 함수 이름에 자료형이 명시되거나 구체적인 구현 사항이 나타나는 것은 추상화가 잘 되었다고 볼 수 없다. 함수를 사용하는 개발자는 그 함수의 기능에 관심을 가질 뿐이다. 그 함수가 사용하는 자료형이나 구체적인 기술 사항은 함수 내부에 숨기고 그 함수의 목적을 함수 이름으로 노출하는 것이 바로 추상화이다.

C에서는 이런 추상화를 할 수가 없다. 하지만 C++는 함수 중복 정의를 이용해 추상화를 할 수 있다. 함수 중복 정의는 동일 이름의 함수를 여러 개 만들 수 있도록 한다. C++의 함수 중복 정의를 이용해 실수에 대해 add라는 함수를 중복 정의하면 다음과 같다.

```
float add (float a, float b)
{
    return (a + b);
}
```

정수에 대한 add나 실수에 대한 add나 함수 이름은 동일하다. 이 add라는 함수를 사용하는 개발자는 함수 add만 이해하면 된다. 함수에 전달하는 자료형은 add 함수를 구현한 사람이 관심 있는 사항일 뿐이다. 이렇게 동일 함수 이름으로 여러 함수를 정의할 수 있는 C++의 기능이 중복 정의이다. 그리고 이 중복 정의는 직관적이고 추상적인 함수를 여러 개 만들기 위해 사용한다. 정수에 대한 add나 실수에 대한 add는 모두 하드웨어 코드로 생성되기 때문에 함수 코드는 add와 add_float로 했을 때 동일하게 생성된다. 즉, 코드가 작아지지는 않는다는 뜻이다.

중복 정의 실수

함수 중복 정의는 함수 이름은 동일하면서 함수에 전달되는 인자 개수나 자료형이 다른 함수를 여러 개 만드는 것이다. 이것이 중복 정의의 절대 규칙이다. 그런데 소프트웨어를 개발하다 보면 이 규칙에 위배되는 중복 정의를 시도하는 경우가 있다. 당연히 컴파일러는 컴파일 오류를 발생시킨다. 보통은 쉽게 이 문제를 해결하겠지만 몇몇 애매한 상황에서는 이를 해결하는 것도 어려운 문제 중 하나이다. 흔히 중복 정의에서 실수하는 사항을 정리해서 알아보도록 하자.

- 반환값만 다르면서 함수 이름이 동일한 함수를 여러 개 만드는 것은 함수 중복 정의에 해당되지 않는다.

- 함수 이름과 함수 인자 개수, 그리고 인자의 자료형이 모두 동일하면서 인자 명이 다른 함수를 여러 개 만드는 것은 중복 정의에 해당되지 않는다.
- 함수 이름이 동일하면서 함수에 전달되는 인자 자료형이 참조형(&)으로 다른 경우에는 함수 중복 정의에 해당되지 않는다.
- 함수 이름이 동일하면서 함수에 전달되는 인자 자료형이 typedef에 의해 동일하게 해석될 수 있는 경우에는 함수 중복 정의에 해당되지 않는다.
- 함수 이름이 동일하면서 함수에 전달되는 인자가 디폴트 인자에 의해 동일하게 해석될 수 있는 경우에는 함수 중복 정의에 해당되지 않는다.

위에 기술한 다섯 가지 사항의 공통점은 모호함이다. 즉, 컴파일러는 중복 정의 함수를 찾을 때 컴파일러 자신이 모호하다고 느끼는 모든 상황에서 컴파일 오류를 발생시킨다. 첫 번째 경우를 보자. 중복 정의를 하는 개발자들이 가장 많이 하는 실수이다. 함수 반환값은 중복 정의 조건에 해당되지 않는다. 함수 중복 정의는 반드시 인자의 개수나 인자의 자료형이 달라야 한다. 인자의 개수와 자료형이 동일한 상황에서 함수 반환값이 다른 경우는 컴파일러가 모호하다고 느끼기 때문에 함수 중복 정의에 해당되지 않는다.

```
int add (int a, int b);
float add (int a, int b);
```

앞에서 예로 든 add라는 함수를 위와 같이 중복 정의했다면 이는 잘못한 것이다. add 함수의 논리적인 부분은 무시하더라도 반환값만 다르게 한 경우는 중복 정의에 해당되지 않기 때문이다. 왜 안 될까? 다음 경우를 보자.

```
add (10, 20);     // 함수 호출은 반환값을 받지 않을 수도 있기 때문에 반환값은 안된다.
```

우리가 함수를 호출할 때 반환값이 정의되어 있다고 해서 반드시 반환값을 받아야 하는 것은 아니다. 반환값의 존재와는 상관없이 함수를 호출하는 개발자는 함수의 반환값을 받지 않을 수도 있다. 그래서 위와 같이 add 함수를 호출한 경우 컴파일러는 어떤 add를 이야기하는 것인지 혼동할 수밖에 없다. 그래서 컴파일러는 이를 컴파일 에러로 처리하는 것이다.

두 번째 경우는 함수명, 인자 개수, 자료형이 모두 동일하면서 인자의 명칭이 다른 경우이다. 이 경우도 컴파일러는 함수 호출시 혼동하게 된다. 다음 경우를 보자.

```
int add (int a, int b);
int add (int op1, int op2);
```

이렇게 중복 정의가 되어 있는 상황에서 다음과 같이 호출한다면 어떻게 될까?

```
int result = add (10, 20);
```

이 함수 호출은 앞에서 선언된 두 add를 모두 만족시킨다. 즉, 컴파일러 입장에서 보면 어떤 add를 호출해야 하는지 애매하기 때문에 컴파일 에러가 발생한다. 이것 역시 개발자들이 흔히 하기 쉬운 실수 중 하나이다.

세 번째 경우는 함수명이 동일하면서 인자의 자료형이 참조형(&)에 의해 달라지는 경우이다. 다음 코드를 보자.

```
int add (int a, int b);
int add (int& a, int& b);
```

위와 같이 중복 정의가 되어있다고 하자. 이것은 중복 정의의 규칙을 잘 따르고 있다. 즉, 함수 이름은 동일하지만 인자의 자료형이 int와 int&로 다르다. 하지만 이것 역시 중복 정의에 해당되지 않는다. 호출하는 다음 코드를 보자.

```
int a = 10, b = 20;
int result = add (10, 20);
int result2= add (a, b);        // 첫 번째 add와 두 번째 add를 모두 만족하기 때문에
                                // 컴파일러는 에러를 발생시킨다.
```

첫 번째와 같이 add 함수가 호출된다면 컴파일러가 혼동하지 않는다. 왜냐하면 첫 번째 add 는 상수를 이용해 호출했으므로 참조형(&)으로 받을 수 없기 때문이다. 이것은 당연히 첫 번째 add 함수와 연결된다. 그런데 두 번째 add 호출은 모호하다. 변수를 이용해 호출하는 경우 첫 번째 add와 연결될 수도 있고 두 번째 add와 연결될 수도 있다. 변수를 이용하는 경우 참조형 (&)으로 받을 수도 있기 때문에 컴파일러는 컴파일 에러를 발생시킨다.

다음 경우는 typedef로 정의된 자료형이 중복 정의에서 사용된 경우로, 이것의 원래 자료형으로 동일하게 해석되어 중복 정의가 되지 않는 경우이다. 다음 코드를 보자.

```
typedef int COOR_T;

COOR_T add (COOR_T a, COOR_T b);
int add (int a, int b);
```

위의 코드와 같이 중복 정의가 되면 컴파일러가 역시 함수 호출에 혼동을 일으킨다.

```
COOR_T result = add (10, 20);
```

위와 같이 함수를 호출하는 경우 중복 정의된 두 함수를 모두 만족시키고 있기 때문에 컴파일 러는 이것을 중복 정의로 인정하지 않는다. 경험적으로 이와 같은 상황은 상용 라이브러리를 사용할 때 많이 하는 실수이다. 상용 라이브러리들은 위의 COOR_T와 같이 typedef된 자료형을 많이 가지고 있다. 그리고 이것을 무의식적으로 사용하다 보면 자연스럽게 위와 같은 실수를 할 수도 있다.

다음은 디폴트 인자에 의해 중복 정의 인자가 같아지는 경우인데, 이 경우에도 컴파일러는 중복 정의를 인정하지 않는다. 디폴트 인자는 뒤에서 다룰 내용이므로 여기서는 함수를 호출할 때 특별히 지정하지 않아도 전달되는 인자라고만 알아두면 될 것이다. 다음 코드를 보자.

```
int add (int a, int b);
int add (int a, int b, int c = 0);
```

위와 같이 함수를 정의한 경우 디폴트 인자에 의해 중복 정의가 인정되지 않는다. 디폴트 인자를 사용한 것에는 문제가 없지만 add라는 함수를 호출할 때 다음과 같이 호출한다면 컴파일러가 혼동할 수 있는 상황이다.

```
int result = add (10, 20);
```

위의 코드와 같이 호출한 경우 첫 번째 add 함수도 만족시키지만 두 번째 add 함수도 만족시키고 있다. 두 번째 add 함수는 세 번째 인자를 디폴트 인자로 가지고 있고, 이것은 호출할 때 전달하지 않으면 0이 전달되기 때문이다. 마지막으로 알아볼 상황은 함수 인자로 배열을 전달할 때 발생할 수 있는 중복 정의 문제다. 다음 코드를 보자.

```
int add (int* a, int cnt);
int add (int* a[], int cnt);
```

만약 add라는 함수가 정수 배열을 전달받고 이것의 합을 구하는 함수라면 이 함수는 위와 같이 두 가지로 선언할 수 있다. 하지만 이렇게 함수를 설계하면 중복 정의 규칙에 어긋나게 된다. 우리가 함수로 배열을 전달할 때는 포인터(*) 형식으로 사용할 수도 있고 배열 형식([ ])으로 사용할 수도 있다. 컴파일러는 이 두 가지를 관용적으로 모두 허용하기 때문에 이런 식으로 중복 정의를 하면 컴파일러는 혼동하고 오류를 발생시킨다.

지금까지 중복 정의에서 발생하는 다양한 오류 사항에 대해 알아보았다. 사실 자세한 오류 상황을 살펴보기 위해서 여러 가지 다양한 상황을 기술했지만 몇 번 경험해 보면 중복 정의와 관련해 이런 실수는 거의 하지 않는다. 이런 것은 시험문제를 출제하고 이것을 맞추는 입장에서는 중요하겠지만, 우리는 그것을 목적으로 하지 않기 때문에 이런 사항 하나하나를 세밀하게 외워야 할 필요는 없다. 단지 중복 정의를 처음 보는 사람들에게 다양한 에러 상황을 보여줌으로써 중복 정의에 대한 본질적인 이해를 한다는 측면에서 다양한 상황을 알아보았다.

컴파일러의 중복 정의 함수 찾기

앞에서 이야기한 중복 정의의 모호함만 없다면 C++ 컴파일러는 아주 똑똑하다. 함수가 호출될 때 컴파일러는 그 호출과 일치하는 함수를 찾기 위해 항상 최선을 다한다. 가장 이상적인 경우는 함수 호출과 일치하는 함수가 정의되어 있는 것이지만, 그렇지 않더라도 컴파일러에 의해 적절한 함수가 검색된다. 이번에는 컴파일러가 중복 정의되어 있는 많은 함수 중에 일치하는 함수를 찾아 호출하는 여러 가지 방법에 대해 알아보자.

- 함수의 호출 형식과 정의된 함수의 형식이 일치하는 경우
- 매개 변수의 자료형 승진promotion에 의해 해당 함수가 호출되는 경우
- 매개 변수의 표준 형변환 규칙에 의해 해당 함수가 호출되는 경우
- 사용자 정의의 형변환 연산에 의해 해당 함수가 호출되는 경우

위의 네 가지는 컴파일러가 중복 정의된 함수를 찾는 경우이면서 또한 우선순위이다. 첫 번째 경우부터 살펴보자. 앞에서 구현했던 MyString 클래스가 있다고 가정하고 다음을 보자.

```cpp
void foo (int a);          // 1 번 foo
void foo (char *a);        // 2 번 foo
void foo (void* a);        // 3 번 foo

int main ()
{
    int arr[100];
    MyString str;

    foo (100);             // 1번 foo와 결합된다.
    foo ("hello");         // 2번 foo와 결합된다.
    foo ('a');             // 1번 foo와 결합된다.
    foo (arr);             // 3번 foo와 결합된다.
    foo (str);             // MyString에 정의된 형변환 연산자에 의해 함수와 결합

    return 0;
}
```

위의 코드는 중복 정의된 foo 함수를 호출하기 위한 다양한 경우를 보여준다. 첫 번째는 정수(int) 100으로 foo 함수를 호출한다. 위에 중복 정의된 foo 함수를 보면 정수(int) 하나를 인자로 갖는 foo 함수가 정의되어 있다. 이와 같이 함수 호출에 사용한 자료형과 정의에 사용한 자료형이 정확히 일치하는 경우 컴파일러는 고민하지 않는다. 가장 이상적인 경우로 컴파일러는 자연스

럽게 함수 호출을 연결한다. foo를 문자열로 호출한 두 번째 경우도 이에 해당한다.

다음은 문자('a')로 foo 함수를 호출한 경우를 보자. 문자로 호출한 foo 함수는 앞에 정의되어 있지 않다. 이때 컴파일러는 자료형 승진promotion에 의해 인자 자료형이 변환되어 호출될 수 있는지 살펴본다. C++ 컴파일러의 자료형 승진은 작은 자료형에서 큰 자료형으로 일어나는 승진을 말한다. 예를 들어 char는 int로 자료형 승진이 일어날 수 있고 float는 double로 자료형 승진이 일어날 수 있다. 이런 승진에 의해 문자형으로 호출한 foo는 정수형으로 정의된 첫 번째 foo와 연결된다.

자료형 승진에 의한 호출이 두 번째 경우지만 자료형 승진이 될 수 없는 경우도 많이 있다. 그래서 컴파일러는 자료형 승진으로 되지 않는 경우 다음의 방법으로 표준 형변환 규칙에 의해 적절한 함수를 찾아 연결한다. 표준 형변환 규칙을 정리하면 다음과 같다.

- 정수형의 경우에는 정수형 승진을 따른다.
- 승진에 의한 형변환이 일어날 수 없는 경우, 수치형 자료형은 다른 수치형 자료형으로 형변환된다.
- 포인터형은 일치되는 자료형이 없는 경우 void*로 형변환된다.
- 0은 수치형 또는 포인터형과 결합될 수 있다.
- 사용자 정의 형변환 연산자에 의해 함수를 연결한다.

정수형 승진은 앞서 언급한 승진에 의한 형변환과 같다. 즉, char는 사실 정수형 자료형으로 short int나 int로 형변환될 수 있다. 두 번째로 수치형 자료형은 또 다른 수치형 자료형으로 형변환될 수 있다. 이 경우, int가 float나 double로 형변환될 때는 문제가 없지만 double이 int로 변환될 때는 데이터 유실이 발생한다. 하지만 컴파일러는 중복 정의된 함수를 찾아 연결하는 것이 더 중요하기 때문에 일부 데이터 유실이 발생하더라도 형변환을 수행하여 호출 함수를 연결해준다. 다음으로 컴파일러의 표준 형변환에는 포인터 자료형을 void*로 형변환하는 경우가 있다. void*는 모든 포인터의 공통 표현 형식이다. 즉, 모든 포인터는 void*가 될 수 있다. 이것 역시 표준 형변환에 포함된다. 마지막으로 0zero이 수치형 또는 포인터형과 결합되는 경우이다. 지금까지 언급한 내용은 표준 형변환으로 컴파일러가 중복 정의된 함수를 찾기 위해 네 번째로 수행하는 동작이다.

컴파일러가 중복 정의된 함수를 찾기 위해 마지막으로 수행하는 동작은 사용자 정의 형변환 연산자에 의해 함수를 연결하는 것이다. 이것은 뒤에서 다룰 사용자 정의 형변환 연산자에 대해 먼저 이해해야 한다. 간단히 이야기하면 사용자 정의 형변환 연산자는 클래스에 형변환 연산자 cast를 중복 정의하는 것으로 연산자 중복 정의의 한 종류이다. 이 연산자 중복 정의를 이용해 컴파일러는 해당 객체를 함수 인자로 전달하고, 함수가 클래스에 연산자 중복 정의된 자료형을 요구할 때 자연스럽게 함수를 연결한다. 위의 예에서 MyString 클래스는 int나 char, 또는 char*나 void*를 반환하는 형변환 연산자 중복 정의를 반드시 하나 이상 구현해 두어야 한다. 이것이 컴파일러가 마지막으로 중복 정의를 찾기 위해 시도하는 행위이다. 만약 이 다섯 가지에 해당되지 않으면 컴파일러는 중복 정의에 대한 컴파일 에러를 출력하고 컴파일을 중단한다.

지금까지 컴파일러가 중복 정의된 함수를 찾아 연결하는 다섯 가지 경우를 알아보았다. 이중에 가장 이상적인 것은 첫 번째 경우로 연결되는 것이다. 그 이유는 컴파일러 입장이나 개발자 입장에서 가장 명확하기 때문이다. 이와는 반대로 마지막 경우는 가급적이면 하지 않는 것이 좋다. 사실 형변환 연산자 중복 정의 역시 C++의 기능으로 상당히 유용한 기능이다. 하지만 이번 경우는 이것에 의해 형변환 연산자 중복 정의 함수가 불명확하게 호출되는 느낌을 준다. 이것은 코드의 가독성을 떨어뜨리게 한다. 그래서 이 경우, 다음과 같이 좀 더 명확하게 코드를 사용하는 것이 좋다.

```
foo ((char*) str);    // MyString에 정의된 형변환 연산자에 의해 함수와 결합
```

다섯 번째 경우, 위와 같이 형변환 연산 cast을 사용함으로써 형변환 연산자 중복 정의가 호출될 것이라는 것을 명확하게 할 수 있다. 즉, 가독성을 높일 수 있다.

함수 중복 정의의 목적은 오로지 추상적인 함수를 만들기 위함이다. 함수의 호출 속도를 빠르게 한다든지 하는 다른 이유는 없다. 함수 중복 정의의 목적은 함수 이름을 특정 자료형에 얽매이지 않도록 하고 오직 기능 중심으로 함수 이름을 정하고자 하는 것이다. 이렇게 함으로써 함수 호출 코드를 읽는 개발자는 특정 자료형을 머리에 두고 코드를 읽는 것이 아니라 기능 중심으로 코드를 읽을 수 있기 때문에 코드의 가독성이 높아진다.

지금까지 위에서 예로 든 중복 정의 함수는 모두 전역 함수였다. 하지만 중복 정의는 C++의 문법적 요소로서 멤버 함수를 포함한 C++의 모든 함수에 적용할 수 있다. 전역 함수를 예로 든 것은 단지 코드를 간략화해서서 보여주기 위함일 뿐이다.

 **6.3** **과거 함수명의 확장 : 디폴트 인자**

리팩토링에 유용한 디폴트 인자

디폴트 인자는 함수를 호출할 때 특별히 기술하지 않아도 전달되는 인자이다. 이것 역시 멤버 함수를 포함한 C++의 모든 함수에 적용되는 규칙이다. 다음 코드를 살펴보자.

```cpp
int function (int a, int b = 0);
```

위와 같이 디폴트 인자를 가지는 함수가 선언되어 있다면 다음과 같이 호출할 수 있다.

```cpp
int main ()
{
    function (10, 20);     // a에 10이, b에 20이 전달된다.
    function (10);         // a에 10이, b에 0이 전달된다.

    return 0;
}
```

디폴트 인자는 함수 호출 시 인자에 값을 전달하지 않았을 때 전달되는 디폴트 값을 명시하는 인자이다. 그래서 인자를 명시하지 않았을 때는 디폴트 인자에 선언된 값이 전달되지만, 반대로 디폴트 인자에 값이 명시된 경우에는 해당 값이 전달된다. 위의 코드에서 첫 번째 경우와 같이 function을 호출한다면 a에는 10이 전달되고 b에는 20이 전달되며, 디폴트 인자로 선언된 값 (0)은 무시된다. 두 번째와 같이 function을 호출하면 두 번째 인자가 없으므로 b에는 디폴드 인자 0이 전달된다. 이와 같이 디폴트 인자는 특별히 명시하지 않았을 때 전달되는 값이다. 그렇다면 이런 디폴트 인자는 왜 사용할까?

생산성을 높여주기 위한 C++의 여러 문법 요소 중에 과거 코드와 연관 있는 것이 디폴트 인자 라고 할 수 있다. 개발자가 함수를 만들 때 해당 함수로 전달할 인자를 다음과 같이 설계했다. 이때 인자가 하나였다고 가정해보자.

```
void function (int a);
```

이렇게 함수를 구현한 다음 이 함수를 호출하는 많은 코드를 구현했다고 가정하자. 그런데 갑자기 새로운 기능을 추가하기 위해 이 함수를 확장할 필요가 생겼다면 어떻게 해야 할까? 여기서 확장은 새로운 인자의 추가를 말한다. 예전에는 새로운 인자를 추가하고 이 함수를 호출하는 모든 부분을 찾아 새로운 인자에 특정 값을 전달하도록 수정했다. 이 방법이 틀린 것은 아니지만 문제가 있다. 일단 수정해야 할 범위가 너무 넓다. 기존 함수를 호출하는 곳이 한두 곳이라면 문제가 없겠지만 수십 곳이나 수백 곳에서 호출한다면 수정할 부분이 너무 많다. 많은 곳을 수정하다 보면 인자 전달에 실수가 발생할 수 있다. 가령 기능이 확장된 함수는 추가된 인자의 값에 따라 확장된 어떤 행동을 하게 되는데, 확장되기 전에 함수를 호출한 곳에서는 이것을 원하지 않을 것이다. 그래서 사전에 추가된 인자에 약속된 어떤 값을 전달하면 예전과 같은 기능을 수행하고 새로운 값을 전달하면 확장된 기능을 수행하는데, 이때 예전 호출에서 실수로 잘못된 값을 전달할 수도 있는 것이다. 이와 같은 오류는 찾기도 힘들다.

이런 식의 기능 확장은 일상적으로 일어난다. 그래서 새로운 기능을 추가할 때는 기존 코드가 전혀 영향을 받지 않도록 하면서 기능을 확장해야 한다. 기능을 확장하거나 수정하면서 기존 코드가 영향을 받지 않도록 하는 것을 "리팩토링refactoring"이라고 하는데, 리팩토링 기법은 실제로 엄청나게 많고 다양하다. 그 중 함수에 인자를 추가할 때 사용할 수 있는 리팩토링 기법이 지금 여기서 말하는 것이다. 이때 기존의 방법으로 인자를 추가하면 기존 코드에 많은 영향을 미치기 때문에 좋지 않다. 바로 이때 사용할 수 있는 것이 디폴트 인자이다. 디폴트 인자를 사용하면 새로운 인자를 추가하면서 그 인자를 디폴트 인자로 선언하면 간단히 끝난다.

새로 추가된 인자를 알지 못하는 기존 코드는 컴파일만 다시 하면 함수에 디폴트 값을 전달한다. 해당 함수는 디폴트 값이 전달되면 당연히 기존 코드가 함수를 호출한 경우로 인식하고 예전과 같은 기능을 수행한다. 만약 새롭게 함수를 호출하는 코드가 있다면 디폴트 인자에 새로운 값을 전달하면 된다. 새로운 값이 전달되면 디폴트 인자는 무시되기 때문에 함수는 새로운 기능을 수행하게 된다. 이와 같이 함수에 새로운 인자를 추가할 때 디폴트 인자는 굉장히 유용하다. C++의 모든 문법적 요소는 항상 생산성과 연관이 있다. 디폴트 인자 역시 함수의 확장을 쉽게 하기 위한 요소로 미래에 새로운 인자가 추가되었을 때 기존 코드에 영향을 주지 않으면서 함수를 확장할 수 있도록 하는 기능이다. 이것을 이용하면 미래 코드에 융통성을 부여할 수 있다. 이것은 함수 호출 속도나 코드 크기와는 전혀 상관없다.

지금까지 디폴트 인자가 과거 함수를 확장하기 위해서 사용되는 경우만 살펴보았다. 하지만 디폴트 인자의 또 다른 목적 중 하나는 중복 정의의 기능을 보완하는 것이다. 즉, 함수 이름으로 함수를 추상화하기 위해 중복 정의를 사용하는 것과 같이 디폴트 인자를 사용할 수 있다. 예를 들어보면 다음과 같다.

```
void function (int a);
void function (int a, int b);
void function (int a, int b, int c);
```

위와 같이 중복 정의를 할 수도 있지만 디폴트 인자를 이용하면 중복 정의와 비슷한 효과를 보면서 이것을 하나의 함수로 통일시킬 수 있다.

```
void function (int a, int b = 0, int c = 0);
```

이렇게 디폴트 인자를 사용하면 앞에서 세 함수로 정의한 중복 정의를 함수 하나로 통일할 수도 있다. 물론 이것이 좋은 것만은 아니다. 인자를 통해 기능적으로 차이가 나는 여러 함수가 있다면 그것은 단위 함수로 묶어 분리하는 것이 여러모로 좋다. 하나의 함수로 통일하게 되면 함수의 코드가 커지고 규모가 큰 함수는 오류가 쉽게 생기기 때문에 좋은 것만은 아니다. 하지만 중복 정의 때문에 너무 작은 단위 함수를 많이 만드는 것이 부담스러울 때는 이렇게 디폴트 인자로 통일할 수도 있다. 중복 정의를 보완하는 수단으로도 디폴트 인자는 아주 유용하다.

디폴트 인자 규칙

디폴트 인자는 사실 시험 문제로 아주 좋다. 디폴트 인자의 규칙으로 간단하면서 미묘한 문제를 많이 만들 수 있기 때문이다. 디폴트 인자를 이용해 함수를 정의할 때는 선언과 구현의 형식이 다르다. 디폴트 인자를 가지는 함수의 선언 형식은 다음과 같다.

```
반환값 함수명(인자1자료형 인자1=디폴트 값1[,인자n자료형 인자n=디폴트 값n]);
```

멤버 함수를 포함한 모든 함수에서 디폴트 인자를 선언하는 형식은 위와 같다. 반환값, 함수 이름을 기술하는 방법은 기존 함수를 선언할 때와 동일하다. 하지만 인자를 명시할 때 인자의 이름과 함께 등호('=')를 명시하고 이것의 디폴트 값을 함께 기술한다. 당연한 이야기지만 기술되는 디폴트 값은 인자의 자료형에 맞게 기술되어야 한다. 디폴트 인자를 기술할 때 주의할 사항은 디폴트 인자는 항상 오른쪽부터 지정되어야 한다는 것이다. 그리고 중간에 뛰어넘어 선언할 수 없다. 따라서 다음 경우는 모두 잘못된 형식으로 선언되었다.

```cpp
void function (int a = 10, int b);            // 왼쪽부터 디폴트 인자가 선언되었다.
void function (int a, int b = 20, int c);     // 오른쪽부터 디폴트 인자가 선언되지 않았다.
void function (int a = 10, int b, int c = 0); // 디폴트 인자는 중간에 뛰어넘을 수 없다.
```

디폴트 인자는 함수 선언에만 필요하다. 그래서 함수를 구현할 때는 기술할 필요도 없고 기술해서도 안 된다. 즉, 함수 구현에서 다음과 같이 디폴트 인자를 기술하면 컴파일 오류가 발생한다.

```cpp
void function (int a, int b = 20)    // 함수 구현이므로 '= 20'은 제거해야 한다.
{
}
```

C/C++는 함수를 호출하기 전에 함수 선언과 구현을 같이 정의할 수 있다. 당연한 경우지만 이 경우에도 함수 선언과 구현을 함께 둘 수 있다.

6.4 연산자를 이용한 직관적 코드 만들기 : 연산자 중복 정의

모든 중복 정의의 목적은 직관적 코드 만들기

중복 정의overloading에는 함수 중복 정의function overloading와 연산자 중복 정의operator overloading가 있다. 함수 중복 정의는 함수 추상화를 목표로 한다. 함수 추상화를 통해 특정 자료형에 의존하지 않는 직관적인 코드를 구현하는 것이다. 연산자 중복 정의도 마찬가지이다. 앞에서도 비슷하게 예를 들었던 다음 코드를 살펴보자.

```
char sz1[32] = "Hello ";
char sz2[32] = "world";

strcat (sz1, sz2);        // sz1 + sz2를 수행한다.
```

배열을 이용한 위 코드와 MyString 클래스를 이용한 다음 코드를 비교해보자.

```
MyString str1 = "Hello ";
MyString str2 = "world";

str1 = str1 + str2;
```

이 두 가지 코드 중에 어떤 코드가 더 이해하기 쉬운가? 아마 모든 사람이 두 번째 코드라고 할 것이다. 두 번째 코드가 훨씬 더 직관적이며 이해하기 쉽다. 이해하기 쉬운 코드는 어떤 사람이라도 이것을 쉽게 분석할 수 있다는 뜻이다. 그래서 이 코드를 구현한 개발자가 아닌 다른 개발자에게 이 코드를 주어도 쉽게 이해할 수 있고, 분석 과정의 시간을 절약하고 새로운 코드를 추가할 수 있다. 코드를 개발한 자신 역시 어느 정도 시간이 지난 다음에 이 코드를 다시 본다면 훨씬 쉽게 이해할 수 있을 것이다. 이렇게 코드를 분석하는 데 시간을 적게 들이고 새로운 코드를 추가할 수 있게 하는 것 역시 생산성의 중요한 요소이다.

그런데 사실 두 번째 코드는 컴파일을 하게 되면 컴파일 에러가 발생한다. 왜냐하면 컴파일러는 기본 자료형(char, int, float, double, *)이 아닌 자료형(여기서는 MyString)에 대한 연산을 수행할 수 없기 때문이다. 그러므로 기본 자료형 이외의 자료형에 대한 연산은 연산을 간접적으로 수행하는 함수를 구현하고 호출하는 방식으로 해야 한다. 위의 코드에서 strcat가 문자열을 합치는(더하는) 연산을 간접적으로 구현한 함수에 해당한다. strcat가 중요한 것이 아니다. 중요한 것은 기본 자료형이 아닌 자료형에 대한 연산은 항상 함수를 이용해 간접적으로 수행해야 한다는 것이다.

C/C++는 기본 자료형이 아닌 자료형에 대한 연산을 언어적으로 수행할 수가 없다. C/C++의 연산은 항상 하드웨어를 기준으로 행해지므로 하드웨어적으로 수행할 수 없는 연산은 당연히 C/C++도 수행할 수 없다. 지구상에 있는 하드웨어 중에 char, int, float, double, * 외의 자료형에 대해 연산을 수행하는 하드웨어는 없다.

하드웨어적으로 지원되지 않는 연산은 C/C++에서 수행할 수 없다. 그래서 C/C++는 strcat 같은 함수를 이용한 간접 연산을 사용하는 것이다. 이와 같이 함수를 이용한 간접 연산은 당연한 사항이지만 C/C++ 코드의 직관성을 떨어뜨리는 요소가 된다. 그래서 등장한 것이 연산자 중복 정의이다.

연산자 중복 정의를 한마디로 말하면 연산자를 함수로 연결하는 것이다. 즉, 연산자가 사용될 때 그것을 특정 함수로 연결한다. 그러면 함수가 해당 연산자와 의미상 유사한 기능을 수행한다. 그런데 이것은 눈속임이다. strcat를 직접 호출해도 되지만 '+' 연산자 기호를 통해 strcat라는 함수를 간접 호출하는 것이다. 그래서 아주 미묘한 시간 차이지만 연산자 중복 정의는 프로그램의 실행 속도를 느리게 한다. 대신 직관적인 연산자 기호를 코드에서 사용할 수 있기 때문에 코드 가독성은 높아진다. 객체 지향 언어들은 실행 속도보다는 생산성을 항상 중요하게 생각한다. 연산자 중복 정의 목적은 연산자 기호를 코드에서 바로 사용하여 코드 가독성을 높이는 데 있다.

연산자 중복 정의

연산자는 C++에서 연산을 수행하는 기호이다. 연산자가 연산을 수행할 때 연산의 대상이 되는 데이터가 피연산자이다.

```
a + b;
```

위 코드에서 연산자는 '+'이고 피연산자는 a와 b이다. 피연산자는 연산자를 기준으로 보통 왼쪽이나 오른쪽, 또는 양쪽에 위치할 수 있다. 또, 피연산자의 개수를 기준으로 연산자는 단항 연산자, 이항 연산자, 삼항 연산자로 나눈다.

[표 6-1] C++의 연산자

피연산자	연산자
단항 연산자	!, ~, -, ++, —, &, *, (type), new, delete, sizeof, ::, .
이항 연산자	+, -, *, %, 《, 》, 〈, 〈=, 〉, 〉=, ==, !=, &, ^, |, &&, ||, =, *=, /=, %=, +=, -=, &=, ^=, |=, 《=, 》=, ( ), [ ]
삼항 연산자	?:

[표 6-1]은 C++의 연산자를 모두 나타낸 것이다. C++는 연산자에 대해 기본 자료형만 연산할 수 있다. 즉, 클래스와 같은 사용자 정의 자료형은 C++ 연산자를 사용해 연산할 수 없다. 만약 클래스 같은 사용자 정의 자료형에 대해 연산을 하고자 한다면 클래스의 기본 자료형 멤버에 직접 접근해 연산을 수행해야 한다. 하지만 소스 코드의 가독성을 높이기 위해서는 클래스 자료형에 대해서도 연산이 가능해야 하는데, 이것이 바로 연산자 중복 정의이다. 사실 [표 6-1]은 C++의 모든 연산자를 나타낸 것이고, 이 모든 것이 연산자 중복 정의의 대상이 되는 것은 아니다. 논리적으로나 문법 형식적으로 볼 때 연산자 중복 정의가 필요 없거나 구현하기 힘든 연산자가 있다. sizeof, ::, ?:, . 등이 그 예이다. 이것을 제외한 [표 6-1]의 모든 연산자는 연산자 중복 정의가 가능하다.

다음 코드는 앞에서 구현한 Point 클래스를 이용해 '+' 연산자를 수행한 것이다.

```
Point pt1(10, 10);
Point pt2(20, 20);
Point pt3 = pt1 + pt2;    // 여기서 컴파일 에러가 발생한다.
```

위 코드에서 pt1 + pt2;는 컴파일 에러를 발생시킨다. '+' 연산은 기본 자료형만을 사용할 수 있기 때문이다. 이때 '+' 연산이 가능하게 하려면 다음과 같이 클래스 Point에 '+' 연산자를 중복 정의해야 한다.

[소스 6-1] operator.cpp – operator.exe

```
1: #include <iostream>
2:
3: using namespace std;
4:
5: class Point
6: {
7: private:
8:     int m_x, m_y;
9:
10:     enum {MIN_X = 0, MAX_X = 100, MIN_Y = 0, MAX_Y = 100};
11:
12: public:
13:     Point ()
```

```cpp
14:    {
15:        setx (0);
16:        sety (0);
17:    }
18:    Point(int x, int y)
19:    {
20:        setx (x);
21:        sety (y);
22:    }
23:    Point(int xy)
24:    {
25:        setx (xy);
26:        sety (xy);
27:    }
28:    void setx (int x)
29:    {
30:        if (MAX_X < x)
31:            x = MAX_X;
32:        if (x < MIN_X)
33:            x = MIN_X;
34:        m_x = x;
35:    }
36:    void sety (int y)
37:    {
38:        if (MAX_Y < y)
39:            y = MAX_Y;
40:        if (y < MIN_Y)
41:            y = MIN_Y;
42:        m_y = y;
43:    }
44:    int getx () const
45:    {
46:        return m_x;
47:    }
48:    int gety () const
49:    {
50:        return m_y;
51:    }
52:    void print () const
53:    {
54:        cout << "Point = (" << getx () << "," << gety () <<
55:                ")" << endl;
56:    }
```

```
57:        Point operator+(const Point& op2);
58: };
59:
60: Point Point::operator+(const Point& op2)
61: {
62:        Point ret (m_x + op2.m_x, m_y + op2.m_y);
63:        return ret;
64: }
65:
66: int main ()
67: {
68:        Point pt1(10, 10);
69:        Point pt2(20, 20);
70:        Point pt3 = pt1 + pt2;
71:
72:        pt3.print ();
73:
74:        return 0;
75: }
```

[소스 6-1]의 57행은 연산자 중복 정의를 위한 선언이고, 60~64행은 연산자 중복 정의의 구현이다. 위의 코드에서 알 수 있는 것은 연산자 중복 정의 역시 멤버 함수로 구현된다는 것이다. 연산자 중복 정의에서 연산자의 좌측 피연산자는 연산자 중복 정의를 한 클래스 객체 자신(this)이 되며, 우측 피연산자는 연산자 중복 정의 함수의 인자가 된다.

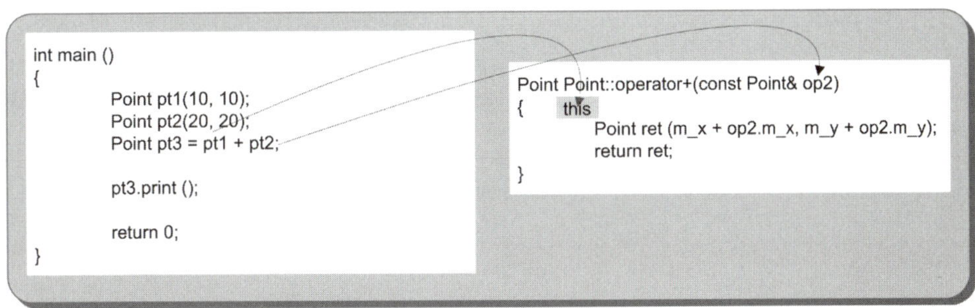

[그림 6-1] 피연산자와 연산자 중복 정의

[소스 6-1]과 같이 멤버 함수로 연산자 중복 정의를 구현하는 것이 일반적이기는 하지만 연산자의 좌측 항이 클래스 객체가 아닐 때는 멤버 함수가 아니라 반드시 전역 함수로 구현해야 한다. 연산자 중복 정의 구현 형식을 정리하면 다음과 같다.

```
class 클래스 이름 [ : 접근 지정자 상위 클래스 이름]
{
public:
    클래스 이름 operator 연산자(const 클래스 이름& 우측 피연산자);
};

클래스 이름 클래스 이름::operator 연산자(const 클래스 이름& 우측 피연산자)
{
}
```

위 형식은 연산자 중복 정의를 멤버 함수로 구현하는 형식이다.

```
class 클래스 이름 [ : 접근 지정자 상위 클래스 이름]
{
public:
    friend 클래스 이름 operator 연산자(const 클래스 이름& 좌측 피연산자,
                const 클래스 이름& 우측 피연산자);
};

클래스 이름 operator 연산자(const 클래스 이름& 좌측 피연산자,
            const 클래스 이름& 우측 피연산자)
{
}
```

위 형식은 전역 함수로 연산자 중복 정의를 구현하는 형식이다. 클래스 안에 friend로 함수를
선언하는 것은 전역 함수로 선언한다는 것이다. friend로 전역 함수를 선언하는 이유는 앞서 이
야기한 것과 같이 클래스의 은폐된 멤버에 접근하기 위해서이다. 멤버 함수라면 모든 멤버에 접
근할 수 있기 때문에 friend가 필요 없다. 결론적으로 friend로 선언된 모든 함수는 전역 함수
라는 것을 명심해야 한다. 단지 클래스 안에 선언해야 하는 형식이기 때문이다. 연산자 중복 정
의를 전역 함수로 선언할 때 friend를 사용하는 것이 무조건적인 의무는 아니다. 하지만 연산
자 중복 정의 함수는 클래스 멤버에 직접 접근해 연산 기능을 수행하게 되는데, 만약 private나
protected로 은폐된 멤버가 있다면 이것을 자유롭게 할 수 없다. 그렇기 때문에 전역 함수로 연
산자 중복 정의를 할 때는 일반적으로 friend로 구현한다.
연산자 중복 정의를 할 때 위의 두 형식 중에 어떤 것을 사용할지는 경우에 따라 자유일 수도

있고 강제 사항이 될 수도 있다. 앞에서도 잠시 언급한 것과 같이 만약 연산자의 좌측 항이 클래스 객체일 때는 연산자 중복 정의를 멤버 함수로 구현할 수도 있고 전역 함수로 구현할 수도 있다. 하지만 연산자의 좌측 항이 클래스 객체가 아닐 때는 반드시 전역 함수로 구현해야 한다. 연산자 중복 정의가 클래스 객체에 대해서만 가능한 것은 아니다. 경우에 따라 다음과 같이 기본 자료형도 가능하다.

```
int a = 30;
Point pt2(20, 20);
Point pt3 = a + pt3;
```

위와 같이 연산자의 좌측 항이 클래스 객체가 아닐 때는 연산자 중복 정의를 반드시 전역 함수로 구현해야 한다. 연산자 중복 정의를 멤버 함수로 구현할 때는 연산자의 좌측 항에 대해서 멤버 함수가 호출되기 때문에 좌측 항은 반드시 클래스 객체여야 한다. 또, 연산자의 좌측 항이 클래스 객체지만 그 클래스가 컴파일되거나 밀봉sealed된 클래스라서 멤버 함수를 추가할 수 없을 때도 반드시 전역 함수로 구현해야 한다.

```
Point pt1 (10, 10);
cout << pt << endl;
```

위의 코드와 같이 Point 객체 pt를 cout을 이용해 출력할 때 '<<' 연산자를 사용하고자 한다면 '<<' 연산자에 대해 연산자 중복 정의를 구현해야 한다. 이때 '<<' 연산자의 좌측 항은 cout 객체인데, 이것은 ostream 객체로서 ostream이 STL 라이브러리로 제공하기 때문에 ostream에 멤버 함수를 추가할 수 없다. 이런 경우도 연산자 중복 정의를 반드시 전역 함수로 구현해야 한다. 반면 다음의 연산자는 전역 함수로 연산자 중복 정의를 구현할 수 없다.

- 할당 연산자 '='
- 클래스 멤버 액세스 '→'
- 배열 첨자 '[ ]'
- 함수 호출 ( )

이 연산자는 반드시 멤버 함수로만 연산자 중복 정의를 구현해야 한다. 연산자 중복 정의를 전역 함수로 구현할 때는 연산자의 좌측 항과 우측 항이 모두 함수 인자로 전달된다. 왜냐하면 멤버로 구현된 경우는 this가 존재하지만 전역 함수는 이것이 존재하지 않기 때문에 연산자의 좌/우측 항이 모두 인자로 전달되어야 한다. 이때 좌측 항이 첫 번째 인자로 전달되고 우측 항이 두 번째 인자로 전달된다.

```
int main ()
{
        Point pt1(10, 10);
        Point pt2(20, 20);
        Point pt3 = pt1 + pt2;

        pt3.print ();

        return 0;
}
```

```
Point operator+(const Point& op1, const Point& op2)
{
        Point ret (op1.m_x + op2.m_x, op1.m_y + op2.m_y);
        return ret;
}
```

[그림 6-2] 전역 함수로 연산자 중복 정의

만약 앞에서 멤버 함수로 구현한 Point 클래스의 '+' 연산자 중복 정의를 전역 함수로 구현한다면 다음과 같을 것이다.

[소스 6-2] operator.cpp - operator.exe

```
1: #include <iostream>
2:
3: using namespace std;
4:
5: class Point
6: {
7: private:
8:     int m_x, m_y;
9:
10:    enum {MIN_X = 0, MAX_X = 100, MIN_Y = 0, MAX_Y = 100};
11:
12: public:
13:     :
14:     :
15:     void print () const
16:     {
17:         cout << "Point = (" << getx () << "," << gety () <<
```

```
18:                 ")" << endl;
19:     }
20: // Point operator+(const Point& op2);
21:     friend Point operator+(const Point& op1, const Point& op2);
22: };
23:
24: /*
25: Point Point::operator+(const Point& op2)
26: {
27:         Point ret (m_x + op2.m_x, m_y + op2.m_y);
28:         return ret;
29: }
30: */
31: Point operator+(const Point& op1, const Point& op2)
32: {
33:         Point ret (op1.m_x + op2.m_x, op1.m_y + op2.m_y);
34:         return ret;
35: }
36:
37: int main ()
38: {
39:         Point pt1(10, 10);
40:         Point pt2(20, 20);
41:         Point pt3 = pt1 + pt2;
42:
43:         pt3.print ();
44:
45:         return 0;
46: }
```

연산자 중복 정의를 멤버 함수나 전역 함수로 구현할 수 있지만 두 개가 동시에 존재할 수는 없다. [소스 6-2]를 보면 멤버 함수로 구현한 연산자 중복 정의를 주석으로 처리한 것을 확인할 수 있다. 전역 함수로 구현한 연산자 중복 정의 함수 역시 인자가 하나 더 많다는 것을 제외하면 거의 비슷하게 구현되었다. [소스 6-1]과 [소스 6-2]에서 구현한 코드의 실행 결과는 다음과 같다.

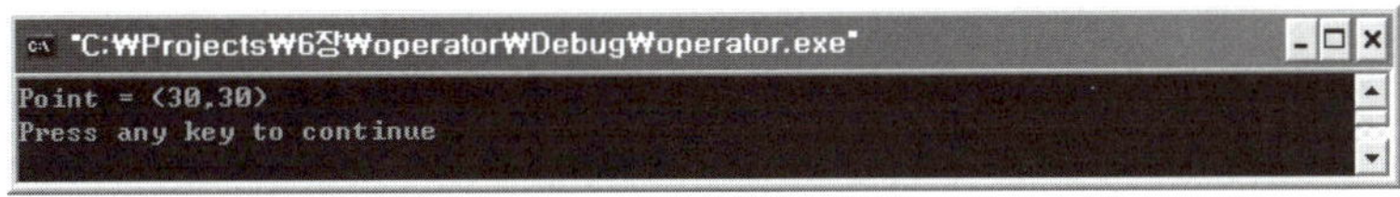

[그림 6-3] operator.exe 실행 결과(Point의 '+' 연산자 중복 정의)

연산자 중복 정의 함수의 인자는 왜 const의 참조형인가?

앞에서 구현한 연산자 중복 정의 함수를 보면 함수의 인자가 모두 const의 참조형으로 선언되었다. 이것 역시 의무 사항은 아니지만 const의 참조형으로 하는 것이 좋다. 객체 지향의 목표가 성능 향상이 아니라고 하지만 C++를 이용한 객체 지향 프로그래밍은 이 순간에 const 참조형을 사용함으로써 약간의 성능 향상을 이룰 수 있기 때문이다. 만약 앞에서 구현한 Point의 '+' 연산자 중복 정의를 다음과 같이 구현한다면 어떻게 될까?

```
friend operator+(Point op1, Point p2);
```

컴파일은 문제없이 잘 된다. 즉, 문법적으로는 아무 문제가 없다는 것이다. 하지만 이렇게 인자를 선언하면 '+' 연산자를 이용하는 순간 피연산자와 연산자 중복 정의 함수 안에 선언된 인자는 서로 다른 객체가 된다. 그리고 이 객체 사이에 복제 생성자가 호출되어 전달된다.

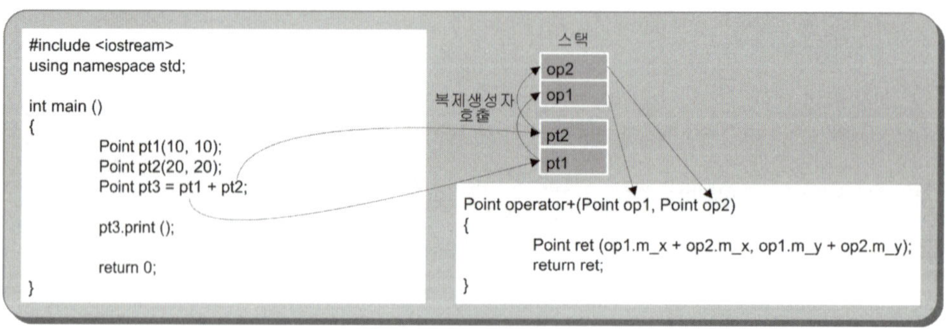

[그림 6-4] 연산자 중복 정의 함수 호출과 함께 복제 생성자 호출

물론 앞의 Point 클래스는 복제 생성자가 필요 없는 경우로 복제 생성자가 구현되어 있지 않기 때문에 컴파일러에 의해 값의 복제가 일어나겠지만, 참조형을 전달하는 것에 비하면 오래 걸리는 동작이다. 하지만 MyString과 같이 복제 생성자가 구현되어야 하는 경우에는 복제 생성자 호출로 인한 오버헤드가 생긴다. 이것을 피할 수 있는 유일한 방법이 참조형을 전달하는 것이다. 참조형을 사용하지 않으면 전역 함수로 구현된 '+' 연산자 중복 정의는 실제 세 번의 함수가 호출되지만 참조형으로 전달하면 '+' 연산자 중복 정의에 대해 한 번의 호출만 일어난다.

또 한 가지 const 형을 사용하는 이유는 참조형에 대한 안정성을 확보하기 위해서이다. 참조형이 복제 생성자 호출 없이 인자를 전달하도록 하지만 개발자 실수에 의해 함수 안에서 전달된 객체 멤버를 변경할 수 있도록 하기도 한다. 이런 이유 때문에 참조형으로 인자를 전달할 때는 const 형으로 전달하는 것이 좋다.

MyString 클래스가 Point 클래스보다는 const 참조형으로 연산자 중복 정의를 해야 하는 이유를 더 잘 설명해주기 때문에 여기서는 MyString 클래스에 다음과 같이 연산자 중복 정의를 구현해보자.

[소스 6-3] operator2.cpp — operator2.exe

```cpp
 1: #include <iostream>
 2:
 3: using namespace std;
 4:
 5: class MyString
 6: {
 7: private:
 8:     char* m_str;
 9:     int   m_len;
10:
11: public:
12:     MyString()
13:     {
14:         m_str = NULL;
15:     }
16:     MyString (char* str)
17:     {
18:         m_len = strlen (str);
19:         m_str = (char*) malloc (m_len+1);
20:         strcpy (m_str, str);
21:     }
22:     MyString(const MyString& src)
23:     {
24:         m_len = src.m_len;
25:         m_str = (char*) malloc (m_len+1);
26:         strcpy (m_str, src.m_str);
27:     }
28:     ~MyString ()
29:     {
30:         free (m_str);
31:     }
```

```cpp
32:     char* c_str ()
33:     {
34:         return m_str;
35:     }
36:
37:     MyString operator+(const MyString& op2);
38: };
39:
40: MyString MyString::operator+(const MyString& op2)
41: {
42:         MyString ret;
43:         ret.m_len = m_len + op2.m_len;
44:         ret.m_str = (char*) malloc (ret.m_len+1);
45:         strcpy (ret.m_str, m_str);
46:         strcat (ret.m_str, op2.m_str);
47:
48:         return ret;
49: }
50:
51: int main ()
52: {
53:         MyString str1 = "Hello";
54:         MyString str2 = " world";
55:         MyString str3 = str1 + str2;
56:
57:         cout << str3.c_str () << endl;
58:
59:         return 0;
60: }
```

[소스 6-3]의 40~49행이 MyString 클래스에 대해 '+' 연산자를 멤버 함수로 중복 정의한 것이
다. 실제 문자열을 연결해야 하기 때문에 함수 구현이 단순히 숫자를 더하면 되는 앞의 Point보
다 약간 복잡하다. 여기서 중요한 것은 MyString 클래스의 경우 복제 생성자를 구현해야 하기
때문에 연산자 중복 정의 함수를 구현할 때 인자를 const 참조형으로 하지 않으면 오버헤드가
생긴다는 점이다. 실행 결과는 다음과 같다.

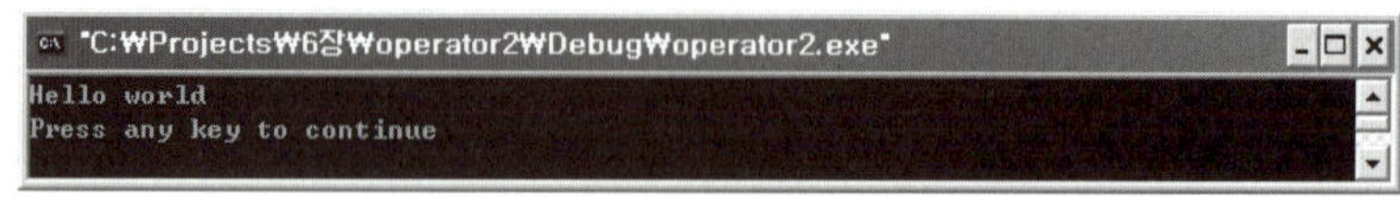

[그림 6-5] operator2.exe(MyString의 '+' 연산자 중복 정의)

연산자 중복 정의 구현과 반환값

앞에서 Point와 MyString에 구현한 '+' 연산자 중복 정의는 모두 숫자를 더한다거나 문자열을 합치는 동작을 구현했다. 즉, '+' 연산자와 어울리도록 구현했다. 꼭 이렇게 구현해야 하는 것일까? 그렇지 않다. 연산자 중복 정의 함수의 내용을 어떻게 구현할 것인지는 전적으로 개발자의 자유다. 하지만 만약 앞에서 구현한 '+' 연산자에 대한 Point 연산자 중복 정의를 다음과 같이 구현한다면 우리가 일반적으로 알고 있는 '+'와는 다른 동작을 하게 될 것이다.

```
Point operator+(const Point& op1, const Point& op2)
{
    Point ret (op1.m_x - op2.m_x, op1.m_y - op2.m_y);
    return ret;
}
```

이것은 연산자 중복 정의의 근본 목적에 어긋나는 방법이다. 연산자 중복 정의의 목적은 재미나 성능 향상이 아니라 직관적 코드를 통한 생산성 향상이다. 만약 위와 같이 연산자 중복 정의를 구현한 다음에 아래와 같이 연산자를 사용한다면 이것은 '+' 연산자의 더한다는 직관성과는 완전히 다르게 동작할 것이다.

```
Point pt1 (20, 20);
Point pt2 (10, 10);
Point pt3 = pt1 + pt2;
```

연산자 중복 정의는 중복 정의하는 연산자 본연의 의미에 충실하게 구현해야 하며, 특별한 경우가 아니면 모두 객체를 지역 변수로 만들어서 구현해야 한다. 앞의 코드에서 pt1 + pt2;의 경우 pt1과 pt2를 더하면 이 결과는 pt1이나 pt2에 반영되는 것이 아니라 제3의 객체에 반영되어야 하기 때문에 연산자 중복 정의를 구현하는 함수 역시 제3의 객체로 임시 객체를 선언해 구현해야 한다.

다음으로 연산자 중복 정의 함수의 반환값에 대해 알아보자. 앞에서 구현한 Point와 MyString 클래스의 '+' 연산자 중복 정의를 보면 모두 중복 정의를 정의한 클래스 객체를 반환하고 있다. 이것 역시 의무 사항은 아니지만 일반적으로 이렇게 구현한다. 왜냐하면 클래스 객체 연산 결과는 일반적으로 동일 타입의 클래스 객체를 대입('=')받기 때문이다. 앞의 구현 코드에서 보았듯이 Point 객체 pt1과 pt2를 더한 결과는 일반적으로 Point 객체(pt3)가 받는다. 하지만 이것이 의무적인 것은 아니기 때문에 다음과 같이 연산자를 사용할 예정이라면 연산자 중복 정의 함수의 반환값도 달라진다.

```cpp
Point pt1 (20, 20);
Point pt2 (10, 10);
int ret = pt1 + pt2;    // Point 객체 (pt1과 pt2)의 연산 결과를 정수로 받는다.
```

위와 같이 연산자를 사용할 예정이라면 Point 클래스의 '+' 연산자 중복 정의는 다음과 같이 구현되어야 한다.

```cpp
int Point::operator+(const Point& op2)
{
    int ret = (m_x + op2.m_x + m_y + op2.m_y);
    return ret;
}
```

위 코드에서 연산자 중복 정의 내부 구현에는 의미를 두지 않도록 하자. 위 코드는 단지 반환값을 다른 타입으로 받을 수 있다는 것을 보여주기 위해서 구현한 코드라서 억지스러운 데가 있다. 그런데 반환값이 연산자를 중복 정의한 클래스 객체가 아니어야 하는 경우가 있다. 바로 비교 연산자나 관계 연산자를 중복 정의하는 경우이다. 다음 코드를 보자.

```cpp
Point pt1 (10, 10);
Point pt2 (20, 20);
if (pt1 == pt2)
    cout << "pt1과 pt2는 같다." << endl;
```

만약 위와 같이 if 문에서 클래스 객체를 비교할 예정이라면 '==' 연산자에 대해 연산자 중복 정의를 하면 된다. 그런데 이런 경우 연산자 중복 정의의 반환값은 참이나 거짓, 즉 bool 값을 반환하도록 구현해야 한다.

```cpp
1: #include <iostream>
2:
3: using namespace std;
4:
5: class Point
6: {
7: private:
8:     int m_x, m_y;
9:
10:     enum {MIN_X = 0, MAX_X = 100, MIN_Y = 0, MAX_Y = 100};
11:
12: public:
13:     :
14:     :
15:     void print () const
16:     {
17:         cout << "Point = (" << getx () << "," << gety () <<
18:                 ")" << endl;
19:     }
20:     bool operator==(const Point& op2);
21: //    friend bool operator==(const Point& op1, const Point& op2);
22: };
23:
24: bool Point::operator==(const Point& op2)
25: {
26:         return (m_x == op2.m_x && m_y == op2.m_y);
27: }
28:
29: /*
30: bool operator==(const Point& op1, const Point& op2)
31: {
32:         return (op1.m_x == op2.m_x && op1.m_y == op2.m_y);
33: }
34: */
35:
36: int main ()
37: {
38:         Point pt1 (10, 10);
39:         Point pt2 (10, 10);
40:
41:         if (pt1 == pt2)
```

```
42:          cout << "pt1과 pt2는 같다." << endl;
43:
44:      return 0;
45: }
```

[소스 6-4]의 20, 21행, 24~34행과 같이 비교 연산자를 선언하고 구현하는 방법도 일반적인 이항 연산자를 정의하는 것과 유사하다. 단지 반환값이 클래스 객체가 아닌 다른 값이 될 수 있다는 것이 다르다. '==' 연산자 외에도 '<=', '>=' 등과 같이 다양한 비교 연산자나 '&&', '||' 같은 다양한 논리 연산도 이와 같은 방법으로 중복 정의할 수 있다. [소스 6-4]의 실행 결과는 다음과 같다.

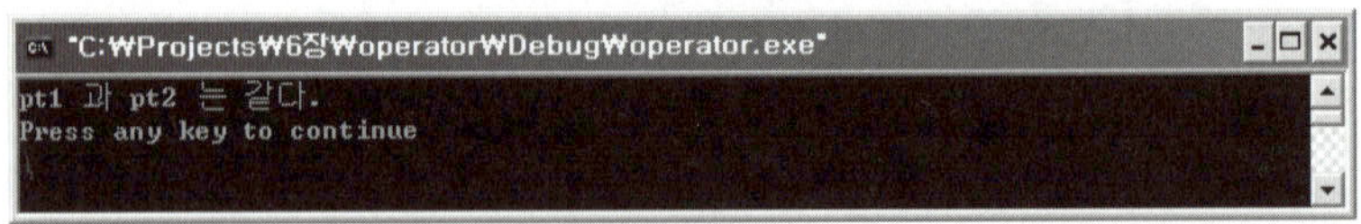

[그림 6-6] operator.exe의 실행 결과(Point의 '==' 연산자 중복 정의)

단항 연산자 중복 정의

C++의 연산자 중에 삼항 연산자인 ?:를 제외한 대부분의 연산자는 연산자 중복 정의의 대상이 된다. 지금까지 알아본 것은 이항 연산자이다. 이항 연산자가 연산자 중복 정의의 주류지만 C++는 +, -, ++, -- 같은 단항 연산자도 중복 정의를 할 수 있다. 단항 연산자 중에 오해의 소지가 있는 것이 있는데, 여기서 '-'와 '+'는 음수와 양수를 나타내는 단항 연산자다.

```
Point pt3 = pt1 + pt2;     // 더하기 이항 연산자 '+'
Point pt4 = +pt1;          // 양수 단항 연산자 '+'
Point pt5 = -pt2;          // 음수 단항 연산자 '-'
```

위 코드를 보면 단항 연산자 '+', '-'와 이항 연산자 '+', '-'의 차이를 쉽게 이해할 수 있다. 이항 연산자의 중복 정의를 알고 있다면 단항 연산자 역시 간단하다. 연산자 중복 정의 함수에서는 단지 인자가 하나 적을 뿐이다. 만약 단항 연산자를 멤버 함수로 중복 정의한다면 연산자의 우측(이항 연산자인 경우에는 좌측이었다)에 있는 피연산자의 멤버가 호출된다. 그래서 단항 연산자를 멤버 함수로 구현하면 인자가 존재하지 않는다. 만약 단항 연산자를 전역 함수로 구현하면 연산자의 피연산자 하나가 인자로 전달되므로 하나의 인자를 갖는다. Point 클래스에 '−' 연산자(음수)를 중복 정의하면 다음과 같다.

[소스 6–5] operator.cpp – operator.exe

```cpp
1: #include <iostream>
2:
3: using namespace std;
4:
5: class Point
6: {
7: private:
8:     int m_x, m_y;
9:
10:     enum {MIN_X = -100, MAX_X = 100, MIN_Y = -100, MAX_Y = 100};

12: public:
13:     :
14:     :
15:     Point operator-();    // 멤버로 음수 단항 연산자 중복 정의
16: //friend Point operator-(const Point& op1); // 전역 함수로 음수 단항 연산자 중복 정의
17: };
18
19: Point Point::operator-()    // 멤버로 구현한 음수 단항 연산자 중복 정의
20: {
21:         Point ret (-m_x, -m_y);
22:         return ret;
23: }
24:
25: /*
26: Point operator-(const Point& op1)    // 전역 함수로 음수 단항 연산자 중복 정의
27: {
28:         Point ret (-op1.m_x, -op1.m_y);
29:         return ret;
30: }
31: */
32:
33: int main ()
34: {
35:         Point pt1(10, 10);
36:         Point pt2(20, 20);
37:         Point pt3 = -pt1;
```

```
38:
39:        pt3.print ();
40:
41:        return 0;
42: }
```

[소스 6-5]의 15, 16행과 19~31행은 Point 클래스에 음수(-) 연산자를 중복 정의한 것이다. 멤버로 구현하는 것과 전역 함수로 구현하는 것은 함께 존재할 수 없기 때문에 전역 함수로 구현한 것은 주석으로 처리했다. 이 코드에서 중요한 것은 단항 연산자를 중복 정의한 경우에는 이항 연산자를 중복 정의한 것보다 인자가 하나 적다는 것이다. 인자의 개수 때문에 이항 연산자를 멤버로 구현한 것과 단항 연산자를 전역 함수로 구현하는 것이 혼동될 수 있으니 주의해야 한다. 구분하기 쉬운 방법은 friend이다. friend가 있는 경우는 무조건 전역 함수이다. 또, 뒤에 인자 개수를 보면 알 수 있다. 위 코드를 실행한 결과는 다음과 같다.

[그림 6-7] operator.exe 실행 결과(Point의 '-'(음수) 단항 연산자 중복 정의)

증감 단항 연산자 중복 정의

C++의 단항 연산자 중 ++, --는 특이한 점이 있는데 그 내용은 다음과 같다.

- 전위형prefix과 후위형postfix이 있다.
- 피연산자 자신이 변경된다.

위 두 가지가 증감 연산자가 다른 연산자와 다른 점이다. 증감 연산자는 다른 단항 연산자와 달리 피연산자의 앞이나 뒤에 모두 올 수 있다. 그리고 피연산자 자신을 변경시킨다. 다음 코드를 보자.

```
int a = 10;
int b = ++a;
int c = a++;
```

위 코드에서 a는 10으로 시작했다. 다음 int b = ++a;는 피연산자 a 앞에 증가('++') 연산자가 있으므로 a가 먼저 1 증가한 다음에 b에 대입이 일어난다. 이와 같이 전위형은 먼저 피연산자 값이 증감된 후에 사용된다. 그리고 int c = a++;의 경우는 후위형인데, 후위형은 값이 먼저 사용된 다음에 1 증감한다. 다른 단항 연산자와 달리 피연산자 자신이 변경된다는 사실도 주의해야 한다. 그래서 최종적으로 a는 12가 되고, b는 11, c 역시 11이 된다.

이런 점 때문에 증감 단항 연산자는 다른 단항 연산자와 구현이 다르다. 먼저 전위형prefix 증감 단항 연산자는 다음 형식과 같다.

```
클래스 이름 operator++[--]();
friend 클래스 이름 operator++[--](클래스 이름& 단항 피연산자);
```

사실 증감 단항 연산자를 전위형으로 구현할 때는 기존 단항 연산자와 문법적으로 달라지는 것이 아무것도 없다. 단지 단항 연산자 구현 내부가 전위형의 기능을 하도록 구현하면 된다. Point 클래스에 대해 '++' 연산자를 전위형으로 구현하면 다음과 같다.


```
 1: #include <iostream>
 2:
 3: using namespace std;
 4:
 5: class Point
 6: {
 7: private:
 8:     int m_x, m_y;
 9:
10:     enum {MIN_X = -100, MAX_X = 100, MIN_Y = -100, MAX_Y = 100};
11:
12: public:
13:     :
14:     :
15:     Point operator++();    // 전위형
16: //    friend Point operator++(Point& op1);    // 전위형
17: };
18:
19: Point Point::operator++()    // 전위형
```

```cpp
20: {
21:         ++m_x;
22:         ++m_y;
23:
24:         return *this;
25: }
26:
27: /*
28: Point operator++(Point& op1)    // 전위형
29: {
30:         ++op1.m_x;
31:         ++op1.m_y;
32:
33:         return op1;
34: }
35: */
36:
37: int main ()
38: {
39:         Point pt1(10, 10);
40:         Point pt2(20, 20);
41:         Point pt3 = ++pt1;    // 전위형
42:
43:         pt1.print ();
44:         pt3.print ();
45:
46:         return 0;
47: }
```

[소스 6-6]의 19~34행에 구현된 전위형 '++' 연산자 중복 정의를 보면 객체 자신의 값을 1 증가시킨 다음 객체 자신을 반환하는 것을 볼 수 있다. 앞에서 구현한 이항 연산자나 단항 연산자의 경우는 객체 자신의 값이 변경되지 않지만 증감 연산자는 객체 자신의 값이 변경되기 때문에 28행에 전역 함수로 구현할 때 인자로 전달된 피연산자에 const가 없다. 이것의 실행 결과는 다음과 같다.

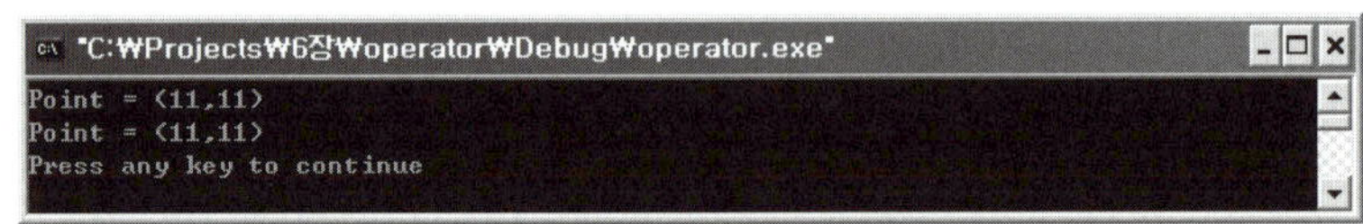

[그림 6-8] operator.exe 실행 결과(Point의 '++' 전위형 단항 연산자 중복 정의)

위 실행 결과를 보면 전위형 '++' 연산자의 일반적인 동작과 같이 pt1 객체가 증가한 다음 사용된 것을 볼 수 있다. 전위형 증감 연산자는 연산자를 중복 정의한 클래스 객체가 직접 증감한다는 것 외에는 다른 단항 연산자와 다른 점이 없다. 하지만 후위형 증감 연산자는 다르다. 단항 연산자라는 관점에서 보면 전위형과 후위형은 동일하다. 그래서 일반적인 방법으로 후위형을 구현하면 컴파일러는 이것이 전위형을 나타내는지 후위형을 나타내는지 혼동하게 된다. 그렇기 때문에 후위형 증감 연산자는 일반적인 단항 연산자와 약간 다른 형식으로 선언한다.

```
클래스 이름 operator++[--](int);
friend 클래스 이름 operator++[--](클래스 이름& 단항 피연산자,int);
```

위 형식이 후위형 증감 연산자를 구현하는 문법이다. 전위형과 비교해보면 정수(int)형 인자가 하나 추가된 것을 알 수 있다. 그렇다면 여기서 정수 인자는 무엇인가? 결론부터 이야기하자면 정수 인자는 아무 곳에서도 사용되지 않았다. 여기서 정수는 단지 전위형 증감 연산자 중복 정의와 후위형을 구분하기 위해서 사용되는 더미^{dummy} 인자일 뿐이다. 컴파일러가 전위형과 후위형을 혼돈하지 않도록 하기 위한 인자일 뿐 기능적으로 전혀 사용되지 않는다. Point 클래스에 대해 '++' 연산자를 후위형으로 구현하면 다음과 같다.

[소스 6-7] operator.cpp – operator.exe

```
 1: #include <iostream>
 2:
 3: using namespace std;
 4:
 5: class Point
 6: {
 7: private:
 8:     int m_x, m_y;
 9:
10:     enum {MIN_X = -100, MAX_X = 100, MIN_Y = -100, MAX_Y = 100};
11:
12: public:
13:     :
14:     :
15:     Point operator++(int);    // 후위형
16:     // friend Point operator++(Point& op1,int);    // 후위형
```

```
17: };
18:
19: Point Point::operator++(int)     // 후위형
20: {
21:         return Point(m_x++, m_y++);
22: }
23:
24: /*
25: Point operator++(Point& op1,int)     // 후위형
26: {
27:         return Point(op1.m_x++, op1.m_y++);
28: }
29: */
30:
31: int main ()
32: {
33:         Point pt1(10, 10);
34:         Point pt2(20, 20);
35:         Point pt3 = pt1++;     // 후위형
36:
37:         pt1.print ();
38:         pt3.print ();
9:
40:         return 0;
41: }
```

[소스 6-7]의 19~29행에 구현된 후위형 '++' 연산자 중복 정의를 보면 객체 자신의 값을 1 증가시키기 전에 임시 객체를 생성하여 이 값을 전달하는 것을 볼 수 있다. 그리고 이렇게 생성된 임시 객체를 반환해서 후위형의 기능을 흉내낸다는 것도 알 수 있다. 21, 27행과 같이 클래스 이름을 기술하면서 생성자를 호출하면 C++ 컴파일러는 임시 객체를 생성한다. 이것의 실행 결과는 다음과 같다.

[그림 6-9] operator.exe 실행 결과(Point의 '++' 후위형 단항 연산자 중복 정의)

위 실행 결과를 보면 후위형 '++' 연산자의 일반적인 동작과 같이 pt1 객체가 증가되기 전에 사용된 것을 볼 수 있다.

연산자 중복 정의에서 많이 사용하는 임시 객체 문법

앞의 연산자 중복 정의 중에 클래스 이름과 함께 생성자를 호출하면 C++ 컴파일러는 임시 객체를 하나 생성한다고 했다. 이것에 대해 좀 더 자세히 알아보자. C++를 이용해 소프트웨어를 개발하다 보면 클래스 객체를 잠시 동안만 생성해야 할 때가 있다. 함수의 인자가 클래스 객체를 전달받도록 설계된 경우나 앞의 연산자 중복 정의와 같이 함수의 반환값이 클래스 객체를 반환하도록 설계된 경우 잠시 클래스 객체를 생성해야 한다. 이런 경우 가장 쉽게 할 수 있는 방법은 다음과 같이 직접 임시 객체를 선언해 사용하는 것이다.

```
Point tmp (10, 10);
function (tmp);
```

위와 같이 임시 객체를 직접 선언해서 사용하면 코드를 지저분해진다. 간결한 C++ 코드를 위해 목적이 불명확한 임시 변수를 가급적이면 적게 사용하는 것이 좋다. 이때 사용할 수 있는 것이 바로 C++가 지원하는 임시 객체 문법이다.

```
클래스 이름([생성자 인자 1][,생성자 인자 2]);
```

위와 같이 단순히 코드 선언에서 클래스 이름을 기술하면서 생성자에 인자를 전달하면 C++컴파일러는 임시 객체를 하나 생성하여 함수 인자나 반환값으로 즉시 사용될 수 있다. 하지만 코드에는 임시 객체 변수가 나타나지 않기 때문에 코드가 간결해진다. 이런 임시 객체에서 정확하게 인지해야 할 것은 생성한 임시 객체 역시 클래스 객체로서 모든 기능을 가진다는 것이다. 즉, 임시 객체가 생성될 때 생성자가 호출되며 이 임시 객체는 지역 변수로서 중괄호('}')를 탈출할 때 소멸자가 호출된다는 것이다. 이것의 목적은 간결한 코드를 위해 코드에 직접적으로 임시 객체 변수가 등장하는 것을 막는 것이다.

임시 객체 선언 문법이 동작하지 않는 특이한 경우가 하나 있는데 바로 객체를 배열로 선언할 때 사용하는 문법이다. 예를 들어 다음과 같이 코드를 구현한다면 이것은 임시 객체를 생성하는 문법이 아니라 특정 생성자를 지정하기 위한 문법으로 사용된다.

```
Point pt[] = {Point(10, 10), Point(20, 20)};    // 이것은 임시 객체 문법이 아니다.
```

객체를 바꾸는 또 다른 이름, 형변환 연산자

C++ 개발자들이 가장 많이 사용하는 연산자가 무엇일까? '+'이나 '−'일까? 아니면 앞에서 이야기한 '++'나 '−−'일까? 이 중에는 없다. 이 연산자는 C++에서 가장 많이 사용되지만 일반적으로 눈에 보이지 않는다. 다음 코드를 보자.

```
char ch = 'A';
int i = ch;
```

위 코드에서 i는 ch의 값을 가지며, 정수형으로 선언되었다. 그리고 ch는 문자형으로 선언되었다. 그래서 이 순간 문자형 데이터는 정수형 데이터로 형변환이 일어난다. 이런 형변환 역시 연산이다. 이 연산은 위와 같이 묵시적으로 일어날 수도 있고 명시적으로 기술할 수도 있다. 형변환을 명시적으로 기술할 때 사용하는 것이 바로 캐스트cast 연산자로 괄호 사이에 자료형을 명시하는 형태로 사용된다. '(자료형)변수 또는 상수' 형식이다. 형변환 연산이 C++에서 가장 많이 사용되는 연산이다.

형변환 연산 역시 연산이며 명시적으로 연산자로 존재하기 때문에 연산자 중복 정의의 대상이 된다. 정확하게는 단항 연산자 중복 정의에 해당되며 형변환 연산자 중복 정의라고 한다.

```
MyString str = "Hello";
char* sz = str;
// char* sz = str.c_str();    // 이보다는 char* sz = str; 이 더 직관적이다.
```

만약 위와 같이 코드를 기술한다면 MyString 객체 str을 문자 포인터 sz로 변환하게 되는데, 형변환 역시 기본 자료형에 대해서만 사용될 수 있다. 그래서 코드의 가독성을 높이기 위해 이를 중복 정의해야 하는 것이다. 앞에서 예로 든 이항 연산자의 반환값을 정수로 받는 것과는 다르다. 연산의 결과가 특정 자료형이 되는 것이 아니라 연산 자체가 특정 자료형이 되는 것을 의미한다. 그래서 다른 이항이나 단항 연산자 중복 정의를 포함해 유일하게 반환값을 가지지 않는 연산자이다. 연산이 반환값이므로 문법적으로 반환값을 기술하지는 않지만 연산자가 반환값이 되기 때문에 형변환 연산자 중복 정의 구현에서는 반환값을 반환해야 한다.

```
operator자료형();
```

위의 형식과 같이 형변환 연산자 중복 정의는 다른 연산자 중복 정의와 달리 반환값을 기술하지 않는다. 연산자가 반환값을 의미하기 때문에 연산자에 기술하는 자료형이 반환값이 되기 때문이다. 그리고 연산자 중복 정의는 구현에서 이 자료형으로 값을 반환해야 하며, 한 가지 형변환 연산자는 반드시 멤버 함수로만 중복 정의를 구현해야 한다. 앞에서 char* sz = str;를 가능하게 하기 위해서는 MyString 클래스에 다음과 같이 형변환 연산자를 중복 정의해야 한다.

[소스 6-8] operator2.cpp – operator2.exe

```cpp
1: #include <iostream>
2:
3: using namespace std;
4:
5: class MyString
6: {
7: private:
8:     char* m_str;
9:     int   m_len;
10:
11: public:
12:     :
13:     :
14:     char* c_str ()
15:     {
16:         return m_str;
17:     }
18:
19:     operator char* ();    // char* 형변환 연산자 중복 정의
20: };
21:
22: MyString::operator char* ()    // char* 형변환 연산자 중복 정의
23: {
24:         rcturn m_str;
```

```
25: }
26:
27: int main ()
28: {
29:         MyString str = "Hello";
30:
31:         cout << (char*) str << endl;
32:
33:         return 0;
34: }
```

[소스 6-8]의 22~25행에 구현된 문자열에 대한 형변환 연산자 중복 정의를 보면 반환값을 명시하지 않고 구현했다. 그리고 단순히 문자열을 반환하고 있다. 이렇게 구현된 형변환 연산자 중복 정의는 앞에서 이야기한 함수 중복 정의의 호출 우선순위와 관련이 있다. 6.3에서 함수 중복 정의는 함수를 호출하는 형식과 중복 정의된 형식이 정확하게 일치하는 경우 제일 높은 우선순위로 연결된다고 했다. 하지만 정확하게 일치하는 함수가 없는 경우 형변환이 일어나 호출된다고 했는데, 이 형변환 우선순위에서 가장 마지막에 이야기한 사용자 정의의 형변환 연산에 의한 함수 호출이 바로 형변환 연산자 중복 정의에 의해 호출되는 경우이다.

```
void foo (MyString str);
void foo (char* sz);

int main ()
{
   MyString str = "Hello";
   foo (str);
   return 0;
}
```

위와 같이 foo 함수가 중복 정의된 경우 main에서 호출하는 foo 함수는 어떤 foo 함수를 호출할까? 앞에서 언급한 것과 같이 컴파일러는 정확하게 일치하는 중복 정의를 가장 먼저 호출한다. 그래서 void foo (MyString str);가 호출되는 것이다. 하지만 만약 void foo (MyString str);가 구현되어 있지 않다면 void foo (char* sz);가 호출된다. void foo (char* sz);가 호출될 수 있는 것은 MyString 클래스에 char*에 대한 형변환 연산자가 중복 정의되어 있기 때문이다. 형변환 연산자 중복 정의에 의해 중복 정의된 함수는 우선순위가 가장 낮다.

클래스 객체를 배열처럼 사용하기

C++는 배열에 접근할 때 사용하는 배열 첨자 연산자('[ ]')를 중복 정의할 수 있도록 허용하고 있다. 정확하게는 이항 연산자 중복 정의에 해당한다. 그래서 클래스에 중복 정의한다면 클래스 객체를 배열과 같은 형식으로 접근할 수 있다. 물론, 클래스는 배열과 같이 연속된 여러 멤버 변수로 이루어져 있어야 한다. 만약 앞에서 구현한 MyString 클래스를 배열처럼 사용하고자 한다면 다음과 같이 사용할 수 있다.

```cpp
MyString str = "Hello";
str[0] = 'h';    // 'H'를 'h'로 변경하고자 한다.
```

만약 이와 같이 클래스 객체를 사용할 수 있도록 하고자 한다면 배열 첨자 연산자를 중복 정의해야 하며 형식은 다음과 같다.

```cpp
자료형& operator[](int);
```

여기에서 연산자는 '[ ]'이고, 연산자 중복 정의 함수의 인자는 정수 하나이다. 정수는 배열의 인덱스, 즉 다음 그림과 같이 클래스 객체를 배열처럼 사용할 때 지정한 정수 인덱스가 연산자 중복 정의 함수의 인자로 전달된다. 그리고 연산자 중복 정의의 반환값은 일반적으로 반환을 원하는 자료형의 참조형으로 한다. 배열을 대입(=)의 좌측에 사용할 수 있도록 하기 위해서이다. 만약 참조형을 반환하지 않는다면 클래스 객체를 대입의 좌측에 사용할 수 없다.

```cpp
int main ()
{
        MyString str = "Hello";
        cout << "str = " << (char*) str << endl;

        str[0] = 'h';

        cout << "str = " << (char*) str << endl;
        return 0;
}

char& MyString::operator[](int i)      // i는 배열 첨자다.
{    this
        return m_str[i];
}
```

[그림 6-10] 배열 첨자 연산자 중복 정의

MyString 클래스를 문자 배열과 같이 접근하고자 한다면 다음과 같이 '[ ]' 연산자를 중복 정의
해야 한다.

[소스 6-9] operator2.cpp − operator2.exe

```
1: #include <iostream>
2:
3: using namespace std;
4:
5: class MyString
6: {
7: private:
8:     char* m_str;
9:     int    m_len;
10:
11: public:
12:     :
13:     :
14:     MyString operator+(const MyString& op2);
15:     char& operator[](int i);    // i는 배열 첨자이다.
16: };
17:
18: char& MyString::operator[](int i)    // i는 배열 첨자이다.
19: {
20:         return m_str[i];
21: }
22:
23: int main ()
24: {
25:         MyString str = "Hello";
26:
27:         cout << "str = " << (char*) str << endl;
28:
29:         str[0] = 'h';
30:
31:         cout << "str = " << (char*) str << endl;
32:
33:         return 0;
34: }
```

[소스 6-9]의 18~21행에 구현된 것과 같이 배열 첨자 연산자를 중복 정의함으로써 29행과 같

이 MyString 객체를 배열처럼 사용할 수 있게 된다. [소스 6-8]과 [소스 6-9]를 실행한 결과는 다음과 같다.

[그림 6-11] operator2.exe 실행 결과(MyString의 [ ] 연산자 중복 정의)

복합 연산자도 연산자 '하나'이다

C/C++ 언어는 언어 자체가 직관적인 부분이 많다. 가령 ++와 -- 같은 증감 연산자를 보면 누구나 쉽게 변수 값을 증감시킨다는 것을 알 수 있다. 이런 직관적 연산자 중에 +=, -=, *=, /=와 같은 복합 연산자가 있다. 이것은 사칙 연산과 대입을 하나의 연산자로 수행하는 연산자로 실제 연산 동작은 두 개이다. 이런 복합 연산자도 당연히 C++의 연산자 중복 정의의 대상이 된다. 그런데 이 복합 연산자를 중복 정의할 때 복합 연산자가 두 개의 동작을 하나의 연산으로 수행하기 때문에 연산자 중복 정의도 이런 관점으로 바라보는 경향이 있다. 가령 +=의 경우 +와 =을 각각 연산자 중복 정의하려고 하는 경우가 있다. 하지만 연산자 중복 정의에서 복합 연산자는 그 자체가 하나의 연산자이다. 그래서 이것을 중복 정의할 때는 하나의 연산자로 중복 정의하면 된다. 복합 연산자는 이항 연산자에 해당하기 때문에 앞에서 이야기한 이항 연산자 중복 정의로 구현하면 된다. Point 클래스에 += 연산을 가능하게 하기 위해서 다음과 같이 코드를 구현한다.

[소스 6-10] operator.cpp – operator.exe

```
1: #include <iostream>
2:
3: using namespace std;
4:
5: class Point
6: {
7: private:
8:     int m_x, m_y;
9:
10:     enum {MIN_X = -100, MAX_X = 100, MIN_Y = -100, MAX_Y = 100};
11:
12: public:
```

```
13:      :
14:      :
15:     Point operator+=(const Point& op2);    // 멤버로 구현한 += 중복 정의
16:     // friend Point operator+=(Point& op1, const Point& op2);
17: };
18:
19: Point Point::operator+=(const Point& op2)    // 멤버로 구현한 += 중복 정의
20: {
21:         m_x += op2.m_x;
22:         m_y += op2.m_y;
23:
24:         return *this;
25: }
26:
27: /*
28: Point operator+=(Point& op1, const Point& op2)
29: {
30:         op1.m_x += op2.m_x;
31:         op1.m_y += op2.m_y;
32:
33:         return op1;
34: }
35: */
36:
37: int main ()
38: {
39:         Point pt1 (10, 10);
40:         Point pt2 (20, 20);
41:
42:         pt1.print ();    // 연산 전
43:
44:         pt1 += pt2;
45:
46:         pt1.print ();    // 연산 후
47:
48:         return 0;
49: }
```

[소스 6-10]의 19~34행에 구현된 복합 연산자 += 중복 정의를 보면 실제 += 연산자를 이용해
객체 멤버를 연산하는 것을 볼 수 있다. 이 역시 논리상 연산자의 우측 객체 자신의 값이 변경되
어야 하기 때문에 임시 객체를 사용하지 않고 객체 자신의 값을 직접 변경한다. 실행하면 다음
과 같다.

[그림 6-12] operator.exe 실행 결과(Point의 '+=' 복합 연산자 중복 정의)

위 실행 결과에서 첫 번째 출력은 Point 객체 pt를 연산하기 전의 출력 결과이고 두 번째 출력은 pt를 +=를 이용해 연산한 다음의 출력 결과이다.

복제 생성자와 비슷한 대입 연산자

C++ 연산자 중에 대입 연산자('=')는 객체와 관련하여 두 가지 상황에서 사용된다. 첫 번째는 객체가 생성되면서 특정 값을 대입받는 상황이고, 두 번째는 객체가 생성된 뒤에 객체 연산 결과를 대입받기 위해 사용되는 상황이다. 전자의 경우 C++는 복제 생성자를 사용한다. 그리고 컴파일러는 디폴트로 복제 생성자를 제공한다. 후자의 경우는 대입 연산자가 사용되는데, 이것 역시 컴파일러가 디폴트로 제공한다. C++ 클래스 연산자 중에 중복 정의하지 않아도 되는 연산자가 대입 연산자이다.

```
MyString str1 ("Hello");
MyString str2 = str1;        // 복제 생성자가 사용된다.
str2 = str1;                 // 대입 연산자가 사용된다.
```

위 코드의 앞에서 사용된 '='는 복제 생성자가 사용되며, 뒤에서 사용된 '='는 대입 연산자가 사용된다. 형식은 비슷하지만 내부적으로 사용되는 것은 다르다. 복제 생성자는 디폴트로 컴파일러에 의해 멤버 변수 값을 그대로 복사하도록 구현되는데, 일반적인 경우에는 상관없지만 내부적으로 할당이 필요한 클래스 객체는 멤버 변수 값을 그대로 복사하면 문제가 발생한다. 그래서 반드시 할당에 의해 멤버 변수의 내용을 복사하도록 복제 생성자를 구현해야 한다. 이와 마찬가지로 대입 연산자로 인식되는 '='도 컴파일러에 의해 디폴트로 제공되지만 컴파일러가 제공하는 대입 연산자도 객체의 멤버 변수 값을 그대로 복사하도록 한다. 할당이 필요한 클래스 객체의 경우 멤버 변수 값이 그대로 복사되면 문제가 발생한다. 할당이 필요한 상황에서 클래스 객체의 멤버 변수 값이 그대로 복사되면 객체가 파괴될 때 자신이 할당받지 않은 멤버 변수의 내용을 파괴할 수도 있기 때문에 소프트웨어에 문제가 발생한다. 앞에서 str2 = str1;의 경우가 여기에 해당한다. 대입 연산자를 구현하지 않은 상태에서 앞의 코드를 실행하면 프로그램은 다음과 같이 다운된다.

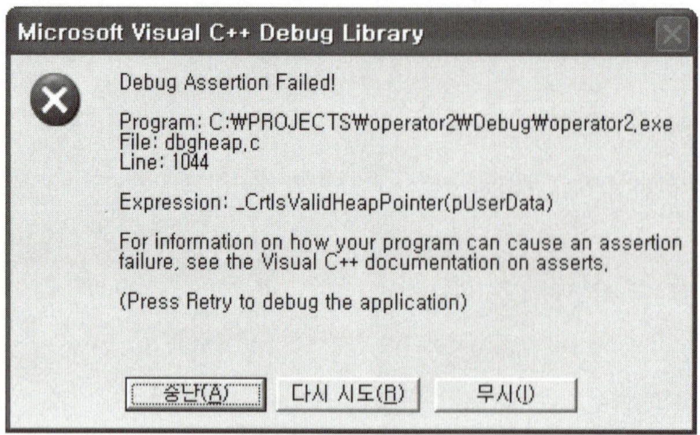

[그림 6-13] 대입 연산자를 구현하지 않은 상태에서 MyString 대입 연산

이렇게 다운되는 이유는 대입 연산자를 구현하지 않은 상태에서 할당이 필요한 클래스 객체를 대입 받으면 할당이 필요한 멤버 변수 값을 두 개의 객체가 동시에 가리키고, 이것에 의해 객체가 파괴될 때 동일한 내용이 두 번 해제되기 때문이다.

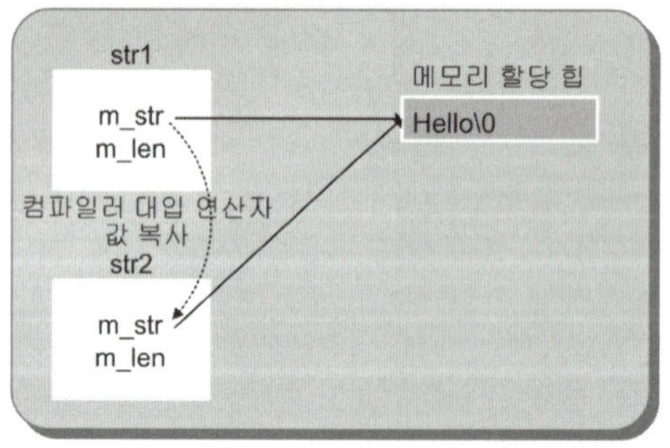

[그림 6-14] 대입 연산자를 구현하지 않는 MyString을 대입 연산한 경우

위와 같이 할당이 필요한 클래스는 반드시 복제 생성자와 함께 대입 연산자를 중복 정의해야 한다. 대입 연산자('=')는 이항 연산자이므로 일반적인 이항 연산자 중복 정의와 비슷하게 구현한다. MyString 클래스에 대입 연산자를 중복 정의한다면 아래와 같이 정의할 수 있다.

[소스 6-11] operator2.cpp – operator2.exe

```cpp
1: #include <iostream>
2:
3: using namespace std;
4:
5: class MyString
6: {
7: private:
8:     char* m_str;
9:     int   m_len;
10:
11: public:
12:     MyString()
13:     {
14:         m_str = NULL;
15:     }
16:     MyString (char* str)
17:     {
18:         m_len = strlen (str);
19:         m_str = (char*) malloc (m_len+1);
20:         strcpy (m_str, str);
21:     }
22:     MyString(const MyString& src) //복제 생성자
23:     {
24:         m_len = src.m_len;
25:         m_str = (char*) malloc (m_len+1);
26:         strcpy (m_str, src.m_str);
27:     }
28:     ~MyString ()
29:     {
30:         free (m_str);
31:     }
32:     :
33:     :
34:     MyString operator=(const MyString& op2);    // = 연산자 중복 정의
35: };
36:
37: MyString MyString::operator=(const MyString& op2)    // = 연산자 중복 정의
38: {
39:         if (m_str)
40:             free (m_str);
41:         m_str = NULL;
```

```
42:
43:        m_len = op2.m_len;
44:        m_str = (char*) malloc (m_len+1);
45:        strcpy (m_str, op2.m_str);
46:
47:        return *this;
48: }
49:
50: int main ()
51: {
52:        MyString str1 = "Hello";
53:        MyString str2;
54:        str2 = str1;
55:
56:        cout << "str1 = " << (char*) str1 << endl;
57:        cout << "str2 = " << (char*) str2 << endl;
58:
59:        return 0;
60: }
```

[소스 6-11]의 37~48행에 구현된 것이 MyString 클래스를 위한 대입 연산자('=') 중복 정의이
다. 구현 내용은 22~27행의 복제 생성자와 유사하다. 하지만 여기서 주의 깊게 봐야 할 부분이
있다. 복제 생성자는 인자로 전달된 객체의 데이터를 단순히 할당하여 복제하지만 대입 연산자
는 복제하기 전에 기존에 자신이 가지고 있는 할당 데이터를 검사하고, 만약 할당된 내용이 있
다면 이것을 해제해야 한다(39~40행)는 점이다. 대입 연산자는 복제 생성자와 달리 객체가 생
성된 다음에 대입을 받기 때문이다.

```
MyString str1 ("Hello");
MyString str2 ("world");

str2 = str1;    // str2가 이전에 할당받은 "world"는 반드시 해제되어야 한다.
```

만약 생성자에서 할당된 데이터가 있는 상태에서 해제 없이 또 할당을 받게 되면 이전에 할당된 것
은 해제되지 않고 계속 프로그램에 남아 있게 된다. 이것은 결국 프로그램 메모리를 부족해진다.
그래서 대입 연산자 중복 정의는 반드시 할당받기 전에 이전 데이터를 검사하고, 이전 데이터가 남
아 있으면 해제한 다음에 데이터 복제를 수행해야 한다. [소스 6-11]의 실행 결과는 다음과 같다.

[그림 6-15] operator2.exe 실행 결과(MyString의 '=' 연산자 중복 정의)

마지막으로 앞에서 잠시 언급한 것과 같이 대입 연산자 중복 정의는 반드시 멤버 함수로만 구현해야 한다. 다른 연산자 중복 정의와 달리 전역 함수로는 구현할 수 없다.

new 너마저 연산자야?

제목이 재미있지 않은가? 처음 C++의 연산자 중복 정의를 하나 둘씩 알아가면서 마지막에 느낀 것을 그대로 표현한 것이다. 프로그램에서 가장 기본이 되는 것이 연산과 제어이다. 이중에 연산을 여러 의미로 정의할 수 있는데, 이것이 바로 연산자 중복 정의이다. 이 연산자 중에 new와 delete도 연산자라는 사실이 아주 신선하고 재미있다. 당연히 이것 역시 연산자 중복 정의의 대상이 된다.

new와 delete도 연산자 중복 정의의 대상이지만 이것을 중복 정의하는 목적은 앞의 연산자들과 약간 다르다. 앞의 연산자들은 중복 정의를 통해 코드 직관성을 높이고 읽기 쉬운 코드를 만드는 것이 목적이었지만 new와 delete는 이미 그 자체가 모든 자료형에 대해 메모리 할당 기능을 가지고 있기 때문에 이것을 중복 정의한다고 해서 이전보다 직관성이 높아지지는 않는다. 그렇다면 new와 delete의 중복 정의는 왜 하는 것일까? 가장 큰 이유는 메모리 관리자를 구현하기 위해서이다.

현대적인 운영체제는 메모리를 예약된 힙과 가상 메모리 공간으로 분할하여 작은 크기의 메모리는 힙으로부터 할당받고, 큰 메모리는 가상 메모리 공간으로부터 할당받도록 권장하고 있다. 기본적으로 new는 malloc과 같이 힙에서 메모리를 할당받는다. 그런데 만약 엄청나게 큰 객체를 할당받기 위해서 new를 사용한다면 예약된 힙을 모두 사용해버리는 문제가 발생할 수도 있다. 물론, 운영체제는 능동적으로 힙을 확장하겠지만 좋은 현상은 아니다. 이런 경우 처음부터 힙이 아닌 가상 메모리 공간에서 객체를 할당받는 것이 좋다. 이때 필요한 것이 바로 new 연산자를 중복 정의하는 것이다. 이와 반대로 delete는 메모리 공간(힙이나 가상메모리)에 이것을 반환하도록 구현해야 한다. new와 delete 연산자 중복 정의의 문법적 형식은 다음과 같다.

```
void* operator new(size_t size[,인자1][,인자n]);
void* operator new[](size_t size[,인자1][,인자n]);

class 클래스 이름 [ : 접근 지정자 상위 클래스 이름]
{
public:
    void* operator new(size_t size[,인자1][,인자n]);
    void* operator new[](size_t size[,인자1][,인자n]);
};
```

```
void* operator delete(void* p);
void* operator delete[](void* p);
class 클래스 이름 [ : 접근 지정자 상위 클래스 이름]
{
public:
    void* operator delete(void* p);
    void* operator delete[](void* p);
};
```

new와 delete 연산자 중복 정의는 전역 함수로 구현하거나 클래스 멤버 함수로 구현할 수 있다. 앞의 연산자 중복 정의는 둘 중 하나만 해야 하지만 new와 delete는 둘 다 할 수 있다. 물론 하나만 구현할 수도 있다. 클래스의 멤버 함수로 new 연산자를 중복 정의하는 것은 클래스 객체를 new로 생성할 때 사용하겠다는 뜻이다. 즉, new 중복 정의를 멤버 함수로 구현한 것이 전역 함수로 구현한 것보다 클래스 객체를 동적으로 생성할 때 우선순위가 높다. 만약 멤버 함수로 new와 delete를 구현하지 않았다면 전역 함수로 구현된 new와 delete가 사용될 것이다.

new 연산자 중복 정의는 최소한 하나 이상의 인자를 갖는다. 첫 번째 인자는 new 연산자가 할당하고자 하는 자료의 크기로 부호 없는 정수이다. 일반적으로 new는 메모리 할당을 위해 크기만 필요하기 때문에 첫 번째 외의 인자들은 추가적인 인자이다. 하지만 new가 다른 형식으로 호출된다면 첫 번째 외의 인자들도 사용될 수 있다.

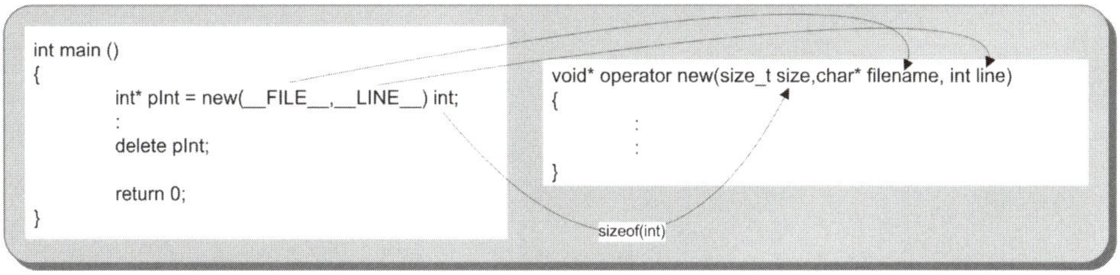

```
int main ()
{
        int* pInt = new(__FILE__,__LINE__) int;
        :
        delete pInt;

        return 0;
}
```

```
void* operator new(size_t size,char* filename, int line)
{
        :
        :
}
```

sizeof(int)

[그림 6-16] new의 호출 형식

위 그림은 new 호출의 다양한 형식을 표현한 것이다. 가장 일반적인 호출이 new 자료형; 형식이지만 이 외에 new ([인자1][,인자n]) 자료형;과 같은 형식으로 호출될 수도 있다. 이런 이유 때문에 new는 하나 이상의 인자를 가질 수 있다. new의 첫 번째 다음 인자를 이용하면 다양하게 응용할 수 있다. 가장 많이 응용하는 부분이 메모리 태그를 이용해 메모리 추적 기능을 구현하는 것이다. 이는 메모리 누수 버그를 자동으로 찾는 데 아주 유용하다.

C/C++ 개발자들은 메모리 할당과 함께 반드시 해제를 구현해야 한다. 이는 언어적으로 지원되는 사항이 아니기 때문에 개발자가 코드로 직접 구현해야 한다. 가장 이상적인 것은 개발자 자신이 잊지 않는 것이지만, 만약 잊었을 때 누군가 이 부분을 지적해줄 수 있다면 나중에 그 부분을 수정할 수 있기 때문에 메모리 문제를 해결하는 데 많은 도움이 될 것이다. 이것을 구현하기 위해 new의 첫 번째 다음 인자를 이용할 수 있다.

메모리 태그는 기본적으로 링크드 리스트linked list 형태로 구현하고 최초 포인터는 new 내부에 전역 변수 형태로 구현한다. 그리고 중복 정의된 new로 메모리가 할당될 때마다 링크드 리스트 형태로 할당받은 메모리를 전역 변수에 연결한다. 당연히 중복 정의된 delete는 메모리가 해제될 때마다 이 링크드 리스트에서 메모리 포인터를 제거한다. 마지막으로 프로그램이 종료될 때 이 링크드 리스트에 남아 있는 포인터는 프로그램이 해제하지 않은 포인터, 즉 버그이다. 그래서 이를 출력해 개발자가 찾도록 하는 것이 메모리 태그로, 링크드 리스트와 함께 메모리를 할당받은 정확한 위치를 기록해 두어야 한다. 그래야만 이것을 보고 문제를 해결할 수 있기 때문이다. 이때 메모리 태그에 소스의 정확한 위치를 기록해 두기 위해 new의 첫 번째 다음 인자가 사용된다. 이것을 그림으로 표현하면 다음과 같다.

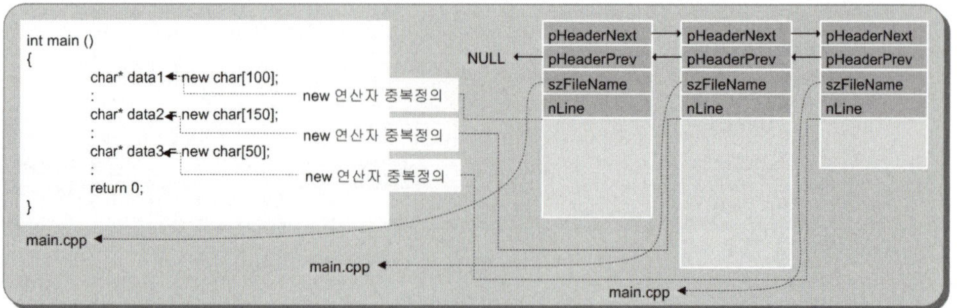

[그림 6-17] 메모리 태그

[그림 6-17]과 같이 new를 중복 정의하면 메모리 버그를 빨리 찾을 수 있다. 또, new 중복 정의에서 두번째 인자는 메모리 재할당을 위해 사용될 수도 있고 이전에 할당 받은 포인터를 new 중복 정의에 전달하기 위해 new의 두 번째 인자를 사용할 수도 있다. 이렇게 new는 여러 인자를 가질 수 있고, 구현하는 목적에 따라 다양하게 사용될 수 있다. new와 달리 delete는 인자를 항상 하나만 갖는다. 문법적으로 인자를 여러 개 선언할 수는 있지만 다음과 같이 호출해야 하기 때문에 형식이 약간 어색하다. 그래서 delete는 일반적으로 삭제하는 메모리 포인터 인자 하나만 갖는 것이 대부분이다.

```cpp
void operator delete (void* p, int arg)
{
    free (p);
}

int main ()
{
    int* p = new int;
    // delete (10) p;            // 이렇게 호출할 수 없다.
    operator delete (p, 10);     // 인자를 여러 개 갖는 delete는 이렇게 호출해야 한다.
    return 0;
}
```

이제 new와 delete 연산자를 중복 정의한 실제 예를 살펴보자.

[소스 6-12] newoverload.cpp — newoverload.exe

```cpp
1: #include <iostream>
2:
3: using namespace std;
4:
5: void* operator new (size_t size)
6: {
7:     void* p = malloc (size);
8:     if (p == NULL)
9:         throw "Memory Exception";
10:
11:     return p;
12: }
13:
14: void* operator new[] (size_t size)
15: {
16:         return operator new (size);
17: }
18:
19: void* operator new[] (size_t size, void* prev, char* pinit)
20: {
21:         void* p = realloc (prev, size);
22:         if (p == NULL)
23:             throw "Memory Exception";
24:
25:         strcat ((char*) p, pinit);
26:
27:         return p;
28: }
29:
30: void operator delete (void *p)
31: {
32:         if (p == NULL)
33:             return;
34:
35:         free (p);
36: }
37:
38: void operator delete [] (void *p)
39: {
40:         operator delete (p);
41: }
```

```cpp
42:
43: int main ()
44: {
45:     char* p = NULL;
46:     try
47:     {
48:         p = new char[100];
49:         strcpy (p, "Hello ");
50:         cout << "최초 할당된 p(" << (void*) p <<
51:                 ") = " << p << endl;
52:         p = new (p, "world") char[1000];
53:         cout << "다음 할당된 p(" << (void*) p <<
54:                 ") = " << p << endl;
55:     }
56:     catch (char* msg)
57:     {
58:         cout << msg << endl;
59:     }
60:
61:     delete [] p;
62:
63:     return 0;
64: }
```

[소스 6-12]의 5~12행에 구현된 new 연산자 중복 정의는 new 자료형; 형식으로 사용될 때 호
출된다. 이것은 malloc 함수를 호출하여 메모리를 할당하고, 만약 메모리 할당에 실패한 경우
정상적으로 리턴하지 않고 예외를 발생시키도록 했다. 그래서 이것을 호출하는 외부 코드를 정
상적으로 리턴하면 무조건 메모리 할당에 성공했다고 볼 수 있다. 이외에 new 연산자 중복 정
의는 할당된 메모리 값을 특정 값으로 초기화할 수도 있다.

다음으로 15~17행에 구현된 new[ ] 연산자 중복 정의는 new 자료형[개수]; 형식으로 사용될
때 호출된다. 대부분의 경우 new 연산자 중복 정의를 단순히 재호출하여 구현한다. 19~28행
에 구현된 new [ ] 연산자 중복 정의가 재미있다. 이것 역시 메모리 할당은 동일하지만 두 번째
인자를 통해 이전에 할당된 메모리 포인터를 넘겨받아 메모리를 재할당하도록 구현하고 세 번
째 인자를 통해 초기화 문자열을 넘겨받아 할당받은 메모리 뒤에 그 문자열을 추가한다. new
연산자 중복 정의에서 두 개 이상의 인자가 전달되는 좋은 예라고 할 수 있다. 여기서는 new와
delete 연산자 중복 정의의 다양한 예를 보여주기 위해서 이렇게 사용했지만 다른 방향으로 응
용해도 된다. 위 예제 코드의 실행 결과는 다음과 같다.

```
"C:\Projects\6장\newoverload\Debug\newoverload.exe"
최초 할당된 p(000307A8) = Hello
다음 할당된 p(000325B0) = Hello world
Press any key to continue
```

[그림 6-18] newoverload.exe 실행 결과(new와 delete 연산자 중복 정의)

cout, cin과 놀자

cout과 cin은 입·출력을 위한 C++ 표준 클래스 객체이다. 이외에도 C++는 여러 개의 표준 클래스를 가지고 있다. 그리고 개발자들이 이것을 이용해 설계한 클래스는 새로운 자료형으로서 기존의 표준 C++ 클래스와 자연스럽게 어우러져 코드의 가독성을 높이게 된다. 다음 코드를 보자.

```
Poin pt (10, 10);

pt.print ();              // pt를 출력한다.
cout << pt << endl;     // pt를 출력한다.
```

위 두 코드 중 어느 것이 더 직관적인가? cout과 cin 외에도 표준 클래스와 개발자가 만든 클래스가 자연스럽게 어울리는 것이 좀 더 직관적이다. 여기서는 '<<, >>' 연산자를 예로 들었지만 이것을 가능하게 하기 위해 표준 클래스에 대해 다양한 연산자를 중복 정의로 구현해야 한다. 표준 클래스와 연산자 중복 정의를 할 때는 전역 함수로 구현하는 것이 좋다. 왜냐하면 연산자의 좌측 항이 개발자가 구현한 클래스가 아닐 수도 있기 때문이다. 위의 예만 보더라도 그렇다. cout << pt에서 '<<' 연산자의 좌측 항은 표준 클래스 객체인 cout이다. 이를 코드로 구현하면 다음과 같다.


```
1: #include <iostream>
2:
3: using namespace std;
4:
5: #include <iostream>
6:
```

```cpp
 7: using namespace std;
 8:
 9: class Point
10: {
11: private:
12:     int m_x, m_y;
13:
14:     enum {MIN_X = -100, MAX_X = 100, MIN_Y = -100, MAX_Y = 100};
15:
16: public:
17:     :
18:     :
19:     void print () const
20:     {
21:         cout << "Point = (" << getx () << "," << gety () <<
22:                 ")" << endl;
23:     }
24:
25:     friend ostream& operator << (ostream& os, const Point& pt);
26:     friend istream& operator >> (istream& is, Point& pt);
27: };
28:
29: ostream& operator << (ostream& os, const Point& pt)
30: {
31:         os << "Point = (" << pt.m_x << "," <<
32:                     pt.m_y << ")";
33:         return os;
34: }
35:
36: istream& operator >> (istream& is, Point& pt)
37: {
38:         is >> pt.m_x >> pt.m_y;
39:         return is;
40: }
41:
42: int main ()
43: {
44:         Point pt;
45:
46:         cout << "Point를 입력하세요 : ";
47:         cin >> pt;
48:         cout << pt << endl;
49:
```

```
50:         return 0;
51: }
```

Point 객체를 [소스 6-13]의 47행과 같이 사용하기 위해 36~40에서 '>>' 연산자를 중복 정의했다. 여기서 등장하는 istream은 cin 객체의 클래스 이름이다. 38행에서 마치 cin 객체를 사용하듯이 구현했다. 여기서 36행을 보면 istream 객체를 참조형으로 반환하는 것을 볼 수 있는데, 이것은 cin을 한 행에 연속적으로 사용하기 위해서이다.

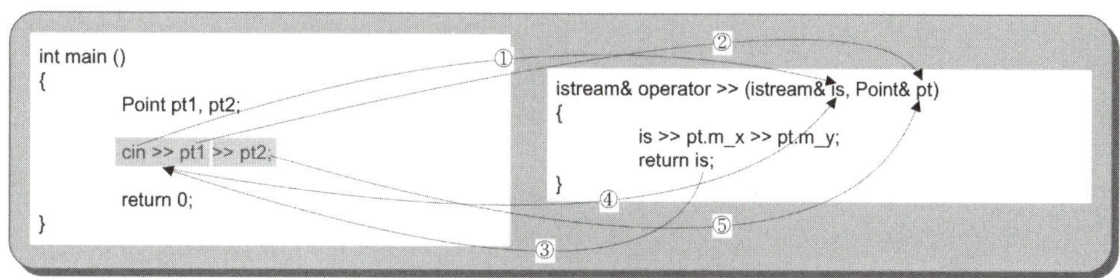

[그림 6-19] cin 연속으로 사용하기

29~34행에 구현된 '<<' 연산자는 48행과 같이 사용하기 위해서이다. 구현 방법은 앞의 cin 연산자와 거의 비슷하다. [소스 6-13]의 실행 결과는 다음과 같다.

[그림 6-20] stdoverload.exe 실행 결과(cin, cout 연산자 중복 정의)

소프트웨어 코드는 개발자 자신뿐만 아니라 자신의 동료, 그리고 미래에 자신이 코드를 읽을 수도 있기 때문에 가급적이면 쉽게 작성하는 것이 중요하다. 코드를 쉽게 작성하는 방법은 코드를 직관적으로 작성하는 것으로 이것이 주석보다 중요하다. 코드를 직관적으로 작성하기 위한 개발자 자신의 노력도 중요하지만 C++의 다양한 문법적 요소를 잘 활용하는 것도 중요하다.

이번 장에서 우리는 먼저 함수 중복 정의에 대해 알아보았다. 함수 중복 정의는 이름은 동일하면서 인자의 개수나 자료형이 다른 함수를 여러 개 만드는 것을 말한다. 함수 중복 정의를 통해 개발자는 함수 이름이 특정 자료형에 의존하지 않도록 코드를 작성하게 되고 코드를 읽는 개발자는 함수 자체에 좀 더 집중할 수 있게 된다. 즉, 개발자는 직관적 코드를 작성하는 데 함수 중복 정의를 사용할 수 있다. 함수 중복 정의와 더불어 직관적 코드를 작성하는 데 연산자 중복 정의를 사용할 수도 있다. 연산자 중복 정의는 기본 자료형에 대해서만 연산 기능을 제공하는 C++에 클래스 같은 사용자 정의 자료형에 대해서도 연산 기능을 수행할 수 있게 한다. 이런 연산자 중복 정의는 성능을 높이기 위한 것이 아니다. 오히려 연산자 중복 정의를 이용하지 않는 것이 성능 향상에는 도움이 된다. 연산자 중복 정의는 오로지 직관적 코드를 통해 생산성을 향상시키는 데 목적이 있다.

연산자 중복 정의를 구현할 때 중요하게 고려해야 하는 것은 피연산자의 개수와 좌우 위치이다. 왜냐하면 피연산자의 개수와 위치에 따라 멤버 함수로 연산자 중복 정의를 구현해야 하는지 전역 함수로 연산자 중복 정의를 구현해야 하는지가 결정되기 때문이다. 기본적으로 대부분의 연산자 중복 정의는 멤버 함수로 구현할 수도 있고 전역 함수로 구현할 수도 있다. 하지만 두 개를 동시에 구현할 수는 없다. 전역 함수로 구현할지 멤버 함수로 구현할지는 기본적으로 개발자의 자유이지만 연산자의 좌항이 개발자가 구현한 클래스 객체가 아닌 경우에는 반드시 전역 함수로 구현해야 한다. 또, 연산자 중복 정의를 멤버 함수로 구현할 것인지 전역 함수로 구현할 것인지에 따라 함수로 전달되는 인자가 하나 차이난다는 사실도 중요하다. 멤버 함수로 구현하는 경우에는 연산자의 좌항이 멤버 함수를 호출하는 객체가 되기 때문에 전역 함수로 구현할 때에 비해 항상 인자 하나가 적다.

연산자를 중복 정의 함수에 전달되는 인자는 연산자의 좌우에 있는 피연산자이다. 이항 연산자와 달리 단항 연산자는 연산자 주위에 피연산자가 하나 밖에 없기 때문에 이항 연산자에 비해 인자가 하나 적다. 전역 함수로 이항 연산자를 중복 정의하면 연산자의 좌항이 첫 번째 인자로 전달되고, 우항은 두 번째 인자로 전달된다. 앞에서 언급한 것과 같이 멤버 함수로 구현하는 경우에는 연산자의 좌항이 멤버 함수를 호출할 때 사용되는 객체가 되기 때문에 전역 함수로 구현할 때에 비해 인자가 항상 하나 적다. 그리고 단항 연산자 중에 증감 연산자(++, --)는 전위형과 후위형이 있는데, 컴파일러가 이것을 구분하기 위해 후위형은 사용되지 않는 정수형 인자를 하나 더 갖는다는 사실을 기억하자.

연산자 중복 정의가 가능한 연산자 중에 컴파일러가 제공하는 연산자가 하나 있다. 대입 연산자('=')가 바로 그것 인데, 컴파일러는 대입 연산자 우항 객체의 모든 멤버를 단순히 좌항 객체에 1:1로 대입한다. 그런데 할당된 멤버 를 가지는 클래스 객체는 이렇게 멤버가 1:1로 대입되면 안 된다. 왜냐하면 단순히 1:1로 값이 대입되면 할당된 멤 버가 공유되어 버리기 때문이다. 그래서 할당된 멤버를 가지는 클래스는 복제 생성자와 함께 반드시 대입 연산 자를 중복 정의해야 한다. 할당 멤버를 가지는 클래스의 대입 연산자 중복 정의는 복제 생성자와 거의 유사하게 구현된다. 단, 주의할 것은 대입은 객체가 생성된 뒤에 여러 곳에서 반복될 수 있기 때문에 항상 이전에 할당된 멤버가 있는 경우 이것을 해제해야 한다는 것이다. 이외에도 C++는 다양한 연산자에 대한 연산자 중복 정의를 지원한다.

이번 장에서 우리는 중복 정의에 대해 알아보았다. 함수 중복 정의든 연산자 중복 정의든 모든 중복 정의의 목적 은 직관성 높은 코드를 만드는 것이다. 이번 장의 다른 부분과 달리 디폴트 인자는 직관성보다 리팩토링을 위해 사용한다. 함수를 구현한 다음에 함수 호출 코드를 수정하지 않고 인자를 추가할 때 디폴트 인자를 사용하면 유용 하다.

CHAPTER 7

포함과 상속:
우리는 미래로 간다!

클래스를 통한 캡슐화는 코드 재사용을 위한 준비 작업이다. 실제 클래스를
재사용하는 행위는 상속이나 객체 포함을 통해 완성된다. 상속은 항상 나중에
이루어진다. 이런 상속은 보통 이전에 구현된 함수를 재정의하게 된다.

chapter point

✓ **포함과 상속** 클래스를 재사용하는 방법에는 포함과 상속 기법이 있다. 포함
은 재사용하는 클래스가 기존 클래스를 '가지고 있다.'라고 표현하는 것이 합
리적인 경우 사용하고, 상속은 '～이다'라고 표현하는 것이 논리적인 경우 사
용한다.

✓ **객체 형변환** 상속관계에 있는 클래스를 이용해 객체를 생성한 경우 형변환
이 가능하다. 이 경우 항상 하위 클래스 객체는 상위 클래스 타입으로 변환
가능하지만 반대는 허용되지 않는다.

✓ **재정의** 상속을 통해 구현된 클래스가 동일 이름의 동일 인자 형식으로 상위
클래스의 함수를 다시 만드는 것을 재정의라고 한다.

7.1 포함을 통한 클래스 재사용

포함과 상속의 차이점

생산성을 위해 가장 중요한 요소는 재사용이다. 재사용을 얼마나 효율적으로 하느냐가 생산성에 절대적인 영향을 미친다. 그리고 재사용을 효율적으로 하기 위한 첫 번째 구현 사항이 바로 클래스이다. 클래스란 데이터와 데이터를 처리하는 논리를 하나의 단위 논리로 묶은 것이다. 그런데 이렇게 클래스로 구현했다고 해서 무작정 재사용을 할 수 있는 것은 아니다. 재사용에도 일정한 원칙과 패턴이 있어서 이것을 알고 클래스를 재사용에 적용해야 한다. 여기서는 재사용을 위한 원칙과 패턴에 대해서 이야기할 것이다.

재사용에는 크게 두 가지 패턴이 있다. 첫 번째는 새롭게 만들려는 것이 이미 만들어져 있는 것에 하나의 부품 형태로 포함되는 경우이다. 두 번째 패턴은 새롭게 구현하려고 하는 것이 이미 만들어져 있는 것을 수정하거나 확장해야 하는 경우이다. 물론 우리가 이 두 가지 패턴을 의식적으로 분석하고 사용하지는 않는다. 하지만 무의식적으로 사용하는 재사용 패턴은 이 두 가지가 일반적이다.

예를 들어 보자. 문서를 하나 만들려고 하는데 이 문서가 텍스트뿐 아니라 이미지, 동영상, 표, 글자 등을 포함해야 한다고 가정하자. 이때 이미 만들어져 있는 이미지와 표, 그리고 동영상이 있다면 우리는 이것을 재활용할 수가 있다. 물론 구현되어 있지 않다면 새롭게 만들어야 하겠지만 이때도 가급적이면 이미지나 표, 동영상을 분리해서 만드는 것이 좋다. 왜냐하면 이렇게 독립적으로 만들어두어야 나중에 재사용이 쉽기 때문이다. 이렇게 이미 구현되어 있는 요소를 그대로 재사용하면서 새로운 것을 구현하는 것을 '포함에 의한 재사용'이라고 부른다.

또 하나의 재사용 패턴은 앞에서 잠시 언급한 것과 같이 기존의 것을 그대로 재사용하기 힘든 경우 이것을 수정하거나 내용을 추가해 재사용하는 것이다. 역시 예를 하나 들어 보자. 회사에 취직하려고 할 때 우리는 이력서를 작성한다. 자신이 있다면 이력서를 한 곳에만 제출할 수도 있겠지만 보통은 여러 곳에 이력서를 제출한다. 그런데 이력서의 형식이 회사마다 워낙 다양하기 때문에 여러 가지 이력서를 작성한다는 것이 여간 힘든 일이 아니다. 이때 우리는 기본 형식의 이력서를 하나 작성한 다음 이것을 재사용할 수 있다. 재사용을 위해 만드는 기본 형식은 아주 보편적인 형식이어야 한다. 그래야만 재사용하기가 쉽기 때문이다.

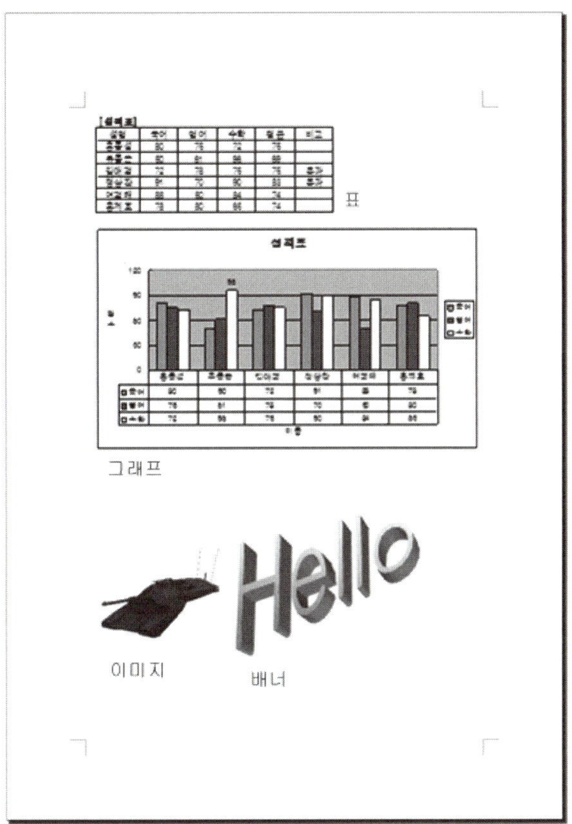

[그림 7-1] 포함에 의한 재사용

이런 형태의 재사용을 '상속에 의한 재사용'이라고 한다. 상속에 의한 재사용은 기존에 구현된 내용을 바탕으로 새로운 내용을 추가하거나 수정한다. 그래서 새로 구현된 것은 기존 것과 다르지만 종류는 같다. 즉, 새롭게 작성한 이력서도 기존 이력서를 바탕으로 했기 때문에 이력서의 한 종류라는 것은 변함이 없다. '상속에 의한 재사용'은 같은 종류의 여러 내용을 구현할 때 유용하다. 이력서를 예를 든 것과 같이 '상속에 의한 재사용'을 할 때는 가장 기본적이면서 공통적인 것을 먼저 구현해야 한다. 그리고 이것을 바탕으로 다른 것을 구현해 나간다. 당연히 새롭게 구현하는 내용은 기존 내용을 바탕으로 새로운 내용을 추가하거나 수정한다.

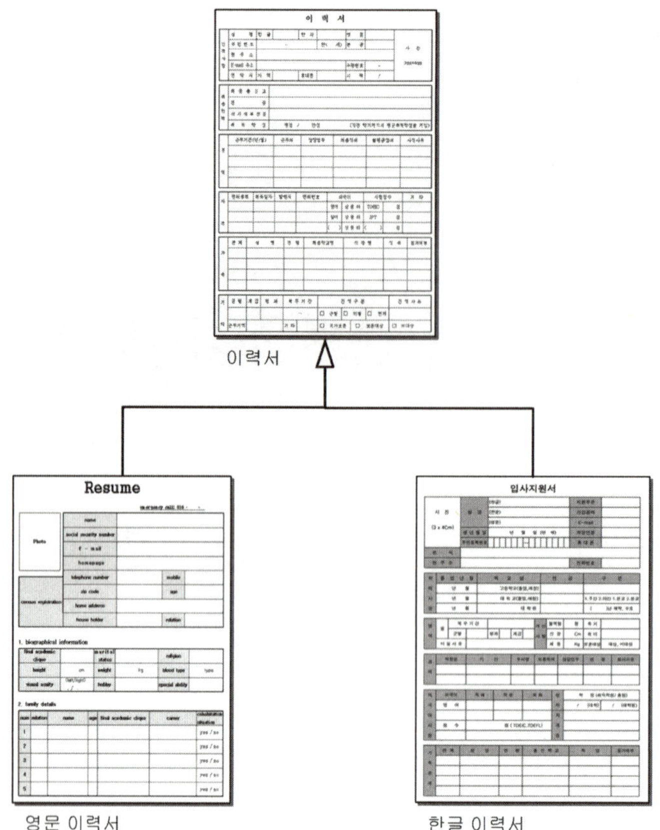

[그림 7-2] 상속에 의한 재사용

지금까지 두 가지 재사용 패턴에 대해 알아보았는데, 이것을 좀 더 명확하게 구분하는 방법이 있다. 일상적인 말로 풀었을 때 그 의미나 논리에 따라 '포함에 의한 재사용' 혹은 '상속에 의한 재사용'으로 구분할 수 있다. 앞에서 예로 든 이미지, 표, 동영상을 포함하는 멀티미디어 문서를 보자. '동영상은 문서다.' 또는 '이미지는 문서다.'라고 말로 표현해보자. 이렇게 'A는 B다.'라고 표현했을 때 이것의 의미나 논리가 자연스러우면 '상속에 의한 재사용'으로 보면 된다. 하지만 '동영상은 문서다.'라는 말은 왠지 자연스럽지 않다. 군이 말이 된다고 우겨도 되지만 왠지 자연스럽지 않다. 그래서 동영상과 문서, 또는 이미지와 문서는 상속으로 표현할 수가 없다. 그런데 '문서는 동영상을 가질 수 있다.'고 표현해보자. 또는 '문서는 이미지를 가질 수 있다.'라고 표현해보자. 말의 의미나 논리가 자연스럽다. 이렇게 'B는 A를 가지고 있다.'라고 표현했을 때 말의 의미나 논리가 자연스러우면 '포함에 의한 재사용'으로 볼 수 있다. 그래서 앞에서 예를 든 동영상, 이미지, 표와 문서와의 관계는 '포함에 의한 재사용'으로 구현한다.

이제 이력서의 예를 보자. 특정 이력서는 기본 이력서를 바탕으로 만들 수 있다. 예를 들어, 영문 이력서를 만들기 위해 기본 이력서 형식을 재사용한다고 가정해보자. '영문 이력서는 이력서다.'라고 표현했을 때 말의 의미와 논리가 자연스럽다. 그렇다면 영문 이력서는 이력서를 '상속에 의한 재사용'할 수 있다고 볼 수 있다. 이렇게 'A는 B다.'라고 말로 표현했을 때 자연스럽다면 이때는 '상속에 의한 재사용' 기법을 사용한다. 사실 포함과 상속을 통한 재사용은 객체 지향 프로그래밍에서 더욱 명확하다. 그래서 C++ 같은 객체 지향 언어는 재사용을 지원하기 위한 다양한 문법적 기능을 제공한다.

객체를 포함하는 클래스

앞에서 이야기한 멀티미디어 문서나 이력서의 예는 프로그래밍 입장에서 봤을 때 조금 추상적일 수 있으니 좀 더 명확한 상황을 구현해보도록 하자. 이전 장에서 2차원 좌표를 표현하는 Point 클래스를 구현했다. 이제 이것을 재사용하여 사각형 클래스를 구현해보자. 클래스를 재사용하는 것이 의무는 아니지만 사각형 클래스를 구현하면서 좌표 클래스인 Point를 재사용한다는 개념은 자연스럽게 접근할 수 있다. 사각형 클래스 이름을 Rectangle이라고 설정하고 Rectangle과 Point 클래스의 관계를 정립해보자. 클래스 재사용 방법도 포함과 상속이라는 두 가지 기법을 그대로 사용할 수 있다. 앞에서도 이야기한 것과 같이 포함을 사용할 것인지 상속을 사용할 것인지는 말로 풀어 봤을 때 의미와 논리가 자연스러운 것을 사용하면 된다. '사각형은 솨쑈다.'라는 말은 자연스러운가? 물론 말이 된다고 봐도 되지만 왠지 부자연스럽다. 그러면 '사각형은 좌표를 포함한다.'라고 말해보자. 자연스러운가? 자연스럽다. 사각형은 꼭지점이 네 개 있는데, 이 꼭지점이라는 것이 바로 좌표다. '사각형은 좌표다.'라는 말보다 '사각형은 좌표를 포함한다.'라는 말이 좀 더 자연스럽기 때문에 사각형과 좌표는 포함 관계에 있다고 할 수 있다. 즉, 우리가 새롭게 구현하려고 하는 Rectangle 클래스는 Point 객체를 자연스럽게 포함할 수 있다.

상속과 달리 포함은 C++에 문법적인 키워드가 따로 없다. 포함은 새로운 클래스를 구현할 때 기존에 구현된 클래스를 멤버 객체로 선언하기만 하면 된다. 마치 일반적인 멤버 변수를 선언하듯이 객체를 선언하면 자연스럽게 포함된다. 이것이 포함을 위한 문법의 전부이다. 이제 코드를 구현해보자. 이전 장에서 구현한 Point 클래스를 이용해 Rectangle 클래스를 구현하면 다음과 같다.

```cpp
1: #ifndef        __RECTANGLE_H__
2: #define        __RECTANGLE_H__
3:
4: #include "Point.h"
5:
6: class Rectangle
7: {
8: public:
9:      Rectangle();
10:
11:      void setLeftTop (const Point& leftTop);
12:      void setBottomRight (const Point& bottomRight);
13:
14:      const Point& getLeftTop () const;
15:      const Point& getRightBottom () const;
16:
17:      const int getWidth () const;
18:      const int getHeight () const;
19:
20:      void print () const;
21:
22: private:
23:         Point m_leftTop;
24:         Point m_rightBottom;
25: };
26:
27: #endif          // __RECTANGLE_H__
```



```cpp
1: #include "Rectangle.h"
2:
3: Rectangle::Rectangle()
4: {
5: }
6:
7: void Rectangle::setLeftTop (const Point& leftTop)
8: {
9:         m_leftTop = leftTop;
10: }
11:
```

```
12: void Rectangle::setBottomRight (const Point& bottomRight)
13: {
14:         m_rightBottom = bottomRight;
15: }
16:
17: const Point& Rectangle::getLeftTop () const
18: {
19:         return m_leftTop;
20: }
21:
22: const Point& Rectangle::getRightBottom () const
23: {
24:         return m_rightBottom;
25: }
26:
27: const int Rectangle::getWidth () const
28: {
29:         return (m_rightBottom.getx ()- m_leftTop.getx ());
30: }
31:
32: const int Rectangle::getHeight () const
33: {
34:         return (m_rightBottom.gety () - m_leftTop.gety ());
35: }
36:
37: void Rectangle::print () const
38: {
39:     cout << "사각형 = (" << m_leftTop.getx () << "," << m_leftTop.gety ()
40:             << "," << m_rightBottom.getx () << "," << m_rightBottom.gety ()
41:             << ")" << endl;
42: }
```

Containment.cpp — Containment.exe

```
1: #include <iostream>
2: #include "Rectangle.h"
3:
4: using namespace std;
5:
6: int main ()
7: {
8:         Rectangle rc1;
9:
```

```
10:         cout << Rectangle 생성" << endl;
11:         rc1.print ();
12:
13:         rc1.setLeftTop (Point(10, 10));
14:         rc1.setBottomRight (Point(50, 50));
15:
16:         cout << Rectangle 멤버 설정" << endl;
17:         rc1.print ();
18:
19:         return 0;
20: }
```

[소스 7-1]의 Rectangle.h, Rectangle.cpp는 Point 클래스를 포함으로 재사용하는 Rectangle 클래스 구현 코드이다. 그리고 Containment.cpp는 Rectangle을 사용하는 간단한 예이다. 포함으로 재사용하는 클래스는 포함되는 클래스 객체를 단순히 멤버 변수로 선언하기만 하면 된다. 그래서 이렇게 구현된 Rectangle 클래스를 객체로 선언하면 객체 메모리 구조는 메모리상에 포함된 멤버를 순서대로 연속적으로 나열한다. Containment.cpp의 8행에서 선언된 Rectangle 객체 rc1의 메모리 구조를 표현하면 다음과 같다.

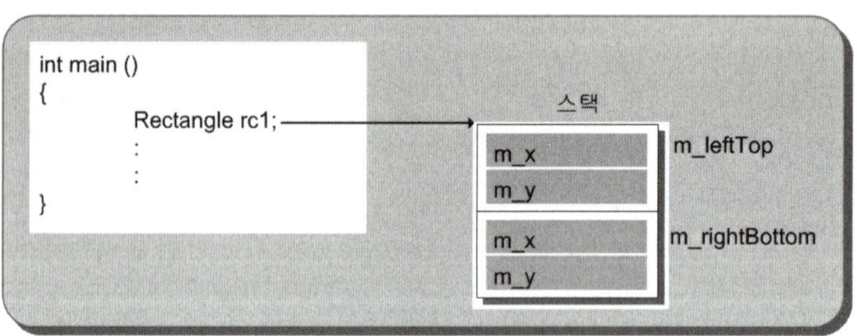

[그림 7-3] Rectangle 클래스 객체 rc1의 메모리 구조

위 그림과 같이 포함된 멤버는 구조나 형식이 일반 멤버와 같다. 이렇게 포함된 멤버는 일반 멤버와 동일하기 때문에 은폐하는 것이 중요하다. 그래서 포함된 멤버 역시 private와 protected로 선언되어야 한다. 그런데 이렇게 선언하면 포함된 멤버는 자신을 클래스 외부에 전혀 노출하지 않기 때문에 외부에서 포함된 멤버에 접근할 수 있도록 하기 위해 접근자 함수를 구현해야 한다. Rectangle.h의 11~15행과 Rectangle.cpp의 7~25행이 접근자 함수이다. 접근자 함수는 포함된 멤버와 구현하는 클래스 사이의 연결 고리 역할만 할 뿐이다. 이것은 포함을 위해 문법적으로 꼭 필요한 사항은 아니지만 일반적으로 이렇게 구현한다.

[그림 7-4] Containment.exe 실행 결과

누가 누가 빠르나? 포함된 객체의 생성자와 소멸자 호출

앞에서 포함된 멤버의 메모리 구조를 살펴봤는데 사실 특별한 것은 없었다. 하지만 포함된 멤버의 생성자와 소멸자 호출은 미묘하면서도 중요한 몇 가지 문제를 가지고 있다. 당연히 포함된 객체 역시 클래스 객체가 생성될 때 생성자가 호출된다. 그리고 객체가 파괴될 때 포함된 멤버의 소멸자가 호출된다. 중요한 것은 정확하게 언제 이것이 호출되며 어떤 것이 먼저 호출되는가 하는 것이다. 이것을 정확하게 알고 있어야만 우리가 필요에 따라 이것들을 조절할 수 있기 때문이다. 일반적으로 포함된 멤버의 생성자가 그것을 포함하는 클래스 생성자보다 먼저 호출된다고 정의된다. 하지만 이것은 논쟁거리가 될 수 있다. 정확하게 보면 항상 포함한 클래스의 생성자가 포함된 클래스의 생성자보다 먼저 호출된다.

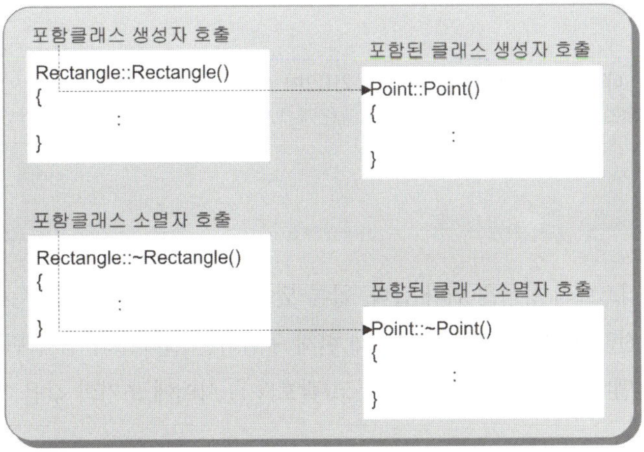

[그림 7-5] 포함된 클래스의 생성자와 소멸자 호출

[그림 7-5]와 같이 포함된 클래스의 생성자는 자신을 포함한 클래스의 생성자가 호출된 다음 생성자의 중괄호 시작('{')에서 호출되고, 소멸자는 자신을 포함한 클래스 소멸자가 완전히 실

행된 다음 중괄호 출구('}')에서 호출된다. 이때 포함된 객체의 생성자나 소멸자가 호출되는 순서는 멤버로 선언된 위치를 따른다. 그런데 컴파일러가 호출하는 생성자의 순서를 약간 변경해야 할 때가 있다. 예를 들어 현재 구현하는 클래스에 완전히 독립적으로 선언된 멤버 변수가 있는데, 이 멤버 변수가 포함된 클래스의 생성자보다 먼저 초기화되어야 한다고 가정해보자. 포함된 객체의 생성자는 자신을 포함한 클래스의 생성자 입구('{')에서 호출되기 때문에 특별히 조절하지 않는다면 현재 구현하는 클래스의 멤버는 포함한 객체보다 항상 늦게 초기화된다. 이런 요구사항이 있을 때 포함된 객체의 생성자 호출 순서를 조절해야 한다.

또 한 가지 포함된 객체의 생성자 호출을 조절해야 하는 경우가 있다. 포함된 객체에 여러 생성자가 정의되어 있을 때 컴파일러는 항상 인자가 없는 디폴트 생성자를 호출한다. 일반적인 경우는 이렇게 사용해도 되지만 포함한 클래스가 생성자를 통해 인자를 넘겨받는 경우는 이야기가 달라진다. 이때는 전달받은 인자를 포함된 객체에 전달해야 하는데, 이때는 디폴트 생성자가 호출되면 안 된다. 이런 경우에는 특정 생성자를 지정해야 하는데 이때도 생성자의 호출을 조절해야 한다.

이런 두 가지 경우를 위해 C++는 포함된 객체의 생성자 호출을 조절하는 문법인 초기화 리스트를 제공한다. 초기화 리스트는 포함한 클래스의 생성자에서 여는 중괄호('{') 전에 콜론(':')을 기술하고 포함된 객체의 생성자 순서나 생성자 인자를 나열하면 된다.

```
클래스 이름::클래스 이름([인자 1][,인자 2][,인자 n])
 : [포함된 객체 1(인자 1)][,포함된 객체 2(인자 1,인자 2,인자 n)]
{
}
```

초기화 리스트의 형식은 위와 같다. 콜론 뒤에 포함된 객체를 호출 순서대로 나열하고 생성자로 인자를 전달하기만 하면 된다. 만약 현재 구현하는 클래스의 멤버 변수를 먼저 초기화해야 한다면 이 멤버를 포함된 객체 앞에 두고 괄호('( )') 사이에 초기화 값을 지정하면 된다.

```cpp
class Rectangle
{
public:
    Rectangle(int left, int top, int right, int bottom)
```

```
    : m_width(right-left), m_height(bottom - top), m_leftTop (left, top),
     m_rightBottom (right, bottom)

private:
    int m_width, m_height;
    int m_width, m_height;
    Point m_leftTop, m_rightBottom;
};
```

위의 코드와 같이 만약 Rectangle이 폭(m_width)과 높이(m_height)를 멤버 변수로 가진다면 포함된 객체인 m_leftTop과 m_rightBottom 생성자를 호출하기 전에 이것을 먼저 나열하여 초기화를 수행할 수도 있다.

초기화 리스트를 이용해 포함된 객체의 생성자 호출 순서와 인자를 지정할 수 있는 것과 달리 소멸자를 지정하는 방법은 없다. 사실 소멸자는 지정해야 할 필요도 없다. 어차피 소멸자가 리턴된 다음에는 객체가 사라지기 때문에 소멸자를 지정해서 얻을 수 있는 이점은 아무것도 없다. 그래서 포함된 객체의 소멸자는 포함하는 클래스 소멸자의 끝('}')에서 호출된다는 사실만 정확하게 기억하고 있으면 된다. 마지막으로 초기화 리스트를 이용해 Rectangle을 완성하면 다음과 같다.

[소스 7-2] Rectangle.h − Containment.exe

```
1: #ifndef        __RECTANGLE_H__
2: #define        __RECTANGLE_H__
3:
4: #include "Point.h"
5:
6: class Rectangle
7: {
8: public:
9:      Rectangle();
10:     Rectangle(int left, int top, int right, int bottom);
11:        :
12:        :
13: private:
14:         Point m_leftTop;
15:         Point m_rightBottom;
```

```
16: };
17:
18:
19: #endif          // __RECTANGLE_H__
```

```
Rectangle.cpp - Containment.exe
```
```cpp
1: #include "Rectangle.h"
2:
3: Rectangle::Rectangle()
4: : m_leftTop (0, 0), m_rightBottom(0, 0)
5: {
6: }
7:
8: Rectangle::Rectangle(int left, int top, int right, int bottom)
9: : m_leftTop (left, top), m_rightBottom(right, bottom)
10: {
11: }
12: :
13: :
```

[소스 7-2]의 Rectangle.cpp의 3~6행과 8~11행에서 초기화 리스트를 이용한 초기화를 보여준
다. 3~6행에 구현된 생성자는 인자가 전달되지 않기 때문에 굳이 초기화 리스트를 사용할 필요
가 없지만 포함된 객체의 생성자를 호출할 때 상수를 전달할 수도 있다는 것을 보여주기 위해
구현했다. 초기화 리스트를 사용할 때 꼭 생성자로 전달된 인자를 사용해야 하는 것은 아니다.

7.2 상속

상속은 미래를 위한 준비

새로 구현하는 클래스가 재사용하는 클래스와 포함 관계에 있을 때 우리는 '포함에 의한 재사
용'을 이용한다. 그런데 포함 관계가 아닌 클래스 사이에도 '포함에 의한 재사용'을 사용해야 할
때가 있다. 재사용하려고 하는 클래스가 완전한 형태로 구현되어 있는 경우이다. 반면에, '포함
에 의한 재사용'은 재사용하는 클래스가 포함된 클래스에 코드를 전혀 개입시킬 수 없기 때문에
구현이 완벽하지 않은 클래스는 포함으로 재사용할 수가 없다. 그래서 구현이 완전하지 않은
클래스는 상호 관계가 포함 관계라고 할지라도 '포함에 의한 재사용'을 할 수가 없다. 그렇다면

구현이 완벽하지 않은 클래스는 어떻게 재사용해야 할까? 바로 이때 사용할 수 있는 재사용 기법이 '상속에 의한 재사용'이다.

구현이 완벽하지 않다는 것은 과거 개발자가 클래스를 구현할 때 이미 상속을 염두에 둔 것이다. 즉, '상속에 의한 재사용'은 과거 개발자가 미래에 상속을 예상하고 최소한의 공통 부분만 구현한 다음 미래에 새로운 기능을 추가하거나 기존 기능을 수정할 것을 요구하는 것이다. 그래서 '포함에 의한 재사용'과 달리 '상속에 의한 재사용'은 소프트웨어를 구현하는 전체 시간이 중요하다. 여기까지만 이야기하면 재사용 기법으로 상속이 포함에 비해 좋지 못하다는 느낌을 줄 수 있지만, 사실은 일반적으로 상속이 포함에 비해 융통성이 더 좋다. 포함은 완전히 구현된 클래스를 이용하기 때문에 기존에 존재하지 않는 새로운 기능을 추가하거나 수정할 때 포함되는 클래스와 별개로 기능을 구현해야 하지만 상속은 그렇지 않다. 상속은 클래스 자체가 항상 추가와 수정을 염두에 두고 만들어지기 때문에 새로운 기능을 구현할 때 상속되는 클래스를 부분적으로 이용할 수가 있다. 그래서 미래 지향적인 재사용을 고려한다면 상속을 이용하는 것이 포함을 이용하는 것보다 좀 더 보편적인 방법이라고 할 수 있다.

상속 관계로 클래스 설계하기

상속 관계로 클래스를 설계하고 구현하는 것은 두 가지 관점에서 접근해야 한다. 첫 번째, 앞에서 언급한 것과 같이 재사용하는 클래스와 새로 구현하는 클래스 사이의 관계를 'B는 A다.'라고 표현했을 때 자연스럽다면 상속 관계가 되어야 한다. 그리고 두 번째, 'B는 A다.'라고 표현했을 때 말의 의미나 논리가 어색하더라도 미래의 변화 가능성에 대한 융통성을 고려한다면 상속 관계로 클래스를 설계해야 한다.

상속은 항상 미래를 고려해 설계되어야 한다. 그러나 현실적으로 미래의 모든 변화 가능성을 예측하기란 불가능하다. 그래서 상속으로 클래스를 설계할 때는 가급적이면 상속 관계에 있는 각 클래스를 작은 단위로 분리해 구현하는 것이 좋다. 작게 나누면 나눌수록 소프트웨어는 미래 변화에 대해 좀 더 융통성 있게 대처할 수 있다. 이는 상속 관계로 클래스를 설계할 때 보편적으로 적용되는 규칙이다. 상속되는 각 클래스는 나눌 수 있는 한 최소한의 공통 기능만 가질 수 있도록 작게 나누는 것이 미래를 위해 좋다. 미래에 융통성 있게 대처할 수 있도록 클래스를 설계하는 것은 생산성에서 아주 중요한 요소이다. 클래스가 많아지는 것을 두려워해서는 안된다. 실제로 해보면 공통적인 기능을 갖도록 클래스를 작게 나누는 것이 생각만큼 쉽지는 않다. 왜냐하면 공통적인 기능을 갖는 작은 클래스는 일반적으로 상위 클래스에 추상적으로 존재하는데, 사람의 머리 구조상 추상적인 것을 먼저 생각하기란 쉽지 않기 때문이다. 그래서 상속 관계로 클래스를 설계할 때는 하위 클래스부터 설계하는 것이 더 쉽다. 상속 관계를 완전히 무시하고 소프트웨어가 구현해야 하는 기능을 명확한 형태의 클래스로 먼저 나열한다. 기능에 대한 구체적인 내용은 접어두고 클래스 이름만을 단순히 나열한다. 그리고 이렇게 나열한 클래스를 의미상 유사한 클래스들끼리 조금씩 묶어 간다. 이렇게 묶는 과정에서 새롭게 등장하는 클래스가 바로 상위 클래스가 되는 것이다. 그리고 최상위에 존재하는 클래스가 바로 모든 클래스의 최상위 클래스가 된다. 이렇게 클래스 상속 관계를 설계하는 것이 쉽다.

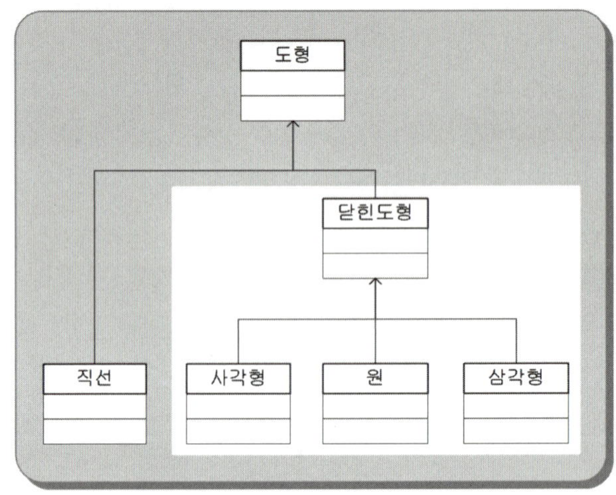

[그림 7-6] 상속 관계 클래스 설계

위 그림은 도형 클래스를 상속 관계로 설계한 모습이다. 구현하는 소프트웨어가 다양한 도형을 구현해야 한다면 먼저 명확하게 구현해야 하는 도형을 나열한다. 아마 이런 도형에는 직선, 사각형, 원, 삼각형 등이 있을 것이다. 이렇게 명확한 클래스를 이름으로 나열한 다음 공통적인 것을 묶어 간다. 예를 들어 사각형, 원, 삼각형은 닫힌 도형이기 때문에 이 세 개를 닫힌 도형으로 묶을 수 있다. 이때 닫힌 도형은 사각형, 원, 삼각형의 상위 클래스가 된다. 다음으로 직선과 닫힌 도형을 도형이라는 이름으로 묶을 수 있다. 이때 도형 클래스는 최상위 클래스가 된다. 이렇게 공통점을 찾아 클래스를 묶어 가면서 상위 클래스를 찾아내는 것이 상위 클래스부터 밑으로 내려오는 것보다 쉽다. 앞에서 언급한 것과 같이 상위 클래스는 항상 추상적인데, 추상적인 것을 먼저 생각하는 것은 어렵기 때문이다. 그래서 클래스를 설계할 때는 명확한 하위 클래스부터 위로 올라가는 것이 좋다.

앞의 방법으로 클래스를 설계한 다음 클래스에 기능을 추가해야 한다. 클래스 기능은 멤버 변수와 멤버 함수를 이야기한다. 클래스 기능을 설계할 때는 상위 클래스부터 내려오는 것이 편리하다. 상위 클래스는 하위 클래스를 위한 공통 기능을 구현해야 한다. 그래야 하위 클래스에서 이것을 재사용할 수 있기 때문이다. 즉, 상위 클래스의 멤버 변수는 하위 클래스를 포함해야 하는 멤버 변수이어야 하며, 상위 클래스의 멤버 함수는 하위 클래스를 위해 사전에 구현될 기능이나 하위 클래스에서 변경될 수 있는 함수를 정의해야 한다. 상속 관계는 포함과 달리 항상 미래를 고려해야 하기 때문에 설계나 구현에 신중을 기해야 한다. 이런 이유 때문에 설계와 구현에 많은 시간과 노력이 필요하다. 하지만 설계와 구현이 어느 정도 끝나게 되면 미래 변화에 훨씬 융통성 있게 대응할 수 있다. 그리고 이런 융통성 때문에 재사용도 훨씬 편리하다.

상속

상속 관계를 가지는 클래스를 설계한 다음 이것을 언어적으로 구현해야 한다. 상속 관계에서 최상위에 있는 클래스는 언어적으로 문법적 요소를 가지지 않아 그냥 단위 클래스로 구현하면 된다. 하지만 이것을 상속받은 하위 클래스는 문법적 요소를 이용해 상속받아야 한다. C++에서 상속을 받기 위한 형식은 다음과 같다.

```
class 클래스 이름 : 접근 지정자 상위 클래스 이름
{
[접근 지정자:]
멤버 함수
멤버 변수
};
```

상속 형식은 클래스 이름 뒤에 콜론(:)을 기술하고 접근 지정자를 기술한 다음 상속받는 클래스 이름을 명시하면 된다. 상속에서 사용되는 접근 지정자는 멤버를 선언할 때 사용하는 접근 지정자와 같다. 즉, private, protected, public 중에 하나를 명시한다. 문법적으로는 셋 중 어느 것이나 하나를 사용할 수 있지만 주로 public을 많이 사용한다.

[표 7-1] 상속에서 사용되는 접근 지정자

접근 지정자	기능
private	상위 클래스의 모든 멤버는 private로 변경되어 상속된다. 하위 클래스는 상위 클래스의 모든 멤버에 접근할 수 없다. private(상위 클래스)→ private(하위 클래스) protected(상위 클래스)→ private(하위 클래스) public(상위 클래스)→ private(하위 클래스)
protected	상위 클래스의 멤버 중에 protected나 public은 protected로 변경되어 상속된다. 즉, 상위 클래스의 public 멤버는 외부에서 접근할 수 없는 상태로 상속된다. private(상위 클래스)→ private(하위 클래스) protected(상위 클래스)→ protected(하위 클래스) public(상위 클래스)→ protected(하위 클래스)
public	상위 클래스의 멤버들은 자신의 원래 접근 지정자로 그대로 상속된다. 즉, 상위 클래스의 private는 private로, protected는 protected로, public은 public으로 상속된다. private(상위 클래스)→ private(하위 클래스) protected(상위 클래스)→ protected(하위 클래스) public(상위 클래스)→ public(하위 클래스)

[표 7-1]의 세 접근 지정자 중에 상위 클래스에서 멤버를 선언할 때 사용한 접근 지정자를 그대로 인정하는 접근 지정자는 public밖에 없다. 그래서 public이 가장 일반적이다. public을 사용해야만 상위 클래스 설계자의 의도를 그대로 반영할 수 있다.

상속의 메모리 구조

상속 관계나 미래의 융통성을 위해 상속을 사용하더라도 실제 메모리 구조적인 측면에서 보면 상속과 포함은 동일하다. 앞의 포함에서 예로 든 Rectangle과 Point는 논리적으로 봤을 때 포함 관계로 구현하는 것이 맞다. 하지만 메모리의 구조적인 모양을 비교하기 위해서 다음과 같이 구현해도 메모리 구조는 동일하다.

```cpp
class Rectangle
{
private:
    Point m_pt;
};
```

```cpp
class Rectangle : public Point
{

};
```

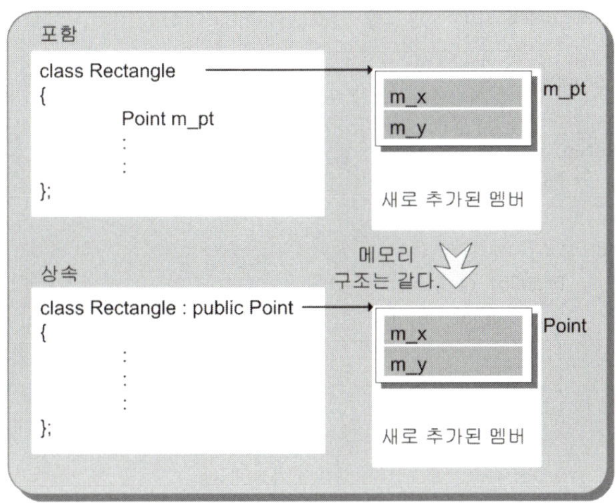

[그림 7-7] 포함과 상속 관계의 메모리 구조

클래스 객체를 하나만 포함한다면 앞의 그림과 같이 포함과 상속은 메모리 구조적으로 완전히 동일하다. 하지만 포함은 자신을 포함한 클래스를 통해서만 외부에 동작을 제공하는데, 상속은 자신의 기능을 그대로 제공하거나 수정/추가된 형태로 외부에 동작을 제공한다. 즉, 하위 클래스에 의해 좀 더 융통성 있게 재사용될 수 있다는 뜻이다. C++에서는 메모리 구조적인 측면은 중요하지 않다. 중요한 것은 재사용되는 클래스가 얼마나 쉽게 재사용될 수 있으며 얼마나 융통성 있게 미래 변화에 대응할 수 있느냐 하는 것이다. 여기서 메모리 구조를 살펴본 것은 이해를 돕기 위해서일 뿐이다.

상속의 구현

아직 완벽하지 않지만 [그림 7-6]의 클래스를 구현해보자. 상속 관계에 있는 클래스를 구현할 때는 최상위 클래스부터 구현한다. [그림 7-6]을 기준으로 본다면 DrawObj가 될 것이다.

 DrawObj.h – Inheritance.exe

```
1: #ifndef      __DRAWOBJ_H__
2: #define      __DRAWOBJ_H__
3:
4: #include <iostream>
5: #include "Point.h"
```

```cpp
7: using namespace std;
8:
9: class DrawObj
10: {
11: protected:
12:         Point m_pt;
13:
14: public:
15:         DrawObj ()
16:             : m_pt (0, 0)
17:         {
18:         }
19:         DrawObj(int x, int y)
20:             : m_pt (x, y)
21:         {
22:         }
23:
24:         void Input ()
25:         {
26:             cout << "위치는 ? ";
27:             int x, y;
28:             cin >> x >> y;
29:             m_pt.setx (x);
30:             m_pt.sety (y);
31:         }
32:
33:         void Draw () const
34:         {
35:             cout << "도형의 위치 = (" <<
36:                 m_pt.getx () << "," << m_pt.gety () << ")" << endl;
37:         }
38:
39:         void Offset (const Point& ptOffset)
40:         {
41:             m_pt.setx (m_pt.getx () + ptOffset.getx ());
42:             m_pt.sety (m_pt.gety () + ptOffset.gety ());
43:         }
44:
45:         void Offset (const int xOffset, const int yOffset)
46:         {
47:             m_pt.setx (m_pt.getx () + xOffset);
48:             m_pt.sety (m_pt.gety () + yOffset);
49:         }
```

```
50: };
51: #endif              // __DRAWOBJ_H__
```

Inheritance.cpp — Inheritance.exe

```cpp
1: #include <iostream>
2: #include "DrawObj.h"
3:
4: using namespace std;
5:
6: int main ()
7: {
8:          DrawObj obj;
9:          obj.Input ();
10:         obj.Draw ();
11:
12:           return 0;
13: }
```

[소스 7-3]은 [그림 7-6]의 최상위 클래스가 되는 DrawObj를 DrawObj.h에서 구현한 코드이다. DrawObj는 12행에서 Point 객체 m_pt를 멤버 변수로 선언한다. 이것은 모든 하위 도형 클래스의 멤버 변수가 되어야 하기 때문이다. 모든 도형 클래스는 좌표를 포함한다. 그래서 하위 클래스가 접근할 수 있도록 접근 지정자를 protected로 지정했다. 이렇게 상속 관계를 위해 구현하는 클래스도 필요하다면 포함을 이용해 다른 객체를 포함할 수 있다. 다음으로 DrawObj는 24~37행에서 Input과 Draw라는 함수를 선언하고 구현한다. Input과 Draw 함수 역시 DrawObj에서 선언되고 구현되었기 때문에 하위 클래스에서 공통적으로 재사용할 수 있다. 하위 클래스에서 사용되기 위해 멤버 함수도 접근 지정자가 protected나 public으로 선언되어야 한다. 여기서는 public으로 선언되었다.

멤버 변수와 달리 멤버 함수는 하위 클래스에서 몇 가지 형식으로 재사용될 수 있다. 이것을 정리하면 다음과 같다.

- 멤버 함수가 하위 클래스를 위한 공통적인 동작을 구현하는 경우
- 멤버 함수가 하위 클래스를 위한 공통적인 동작을 선언하는 경우
- 멤버 함수가 하위 클래스를 위한 공통적인 동작을 선언하고 일부 하위 클래스 동작을 구현할 수 있는 경우

상속 관계에서 멤버 함수는 위와 같이 세 가지 형식으로 구현되거나 선언될 수 있다. 첫 번째 경우는 상위 클래스에 구현하는 멤버 함수가 하위 클래스의 동작을 모두 만족하는 경우이다. 이 경우, 하위 클래스에 멤버 함수를 각각 구현하는 것보다는 상위 클래스에 멤버 함수를 구현하는 것이 코드와 노력을 절약할 수 있다. 하위 클래스는 상속을 통해 멤버 함수를 그대로 재사용할 수 있기 때문이다. 이와 달리 상위 클래스에 구현하는 동작이 하위 클래스를 위한 공통적인 동작이지만 그 구현이 하위 클래스를 만족시키지 못하는 경우가 있을 수 있다. 이런 경우에는 상위 클래스에 구현한 멤버 함수는 하위 클래스에서 다시 만들어져야 한다. 이렇게 클래스를 상속받은 다음에 멤버 함수를 다시 만드는 것을 재정의override라고 한다.

여기서 우리는 한 가지 의문을 가질 수 있다. 상속 후에 재정의될 함수라면 굳이 멤버 함수를 선언하거나 구현할 필요가 없지 않을까? 맞는 말이다. 재정의될 함수를 구현하는 것은 코드와 노력 낭비이다. 하지만 여기서도 두 가지 경우가 있을 수 있다. 일부 하위 클래스에서 재정의되어야 하는 경우와 모든 하위 클래스에서 재정의되어야 하는 경우가 바로 그것이다. 전자의 경우를 위해 상위 클래스에 멤버 함수를 구현하는 것은 여전히 유용하다. 즉, 상위 클래스에 구현한 내용이 하위 클래스를 만족시키지 못하는 경우에는 하위 클래스에서 멤버 함수를 재정의하고, 만족할 경우에는 상위 클래스 멤버 함수를 재사용할 수 있다. 그렇다면 후자의 경우 상위 클래스에 멤버 함수를 선언하거나 구현할 필요가 없지 않을까? 맞는 말이다. 이런 경우 상위 클래스는 멤버 함수를 선언만 할 수 있다. 즉, 구현 없이 멤버 함수를 선언만 해야 하는 것이다.

선언만 갖는 멤버 함수는 모든 하위 클래스에서 재정의되어야 하는 멤버 함수를 위해 사용한다. 이런 멤버 함수는 하위 클래스를 위해 추상화된 동작만 정의하고 실제 구현은 하위 클래스에서 하게 된다. 이런 추상화가 유용한 것은 멤버 함수만 추상화하는 것이 아니라 클래스 자료형 역시 추상화되기 때문이다. 아직은 클래스 자료형을 추상화하지 않았지만 실제 사용할 때는 클래스 자료형을 추상화해 사용한다. 클래스 자료형이 추상화되었을 때 상위 클래스에 선언된 멤버 함수가 유용하게 사용된다.

지금까지 상속 관계에서 멤버 함수를 선언하고 구현하는 세 가지 형태를 이야기했다. 이제 [소스 7-3]으로 돌아가 실제 함수들이 세 가지 형태 중 어디에 해당되는지 살펴보자. 먼저 DrawObj.h의 24~37행에 구현된 Input과 Draw 함수는 어디에 해당할까? 이것은 세 번째 경우, 즉 하위 클래스에서 모두 재정의되어야 하는 경우에 해당한다. 왜냐하면 DrawObj에서 어떤 내용으로 함수를 구현했든지 간에 이 함수는 하위 도형 클래스에서 모두 재정의되어야 하기 때문이다. 이런 경우는 앞에서 이야기한 것과 같이 구현 없이 선언만 갖는 멤버 함수를 만든다. 그런데 DrawObj.h의 24~37행을 보면 구현까지 되어 있는 것을 볼 수 있는데, 아직 문법적으로 선언만 갖는 멤버 함수 형식을 보지 않았기 때문이다. 여기서는 논리적인 관점에서만 함수 형태를 보기 바란다.

다음으로 중복 정의된 Offset 함수는 어디에 해당할까? 이것은 첫 번째 경우에 해당한다. 여기서 구현된 내용은 하위 클래스를 모두 만족시킨다. 즉, 모든 하위 클래스를 만족시키기 때문에 재정의될 필요가 없다. 이럴 때는 DrawObj.h의 39~49행과 같이 일반적인 형식으로 멤버 함수를 선언하고 구현하면 된다. DrawObj에 구현된 멤버 함수는 아직 이 두 가지 경우 밖에 없다. 이제 이것을 상속받아 하위의 도형 클래스를 다음과 같이 구현한다.

[소스 7-4] Rectangle.h – Inheritance.exe

```
 1: #ifndef        __RECTANGLE_H__
 2: #define        __RECTANGLE_H__
 3:
 4: #include <iostream>
 5: #include "DrawObj.h"
 6:
 7: using namespace std;
 8:
 9: class Rectangle : public DrawObj
10: {
11: protected:
12:         int m_width;
13:         int m_height;
14: public:
15:         Rectangle ()
16:             : m_width(0), m_height(0)
17:         {
18:         }
19:         Rectangle(int x, int y, int width, int height)
20:             : DrawObj (x, y), m_width (width), m_height (height)
21:         {
22:         }
23:
24:         void Input ()
25:         {
26:             DrawObj::Input ();
27:             cout << "크기는 ? ";
28:             cin >> m_width >> m_height;
29:         }
```

```
30:
31:         void Draw () const
32:         {
33:             cout << "사각형의 위치 = (" <<
34:                 m_pt.getx () << "," << m_pt.gety () << "), Size = ("
35:                 << m_width << "," << m_height << ")" << endl;
36:         }
37:
38:         void setSize (const int width, const int height)
39:         {
40:             m_width = width;
41:             m_height= height;
42:         }
43: };
44:
45: #endif          // __RECTANGLE_H__
```



```
1: #ifndef     __CIRCLE_H__
2: #define     __CIRCLE_H__
3:
4: #include <iostream>
5: #include "DrawObj.h"
6:
7: using namespace std;
8:
9: class Circle : public DrawObj
10: {
11: protected:
12:         int m_radius;
13: public:
14:         Circle ()
15:             : m_radius(0)
16:         {
17:         }
18:         Circle(int x, int y, int radius)
19:             : DrawObj (x, y), m_radius (radius)
20:         {
21:         }
22:
23:         void Input ()
24:         {
```

```
25:                  DrawObj::Input ();
26:                  cout << "반지름은 ? ";
27:                  cin >> m_radius;
28:              }
29:
30:          void Draw () const
31:          {
32:              cout << "원의 위치 = (" <<
33:                  m_pt.getx () << "," << m_pt.gety () << "), Radius = ("
34:                  << m_radius << ")" << endl;
35:          }
36:
37:          void setRadius(const int radius)
38:          {
39:              m_radius = radius;
40:          }
41:      };
42:
43: #endif           // __CIRCLE_H__
```



```
1: #ifndef        __TRIANGLE_H__
2: #define        __TRIANGLE_H__
3:
4: #include <iostream>
5: #include "DrawObj.h"
6:
7: using namespace std;
8:
9: class Triangle : public DrawObj
10: {
11: protected:
12:         Point m_pt2, m_pt3;
13: public:
14:         Triangle ()
15:         {
16:         }
17:         Triangle(int x, int y,
18:                 int x2, int y2,
19:                 int x3, int y3)
20:                 : DrawObj (x, y),
22:                     m_pt2 (x2, y2),
```

```cpp
22:                m_pt3 (x3, y3)
23:        {
24:        }
25:
26:        void Input ()
27:        {
28:            DrawObj::Input ();
29:
30:            cout << "위치 2는 ? ";
31:            int x, y;
32:            cin >> x >> y;
33:            m_pt2.setx (x);
34:            m_pt2.sety (y);
35:
36:            cout << 위치 3은 ? ";
37:            cin >> x >> y;
38:            m_pt3.setx (x);
39:            m_pt3.sety (y);
40:        }
41:
42:        void Draw () const
43:        {
44:            cout << "삼각형의 위치 = (" <<
45:                m_pt.getx () << "," << m_pt.gety () << "), 위치 2 = ("
46:                << m_pt2.getx () << "," << m_pt2.gety () << "), 위치 3 = ("
47:                << m_pt3.getx () << "," << m_pt3.gety () << ")" << endl;
48:        }
49: };
50:
51: #endif          // __TRIANGLE_H__
```

Inheritance.cpp — Inheritance.exe

```cpp
1: #include <iostream>
2: #include "DrawObj.h"
3: #include "Rectangle.h"
4: #include "Circle.h"
5: #include "Triangle.h"
6:
7: using namespace std;
8:
9: int main ()
10: {
```

```
11:          DrawObj         obj;
12:          Rectangle       rect;
13:          Circle          crcl;
14:          Triangle        trngl;
15:
16:          while (1)
17:          {
18:                  cout << "도형을 선택하세요(1:사각형,2:원,3:삼각형) ";
19:
20:                  int n;
21:                  cin >> n;
22:                  switch (n-1)
23:                  {
24:                  case 0:
25:                      rect.Input ();
26:                      rect.Draw ();
27:                      break;
28:                  case 1:
29:                      crcl.Input ();
30:                      crcl.Draw ();
31:                      break;
32:                  case 2:
33:                      trngl.Input ();
34:                      trngl.Draw ();
35:                      break;
36:                  default: return 0;
37:                  }
38:          }
39:
40:          return 0;
41: }
```

Rectangle, Circle, Triangle은 DrawObj를 상속받아 구현된다. 앞의 메모리 구조에서 살펴본 것과 같이 Rectangle, Circle, Triangle은 DrawObj에 선언된 Point 객체 m_pt를 그대로 갖는 다. 그리고 자신에 추가된 멤버를 갖는다. Rectangle은 DrawObj에 선언된 Point 객체 외에 추 가로 폭과 높이를 크기(size)로 갖는다. 그래서 m_width와 m_height를 멤버 변수로 추가했다. Circle과 Triangle 역시 DrawObj에서 상속받은 Point 객체 외에 반지름(m_radius)과 두 점 (m_pt2, m_pt2)을 멤버 변수로 갖는다. 이들 클래스의 메모리 구조를 살펴보면 다음과 같다.

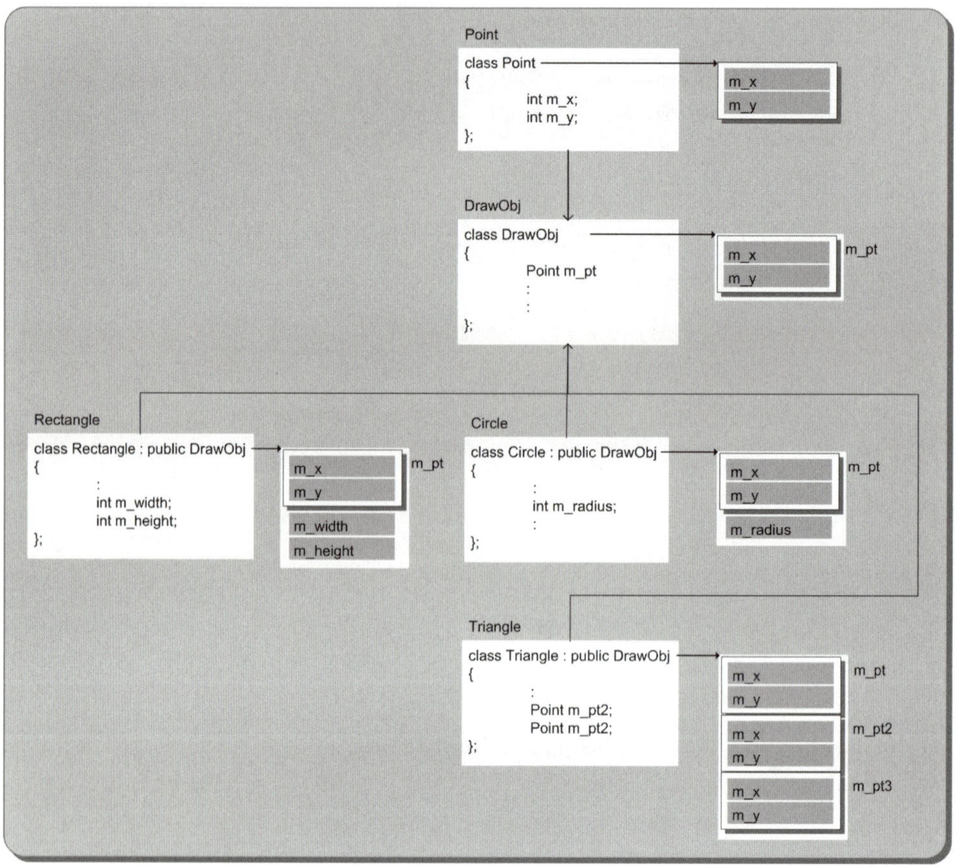

[그림 7-8] Rectangle, Circle, Triangle의 메모리 구조

상속은 이렇게 상위 클래스를 상속받고 자신에게 필요한 멤버 변수를 추가할 수 있다. 또한, 상위 클래스로부터 상속받은 멤버 함수 외에 새로운 멤버 함수를 추가하거나 재정의할 수 있다. [소스 7-4]의 Rectangle.h에 구현된 Input과 Draw 함수는 상위 클래스 멤버 함수를 재정의한 것이고 setSize는 새로 추가한 멤버 함수이다. 새로 추가한 멤버 함수는 Rectangle 클래스만 필요한 멤버이기 때문에 상위 클래스가 아닌 Rectangle에 구현했다. 새로 추가된 멤버 함수는 상위에 존재하지 않은 멤버 함수였기 때문에 상위 클래스에 정의된 멤버 함수와 공존한다. 하지만 재정의는 다르게 동작한다. 재정의는 상위 클래스에 구현된 멤버 함수가 Rectangle에 적용될 수 없기 때문에 상위 클래스 멤버 함수를 재정의한 것이다. 그래서 Rectangle 클래스 객체를 사용하는 경우 상위 클래스에 정의된 Input과 Draw가 아니라 새롭게 정의한 멤버 함수가 동작

한다. [소스 7-4]의 Inheritance.cpp에서 Rectangle 객체 rect를 이용해 Input과 Draw를 호출하는데, 이때 Rectangle 클래스에 새롭게 재정의된 Input과 Draw 함수가 호출된다.

재정의는 상위 클래스로부터 상속받은 멤버 함수를 현재 구현하는 클래스에 다시 정의하는 것으로, 현재 클래스에만 영향을 미친다. 따라서 상위 클래스 객체를 사용한다면 상위 클래스의 멤버 함수는 여전히 동작한다. 다음 그림은 [소스 7-4]의 실행 결과이다.

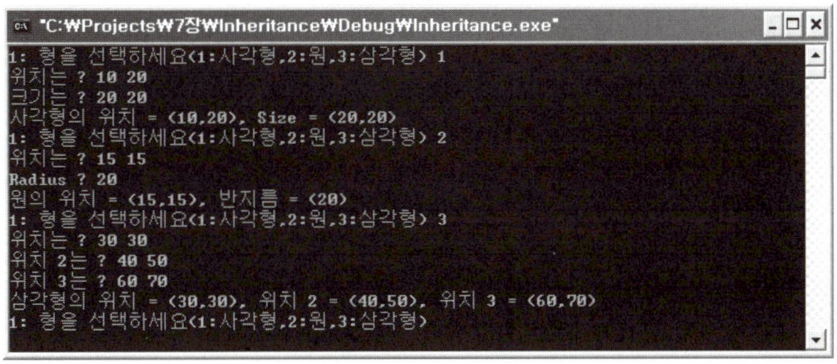

[그림 7-9] Inheritance 실행

용어만 비슷한 재정의와 중복 정의

앞의 상속에서 재정의는 상위 클래스로부터 상속받은 멤버 함수를 다시 정의하는 것이라고 했다. 그런데 우리는 가끔 재정의override와 중복 정의overloading를 혼동하는 경향이 있다. 중복 정의는 인자 개수나 자료형이 다른 함수를 같은 이름으로 여러 개 만드는 것을 말하고, 재정의는 상속받은 상위 클래스 멤버 함수를 다시 정의하는 것을 말한다. 그래서 재정의는 항상 상속 관계에서만 사용하고 중복 정의는 상속 관계가 아닌 클래스에서 더 많이 사용한다. 물론, 상속 관계에서 중복 정의를 사용할 수도 있지만 상위 클래스 멤버 함수에는 영향을 주지 않는다.

그리고 중복 정의는 기존 함수에 전혀 영향을 주지 않는 상태에서 새로운 멤버 함수를 추가하는 것이지만 재정의는 그렇지 않다. 문법적으로도 중복 정의는 함수 이름만 동일하면 되지만 재정의는 함수 이름, 인자 개수, 인자 자료형, 반환값이 모두 동일해야 한다. 또 중복 정의는 일반적으로 현재 구현하는 클래스에만 관계되지만 재정의는 항상 상속을 전제하기 때문에 미래에 구현되는 클래스에도 관계된다. 마지막으로 중복 정의는 코드의 직관성을 높이기 위해서만 사용되지만 재정의는 클래스 재사용성을 높이기 위해 사용된다. 상속으로 새롭게 구현된 클래스가 상속받은 멤버 함수를 자신의 목적에 맞게 정의하는 것이 바로 재정의이다. 재정의가 없다면 상속받은 다음 상위 클래스 기능을 그대로 사용하는 방법밖에 없다. 답답하지 않을까?

재정의 함수의 재사용

멤버 함수를 재정의할 때 재정의 함수의 구현은 논리적으로 두 가지 패턴이 있을 수 있다. 우선 상위 클래스의 멤버 함수를 전혀 사용하지 않고 재정의하는 경우가 있고, 두 번째는 상위 클래스의 멤버 함수를 어느 정도 이용해야 하는 경우다. 이것은 문법적인 문제가 아니라 오로지 재정의하는 함수가 논리적으로 봤을 때 상위 클래스 멤버 함수를 활용하는 것이 구현에 유리할 것인가를 기준으로 분류한 것이다. 만약 상위 클래스 멤버 함수를 활용할 필요가 없다면 재정의를 이용하면 된다. 반대로 상위 클래스 멤버 함수를 활용하는 것이 유리하다면 클래스 이름과 함께 상위 클래스 멤버 함수를 호출하면 된다. [소스 7-4]에서 재정의된 Input 함수가 이런 경우이다. Rectangle, Circle, Triangle에 재정의된 Input 함수는 상위 클래스 멤버 변수를 입력받기 위해서 상위 클래스 멤버 함수를 호출한다. 물론, 상위 클래스로부터 상속받은 멤버 변수의 값을 재정의한 Input 함수에서 직접 입력받을 수도 있지만, 이렇게 하면 상위 클래스에 구현된 논리와 비슷한 구현을 반복적으로 해야 하기 때문에 코드와 노력이 낭비된다.

다시 한 번 초기화 리스트

지금까지 이야기한 것과 같이 상속은 상위 클래스의 멤버 변수와 멤버 함수를 모두 상속한다. 하지만 여기에 예외가 하나 있다. 바로 생성자와 소멸자이다. 멤버 함수가 상속된다는 말의 정확한 의미는 멤버 함수를 상속받은 클래스 객체를 통해 접근할 수 있다는 말이다. 그런데 생성자와 소멸자는 그렇지 않다. 상위 클래스의 생성자와 소멸자가 public 접근권한이 있다고 할지라도 상속받은 클래스 객체를 이용해 상위 클래스의 생성자와 소멸자를 직접 호출할 수는 없다. 결론적으로 생성자와 소멸자는 상속 관계에 있는 클래스 사이에 상속되지 않는다.

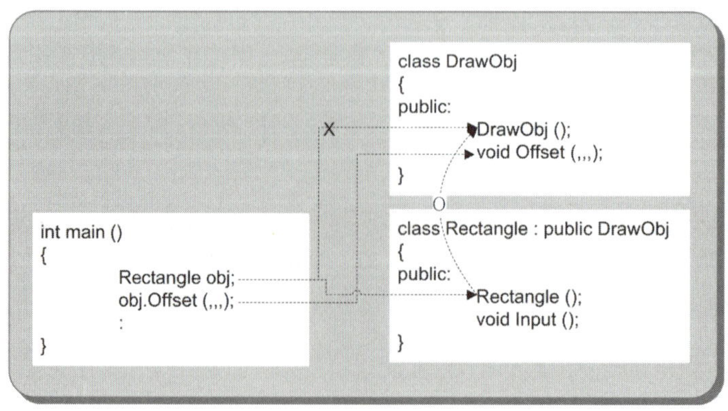

[그림 7-10] 상속된 멤버 함수와 상속되지 않는 멤버 함수

생성자와 소멸자는 상속되지 않지만 하위 클래스에서 묵시적으로 호출될 수는 있다. 상속되지 않는 생성자와 소멸자에서 중요한 것은 호출되는 시점이다. 이것이 중요한 이유는 때에 따라 인위적으로 조절되어야 하기 때문이다. 정확한 시점을 알고 있어야만 이것을 조절할 수 있다.

하위 클래스의 생성자와 소멸자에서 상위 클래스 생성자와 소멸자가 호출되는 시점은 포함에서 이야기했던 것과 비슷하다. 먼저 생성자의 경우는 하위 클래스 생성자가 먼저 호출된 다음 중괄호 입구('{')에서 상위 클래스 생성자가 호출된다. 이때 호출되는 상위 클래스 생성자는 디폴트 생성자이다. 다음으로 소멸자는 하위 클래스 소멸자가 완전히 실행된 다음 중괄호 출구('}')에서 상위 클래스 소멸자가 호출된다.

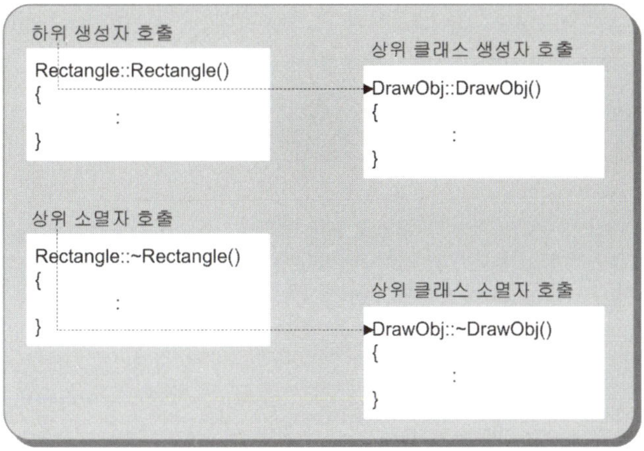

[그림 7-11] 상속 관계에서 생성자와 소멸자 호출

포함 관계에서도 포함된 객체의 생성자는 중괄호 입구('{')에서 호출되고, 소멸자는 중괄호 출구('}')에서 호출되었다. 그런데 소멸자는 필요 없지만 생성자는 인위적으로 설정해야 하는 경우가 있다. 이때가 포함에서 이야기한 것처럼 생성자로 전달된 인자를 상위 클래스의 생성자에 명시적으로 전달해야 할 때와 상위 클래스 생성자가 묵시적으로 호출되기 전에 자신의 멤버 변수를 초기화해야 할 때이다. 상위 생성자 호출을 조정할 때 사용하는 방법을 초기화 리스트라고 하는데, 결론적으로 초기화 리스트는 포함된 객체의 생성자와 상위 클래스 생성자 호출을 조정할 때 사용하는 C++ 요소이다.

[소스 7-4]의 Rectangle.h, Circle.h, Triangle.h를 보면 각각 20, 19, 20행에서 상위 클래스 생성자를 조정하는 것을 볼 수 있다. 콜론 이후에 상위 클래스 이름과 함께 명시적으로 인자를 전

달하면 컴파일러는 중괄호 입구('{')에서 지정한 생성자를 호출하고 이것을 나열하는 순서에 따라 초기화가 이루어진다. 예를 들어, 상위 생성자를 호출하기 전에 자신의 멤버 변수를 초기화하고자 한다면 이것을 앞에 나열하면 된다.

```cpp
Rectangle(int x, int y, int width, int height)
    : DrawObj (x, y), m_width (width), m_height (height)
{
}
```

앞의 코드와 같이 생성자를 구현하면 자신의 멤버(m_width, m_height)를 초기화하기 전에 상위 클래스 생성자가 호출되지만, 다음과 같이 구현하면 상위 클래스 생성자가 호출되기 전에 자신의 멤버 변수가 초기화된다.

```cpp
Rectangle(int x, int y, int width, int height)
    : m_width (width), m_height (height), DrawObj (x, y)
{
}
```

마지막으로 포함이나 상속과 관계없이 초기화 리스트를 반드시 사용해야 하는 경우가 있다. 멤버 변수를 선언할 때 변수 타입이 const로 선언되거나 참조형으로 선언된 경우이다. 생성자에서 중괄호('{ }')는 아주 중요한 의미를 갖는다. 정확하게 보면 중괄호까지 생성자에 포함해야 하지만 문법적인 의미에서 중괄호 이전은 생성자가 실행되기 전이라고 봐야 한다. 그래서 const와 참조형으로 선언된 멤버 변수는 중괄호 뒤에서 초기화할 수 없다. const와 참조형으로 선언된 변수는 선언과 함께 초기화되어야 하는데, C++는 멤버 변수가 const이거나 참조형인 경우 선언과 함께 초기화할 수 없다. 그래서 이것을 초기화할 때는 반드시 초기화 리스트를 사용해야 한다.

```cpp
class theClass
{
public:
    const int m_member = 10;      // C++는 이런 문법을 허용하지 않는다.
```

```
        theClass();
};


theClass::theClass()
    : m_member(10)          // 상수와 참조형 멤버는 반드시 초기화 리스트로
                            // 초기화해야 한다.
{
    m_member = 10;          // 여기는 객체가 생성된 다음이기 때문에 상수를
                            // 초기화할 수는 없다.
}
```

사라진 유산: 다중 상속

상속은 우리가 흔히 쓰는 의미와 유사하다. 그래서 이것을 부를 때도 상위 클래스 대신 부모 클래스, 또는 슈퍼 클래스라는 용어를 사용한다. C++는 부모 클래스를 두 개 이상 둘 수 있다. 이것을 다중 상속이라 한다. 다중 상속은 이미 구현된 두 개 이상의 클래스를 모두 재사용해 새로운 클래스를 구현할 때 사용한다. 동시에 여러 클래스로부터 상속받을 때 다중 상속을 사용한다. 다중 상속의 문법적 형식은 다음과 같다.

```
class 클래스 이름 : 접근 지정자 상위 클래스 이름[,접근 지정자 상위 클래스 이름]
{
[접근 지정자:]
멤버 함수
멤버 변수
};
```

다중 상속의 형식은 단일 상속과 유사하다. 단순히 상속받을 클래스를 콤마(',')로 나열하면 된다. 두 개 이상 나열되면 다중 상속이 되며, 다중 상속은 각 부모 클래스로부터 멤버를 모두 상속받는다. 그리고 이것의 메모리 구조 역시 상속받은 각 부모 클래스의 멤버 변수를 순차적으로 모두 갖는다. 예를 들어, 좌표 m_x, m_y를 갖는 Point 클래스와 면적 m_width, m_height를 갖는 Size 클래스를 다중 상속하는 Rectangle 클래스와 이것을 포함하는 Rectangle의 메모리 구조를 비교해보면 다음과 같다.

```
class Rectangle                      class Rectangle :
{                                            public Point,
private:                                     public Size
    Point m_pt;                      {
    Size  m_size;
};                                   };
```

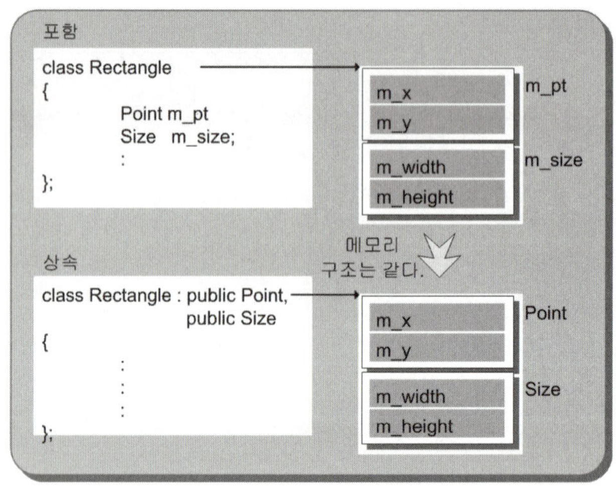

[그림 7-12] 포함과 다중 상속 관계의 메모리 구조

위 그림과 같이 다중 상속은 상속받은 순서대로 멤버 변수를 갖고 단일 상속 때와 동일하게 사용될 수 있다. 다중 상속은 동시에 여러 클래스를 상속받기 때문에 유용하지만 주의해야 할 사항이 몇 가지 있다.

첫째, 다중 상속은 두 개 이상의 클래스를 상속받기 때문에 뜻하지 않게 이름이 충돌하는 문제가 발생할 수 있다. 다음의 경우를 보자.

```
class Base1
{
public:
    void BaseFunction ();
};
```

```cpp
class Base2
{
public:
    void BaseFunction ();
};

class Derived : public Base1, public Base2
{
};

int main ()
{
    Derived derived;
    derived.BaseFunction ();      // 컴파일 에러가 발생한다.
    return 0;
}
```

위와 같이 다중 상속을 받은 경우 Derived 클래스 객체를 이용해 BaseFunction을 호출하면 컴파일 에러가 발생한다. 왜냐하면 컴파일러 입장에서 이 함수가 어떤 클래스로부터 상속된 BaseFunction을 의미하는지 모호하기 때문이다. 만약 Derived 클래스 객체를 이용해 BaseFunction을 호출하지 않는다면 컴파일러는 이런 다중 상속도 허용한다. 다중 상속된 상태에서 모호한 함수를 호출하면 컴파일러는 에러로 표현한다. 다중 상속되는 클래스는 이름이 충돌할 가능성이 크다. 이는 다중 상속되는 클래스 각각이 사실상 연관성이 없기 때문에 멤버 이름이 같다는 사실을 검증할 기회를 갖지 못했기 때문이다.

다중 상속은 이름이 충돌할 가능성이 있지만 이것을 피할 수 있는 방법이 있다. 위 예제에서 BaseFunction을 호출할 때 부모 클래스 이름을 명시하면 된다.

```cpp
derived.Base1::BaseFunction ();      // Base1로부터 상속받은 BaseFunction을 호출한다.
```

하지만 클래스가 자신의 상속 관계나 구조를 노출해야 하기 때문에 좀 어색해 보인다. 다음 코드는 다중 상속이 이름 추상화에서 알려지지 않은 내부 연산을 갖는 경우이다.

[소스 7-5] MultiInheritance.cpp – MultiInheritance.exe

```cpp
1: #include <iostream>
2:
3: using namespace std;
4:
5: class Base1
6: {
7: public:
8:         int m_b1;
9: };
10:
11: class Base2
12: {
13: public:
14:         int m_b2;
15: };
16:
17: class Derived : public Base1, public Base2
18: {
19: };
20:
21: int main ()
22: {
23:         Derived derived;
24:         Base1* pb1 = (Base1*) &derived;
25:         Base2* pb2 = (Base2*) &derived;
26:
27:         cout << "derived* = " << (void*) &derived << endl;
28:         cout << "pb1 = " << (void*) pb1 << endl;
29:         cout << "pb2 = " << (void*) pb2 << endl;
31:         return 0;
32: }
```

[소스 7-5]는 다중 상속된 클래스 객체를 이용해 포인터 형변환 후에 이것의 주소를 출력하는 예이다. 23~25행을 보면 다중 상속된 클래스 객체 derived 하나를 이용해 형변환을 하기 때문에 이론적으로는 27~29행은 동일한 주소가 출력해야 한다. 하지만 실행해보면 pb2의 주소 값이 pb1이나 derived*보다 4바이트 뒤의 주소라는 것을 알 수 있다.

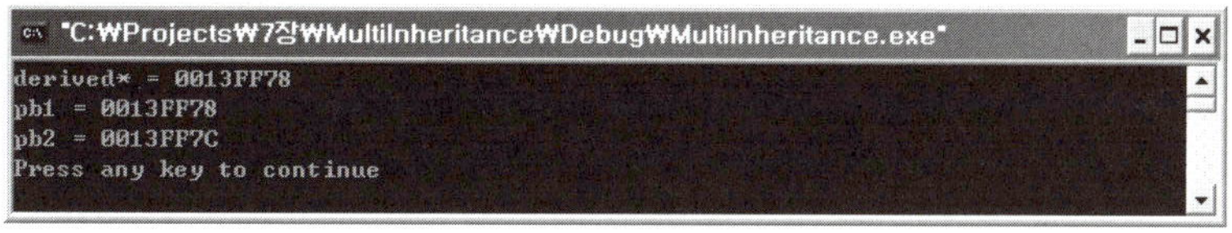
"C:₩Projects₩7장₩MultiInheritance₩Debug₩MultiInheritance.exe"
derived* = 0013FF78
pb1 = 0013FF78
pb2 = 0013FF7C
Press any key to continue

[그림 7-13] MultiInheritance.exe 실행 결과

왜 그럴까? 컴파일러는 다중 상속된 클래스를 이용해 형변환을 할 때 어떤 부모 클래스로 형변환을 하느냐에 따라 그 앞의 부모 클래스 멤버 변수 크기를 계산하여 오프셋만큼 주소를 더해준다. 이렇게 해야만 어떤 상위 클래스 형변환을 하더라도 멤버 변수에 안전하게 접근할 수 있기 때문이다. 그런데 이런 사실을 모른 채 인위적으로 포인터를 만들거나 계산해서 사용한다면 잘못된 연산이 발생할 수 있다. 그래서 다중 상속된 클래스 객체를 이용해 포인터 형변환을 할 때는 절대 직접적으로 포인터 계산을 하면 안 된다. 반드시 컴파일러에 의해 형변환되는 포인터를 사용해야 한다.

지금까지 다중 상속 원리와 주의할 사항, 이름 충돌과 이것을 피하는 법에 대해서 이야기했다. 다중 상속 자체는 유용하게 사용될 수 있지만, 이로 인한 이름 충돌과 포인터 형변환의 문제 등이 유용함을 감소시키는 경향이 있다. 이런 이유들 때문에 요즘 나오는 객체 지향 언어들은 다중 상속을 지원하지 않는 경우도 많다. C++는 여전히 다중 상속을 지원하지만 지양(止揚)해야 하는 요소이기도 하다.

7.3 자료형 추상화

한 단계 진보된 재사용

상속 관계에 있는 A와 B 클래스가 있다고 가정해보자. A가 상위 클래스이고 B 클래스가 상속받는다. 이때 'B는 A다.'라고 표현한다. 만약 C 클래스가 B 클래스를 상속받는다면 'C는 B다.'라고 표현할 수도 있고, 'C는 A다.'라고 표현할 수도 있다. 이것은 권장 사항이 아니라 의무 사항이다. 문법적으로는 이렇게 표현해야 할 의무가 없지만 이렇게 표현해야만 한다.

우리는 소프트웨어를 개발하면서 상속 관계를 갖는 많은 클래스를 설계하고 구현한다. 그런데 이 클래스를 객체로 생성하고 관리할 때 'B는 A다.'라는 규칙을 사용하지 않는다면 객체를 위해 많은 자료형 변수를 사용해야 한다. 정확하게 표현하면 클래스 개수만큼의 자료형 변수가 사용되어야 한다. 클래스 객체를 위해 많은 자료형 변수가 등장한다는 것은 그만큼의 판단문이

코드에 등장해야 한다는 뜻이 된다. [소스 7-4]의 Inheritance.cpp 코드를 보면 main 함수가 Rectangle, Circle, Triangle 객체를 생성하고 사용하는 것을 볼 수 있다. 다음을 살펴보자.

```cpp
int main ()
{
    DrawObj   obj;
    Rectangle rect;
    Circle    crcl;
    Triangle  trngl;

    while (1)
    {
        cout << "도형을 선택하세요(1:사각형,2:원,3:삼각형) ";

        int n;
        cin >> n;
        switch (n-1)
        {
        case 0:
            rect.Input ();
            rect.Draw ();
            break;
        case 1:
            crcl.Input ();
            crcl.Draw ();
            break;
        case 2:
            trngl.Input ();
            trngl.Draw ();
            break;
        default: return 0;
        }
    }

    return 0;
}
```

위 코드에서 논리적으로 잘못된 부분은 없다. 하지만 위 코드는 상속 관계에 있는 클래스에 대해 'B는 A다.'라는 논리를 사용하지 않고 객체를 생성했기 때문에 객체를 사용할 때마다 객체 생성에 사용한 자료형을 그대로 사용할 수밖에 없다. 이 때문에 각 자료형을 사용할 때마다 판단문을 사용해야 한다. 위 코드의 switch문이 여기에 해당한다. 'B는 A다.'라는 논리를 사용하지 않는다면 이렇게 구현하는 방법밖에 없다. 논리적으로 잘못된 것은 없지만 이와 같은 코드가 소프트웨어 전체에 나타나는 것은 좋지 못하다. 나중에 새로운 클래스가 추가되었을 때 자료형이 추가되어야 하며, 자료형이 사용된 판단문을 모두 찾아 수정해야 하기 때문에 그만큼 시간과 노력이 소비된다. 가장 이상적인 것은 클래스 추가 후에 더 이상의 작업이 필요 없도록 하는 것이다.

클래스만 재사용하는 것은 낮은 단계의 재사용이다. 상속을 통한 클래스 재사용과 함께 이것을 사용하는 알고리즘 역시 재사용되어야 한다. 그런데 'B는 A다.' 방식을 사용하지 않으면 상속 관계의 클래스만 재사용할 수 있다. 이와는 달리 'B는 A다.' 방식을 사용하면 상속 관계의 클래스뿐만 아니라 이것을 사용하는 코드 역시 재사용할 수 있다.

B는 A다. 하지만 A는 B가 아니다

'B는 A 다.'라는 말은 논리적으로 B를 A로 볼 수 있다는 뜻이다. 이것을 상속 관계의 클래스에 적용한다면 B 클래스는 A 클래스로 볼 수 있다는 말이 된다. 그리고 B 클래스를 A 클래스로 볼 수 있다는 말은 B 클래스 객체를 A 클래스 자료형으로 형변환할 수 있다는 말이 된다. 이런 클래스 사이의 형변환은 세 가지 형태에서 사용할 수 있다.

- B 클래스 객체를 A 클래스 객체에 대입하는 경우
- B 클래스 객체를 A 클래스 참조형에 대입하는 경우
- B 클래스 객체 포인터를 A 클래스 포인터형에 대입하는 경우

세 가지 중에 가장 일반적인 형태는 세 번째이다. 하지만 이것을 이야기하기 전에 앞의 두 가지 경우부터 살펴보자. 먼저 상속 관계에 있는 클래스 객체와 객체 사이의 대입으로 형변환이 이루어지는 경우이다.

```
class A
{
public:
    int m_member1;
```

```cpp
        int m_member2;
};

class B : public A
{
public:
    int m_member3;
};

int main ()
{
    B objb;
    objb.m_member1 = 0;
    objb.m_member2 = 0;
    objb.m_member3 = 0;
    A obja = objb;

    return 0;
}
```

위 코드는 상위 클래스인 B 클래스 객체 objb를 A 클래스 객체 obja에 대입하는 것을 보여주기 위한 코드이다. B 클래스는 A의 하위 클래스이기 때문에 'B는 A다.'의 관계가 성립한다. 그래서 논리적으로 합당하며 컴파일러 역시 아무 에러 없이 컴파일을 수행한다. 이때 하위 클래스 객체의 멤버 변수는 상위 클래스 객체의 멤버에 그대로 대입된다. 그리고 상위 클래스에 존재하지 않는 멤버는 대입되지 않는다.

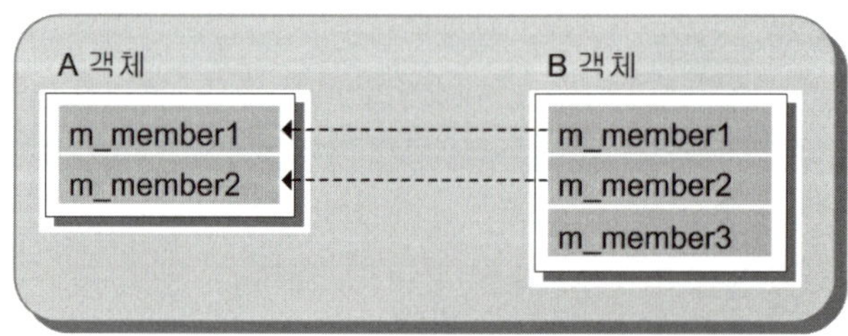

[그림 7–14] 하위 클래스 객체를 상위 클래스 객체에 대입

상속 관계의 객체를 대입할 때 반대의 경우를 보자. 앞의 코드에서 main 함수를 다음과 같이 구현해보자.

```
int main ()
{
    A obja;
    obja.m_member1 = 0;
    obja.m_member2 = 0;
    B objb = obja;      // 여기서 컴파일 에러가 발생한다.

    return 0;
}
```

이 코드는 컴파일 에러를 발생시킨다. 왜 그럴까? 먼저 A와 B가 상속 관계일 때 'B는 A다.'는 성립하지만 'A는 B다.'는 성립하지 않는다. 그런데 앞의 코드는 A 클래스 객체를 B 객체에 대입했기 때문에 'A는 B다.'의 관계가 되었다. 이것은 컴파일러에 의해 논리적으로 잘못된 것으로 인식된다. 앞에서 구현했던 도형을 예로 보자. 상위 클래스인 도형과 사각형을 보면, '사각형은 도형이다.'는 논리적으로 성립하지만 '도형은 사각형이다.'라는 것은 성립하지 않는다. 논리적으로 봤을 때 도형에는 사각형만 있는 것이 아니기 때문이다.

상위 클래스 객체를 하위 클래스 객체에 대입할 수 없는 이유는 'A는 B다.'라는 것을 허용하지 않는다는 일반적인 문제도 있지만 실제 컴파일러를 모호하게 만드는 문제도 있다. 만약 A 클래스 객체를 B 객체에 대입할 수 있다면 A 객체가 상위 클래스 객체로서 B 객체에 비해 항상 멤버 변수가 작기 때문에 멤버 변수를 대입할 수 없는 상황이 발생한다. 이런 상황은 컴파일러를 모호하게 만들어 버리기 때문에 컴파일러는 에러를 발생시킨다.

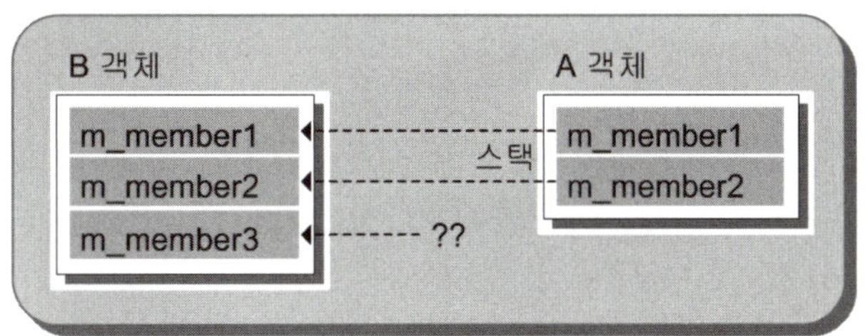

[그림 7-15] 하위 클래스 객체를 상위 클래스 객체에 대입

결론적으로 상속 관계에 있는 A와 B 클래스가 있을 때 B는 A가 될 수 있지만 A는 B가 될 수 없다는 것을 항상 기억해 두자.

클래스 참조형과 포인터 형변환

앞에서 상속 관계가 있는 클래스 객체의 대입에 대해 알아보았다. 하지만 실제로는 클래스 객체의 대입보다는 객체 포인터나 참조형을 상위 클래스 타입으로 형변환해야 하는 경우가 더 많다. 결론부터 이야기하면 이것 역시 'B는 A다.'라는 논리에 따라 하위 클래스 객체 포인터는 상위 클래스 포인터가 될 수 있지만, 반대는 허용되지 않는다. 참조형도 마찬가지다. 앞의 코드를 바탕으로 다음의 코드를 살펴보자.

```cpp
int main ()
{
    B objb;
    objb.m_member1 = 0;
    objb.m_member2 = 0;
    objb.m_member3 = 0;
    A& obja = objb;

    return 0;
}
```

A& obja = objb;가 하위 클래스 객체를 상위 클래스 타입으로 형변환하고 컴파일러에 의해 허용되는 코드이다. 이것은 'B는 A다.'라는 규칙에 합당하며 논리적으로도 문제가 없다. obja는 참조형으로 objb를 참조한다. 실제 객체 메모리는 여전히 objb의 메모리이며 단지 참조 타입만 변했을 뿐이다. 여전히 obja로 참조되는 메모리에는 objb의 모든 멤버가 그대로 존재한다. 이때 obja를 이용해 멤버에 접근하면 objb의 멤버에 접근하는 것이 된다. 그런데 obja의 타입이 상위 클래스 타입인 A 클래스 타입이므로 접근할 수 있는 멤버는 A 클래스로부터 상속받은 멤버로 제한된다. 이것은 논리적으로 이상이 없다. 존재하지 않는 멤버에 접근하는 것은 문제지만 존재하는데 접근하지 않는 것은 문제를 일으키지 않는다. 즉, 안전하다는 뜻이다. 하지만 다음과 같이 사용한다면 컴파일러는 오류를 발생시킨다.

```
int main ()
{
    A obja;
    obja.m_member1 = 0;
    obja.m_member2 = 0;
    B &objb = obja;              // 여기서 컴파일 에러가 발생한다.
    objb->m_member3 = 0;         // m_member3는 존재하지 않는 멤버이다.

    return 0;
}
```

위 코드는 B &objb = obja;에서 컴파일 에러가 발생한다. 이것은 먼저 'A는 B다.'라는 것을 사용했기 때문에 논리에 위배될 뿐만 아니라 위험한 코드이기도 하다. 앞에서 언급한 것과 같이 형변환을 통해 참조형으로 대입받은 경우 실제 메모리는 변하지 않는다. 그래서 objb가 참조하는 객체 메모리는 A 클래스 객체인 obja이다. 그런데 objb의 타입이 하위 클래스 B 타입이므로 obja에 존재하지 않는 멤버에 접근할 수 있게 된다. 이것은 프로그램에 문제를 발생시킨다. 그래서 이런 문제를 피하기 위해 컴파일러는 처음부터 이런 형변환을 허용하지 않는다. 컴파일러는 최소한의 위험도 피하려고 하는 경향이 있다.

포인터 역시 참조형과 같다. 하위 클래스 객체를 포인터를 이용해 상위 클래스 포인터로 형변환하는 것은 컴파일러에 의해 허용된다. 그리고 논리적으로도 안전하다. 하지만 반대의 경우는 컴파일러가 허용하지 않는다. 논리적으로 위험하기 때문이다. 결론적으로 'B는 A다.'는 항상 허용되지만 그 반대는 논리적으로 합당하지 않을 뿐만 아니라 위험하기 때문에 허용되지 않는다.

자료형 추상화

앞에서 클래스 재사용과 함께 클래스를 사용하는 코드를 재사용하기 위해서는 'B는 A다.'라는 논리가 필요하다고 했다. 상위 클래스 타입으로 형변환해서 프로그램은 타입을 작게 사용할 수 있다. A 클래스가 B로 상속되고, 이것이 다시 C로 상속되었을 때 C의 객체, B의 객체는 모두 A 클래스 타입으로 형변환될 수 있으며, 이것을 A 타입으로 형변환하게 되면 코드에는 A 클래스 타입만 등장하게 된다. 이것을 통해 코드는 단순하고 간결해진다.

[소스 7-4]에서 구현한 도형 클래스의 경우도 마찬가지다. Rectangle, Circle, Triangle 클래스 객체를 사용할 때 각 클래스 타입으로 사용하는 것이 아니라 상위 클래스인 DrawObj 타입으

로 형변환해 사용하게 되면 코드에는 DrawObj만 등장하게 되어 코드는 단순하고 간결해진다. DrawObj를 상속받은 새로운 클래스가 추가되더라도 코드에는 상위 클래스 타입인 DrawObj 밖에 등장하지 않기 때문에 클래스를 사용하는 코드를 수정할 필요 없이 상속 관계의 클래스만 추가하면 끝난다. 이렇게 하위 클래스 객체를 'B는 A다.'라는 논리를 이용해 상위 클래스 타입으로 형변환해 사용하는 것을 자료형 추상화라고 한다. 여기서 자료형 추상화의 대상이 되는 것이 DrawObj이다. 최상위 클래스인 DrawObj는 객체가 되기 위해 존재하는 것이 아니라 하위 클래스 객체의 형변환 대상이 되기 위해 자료형으로만 존재한다. 그래서 이것을 추상 클래스라고도 한다. [소스 7-4]에서 구현한 코드를 자료형 추상화를 통해 다시 구현하면 다음과 같다.

[소스 7-6] Inheritance.cpp – Inheritance.exe

```cpp
 1: #include <iostream>
 2: #include "DrawObj.h"
 3: #include "Rectangle.h"
 4: #include "Circle.h"
 5: #include "Triangle.h"
 6:
 7: using namespace std;
 8:
 9: int main ()
10: {
11:     DrawObj* pobj;
12:
13:     while (1)
14:     {
15:         cout << "도형을 선택하세요(1:사각형,2:원,3:삼각형)";
16:
17:         int n;
18:         cin >> n;
19:         switch (n-1)
20:         {
21:         case 0: pobj = new Rectangle;     break;
22:         case 1: pobj = new Circle;        break;
23:         case 2: pobj = new Triangle;      break;
24:         default: return 0;
25:         }
26:
27:         pobj->Input ();
28:         pobj->Draw ();
```

```
29:
30:        delete pobj;
31:    }
32:
33:    return 0;
34: }
```

[소스 7-6]은 도형 클래스를 사용하는 코드를 자료형 추상화를 통해 다시 구현한 것이다.
21~23행을 보면 Rectangle, Circle, Triangle 객체를 생성한 후에 DrawObj로 형변환하는 것
을 볼 수 있다. 그리고 형변환된 것을 이용해 27~28행에서 Input과 Draw 같은 클래스 멤버 함
수를 호출한다. 이 코드 역시 switch 판단문이 등장했다고 반문할지도 모르지만 아무리 자료
형을 추상화했다고 할지라도 객체를 생성하는 순간에는 각 클래스 타입의 객체를 생성해야 하
기 때문에 최소한 한 번은 판단문이 등장할 수밖에 없다. 하지만 이렇게 객체를 생성한 다음에
는 상위 클래스 타입만 사용하기 때문에 더 이상의 판단문은 등장하지 않는다. [소스 7-6]에서
Input과 Draw 함수를 호출하는 27~28행이 바로 여기에 해당하는데, 예제의 특성상 이 부분이
크지 않지만 실제 코드에는 이 부분이 프로그램 코드의 대부분을 차지한다. 이것을 실행한 결과
는 다음과 같다.

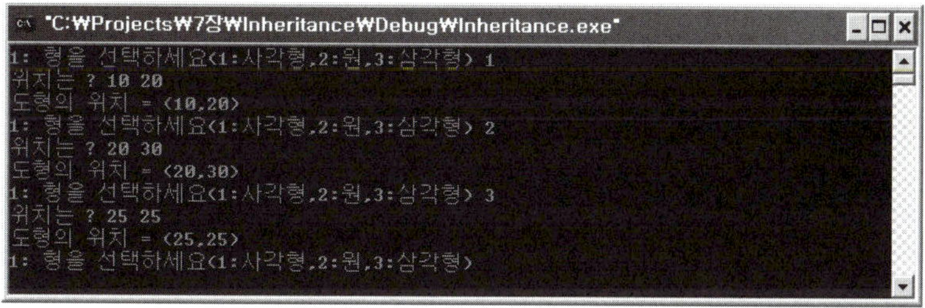

[그림 7-16] 실행 결과

재정의의 한계

[그림 7-16]의 실행 결과를 보면 [그림 7-9]와 달리 재정의 함수인 Input과 Draw가 DrawObj
클래스의 멤버 함수가 호출된 것을 확인할 수 있다. 그래서 Rectangle과 Circle, 그리고
Triangle의 필요한 입력이 이루어지지 않았고 이것에 대한 출력이 실행되지 않았다. 자료형 형
변환 후에 발생한 문제이다. 왜 그럴까? C++는 멤버 함수 호출을 결정하는 데 두 가지 기법을
사용한다. 정적 바인딩과 동적 바인딩이 바로 그것이다.

- 정적 바인딩 : 컴파일러가 컴파일할 때 멤버 함수 호출에 사용한 클래스 자료형을 보고 함수 호출을 결정한다. 컴파일할 때 함수 호출이 결정되기 때문에 항상 그 함수만 호출된다.
- 동적 바인딩 : 컴파일러는 함수 호출에 사용한 참조나 주소를 찾아 실제 객체를 알아내고 이것을 이용해 함수 호출 실행 시간을 결정한다. 실행할 때 함수 호출이 결정되기 때문에 실제 객체가 어느 것인지에 따라 다른 함수가 호출된다.

이 두 가지 방법 중에 특별히 명시하지 않으면 모든 멤버 함수는 정적 바인딩으로 호출된다. 그래서 [소스 7-7]에서도 정적 바인딩으로 함수가 호출된 것이다. 정적 바인딩은 재정의된 함수라고 특별히 처리하지는 않는다. 컴파일러는 멤버 함수를 호출할 때 특별히 명시되지 않으면 모든 멤버 함수를 무조건 정적 바인딩으로 호출한다. 정적 바인딩은 항상 멤버 함수를 호출할 때 어떤 자료형을 사용했느냐를 보고 함수 호출을 결정한다. [소스 7-7]에서 Input과 Draw 함수를 호출할 때 DrawObj 타입을 사용했다. 실제 객체는 Rectangle, Circle, Triangle 등 다양하지만 자료형 추상화를 위해 DrawObj로 형변환했기 때문에 Input과 Draw를 호출할 때 사용한 자료형은 DrawObj뿐이다. 그래서 27~28행에서 호출한 Input과 Draw는 DrawObj의 Input과 Draw가 호출된다.

정적 바인딩으로 함수를 호출하는 것은 일반적인 멤버 함수일 때는 바람직하지만, 상속 관계의 재정의된 함수를 호출할 때는 그렇지 못하다. 자료형을 적게 사용하기 위해 자료형 추상화를 사용하는 순간 재정의된 멤버 함수가 전혀 동작하지 않기 때문이다. 재정의를 정상적으로 사용하려고 하면 자료형 추상화를 할 수 없고, 자료형을 단순화시키기 위해 자료형 추상화를 사용하려고 하면 재정의가 동작하지 않기 때문에 방법이 없다. 이를 위해 C++는 자료형 추상화와 재정의를 동시에 구현할 수 있는 키워드를 제공한다. 이것이 바로 virtual 키워드로 구현하는 가상 함수이다. 결론적으로 C++에서 자료형 추상화와 재정의를 동시에 사용하기 위해서는 반드시 virtual 키워드로 가상 함수를 구현해야 한다. 이것에 대해서는 뒷장에서 좀 더 자세히 알아보겠다.

7.4 형변환 키워드

형변환 연산은 C에서부터 존재했었고 C++도 이것을 지원한다. 앞에서 형변환을 이용한 자료형 추상화를 알아보았다. C++는 C가 지원하는 형변환 연산 외에 몇 가지 형태의 형변환 연산을 추가로 지원한다. C++가 지원하는 형변환 연산은 (type), static_cast, const_cast, reinterpret_cast, dynamic_cast 다섯 가지가 있다. C++가 이렇게 많은 형변환 연산을 지원하는 것은 문법적으로 명확한 것을 좋아하기 때문이다. 묵시적으로 존재하거나 개발자의 명확한 판단을 필요로 했던 상황을 C++는 하나의 키워드로 구현해 두었다. 이것에 대해 하나씩 살펴보자.

static_cast

static_cast는 묵시적 캐스트^{implicit cast}와 일차적으로 같다. 타입 변환이 필요한 상황에서 특별히 캐스트 연산자를 사용하지 않을 때 컴파일러는 묵시적 캐스트를 수행하려고 한다. 다음 코드를 보자.

```
int  i = 65;
char c = i;
```

위의 코드는 정수 i 변수의 값을 문자 타입 변수 c에 대입한다. 이때 컴파일러는 묵시적 캐스트를 수행한다. 컴파일러의 묵시적 캐스트는 '허용'과 '컴파일러에 의한 값 변환' 두 가지로 볼 수 있다. 허용이라는 것은 컴파일러가 오류를 발생시키지 않고 컴파일한다는 뜻이고, 컴파일러에 의한 값 변환은 값을 변환하기 위하여 컴파일러가 만들어 내는 기계어 코드를 의미한다. 그런데 컴파일러가 값을 변환하기 위하여 만들어 내는 기계어 코드는 당연히 컴파일 시점이 될 것이다. 앞에서 static_cast가 묵시적 캐스트와 일차적으로 같다고 했다. static_cast도 묵시적 캐스트와 같이 허용과 컴파일러에 의한 값 변환이라는 두 가지 관점이 있고, 컴파일러에 의한 값 변환을 위하여 컴파일러가 기계어 코드를 만들어 내는 시점이 컴파일 시점이다. 그래서 이것을 정적 캐스트^{static cast}라고 부른다. 그럼 왜 굳이 묵시적 캐스트도 있는데 정적 캐스트를 사용할까? 두 가지 목적이 있다. 첫 번째는 문법적 엄격함을 위해서이다. 프로그래머 스스로 문법적으로 엄격하게 작성하는 것이 버그 없는 프로그램을 위해 좋다. c = i;보다는 c = static_cast〈char〉(i);가 더 엄격하며 바람직하다. 두 번째는 묵시적으로 허용되지 않지만 논리적으로는 허용되어야 하는 캐스트를 위해 static_cast를 사용한다. 이것에 대해서는 바로 뒤에서 다시 살펴보겠다.

이제 묵시적 캐스트와 정적 캐스트의 허용 관점에 대해 이야기해보자. 컴파일러에 의한 값 변환을 위해 컴파일러가 기계어 코드를 생성하기 전에 컴파일러는 캐스트 상황이 안전한지에 대해 판단하고, 안전하다면 이를 허용하게 된다. 변수가 값을 가지고 있다면 그 변수에 어떤 값이 들어 있든 그것은 항상 안전하다. 그러나 만약 변수가 포인터를 가지고 있고 그 포인터가 가리키는 메모리가 유효하지 않다면 그것은 안전하지 않다. 그렇기 때문에 컴파일러가 캐스트를 허용하기 위해 안전성을 검사하는 기준은 포인터 변수에 한해서 수행하게 된다. 다음 코드를 보자.

```
char c = 'A';

char* pc = &c;
int* pi = pc;
```

위의 코드에서 int* pi = pc;는 컴파일러에 의해 허용되지 않은 문장으로 오류를 발생시킨다. pi가 가리키는 메모리는 실제 문자 변수이고, 만약 pi를 이용한다면 4바이트 액세스(정수 타입이므로)가 이루어져 프로그램이 다운될 가능성이 있기 때문이다. 이것을 사전에 막고자 컴파일러는 이 문장을 허용하지 않는다. 결론적으로 묵시적 캐스트와 정적 캐스트는 포인터 타입 캐스트에 대해 동일 타입인 경우에 한하여 허용한다. 앞에서 이야기한 것과 같이 대부분의 경우 정적 캐스트와 묵시적 캐스트는 동일하다. 진짜 다른 점은 없을까?

```
class Base
{
public:
    int a;
};

class Derived : public Base
{
public:
    int b;
};
```

위와 같이 클래스가 선언되어 있을 때 다음 코드를 보자.

```
Derived* pDerived = new Derived;
Base* pBase;

pBase = pDerived;
```

위의 코드에서 pBase = pDerived;가 허용될까? 포인터 타입의 캐스트이고, 두 타입(pBase와 pDerived)이 다른 타입이므로 허용되지 않아야 하겠지만 허용된다. 클래스 포인터에 대해 'B는 A다.' 관계가 성립한다면 묵시적 캐스트는 허용된다. 왜냐하면 'B는 A다.'가 성립하는 두 타입이라면 논리적으로도 하위 클래스가 상위 클래스 데이터를 최소한 포함하기 때문에 100 % 안전하기 때문이다. 이것을 'B는 A다.'라고도 하지만 업 캐스트^{up cast}라고도 한다. 물론 정적 캐스트도 이것과 동일하다. 즉, pBase = static_cast〈Base*〉(pDerived);도 허용된다. 계속 묵시적 캐스트와 정적 캐스트의 같은 점만을 이야기하고 있는데, 하나 다른 것이 있다. 위의 클래스 선언을 그대로 사용하면서 다음 코드를 보자.

```
Base* pBase = new Base;
Derived* pDerived;

pDerived = pBase;
```

위의 pDerived = pBase;가 허용될까? 허용되지 않는다. 컴파일러는 에러를 발생시킨다. 왜냐하면 pDerived가 실제 가리키고 있는 것은 Base 객체인데, 타입이 Derived로 되었으므로 이를 이용하여 Derived 전용 멤버인 b를 액세스할 경우 다운될 가능성이 있기 때문이다. 그러나 이 경우 정적 캐스트로는 가능하다. 즉, pDerived = static_cast〈Derived*〉(pBase);는 가능하다. 이것이 묵시적 캐스트와 정적 캐스트의 차이점이다. 클래스 포인터에 대해 묵시적 캐스트는 'B는 A다' 관계가 성립하는 경우만 형변환을 허용하고, 정적 캐스트는 'B는 A다.' 관계가 성립하거나 상속 관계가 성립한다면 항상 허용한다. 물론 상속 관계조차 성립하지 않는다면 정적 캐스트도 캐스트를 허용하지 않는다.

정적 캐스트가 pDerived = static_cast〈Derived*〉(pBase);를 허용한다고 해서 함부로 사용하면 안 된다. 논리적으로 성립하는 경우에만 사용해야 한다. 왜냐하면 일단 상속 관계만 있다면 'B는 A다.' 관계가 아니어도 컴파일러에 의해 허용되기 때문에 잘못 사용하면 프로그램이 오류를 발생시킬 수도 있다. 다음 코드를 보자.

```cpp
Base* pBase = new Derived;
Derived* pDerived;

pDerived = pBase;
```

위 코드는 Derived 객체를 생성한 다음 Base 타입으로 형변환하고 이것을 다시 Derived 타입으로 형변환하려고 한다. 이때 객체 자체는 변하지 않았기 때문에 pDerived = pBase; 문장이 허용되어야 하지만 컴파일러는 이것을 허용하지 않는다. 왜냐하면 묵시적 캐스트는 컴파일하는 순간의 문장만을 판단하기 때문이다. 이때 바로 pDerived = static_cast〈Derived*〉(pBase);를 사용해야 한다. 논리적으로 문제가 없는 상태에서 컴파일러의 묵시적 캐스트를 피하고자 할 때 정적 캐스트를 사용한다. 이것이 정적 캐스트를 사용하는 두 번째 이유이다.

reinterpret_cast

다음으로 reinterpret_cast에 대해 알아보자. reinterpret_cast는 C의 강제 캐스트와 동일하다. 이것은 연관성이 없는 포인터 타입을 강제로 변환하기 위해서 사용된다. 이해하기 쉽게 static_cast와 비교해 생각해보자. 앞에서 static_cast와 묵시적 캐스트는 연관성 있는 데이터 타입에 대해서 캐스트가 가능하다고 했다. 즉, 연관성이 없는 데이터에 대해서는 static_cast와 묵시적 캐스트를 사용할 수 없다.

```cpp
char c = 'A';

char* pc = &c;
int* pi = pc;            // int* pi = static_cast<int*>(pc);        (X)
```

여기에서 int* pi = pc;는 문법적으로 허용되지 않는다. pc와 pi는 연관성이 없기 때문이다. 그러나 이 경우 int* pi = reinterpret_cast〈int*〉(pc);를 사용한다면 캐스트가 된다. reinterpret_cast는 클래스 타입에 대해 클래스가 연관 관계가 없는 경우에도 캐스트를 할 수 있다. 물론 캐스트가 된다고 바람직한 것은 아니다. 논리적으로 안전하지 않을 수 있기 때문이다. int* pi =

reinterpret_cast〈int*〉(pc);가 문법적으로 허용된다고는 하지만 pi를 이용해 메모리에 접근한다면 프로그램이 다운될 수도 있다.

reinterpret_cast는 C/C++ 개발자가 일반적으로 사용했던 강제 캐스트('(type)') 연산자와 비슷하다. (type)은 모든 경우에 강제 캐스팅을 수행한다. 물론 논리적으로 안전하지 않은 경우가 있을 수도 있지만, reinterpret_cast도 강제 캐스팅을 수행한다. reinterpret_cast와 (type)의 차이는 reinterpret_cast는 포인터 타입에 대한 캐스트만 수행할 수 있다는 것과 const 타입과 volite 타입의 포인터 타입에 대해서는 캐스트를 수행할 수 없다는 것이다.

```
int  i = 65;
char c = reinterpret_cast <char>(i);
```

물론, 위와 같이 코딩하는 개발자는 없겠지만 위의 코드에서 reinterpret_cast는 허용되지 않는다. 필자는 reinterpret_cast의 사용을 권장하지 않는다. 항상 문법적 허용과 논리적 허용이 일치하는 것이 중요하다. 그러나 reinterpret_cast는 문법적 허용과 논리적 허용이 일치하지 않는 경우에도 사용할 수 있기 때문에 위험한 코드를 만들 가능성이 많다. (type) 연산자를 이용한 캐스트도 마찬가지다.

const_cast

const_cast는 동일 타입의 포인터와 참조형에 대해서만 사용된다. 동일 타입 외에 어떤 연관 관계 타입에 대해서도 허용되지 않는다. 그렇다면 const_cast의 사용 목적은 무엇일까?

```
const Sample* pSample = new Sample;
Sample* pSample1 = pSample;
pSample1->m = 10;
```

위의 코드에서처럼 상수 목적으로 생성된 Sample 객체가 필요에 의해 변수 목적(pSample1->m = 10)으로 사용되어야 한다면 일단 변수 객체 포인터로 변환해야 하는데 묵시적 캐스트나 static_cast 또는 reinterpret_cast를 사용하면 컴파일 에러가 발생한다. 이때 사용할 수 있는 것이 const_cast이다. 즉, 위의 코드의 경우 다음과 같이 사용해야 한다.

```
Sample* pSample1 = const_cast<Sample*>(pSample);
```

const_cast는 보는 사람에 따라 명시적 캐스트 연산자인 (type)도 있는데, 왜 const_cast가 필요한지 의문을 가질 수도 있을 것이다. 이것 역시 문법적인 엄격함 때문이다. 필자는 이것도 사용을 권장하지 않는다. 모든 변수는 목적을 가지고 선언해야 하는데, 만약 변수 목적으로 사용될 가능성이 있었다면 애초에 상수로 선언해서는 안 된다. 소프트웨어의 오류는 목적을 가지지 않고 선언된 변수나 목적에 어긋나게 사용되는 변수에 의해 발생되는 경우가 많다.

C언어에서 많이 사용되지 않는 한정자 중에 volatile 타입 한정자가 있다. const_cast는 volatile 타입 객체를 일반 타입 포인터나 참조형으로 변환하기 위해서도 사용된다.

```
volatile int g_fContinue = FALSE;
        :
int* p = const_cast<int*>(&g_fContinue);
```

하지만 이 경우도 사용을 권장하지 않는다.

캐스트 정리

지금까지 dynamic_cast를 제외한 C++의 캐스트 연산에 대해 알아보았다. 각 캐스트는 자신만의 고유 기능을 가지고 있는데, 두 가지로 나누어서 정리해볼 수 있다. 첫 번째는 컴파일러에 의해 수행되는 캐스트이고, 두 번째는 실행 타임에서 수행된다. 지금까지 우리가 알고 있는 모든 캐스트는 컴파일러에 의해 수행되는 캐스트이다. 묵시적 캐스트, (type), static_cast, reinterpret_cast, const_cast 모두 컴파일러에 의해 수행되는 캐스트이다. 실행 타임에서 수행되는 캐스트는 dynamic_cast가 유일하다. 이것에 대해서는 뒤에서 이야기하겠다.

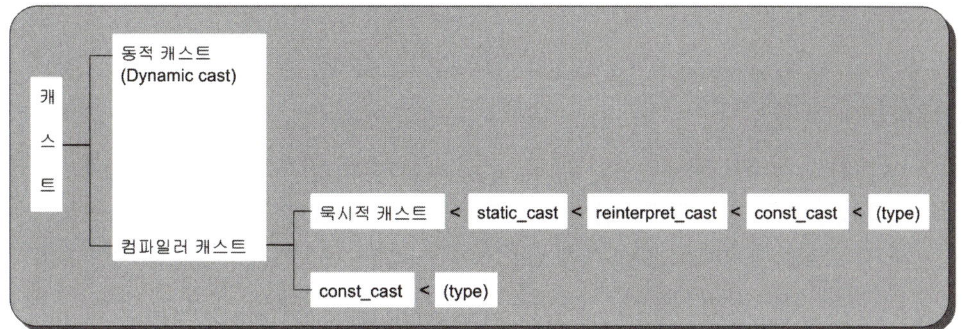

[그림 7-17] 캐스트 연산

컴파일러에 의해 수행되는 캐스트 중에 묵시적 캐스트가 가장 약한 형태이며 (type)이 가장 강력하다. 그리고 이 사이에 static_cast와 reinterpret_cast가 있다. static_cast는 묵시적 캐스트보다 강하며 reinterpret_cast나 (type)보다 약하다. 여기서 강하다는 것은 컴파일러에게 얼마나 강제성이 있느냐의 뜻으로, 무조건 강하다고 좋은 것은 아니다. 강제적이면 그만큼 오류가 발생할 가능성이 높아지기 때문이다. 그래서 가급적이면 묵시적 캐스트가 인정하는 범위에서 코드를 구현하는 것이 좋다. 다운 캐스트한 객체를 다시 업 캐스트할 때 static_cast를 사용하는 것이 좋다. 그리고 reinterpret_cast나 (type)은 신중하고 조심히 사용해야 한다. const_cast 역시 마찬가지다.

이번 장에서는 클래스 재사용에 대해 알아보았다. 클래스를 만드는 가장 중요한 목적은 재사용을 쉽게 하기 위해서이다. 클래스 재사용은 포함과 상속을 통해 재사용하는 두 가지 방법이 있다. 포함은 재사용할 클래스와 새로 구현하는 클래스가 '가지고 있다.'라고 표현하는 것이 논리적으로 합리적일 때 사용하고, 상속은 '~이다.'로 표현하는 것이 자연스러울 때 사용한다.

포함으로 클래스를 재사용할 때는 클래스 멤버 변수로 객체를 선언해서 구현한다. 그리고 포함된 객체의 기능을 외부에 노출하기 위해 멤버 함수를 구현한다. 포함은 포함된 객체의 기능을 외부에 노출하지 않기 때문에 포함된 객체를 외부에 노출하기 위한 멤버 함수를 별도로 구현하는 것이 일반적이다.

상속은 문법적으로 클래스를 선언할 때 상속받을 클래스를 선언하는 클래스 이름 뒤에 접근 지정자와 함께 기술하면 된다. 접근 지정자는 private, protected, public이 있는데, 이중에 public이 일반적이다. 상속은 상속받은 클래스의 기능이 외부에 자연스럽게 노출되기 때문에 포함과 달리 상속받은 클래스의 기능을 노출하기 위해 별도로 구현해야 할 것은 없다. 대신 상속받은 클래스의 기능이 구현하는 클래스와 어울리지 않는다면 상속받은 기능을 재정의를 통해 새롭게 구현할 필요가 있다.

포함된 객체나 상위 클래스 생성자는 외부에 노출되지 않기 때문에 초기화를 위해 호출해야 할 필요가 있다. C++는 명시적 초기화를 위해 초기화 리스트라는 기능을 제공한다. 초기화 리스트는 생성자 뒤에 콜론을 명시하고 포함된 객체의 생성자나 상위 클래스 생성자를 명시적으로 호출하면 된다. 초기화 리스트를 사용하지 않으면 C++는 포함된 객체나 상위 클래스의 디폴트 생성자를 무조건 호출한다.

재사용 기법 중 상속은 많은 클래스를 만들게 된다. 그래서 클래스 객체를 그대로 생성하면 많은 자료형이 코드에 등장하게 된다. 이를 피하기 위해서는 형변환을 이용해 추상 자료형으로 변환해야 한다. 추상 자료형으로 형변환할 때는 반드시 하위 클래스를 상위 클래스로 형변환해야 한다. 반대는 허용되지 않는다. 자료형 추상화를 위해 클래스를 형변환하면 재정의된 함수가 제대로 호출되지 않는 문제가 발생한다. C++ 컴파일러는 멤버 함수 호출을 결정할 때 자료형만 참조하기 때문이다. 이때 재정의된 함수가 호출되도록 하기 위해서는 virutal 키워드를 이용한다.

마지막으로 다양한 형변환에 대해 알아보았다. C++가 지원하는 형변환은 C를 기반으로 한 묵시적 형변환부터 동적인 형변환인 dynamic_cast까지 다양하다. 이 중에 가장 이상적인 것은 묵시적 형변환이다. 이것이 컴파일러가 가장 자연스럽게 수행하는 형변환이기 때문이다. 컴파일러가 허용한다는 것은 논리적으로 이상이 없으며 안전하다는 뜻이다. 그런데 논리적으로 문제없다고 생각되지만 컴파일러가 허용하지 않는 형변환을 수행해야 하는 경우가 있다. 이때 사용할 수 있는 형변환이 static_cast, reinterpret_cast, (type), const_cast이다. static_cast는 묵시적 캐스트에 업 캐스트한 후에 다운 캐스트할 때 사용하며, const_cast는 const 속성을 제거할 때 사용한다. 이것을 포함해 reinterpret_cast, (type)은 실수할 가능성이 높기 때문에 신중하게 사용해야 한다.

CHAPTER 8

알고리즘 변화에 대한 대응

객체 지향 언어를 사용하는 개발자에게 재정의는 너무나 당연한 것이라
의식하지 않는다. 하지만 실질적으로는 굉장히 오묘한 원리로
동작하는 것이 재정의다. 이것을 본질적으로 이해하는 것은
다른 객체 지향언어를 이해하는 데도 큰 도움을 준다.

chapter point

- ✓ **가상 함수** C++는 함수를 재정의한 경우 객체 자료형을 변경하면 함수를 호출할 때 재정의한 함수를 제대로 찾지 못한다. 객체 자료형과 상관없이 재정의 함수를 바르게 호출하도록 하려면 함수를 가상 함수로 정의해야 한다. 이때 사용하는 키워드가 'virtual'이다.
- ✓ **추상 클래스** 가상 함수를 선언한 다음 하위 클래스 구현을 위해 구현하지 않는 함수를 순수 가상 함수라고 한다. 이런 순수 가상 함수를 하나 이상 갖는 클래스를 추상 클래스라고 한다.
- ✓ **RTTI** 프로그램 실행 중에 객체가 어떤 객체인지 판단해야 할 때 RTTI를 사용할 수 있다. 이것은 객체의 메모리 영역에 클래스 식별을 위한 정보를 만들고 객체를 참조할 때 이것을 이용해 객체 종류를 인식한다.

8.1 가상 함수

자료형으로 호출되는 재정의, 객체로 호출되는 재정의

클래스를 상속받아 멤버 함수를 다시 정의하는 것을 재정의라고 한다. 상속에서 재정의는 필수적인 요소이다. 왜냐하면 상위 클래스의 내용이 하위 클래스를 만족시키지 못하는 경우 재정의를 통해 변경할 수 있기 때문이다. 상위 클래스의 내용 중에 멤버 변수가 변경되어야 한다면 단순히 사용하지 않거나 새로 추가하면 된다. 하지만 멤버 함수는 과거에 이미 상위 클래스 이름으로 호출되고 있기 때문에 단순히 새로운 멤버 함수를 추가해서는 기존에 호출되고 있는 함수를 제어할 방법이 없다. 이때 사용할 수 있는 유일한 방법이 재정의이다.

재정의는 타입으로 호출되는 재정의와 객체를 기준으로 호출되는 재정의로 분류된다. 타입으로 호출되는 재정의란 멤버 함수를 호출할 때 사용한 타입 변수를 보고 호출이 결정된다는 뜻이며, 객체를 기준으로 호출된다는 것은 호출될 때 사용한 실제 객체를 보고 호출이 결정된다는 뜻이다. 다음 코드를 보자.

```cpp
class Base
{
public:
    void Display ()
    {    // 여기에 Base::Display가 구현되어 있다.
    }
};

class Derived : public Base
{
public:
    void Display ()
    {    // 여기에 Derived::Display가 구현되어 있다.
    }
};

int main ()
{
    Derived derived;
    derived.Display ();              // Derived::Display가 호출된다.
    Base*    pbase = &derived;
    pbase->Display ();               // Base::Display가 호출된다.
```

```
    return 0;
}
```

위 코드에서 호출되는 Display는 각각 Derived::Display와 Base::Display이다. Derived 타입의 객체 derived로 호출하는 Display는 Derived::Display이고, Base 타입 포인터로 호출하는 Display는 Base::Display이다. 여기서 호출되는 재정의 함수는 함수를 호출할 때 사용한 자료형을 기준으로 한다.

자료형으로 재정의된 함수가 호출되면 안 되는 이유는 두 가지이다. 첫 번째 문제는 상속 관계를 가지는 클래스를 객체로 생성할 때 자료형 추상화를 할 수 없다는 점이다. 자료형 추상화란 클래스 객체를 생성하면서 상위 클래스로 형변환하는 것을 말한다. 자료형 추상화를 해야만 객체를 사용할 때 자료형 개수가 작아지고 코드가 간결해지는데, 자료형 추상화로 재정의된 함수를 호출할 수 없다면 코드는 여러 자료형으로 지저분해질 것이다. 두 번째 문제는 자료형을 기준으로 재정의된 함수가 호출되면 과거에 개발된 알고리즘이 미래에 개발될 클래스의 멤버 함수를 호출할 수 없다는 점이다. 과거에 개발된 알고리즘은 미래에 개발될 클래스 이름을 모른다. 그래서 미래에 개발될 클래스로 자료형을 생성할 수 없고, 따라서 미래 클래스에 재정의된 함수를 호출할 수 없다. 그러므로 미래에 대한 변화에 대처할 수 없기 때문에 재사용성이 떨어지며, 전혀 생산적이라고 볼 수 없다. 생산적인 코드는 미래 변화에 능동적으로 대처할 수 있어야 한다.

지금 이야기하는 재정의를 자료형을 기준으로 한 재정의, 또는 정적 바인딩이라고 한다. C++는 특별히 명시하지 않으면 정적 바인딩, 즉 자료형을 기준으로 재정의를 한다. 앞에서 이야기한 것과 같이 자료형을 기준으로 한 재정의는 실제 사용하는 데 문제가 있기 때문에 재정의할 때 사용할 수 없다. 이에 C++는 또 다른 재정의 기능을 지원하는데, 객체를 기준으로 한 재정의가 그것이다.

C++에서는 객체를 기준으로 한 재정의를 동적 바인딩이라고 한다. 문법적으로는 virtual이라는 키워드를 이용하기 때문에 가상 함수를 이용한 재정의 또는 가상 함수라고 부르기도 한다. 이 재정의는 동적 바인딩이라는 말과 같이 실행 시간에 재정의된 함수가 결정되며 객체를 기준으로 한 재정의라는 말처럼 멤버 함수를 호출할 때 사용한 객체에 따라 재정의된 함수가 호출된다. 앞에서 구현한 코드를 다음과 같이 다시 구현한다면 재정의된 함수 호출은 달라진다.

```cpp
class Base
{
public:
    virtual void Display ()
    {     // 여기에 Base::Display가 구현되어 있다.
    }
};

class Derived : public Base
{
public:
    virtual void Display ()
    {     // 여기에 Derived::Display가 구현되어 있다.
    }
};

int main ()
{
    Derived derived;
    Base*     pbase = &derived;
    pbase->Display ();          // Derived::Display가 호출된다.
    Base base;
    pbase = &base;
    pbase->Display ();          // Base::Display가 호출된다.
    return 0;
}
```

이전 코드와 달라진 부분은 두 군데이다. 상속 관계에 있는 멤버 함수를 선언할 때 virtual이라는 키워드를 사용한 것과 재정의된 함수를 호출할 때 상위 클래스로 자료형을 형변환해서 호출했다는 것이다. 그래서 이와 같은 재정의를 가상 함수라고 한다. 코드상으로는 두 군데가 달라졌지만 그 결과는 완전히 다르다. 위 코드 역시 첫 번째 Display 호출은 Derived::Display를 호출하고 두 번째 Display 호출은 Base::Display를 호출하지만, 이전 코드와 달리 자료형을 사용하지 않고 Display를 호출할 때 사용한 실제 객체를 이용한다. 위 코드에서 첫 번째 Display 호출에서 사용한 객체는 Derived 객체로 Derived::Display가 호출되었고, 두 번째 Display 호출에서 사용한 객체는 타입과 상관없이 Base 객체이기 때문에 Base::Display가 호출된 것이다. 이 코드에서 재정의는 타입이 아니라 객체를 기준으로 한다.

지금까지 간단한 예를 들어 자료형을 기준으로 한 재정의와 객체를 기준으로 한 재정의를 살펴보았다. 이전 장에서 구현했던 Rectangle, Circle, Triangle 클래스 역시 이 기준을 적용시켜야 했는데 이것을 적용하지 않았기 때문에 자료형 추상화를 했을 때 재정의된 함수가 제대로 호출되지 않았다. 그렇기 때문에 재정의된 함수들이 제대로 호출되도록 하기 위해서는 이들 클래스를 구현할 때 virtual 키워드를 이용해 멤버 함수를 다음과 같이 재정의할 필요가 있다.

[소스 8-1] Rectangle.h — virtual.exe

```cpp
 1: #ifndef      __RECTANGLE_H__
 2: #define      __RECTANGLE_H__
 3:
 4: #include <iostream>
 5: #include "DrawObj.h"
 6:
 7: using namespace std;
 8:
 9: class Rectangle : public DrawObj
10: {
11: protected:
12:         int m_width;
13:         int m_height;
14: public:
15:         Rectangle ()
16:             : m_width(0), m_height(0)
17:         {
18:         }
19:         Rectangle(int x, int y, int width, int height)
20:             : DrawObj (x, y), m_width (width), m_height (height)
21:         {
22:         }
23:
24:         virtual void Input ()
25:         {
26:             DrawObj::Input ();
27:             cout << "크기는 ? ";
28:             cin >> m_width >> m_height;
29:         }
30:
31:         virtual void Draw () const
32:         {
33:             cout << 사각형의 위치 = (" <<
34:                 m_pt.getx () << "," << m_pt.gety () << "), Size = ("
```

```
35:                   << m_width << "," << m_height << ")" << endl;
36:          }
37:
38:          void setSize (const int width, const int height)
39:          {
40:               m_width = width;
41:               m_height= height;
42:          }
43: };
44:
45: #endif          // __RECTANGLE_H__
```

Circle.h — virtual.exe

```
1: #ifndef        __CIRCLE_H__
2: #define        __CIRCLE_H__
3:
4: #include <iostream>
5: #include "DrawObj.h"
6:
7: using namespace std;
8:
9: class Circle : public DrawObj
10: {
11: protected:
12:          int m_radius;
13: public:
14:          Circle ()
15:               : m_radius(0)
16:          {
17:          }
18:          Circle(int x, int y, int radius)
19:               : DrawObj (x, y), m_radius (radius)
20:          {
21:          }
22:
23:          virtual void Input ()
24:          {
25:               DrawObj::Input ();
26:               cout << "반지름은 ? ";
27:               cin >> m_radius;
28:          }
29:
```

```
30:         virtual void Draw () const
31:         {
32:             cout << "원의 위치 = (" <<
33:                 m_pt.getx () << "," << m_pt.gety () << "), Radius = ("
34:                 << m_radius << ")" << endl;
35:         }
36:
37:         void setRadius(const int radius)
38:         {
39:             m_radius = radius;
40:         }
41:     };
42:
43: #endif          // __CIRCLE_H__
```

Trangle.h — virtual.exe

```
1: #ifndef       __TRIANGLE_H__
2: #define       __TRIANGLE_H__
3:
4: #include <iostream>
5: #include "DrawObj.h"
6:
7: using namespace std;
8:
9: class Triangle : public DrawObj
10: {
11: protected:
12:         Point m_pt2, m_pt3;
13: public:
14:         Triangle ()
15:         {
16:         }
17:         Triangle(int x, int y,
18:             int x2, int y2,
19:             int x3, int y3)
20:            : DrawObj (x, y),
21:             m_pt2 (x2, y2),
22:             m_pt3 (x3, y3)
23:         {
24:         }
25:
26:         virtual void Input ()
```

```
27:          {
28:              DrawObj::Input ();
29:
30:              cout << "위치 2는 ? ";
31:              int x, y;
32:              cin >> x >> y;
33:              m_pt2.setx (x);
34:              m_pt2.sety (y);
35:
36:              cout << "위치 3는 ? ";
37:              cin >> x >> y;
38:              m_pt3.setx (x);
39:              m_pt3.sety (y);
40:          }
41:
42:      virtual void Draw () const
43:      {
44:          cout << "삼각형의 위치 = (" <<
45:             m_pt.getx () << "," << m_pt.gety () << "), Position2 = ("
46:             << m_pt2.getx () << "," << m_pt2.gety () << "), Position3 = ("
47:             << m_pt3.getx () << "," << m_pt3.gety () << ")" << endl;
48:      }
49: };
50:
51: #endif          // __TRIANGLE_H__
```

virtual.cpp – virtual.exe

```
1: #include <iostream>
2: #include "DrawObj.h"
3: #include "Rectangle.h"
4: #include "Circle.h"
5: #include "Triangle.h"
6:
7: using namespace std;
8:
9: int main ()
10: {
11:      DrawObj* pobj;
12:
13:      while (1)
14:      {
15:              cout << "도형을 선택하세요(1:사각형,2:원,3:삼각형)   ";
```

```
16:
17:             int n;
18:             cin >> n;
19:             switch (n-1)
20:             {
21:             case 0: pobj = new Rectangle;        break;
22:             case 1: pobj = new Circle;           break;
23:             case 2: pobj = new Triangle;         break;
24:             default: return 0;
25:             }
26:
27:             pobj->Input ();
28:             pobj->Draw ();
29:
30:             delete pobj;
31:         }
32:
33:         return 0;
34: }
```

[소스 8-1]은 이전 장에서 구현한 Rectangle, Circle, Triangle 클래스를 객체 기준으로 재정의한 것이다. 이전 장과 달라진 부분은 Input과 Draw 함수를 정의할 때 virtual 키워드를 함수 앞에 명시한 것이 전부이다. 여기서는 함수 선언과 구현이 함께 있어 따로 이야기할 필요가 없지만, 함수 선언과 구현이 따로 있는 경우 virtual은 함수 선언에서만 기술해야 한다. 보통 함수를 선언할 때 기술한 원형을 그대로 복사해 구현하게 되는데, 가상 함수의 경우 이렇게 하면 virtual 키워드가 함수 구현에도 기술하는 형태가 되어 컴파일에서 에러가 발생한다. 많이 하는 실수이므로 주의하기 바란다.

```
class theClass
{
public:
    virtual void theMember ();
};

virtual void theClass::theMember ()      // 여기서 'virtual'은 제거해야 한다.
{
}
```

가상 함수로 멤버 함수를 재정의할 때 하위 클래스에서는 virtual 키워드를 생략할 수 있다는 사실도 알아두는 것이 좋다. 이것은 문법적 강제 사항은 아니기 때문에 생략해도 상위 클래스에서 virtual로 선언되면 하위 클래스의 재정의 함수는 자동으로 가상 함수가 된다. 하지만 클래스 단위로 코드를 구현할 때 하위 클래스에서 virtual 키워드를 생략하면 코드를 읽는 사람이 그 함수가 가상 함수인지 아닌지 혼동할 수 있으므로 하위 클래스도 가급적이면 virtual을 기술하는 것이 좋다. 코드의 가독성을 위해 가상 함수로 선언된 함수는 모두 virtual 키워드를 기술하는 습관을 들이도록 하자.

가상 함수를 이용해 함수를 재정의하는 이유는 객체를 기준으로 함수를 호출하기 위해서이다. 그래서 [소스 8-1]의 virtual.cpp를 보면 각 하위 클래스에 대해 객체를 생성한 다음 객체의 자료형을 모두 상위 클래스 자료형인 DrawObj로 형변환했다. 27~28행에서 Input과 Draw 함수를 호출하면 virtual 키워드를 이용해 재정의했으므로 객체를 생성할 당시의 객체에 따라 재정의된 함수를 호출하기 때문에 상위 클래스로 형변환해도 재정의된 함수를 정확하게 호출할 수 있다. 재정의된 함수가 Input과 Draw 외에 더 많이 존재해도 이 함수들도 정확하게 호출될 것이다. 이와 같이 가상 함수는 객체를 이용한 재정의를 가능하게 함으로써 코드에서 사용되는 자료형을 상위 클래스인 DrawObj 하나로 단순화시킨다. 자료형에 상위 클래스 자료형인 DrawObj만 사용되었기 때문에 코드는 그렇지 않은 경우보다 간결해진다. [소스 8-1]의 실행 결과로 재정의 함수가 정확하게 호출된 것을 확인할 수 있다.

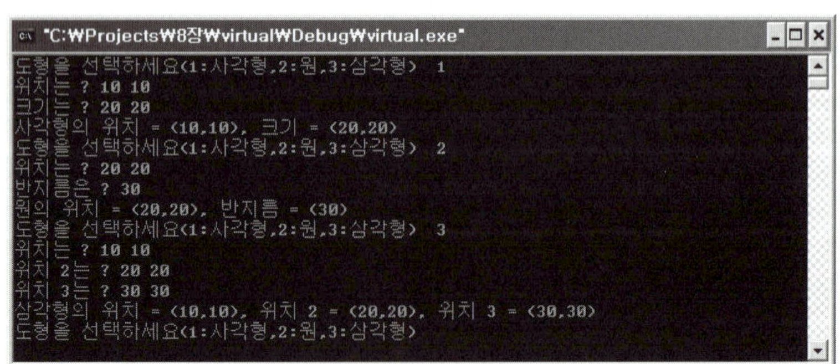

[그림 8-1] virtual.exe 실행 결과(가상 함수를 이용한 재정의)

객체를 기준으로 재정의된 함수를 호출하기 위해 사용하는 문법적 키워드는 virtual 키워드 오직 하나이다. 하지만 중요한 것은 자료형을 이용한 재정의와 객체를 이용한 재정의의 원리를 이해하고 적절하게 멤버 함수를 virtual로 선언하는 능력이다.

너무 깨끗한 가상 함수 : 순수 가상 함수

가상 함수 구현은 상위 클래스부터 시작된다. 앞의 Rectangle, Circle, Triangle 클래스에서 Input과 Draw를 가상 함수로 구현할 수 있었던 것은 이들 클래스의 상위 클래스인 DrawObj 에서 Input과 Draw가 virtual로 선언되었기 때문이다.

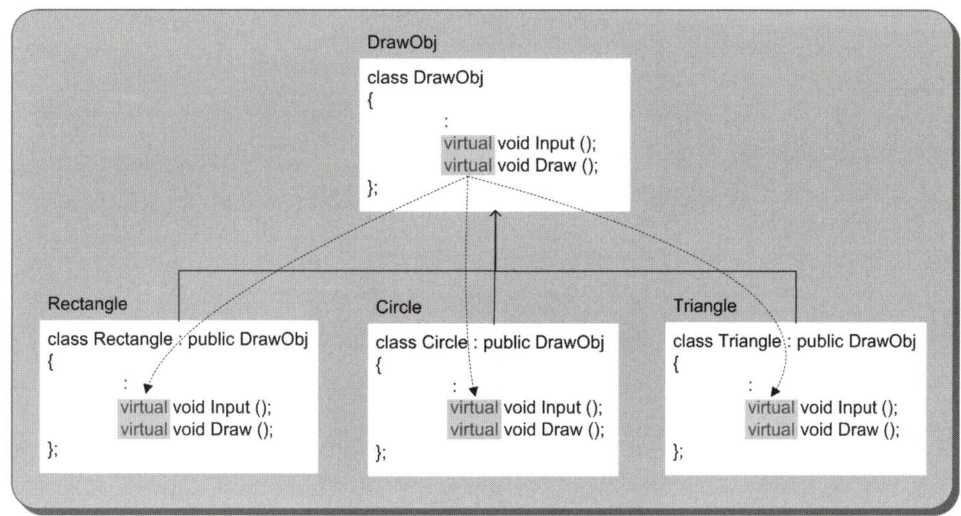

[그림 8-2] 클래스 상속 관계와 가상 함수

가상 함수는 항상 상위 클래스부터 설계되어야 한다. 상위 클래스에서 구현된 다음 하위 클래스에서 재정의된다. 상위 클래스에 구현된 가상 함수는 하위 클래스에 상속된다. 하위 클래스는 상위 클래스에 구현된 가상 함수가 만족스럽다면 재정의하지 않아도 된다. 그런데 어떤 가상 함수는 상위 클래스에 구현된 것이 하위 클래스를 전혀 만족시키지 못하는 경우가 있다. 이런 경우 하위 클래스는 해당 가상 함수를 항상 재정의해야 한다. 이때는 상위 클래스에 가상 함수 를 선언만 하고 구현할 필요는 없다. 즉, 선언만 하고 구현은 할 필요가 없는 가상 함수가 있다 는 뜻이다. 어차피 구현해도 하위 클래스에서 모두 재정의되기 때문에 구현한다는 것은 코드 낭 비에 불과하다. 이와 같이 상위 클래스에 가상 함수를 선언하면서 구현할 필요가 없는 가상 함 수를 순수 가상 함수pure virtual function라고 한다.

순수 가상 함수는 논리적이면서 문법적인 것이다. 방금 이야기한 것과 같이 순수 가상 함수는 논리적으로 하위 클래스에서 항상 재정의되기 때문에 상위 클래스에서 선언만 하고 구현하지 않는다. 논리적으로 구현해도 사용되지 않기 때문에 구현하지 않는 것이다. 그리고 순수 가상 함수는 문법적으로 가상 함수 선언과 함께 '=0'을 함수 뒤에 기술한다.

```
class 클래스 이름
{
[접근 지정자:]
    virtual 반환값 함수명(인자) = 0;
};
```

가상 함수 선언과 함께 '=0'을 기술하면 가상 함수를 구현하지 않아도 된다. 이렇게 하면 코드를 낭비하지 않고 해당 함수를 하위 클래스에서 재정의할 수 있다. 이 상황에서 어쩌면 처음부터 아예 가상 함수를 선언하지 않으면 되지 않느냐고 의문을 가질 수도 있다. 결론부터 이야기하면 설계 구조를 위해 가상 함수는 항상 상위 클래스에서 선언되어야 한다. 하지만 구현하면 하위 클래스에서 모두 재정의되기 때문에 상위 클래스에서 코드를 구현하는 것은 낭비이다. 이때 위와 같이 순수 가상 함수를 선언한다. 이와 같은 경우가 아니라면 일반 가상 함수를 선언하고 구현해야 한다.

앞에서 구현한 DrawObj 클래스에서 Draw 함수는 순수 가상 함수가 되어야 한다. 하위 클래스인 Rectangle, Circle, Triangle 클래스에서 Draw 함수 모두 재정의되기 때문에 DrawObj에 구현된 Draw는 전혀 사용되지 않는다. 그러므로 이 함수는 순수 가상 함수가 되어야 하는 것이다. DrawObj를 다시 구현하면 다음과 같다.


```
1: #ifndef        __DRAWOBJ_H__
2: #define        __DRAWOBJ_H__
3:
4: #include <iostream>
5: #include "Point.h"
6:
7: using namespace std;
8:
9: class DrawObj
10: {
11: protected:
12:         Point m_pt;
13:
```

```cpp
14: public:
15:         DrawObj ()
16:             : m_pt (0, 0)
17:         {
18:         }
19:         DrawObj(int x, int y)
20:             : m_pt (x, y)
21:         {
22:         }
23:
24:     virtual void Input ()
25:     {
26:         cout << "위치는 ? ";
27:         int x, y;
28:         cin >> x >> y;
29:         m_pt.setx (x);
30:         m_pt.sety (y);
31:     }
32:
33:     virtual void Draw () const = 0;
34:
35:     void Offset (const Point& ptOffset)
36:     {
37:         m_pt.setx (m_pt.getx () + ptOffset.getx ());
38:         m_pt.sety (m_pt.gety () + ptOffset.gety ());
39:     }
40:
41:     void Offset (const int xOffset, const int yOffset)
42:     {
43:         m_pt.setx (m_pt.getx () + xOffset);
44:         m_pt.sety (m_pt.gety () + yOffset);
45:     }
46: };
47:
48: #endif    // __DRAWOBJ_H__
```

[소스 8-2]에서 Draw는 순수 가상 함수로 선언되었기 때문에 구현할 필요가 없다. 이 코드에서 Input 함수는 순수 가상 함수로 선언되지 않았는데, 여기에 대해 이상하게 생각할지도 모르겠다. 앞에서 하위 클래스에서 모두 재정의되는 가상 함수는 순수 가상 함수로 선언되어야 한다고 했는데, Input 역시 하위 클래스에서 모두 재정의되고 있기 때문이다.

하지만 항상 예외가 있듯이 순수 가상 함수에도 예외가 있다. 하위 클래스에 항상 재정의되는 가상 함수라도 순수 가상 함수로 선언되면 안 되는 경우가 있다. 하위 클래스에서 가상 함수를 재정의할 때 상위 클래스에 구현된 가상 함수를 필요로 하는 경우 순수 가상 함수로 선언하면 안 된다. 앞의 Input 함수가 이런 경우이다. 하위 클래스인 Rectangle, Circle, Triangle에서 Input 함수를 재정의할 때 멤버 변수인 m_pt에 좌표를 입력받기 위해 이 함수를 이용한다. 그래서 하위 클래스에서 Input 함수를 모두 재정의하지만 순수 가상 함수로 선언되지 않았다.

자료형으로 존재하는 추상 클래스

순수 가상 함수는 구현을 가지지 않는다. 이렇게 구현을 가지지 않는 순수 가상 함수를 포함하는 클래스를 객체로 생성하면 어떤 일이 발생할까?

```cpp
class theClass
{
public:
    virtual void theMember () = 0;
};

int main ()
{
    theClass obj;
    obj.theMember ();

    return 0;
}
```

위 코드가 이런 상황을 연출한 것인데, 사실 순수 가상 함수를 가지는 클래스를 객체로 생성해서 해당 가상 함수를 호출하면 존재하지 않는 함수를 호출하는 문제가 발생한다. 그래서 컴파일 되지 않는다. 결론적으로 순수 가상 함수를 가지는 클래스는 객체로 생성할 수 없다. 그렇다면 순수 가상 함수를 가지는 클래스는 왜 존재하는 것일까?

순수 가상 함수를 가지는 클래스는 객체를 생성하기 위해 존재하는 것이 아니다. 순수 가상 함수를 하나라도 가지는 클래스는 자료형을 위해 존재한다. 이렇게 자료형만을 위해 존재하는 클래스를 추상 클래스 abstract class라고 한다. 추상 클래스라는 용어 역시 순수 가상 함수와 같이 문법적인 의미와 논리적인 의미를 모두 가진다. 문법적 의미에서 추상 클래스는 순수 가상 함수를 하나 이상 가지고 있는 클래스이고, 논리적인 의미에서 추상 클래스는 객체로 사용되지 않고 자료형으로만 사용되는 클래스이다. 추상 클래스는 하위 클래스 객체를 생성한 다음 형변환을 위해 존재한다. [소스 8-2]에서 구현한 DrawObj가 바로 추상 클래스이다. DrawObj는 Draw를 순수 가상 함수로 가지기 때문에 객체로 생성할 수 없다. DrawObj는 하위 클래스인 Rectangle, Circle, Triangle 객체를 생성한 다음 형변환의 대상이 된다. 그래서 DrawObj는 문법적인 의미에서 추상 클래스이면서 논리적인 의미의 추상 클래스이다.

가상 함수를 세분화할 수 있다면 더욱 세분화하라

지금까지 가상 함수, 순수 가상 함수, 그리고 추상 클래스에 대해 알아보았다. 이중 가장 기본이 되는 것이 바로 가상 함수이다. 가상 함수는 문법적으로 간단히 virtual이라는 키워드만 알면 되기 때문에 문법적 요소보다는 개념적인 요소가 더 중요하다. 개념적으로 어떤 함수를 가상 함수로 설계하며 어떻게 설계하느냐 하는 것이 가장 중요하다. 여기에 절대적인 원칙은 없지만 미래에 변경될 가능성이 조금이라도 있다면 가급적이면 가상 함수로 설계하는 것이 좋고, 되도록 세분화해서 설계하는 것이 좋다.

가상 함수는 항상 상위 클래스에서부터 선언되어야 하기 때문에 나중에 이것을 반영하면 시간과 노력이 너무 많이 소비된다. 그래서 가상 함수는 가급적이면 상위 클래스를 설계할 때 반영되어야 하는데, 미래에 만들어질 하위 클래스를 예상하고 가상 함수를 설계하는 것은 현실적으로 쉽지 않다. 물론, 처음 구현할 때 설계에 반영되어 있는 클래스라면 이야기는 다르겠지만 유지·보수를 위해 추가될 클래스까지 상상하기란 쉽지 않다. 이런 이유 때문에 가상 함수를 설계할 때는 가급적이면 많은 함수를 가상 함수로 설계하는 것이 좋다. 그래야만 미래에 추가될 클래스에 조금이라도 더 융통성 있게 대응할 수 있다.

또한, 하나의 기능을 하는 가상 함수는 가급적이면 세분화시킬수록 좋다. 세분화된 가상 함수 역시 미래 변화에 좀 더 융통성 있게 대응할 수 있다. 앞의 코드를 예로 들면 Input 함수는 각 하위 클래스가 필요한 값을 입력받는다. 그런데 이 함수는 값을 입력받기 전에 입력받을 값에 대해 메시지를 출력한다. 이런 경우 Input 함수는 하나로 설계하는 것보다 InputMessage와 InputData, 그리고 Input 함수 세 개로 설계하는 것이 더 좋다. 당연히 이 함수들은 가상 함수로 선언해야 한다. 이렇게 함수를 세분화하면 변경되는 함수만 재정의하면 되기 때문에 재활용할 수 있는 코드는 증가한다. 예를 들어, 입력에 필요한 메시지를 재정의해야 한다면 InputMessage 함수만 재정의하고 InputData는 그대로 활용한다. 재활용 코드가 증가한다는 것은 그만큼 생산성이 높은 코드라는 뜻이다.

함수를 세분화하는 기법은 사실 가상 함수에만 적용되는 이야기는 아니다. 일반 함수를 구현할 때도 가급적이면 최소 단위 함수로 함수를 세분화하는 것이 좋다. 개발자들은 흔히 C++에서 가상 함수나 멤버 함수를 구현할 때 함수를 세분화하면 객체 생성에 메모리가 많이 사용되지 않을까 걱정한다. 하지만 이것은 잘못된 생각이다. 멤버 함수나 가상 함수가 많아지는 것과 객체의 메모리 사용량과는 아무런 관계가 없다. 다음 절에서 가상 함수의 메모리 구조를 살펴보면서 이것에 대해 좀 더 깊이 살펴보자.

소멸자는 항상 가상 함수로 구현한다

가상 함수 구현과 관련해서 마지막으로 한 가지 당부할 사항이 있다. 클래스를 설계할 때 소멸자는 항상 가상 함수로 설계해야 한다는 것이다. 소멸자는 다른 멤버 함수들과 달리 객체가 파괴될 때 묵시적으로 호출되는데, 가상 함수로 선언되지 않으면 객체가 파괴되면서 가상 함수가 제대로 호출되지 않는 문제가 발생한다. 일반적으로 소멸자는 클래스가 할당한 메모리 해제를 수행하기 때문에 정확한 소멸자가 호출되지 않으면 메모리 누수 현상이 발생할 수도 있다. 이것은 심각한 버그가 될 수 있다. 다음 코드를 보자.

[소스 8-3] Allocator.cpp – Allocator.exe

```
1: #include <iostream>
2:
3: using namespace std;
4:
5: class Allocator
6: {
7: private:
8:     char* m_pdata;
9:
10: public:
11:         Allocator()
12:         {
13:             m_pdata = new char[100];
14:             cout << "Allocator의 생성자가 호출되었습니다" << endl;
15:         }
16:
17:         ~Allocator()
18:         {
19:             delete [] m_pdata;
20:             cout << "Allocator의 소멸자가 호출되었습니다." << endl;
21:         }
```

```
22: };
23:
24: class Derived : public Allocator
25: {
26: private:
27:         char* m_pderiveddata;
28:
29: public:
30:         Derived()
31:         {
32:             m_pderiveddata = new char[100];
33:             cout << "Derived의 생성자가 호출되었습니다." << endl;
34:         }
35:
36:         ~Derived()
37:         {
38:             delete [] m_pderiveddata;
39:             cout << "Derived의 소멸자가 호출되었습니다." << endl;
40:         }
41: };
40:
43: int main ()
44: {
45:         Allocator* pAllocator = new Derived;
46:
47:         delete pAllocator;
48:
49:         return 0;
50: }
```

[소스 8-3]은 상속 관계를 가지는 각각의 클래스가 메모리를 할당하고 해제하는 것을 보기 위한 예제이다. 먼저 생성자 호출을 보자. 생성자는 객체를 생성할 때 클래스 이름을 정확하게 명시하기 때문에 항상 정확하게 호출된다. 하위 클래스 객체를 생성한 경우, 하위 클래스 생성자가 먼저 호출된 다음 상위 클래스 생성자가 호출된다. [소스 8-3]의 45행에서 Derived 객체를 생성하면 Derived 객체 생성자가 먼저 호출된 다음 상위 클래스인 Allocator 생성자가 호출된다. 그래서 각 클래스가 생성자에서 할당받는 메모리도 항상 정확하다. 하지만 소멸자는 약간 다르다. 45행을 보면 Derived 객체를 생성한 후에 상위 클래스인 Allocator로 형변환하는 것을 알 수 있는데, 이 경우 소멸자는 정확하게 호출되지 않는다. 가상 함수가 아닌 함수를 호출하면 해낭 함수를 호출할 때 사용한 사료형이 참소뇌기 때문에 47행에서 객체를 파괴할 때 호출뇌는

소멸자도 Derived가 아닌 Allocator 클래스 소멸자가 호출된다. 따라서 Derived 객체가 생성될 때 생성자에서 생성된 메모리는 소멸자에서 해제되지 않는 문제가 발생한다. 이것을 좀 더 제대로 보기 위해 [소스 8-3]의 14, 39행에 출력문을 넣어 보았다. 이것의 실행 결과는 다음과 같다.

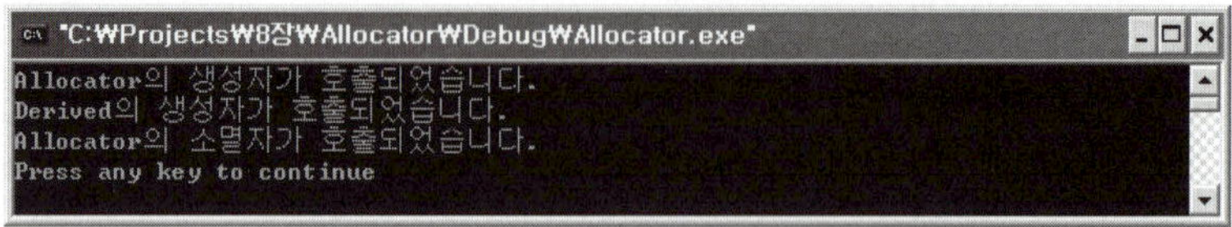

[그림 8-3] Allocator 실행 결과

[그림 8-3]에서 하위 클래스와 상위 클래스 생성자는 모두 제대로 호출되었다. 하지만 소멸자는 Allocator의 소멸자만 호출되었다. 내부적으로는 Allocator 클래스의 메모리만 해제된다. 이런 문제를 해결하기 위해 소멸자도 가상 함수로 구현하는 것이다. 소멸자를 가상 함수로 구현하면 일반적인 가상 함수와 같이 객체가 파괴될 때 자료형이 아닌 객체가 참조된다. 그래서 항상 정확한 소멸자가 호출된다. 소멸자 역시 생성자와 같이 상위 클래스 소멸자를 자동으로 호출하기 때문에 하위 클래스 소멸자가 호출되면 상위 클래스 소멸자도 같이 호출된다. 즉, 상위 클래스 소멸자 호출은 신경 쓸 필요가 없다.

결론적으로 소멸자는 항상 가상 함수로 선언해야 한다. 다른 함수는 논리적 필요에 의해 가상 함수로 선언하거나 선언하지 않을 수 있지만 소멸자는 반드시 가상 함수로 선언해야 한다. 이것은 필수적이다. 단, 한 가지 예외가 되는 것이 있다. 클래스를 설계하다가 보면 상속되지 않는 클래스를 구현할 때가 있는데, 이런 클래스를 밀봉된sealed 클래스라고 한다. 이런 경우에는 소멸자를 가상 함수로 구현하지 않아도 된다. 하지만 미래에 조금이라도 상속 가능성이 있다면 소멸자는 무조건 가상 함수로 구현해야 한다.

 **8.2** 가상 함수의 메모리 구조

멤버 함수는 객체에 포함되지 않는다

앞에서 가급적이면 멤버 함수를 많이 만들 것을 권했다. 멤버 함수는 아주 작게 나누는 것이 좋다. 멤버 함수를 작게 나눌수록 좀 더 융통성 있게 사용할 수 있다. 멤버 함수는 논리적으로만 클래스에 포함될 뿐 실제 클래스에 포함되는 것이 아니므로 멤버 함수가 많이 있는 클래스를 객체로 생성한다고 해도 실제 객체에 생성되는 메모리는 멤버 변수뿐이다.

```cpp
class Point1
{
private:
    int m_x, m_y;
public:
    void setx (int x) { m_x = x; }
    void sety (int y) { m_y = y; }
    void print () { cout << "(" << m_x << "," << m_y << ")" << endl; }
};

class Point2
{
public:
    int m_x, m_y;
};

int main ()
{
    Point1 pt1;
    pt1.setx (10);
    pt1.sety (10);
    pt1.print ();

    Point2 pt2;
    pt2.m_x = pt2.m_y = 10;
    cout << "(" << pt2.m_x << "," << pt2.m_y << ")" << endl;

    return 0;
}
```

위 코드에서 Point1과 Point2 클래스의 객체 pt1과 pt2의 메모리 크기는 동일하다. Point1 클래스에 멤버 함수가 세 개나 있지만, 객체 메모리와 상관없는 코드로서 오직 하나만 생성되기 때문에 객체 메모리에는 영향을 미치지 않는다. 멤버 함수란 논리적으로 클래스의 한 요소로서 묵시적 인자인 this를 넘겨받는 함수이지만 객체에 포함되지는 않는다. 그래서 직접 멤버를 액세스하는 것보다 멤버 함수를 이용하는 것이 더 편리하다. 메모리 구조적으로 봤을 때 멤버 함수는 전역 함수와 다를 것이 없다.

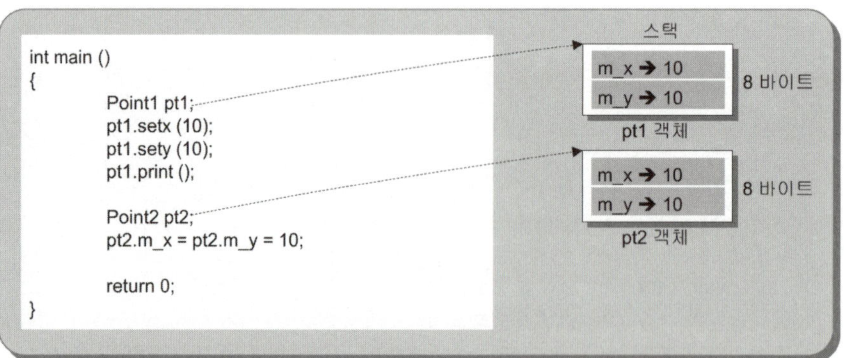

[그림 8-4] Point1과 Point2 객체

[그림 8-4]와 같이 객체는 멤버 함수의 개수와 상관없이 오직 멤버 변수만을 기준으로 계산되고 생성된다. 가상 함수가 없는 클래스의 메모리 구조는 위와 같지만 가상 함수가 있는 클래스의 메모리 구조는 위와 약간 다르다. 다음 코드를 보자.

[소스 8-4] ObjectSize.cpp – ObjectSize.exe

```
1: class theClass
2: {
3: public:
4:      int m_member;
5:
6:      virtual void function1 ();
7:      virtual void function2 ();
8: };
9:
10: void theClass::function1 ()
11: {
12: }
13:
14: void theClass::function2 ()
15: {
16: }
17:
18: int main ()
19: {
20:         theClass obj;
21:
```

```
22:             cout << "theClass의 크기 = " << sizeof(obj) << " byte" << endl;
23:
24:             return 0;
25: }
```

[소스 8-4]에 구현된 theClass 클래스는 정수형 멤버 변수 하나와 가상 멤버 함수를 두 개 가지고 있다. 이 클래스는 단지 객체의 크기를 얻기 위해 구현했기 때문에 가상 함수 내부는 특별히 구현하지 않았다. 실행한 결과는 다음과 같다.

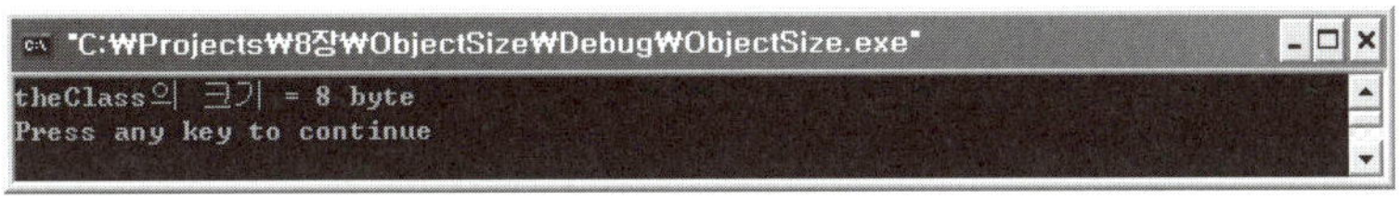

[그림 8-5] 가상 함수를 포함한 클래스의 크기

[그림 8-5]는 가상 함수를 가지는 theClass 클래스의 객체 크기를 출력한 것이다. 앞에서 객체의 크기는 멤버 변수만 계산된다고 했다. theClass는 정수 멤버 변수 하나를 갖기 때문에 4바이트가 출력되어야 한다. 하지만 실제 출력 결과는 8바이트이다. 어떻게 된 것일까? 정수형 멤버 변수 외에 클래스에 추가된 것은 가상 함수 두 개이다. 사실 가상 함수 두 개를 추가했지만 여러 개 추가해도 결과는 같다. 즉, 클래스에 가상 함수가 하나 이상 있다면 무조건 4바이트가 늘어난다. 가상 함수 하나에 4바이트가 늘어나는 것이 아니라 가상 함수가 하나 이상이면 가상 함수의 개수에 상관없이 4바이트만 늘어난다.

이전 절에서 가상 함수는 일반 멤버 함수와 달리 객체를 기준으로 호출된다고 했다. 이것을 실제로 구현하기 위해 컴파일러는 일반 멤버 함수와 달리 가상 함수를 객체 메모리에 포함시켜야 한다. 왜냐하면 함수가 객체 메모리에 포함되어 있어야만 객체를 기준으로 호출될 때 정확하게 호출될 수 있기 때문이다. 그런데 함수가 경우에 따라 엄청나게 클 수도 있기 때문에 함수 코드 전체를 객체 메모리에 포함시키면 객체 메모리가 너무 커지는 문제가 발생한다. 또, 여러 개의 가상 함수가 만들어진다면 이것 역시 객체 메모리를 크게 할 수 있다. 이것을 극복하기 위해 C++ 컴파일러는 가상 함수를 객체에 포함시키면서 객체 메모리를 작게 증가시키는 방법을 고안해 냈다. 이것이 바로 가상 함수 테이블이다.

클래스 단위로 생성되는 가상 함수 테이블

컴파일러는 컴파일 단계에서 가상 함수를 가지는 클래스 하나에 하나씩 가상 함수 테이블을 생성한다. 가상 함수 테이블은 객체가 생성될 때 동적으로 생성되는 것이 아니기 때문에 객체 개수에 비례하지 않는다. 컴파일 단계에서 컴파일러가 가상 함수를 가지는 클래스에 대해 사전에 가상 함수 테이블을 생성한다. 그리고 컴파일러는 가상 함수 테이블의 각 항목이 해당 가상 함수를 가리키도록 주소로 설정한다. 이 과정은 전적으로 컴파일러에 의해 진행된다. 그래서 개발자의 코드에서 이것을 볼 수는 없다.

가상 함수 테이블은 소프트웨어가 로드될 때 메모리에 함께 로드된다. 아직 객체와 가상 함수 테이블 사이에는 어떠한 연관성도 존재하지 않는다. 객체와 가상 함수 테이블 사이의 연관성을 이야기하기 전에 가상 함수 테이블에 대해 확실히 해둘 것이 몇 가지 있다. 먼저 가상 함수를 가지는 클래스에 대해 하나씩 생성되는 가상 함수 테이블의 항목 개수에 대한 이야기이다. 테이블의 항목의 개수는 클래스에 선언된 가상 함수의 개수와 같다. 그리고 각 항목은 클래스에 구현된 가상 함수를 포인터로 가리키고 있어 다른 관점으로 본다면 가상 함수 테이블은 일종의 함수 포인터의 배열이다. [소스 8-4]에서 구현한 theClass의 가상 함수 테이블을 그림으로 표현하면 다음과 같다.

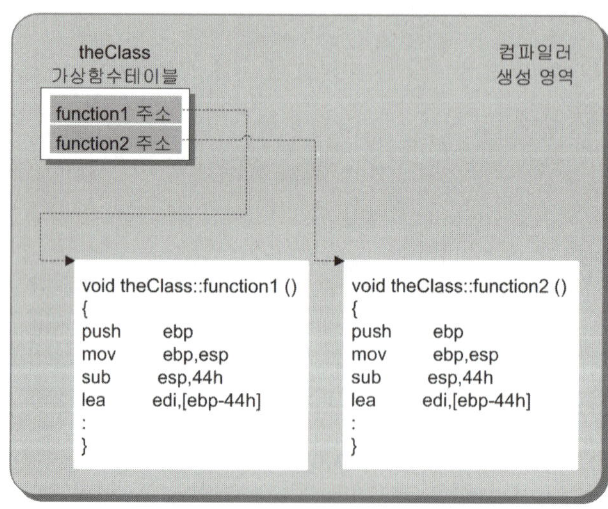

[그림 8-6] 가상 함수 테이블과 가상 함수

[그림 8-6]과 같이 특정 클래스의 가상 함수 테이블은 해당 클래스에 구현된 가상 함수를 1:1로 가리킨다. 다음으로 가상 함수 테이블이 상속 관계에서 어떻게 생성되는지에 대해서도 명확히 해두자. 앞의 [소스 8-4]에서 구현된 theClass가 하위 클래스로 상속된다면 가상 함수 테이블은 어떻게 생성될까? 예를 들어, theClass를 아래와 같이 상속한 경우를 생각해보자.

```cpp
class Derived : public theClass
{
public:
    virtual void function2 ();
    virtual void function3 ();
};

void Derived::function2 ()
{
}

void Derived::function3 ()
{
}
```

Derived 클래스는 [소스 8-4]에서 구현된 theClass를 상속받아 가상 함수 function2를 재정의한 다음, 새로운 가상 함수 function3을 추가했다. 여기서 한 가지 더 고려해야 할 것은 theClass의 function1은 재정의하지 않았다는 것이다. 즉, 상속받은 가상 함수를 재정의하지 않은 것과 재정의한 것, 그리고 추가한 것 이렇게 세 가지 경우에 대해 가상 함수 테이블이 어떻게 생성될 지를 고민해야 한다. 결론부터 이야기하면 상속 관계에서 하위 클래스의 가상 함수 테이블 항목은 최소한 상위 클래스 항목보다 같거나 많다. 위의 Derived 클래스는 세 개의 항목을 갖는 가상 함수 테이블을 생성한다. 가상 함수를 상속받은 클래스는 자신이 새로 추가하거나 재정의한 가상 함수뿐만 아니라 상위 클래스에서 상속받은 가상 함수들도 처리해야 하기 때문에 최소한 상위 클래스보다 많은 항목의 가상 함수 테이블을 생성한다.

위의 Derived 클래스를 예로 들어 이것이 어떻게 생성되는지 살펴보면 일단 Derived 클래스의 가상 함수 테이블 항목은 세 개로 생성된다. 이때 테이블의 첫 번째는 상위 클래스의 function1 함수 주소를 가진다. 왜냐하면 Derived 클래스에서 이 함수는 재정의하지 않았기 때문이다. 즉, 재정의하지 않은 가상 함수에 대해서 가상 함수 테이블의 항목은 상위 클래스 함수를 가리키도록 설정된다. 다음으로 테이블의 두 번째 항목은 Derived에 구현된 function2를 가리킨다. 가상 함수를 상속받아 재정의한 경우 가상 함수 테이블의 항목은 재정의된 함수를 가리킨다. 마지막으로 새로 추가된 가상 함수의 경우 가상 함수 테이블 항목은 새롭게 구현된 함수를 가리킨다. 이것을 그림으로 표현하면 다음과 같다.

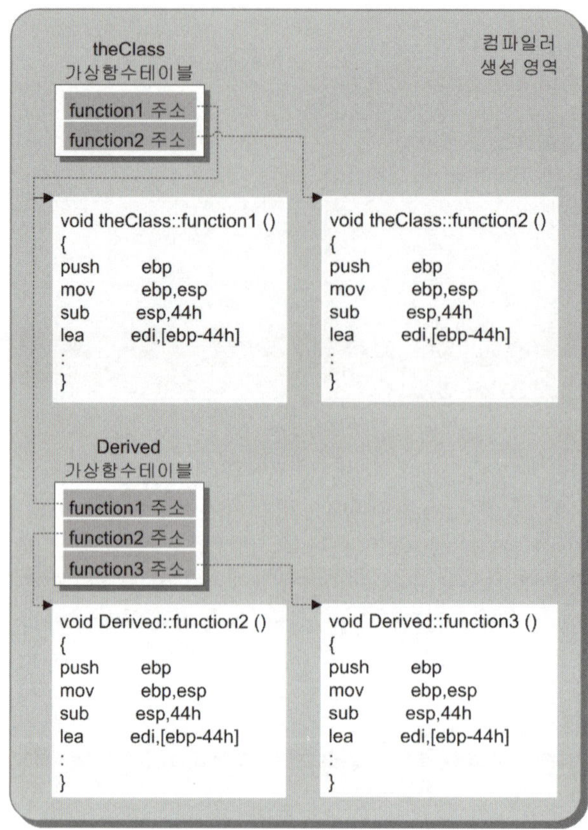

[그림 8-7] 상속과 가상 함수 테이블

이 구조를 정확하게 이해해야 한다. 이것이 앞에서 이야기한 가상 함수와 관련된 모든 원리를 설명하기 때문이다. 가상 함수 테이블이 아직 객체와 연결되지 않았지만 객체는 이를 바탕으로 가상 함수를 동적으로 찾아간다. 다시 한 번 정리하자. 가상 함수를 상속받은 클래스가 해당 가상 함수를 재정의하면 가상 함수 테이블에는 새로 재정의한 함수 주소가 설정되고, 재정의하지 않으면 상위 클래스에서 정의한 가상 함수 주소가 설정된다. 그래서 실행 코드는 이를 찾아 재정의한 가상 함수를 정확하게 찾아간다.

동적으로 연결되는 객체와 가상 함수 테이블

가상 함수 테이블은 컴파일러에 의해 생성되기 때문에 정적이다. 이것은 아직 객체와 관련하여 어떠한 연관성도 없다. 그래서 아직 객체에 포함되었다고 볼 수 없다. 따라서 객체를 기준으로 호출되는 가상 함수의 기본 원리가 아직 동작하지 않는다. 이제 가상 함수 테이블을 동적인 객체에 연결하는 원리를 살펴보자.

[그림 8-5]에서 가상 함수를 포함하는 객체의 크기를 살펴본 바와 같이 C++ 컴파일러는 가상 함수를 하나라도 포함하는 클래스의 크기를 계산할 때 멤버 변수의 총 합보다 항상 4바이트 크게 계산한다. 그래서 객체를 생성하면 멤버 변수의 총 합보다 항상 4바이트 크게 생성된다. 그렇다면 이렇게 추가로 생성되는 4바이트는 무슨 목적으로 사용될까? 이것이 바로 앞에서 컴파일러가 정적으로 생성한 가상 함수 테이블과 연결되기 위한 부분으로 가상 함수 테이블 포인터라고 한다. 컴파일러에 따라 다양하게 부르기 때문에 정확한 명칭은 없다. 우리는 목적만 정확하게 기억하면 된다. 가상 함수 포인터 테이블은 객체와 가상 함수 테이블을 연결하기 위한 고리이다.

바로 전에 가상 함수 테이블 포인터가 4바이트 추가된다고 표현했지만 사실 추가되는 것은 멤버 변수이다. 가상 함수를 가지는 클래스를 객체로 생성하면 멤버 변수는 객체의 맨 앞의 4바이트를 비워두고 뒤쪽을 점유한다. 객체의 맨 앞에 생성되는 4바이트가 바로 가상 함수 테이블 포인터이다. 예를 들어, 앞에서 구현한 Derived를 객체로 생성하면 이것의 메모리 구조는 [그림 8-8]과 같다.

가상 함수를 가지는 모든 클래스의 객체는 [그림 8-8]과 같이 최초 4바이트를 가상 함수 테이블 포인터로 시작한다. 그리고 그 뒤에 다른 멤버를 나열한다. 이 그림은 사실 객체의 메모리 구조만 나타낸 것일 뿐 초기화까지 나타낸 것은 아니다. 마지막으로 이제 이것과 가상 함수 테이블의 연결을 알아보자.

객체를 변수로 선언하거나 new를 이용해 할당하여 객체가 메모리에 만들어지면 생성자가 호출된다. 갑자기 생성자 이야기를 다시 하는 이유는 바로 생성자가 가상 함수 테이블 포인터 초기화와 관련이 있기 때문이다. 생성자의 알려진 역할은 멤버 변수를 초기화하는 것이다. 하지만 잘 알려지지 않은 중요한 역할이 하나 더 있는데, 바로 가상 함수 테이블 포인터를 초기화하는 것이다. 생성자의 중괄호 입구('{')에는 숨겨진 코드가 두 개 있다. 첫 번째는 앞 장에서도 이야기한 것과 같이 상위 클래스 생성자를 호출하는 코드로 하위 클래스 생성자는 상위 클래스 생성자를 자동 호출한다. 두 번째 숨겨진 코드는 가상 함수 테이블 포인터를 클래스 자신의 가상 함수 테이블로 초기화하는 코드이다. 생성자는 중괄호 입구('{')에서 상위 클래스 생성자를 먼저 호출하고, 가상 함수 테이블 포인터를 클래스 자신의 가상 함수 테이블로 초기화한 다음 생성자 본체를 실행하여 멤버 변수를 초기화한다.

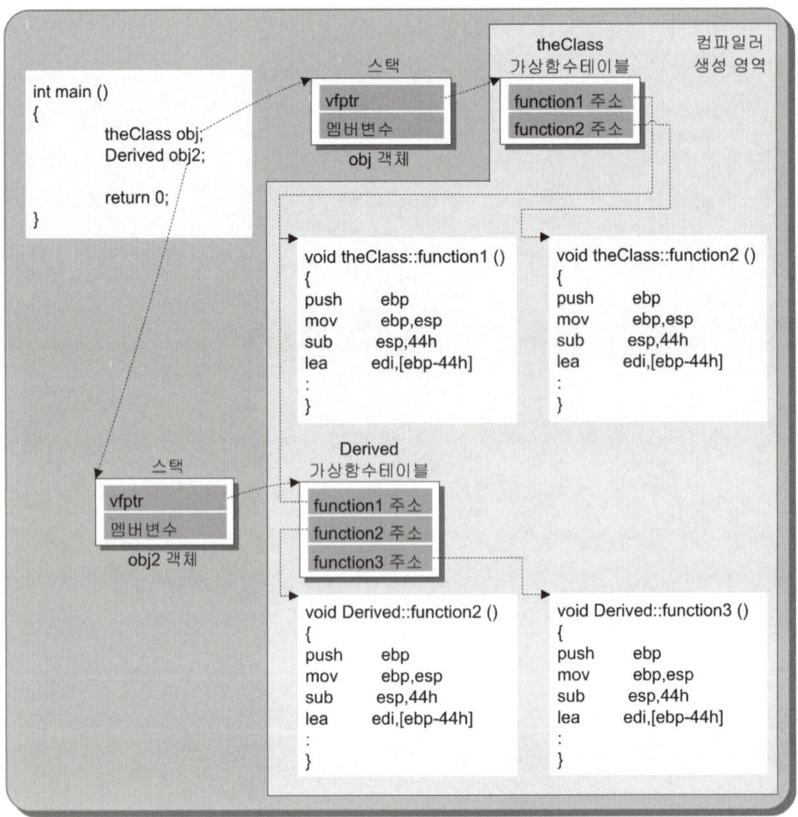

[그림 8-8] 객체와 가상 함수 테이블 포인터

[그림 8-9]와 같이 생성자는 상위 클래스 생성자를 먼저 호출한 다음 클래스 자신의 가상 함수 테이블을 초기화하기 때문에 가상 함수 테이블 포인터는 반대로 상위 클래스의 가상 함수 테이블부터 먼저 초기화를 진행하고 나중에 클래스 자신의 가상 함수 테이블을 초기화한다. 그래서 생성자가 호출된 입장에서 보면 가상 함수 테이블 포인터는 초기화가 진행 중이라고 볼 수 있다. 객체 생성에 필요한 모든 생성자를 실행해야만 가상 함수 테이블 포인터가 제대로 설정된다. 컴파일러도 이 사실을 인지하기 때문에 생성자에서는 가상 함수를 호출하지 못하도록 제한하고 있다. 생성자에서 가상 함수를 호출하면 객체를 참조하지 않고, 항상 현재 클래스의 가상 함수만 호출한다. 가상 함수를 정확하게 호출하려면 가상 함수 테이블 포인터가 완전히 설정된 시점, 즉 모든 생성자가 반환된 시점에서만 호출해야 한다.

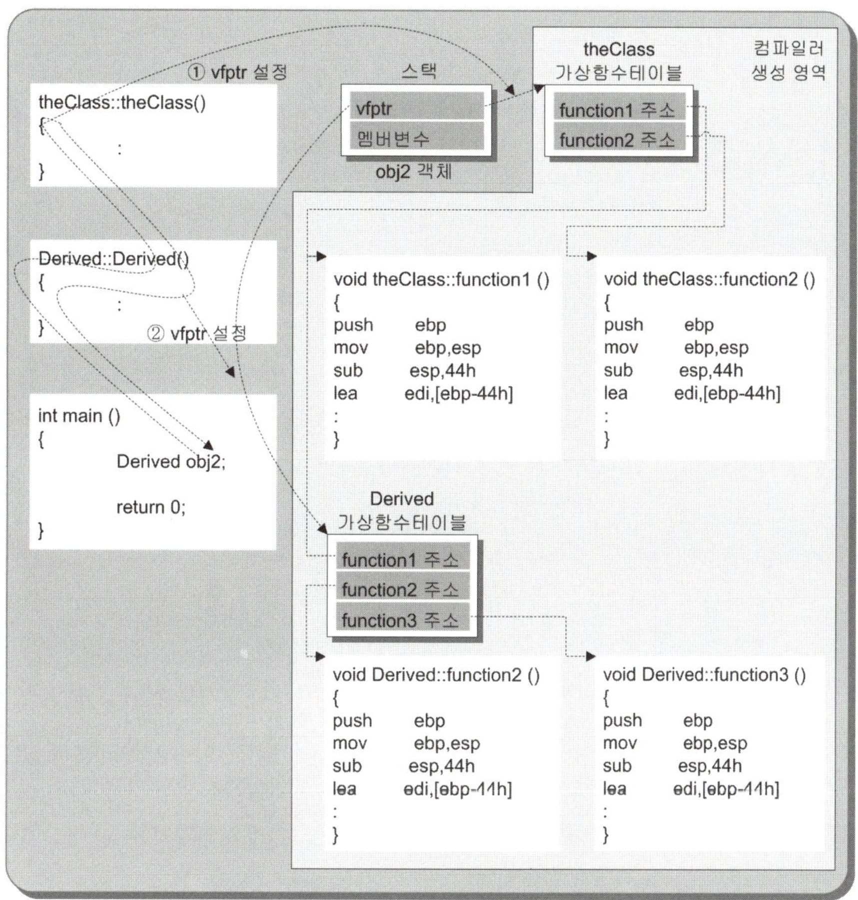

[그림 8-9] 가상 함수 테이블 포인터 초기화

다음 코드는 앞의 코드를 기반으로 main 함수만 다시 구현한 것이다. 이 코드에서 theClass* pobj = new Derived;는 Derived 객체를 생성하기 때문에 최종적으로 초기화되는 가상 함수 테이블 포인터는 Derived 클래스의 가상 함수 테이블이다. 즉, pobj가 가리키는 메모리의 최초 4바이트는 Derived 클래스의 가상 함수 테이블을 가리킨다. 이렇게 설정된 상태에서 가상 함수를 호출하면 컴파일러는 해당 가상 함수를 위해 객체의 최초 4바이트를 참조하도록 코드를 생성한다. 객체의 최초 4바이트는 Derived 클래스의 테이블을 가리키므로 Derived에 재정의된 가상 함수가 호출된다. 앞에서 동적 바인딩을 하는 것은 코드가 실행될 때 객체의 최초 4바이트를 참조하여 호출한다는 의미이다.

```cpp
int main ()
{
    theClass* obj = new Derived;
    pobj->function2 ();

    delete pobj;

    return 0;
}
```

지금까지 가상 함수 테이블 포인터가 생성자를 통해 초기화되는 과정을 살펴봤다. 만약 개발자가 이렇게 중요한 생성자를 하나도 구현하지 않는다면 어떻게 될까? 공식적으로 생성자를 구현하지 않는다면 컴파일러가 디폴트 생성자를 제공한다고 되어 있다. 하지만 사실 컴파일러는 생성자를 무조건 제공하지는 않는다. 왜냐하면 생성자를 개발자가 구현하지 않는다면 멤버 변수를 초기화할 필요가 없기 때문이다. 하지만 가상 함수를 가지는 클래스는 이야기가 다르다. 가상 함수를 가지는 클래스는 객체가 생성될 때 항상 가상 함수 테이블 포인터를 클래스 자신의 가상 함수 테이블로 초기화해야 한다. 그런데 개발자가 생성자를 하나도 구현하지 않는다면 프로그램에 심각한 문제가 발생할 것이다. 그래서 컴파일러는 이것을 방지하기 위해 숨겨진 디폴트 생성자를 하나 제공한다. 정리하면 다음과 같다. 개발자가 생성자를 하나도 구현하지 않은 경우, 그리고 클래스에 가상 함수가 하나 이상 있는 경우 컴파일러는 숨겨진 디폴트 생성자를 제공한다. 이 경우 외에는 컴파일러는 생성자를 제공하지 않는다.

8.3 RTTI

런타임 객체 타입 정보

C++ 언어에서 객체 포인터는 객체를 가리키는 주소일 뿐이며 객체는 해당 객체의 클래스 멤버를 메모리에 할당한 메모리 덩어리일 뿐이다. 객체에는 클래스 멤버 외에 클래스와 관련된 어떠한 정보도 없기 때문에 우리는 객체 주소를 가지고 객체 자료형(클래스)과 관련된 어떠한 정보도 알 수 없다. 원래 C++언어가 C언어를 기반으로 탄생했기 때문에 객체 포인터와 관련되어 정보를 얻을 수 없는 것은 너무나 당연하다. 물론 가상 함수를 가지는 클래스의 경우 객체 앞의

최초 4바이트가 가상 함수 테이블을 가리키지만 이것은 재정의된 가상 함수를 찾아가기 위한 포인터일 뿐 객체가 어떤 클래스인지를 말해주지는 않는다.

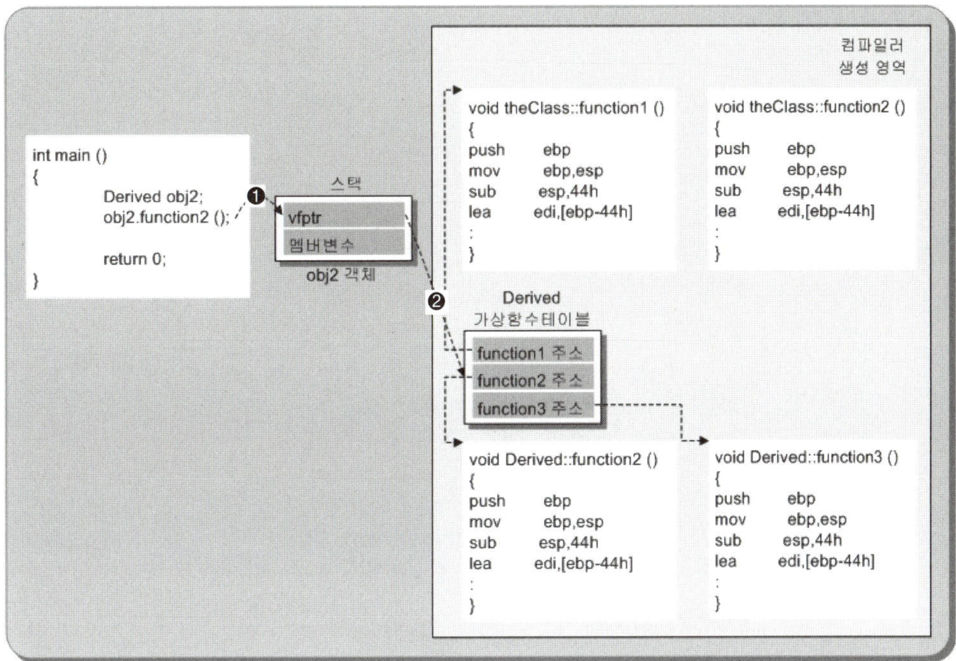

[그림 8-10] 가상 함수 호출과 가상 함수 테이블 포인터 추적

그런데 애플리케이션을 개발하다 보면 객체 포인터를 이용해 객체 자료형(클래스)을 능동적으로 판단해야 하는 경우가 생긴다. 상속 관계를 가지는 여러 개의 클래스 객체를 할당한 다음 상위 클래스로 형변환한 후에 다시 원래 클래스 타입으로 돌아가고 싶을 때가 바로 이런 경우이다. 다음 코드를 보자.

```
class Family
{
};

class Sister : public Family
{
};
```

```cpp
class Brother : public Family
{
};

int main ()
{
    while (1)
    {
        cout << "가족을 선택하세요 (1:자매, 2:형제) ";

        int n;
        cin >> n;
        Family* pobj;
        switch (n-1)
        {
        case 0: pobj = new Sister;  break;
        case 1: pobj = new Brother; break;
        default: return 0;
        }

        Sister* psister       = (Sister*) pobj;

        Brother* pbrother     = (Brother*) pobj;

        delete pobj;
    }

    return 0;
}
```

위 코드에서 Sister와 Brother 클래스는 Family 클래스의 하위 클래스이다. 코드는 Sister와
Brother 클래스를 이용해 객체를 생성한 다음 상위 클래스인 Family 클래스로 형변환한다. 그
리고 이렇게 형변환된 객체를 다시 원래 클래스 타입인 Sister와 Brother로 형변환하려고 한다.
이렇게 상위 클래스로 형변환한 다음 하위 클래스로 형변환하는 것을 다운 캐스트^{downcast}라고
한다. 여기서 다운 캐스트를 하는 이유는 논리적으로 필요해서 하는 것이 아니라 다운 캐스트
자체의 문제점을 보여주기 위해서이다. 여기서 하는 다운 캐스트는 객체를 무조건 형변환한다.
이렇게 무조건적으로 하는 다운 캐스트는 문제가 있다. 왜냐하면 생성된 객체를 무조건 Sister
클래스로 볼 수 없기 때문이다. 그렇다고 무조건 Brother로 다운 캐스트하는 것도 문제다. 이

것 역시 무조건 Brother 클래스로 볼 수 없기 때문이다.

이렇게 무조건 다운 캐스트하는 것이 아니라 객체의 실제 타입에 따라 다운 캐스트해야 한다. 이때 필요한 것이 바로 RTTI^{Run-Time Type Information}이다. RTTI는 코드가 실행되는 도중에 객체를 생성할 때 사용한 타입(클래스)을 알 수 있도록 정보를 제공한다. 이것을 이용하면 객체가 생성될 때 사용한 타입을 검사하여 다운 캐스트할 수 있다. 그래서 위의 코드를 좀 더 능동적으로 수정할 수 있다. 즉, 상위 클래스 포인터를 이용해 어떤 하위 클래스 자료형 객체인지를 능동적으로 판단해야 할 때 RTTI를 사용할 수 있다.

RTTI와 dynamic_cast

RTTI는 이름 그대로 실행 중에 객체의 자료형 정보를 알 수 있도록 하는 C++언어 기능이다. 좀 더 정확하게 이야기하면 클래스 자료형 정보를 가지고 있는 또 다른 클래스(type_info) 객체이다. RTTI는 컴파일러가 내부적으로 사용하는 정보 클래스로 다음과 같이 정의되어 있다.

```
class type_info {
public:
    virtual ~type_info();
        int operator==(const type_info& rhs) const;
        int operator!=(const type_info& rhs) const;
        int before(const type_info& rhs) const;
        const char* name() const;
        const char* raw_name() const;
private:
        void *_m_data;
        char _m_d_name[1];
        type_info(const type_info& rhs);
        type_info& operator=(const type_info& rhs);
};
```

위 클래스(type_info)는 객체의 클래스 정보를 표현하기 위하여 클래스 단위로 생성되며 컴파일러가 수행한다. 하지만 컴파일러가 이것을 무조건 객체로 생성하는 것은 아니다. 컴파일러가 위 클래스를 이용해 RTTI 정보를 생성하기 위해서는 두 가지 조건을 만족해야 한다. 첫 번째 조건은 컴파일 옵션에서 프로젝트에 RTTI 사용을 설정하는 것이다. 그리고 두 번째 조건은 각 클래스에 가상 함수를 하나 이상 구현해야 한다. 두 번째 조건이 필요한 이유는 RTTI가 가상 함수 테이블을 이용하기 때문이다. 이것에 대해서는 뒤에서 좀 더 자세하게 이야기하겠다. Visusl C++의 경우 [Project]−[Settings] 메뉴를 선택하고 [Project Settings] 창의 [C/C++]−[Catagory]탭에서 [Category]에서 [C++ Language]를 선택한 다음 'Enable Run−Time Type Information [RTTI]'에 체크 표시한다.

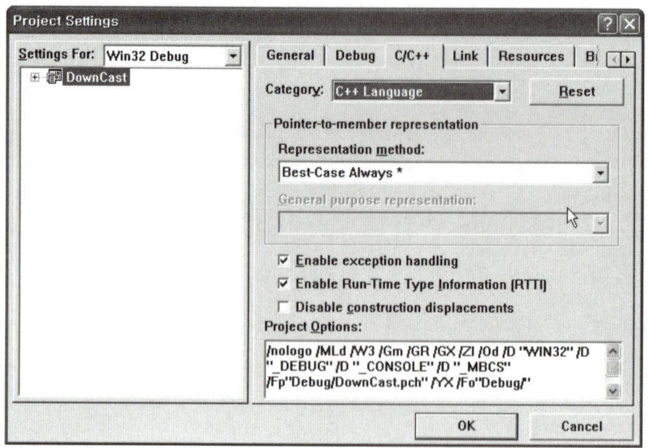

[그림 8-11] RTTI 옵션 설정

이렇게 해서 Visual C++는 /GR 컴파일 옵션을 설정한다. 그리고 RTTI를 사용하고자 하는 클래스에 최소한 하나 이상의 가상 함수를 구현한다. 앞의 코드의 경우 Family 클래스에 다음과 같이 가상 함수를 추가할 수 있다.

```cpp
class Family
{
public:
    virtual ~Family()
    {
    }
};
```

위의 코드를 보면 소멸자를 가상 함수로 구현했는데, 가상 함수라면 어떤 것이라도 상관없다. RTTI는 가상 함수 테이블을 이용하기 때문에 어떤 가상 함수라도 만들기만 하면 된다. C++ 컴파일러는 하나 이상의 가상 함수를 가지는 클래스에 대해 무조건 가상 함수 테이블을 생성하기 때문이다. 왜 RTTI를 사용하기 위해 하나 이상의 가상 함수가 필요한지는 바로 뒤에서 좀 더 자세하게 설명하기로 하고 앞의 코드를 다음과 같이 수정해보자.

```cpp
int main ()
{
    while (1)
    {           cout << "가족을 선택하세요 (1:자매, 2:형제) ";

        int n;
        cin >> n;
        Family* pobj;
        switch (n-1)
        {
        case 0: pobj = new Sister;    break;
        case 1: pobj = new Brother; break;
        default: return 0;
        }

        if (dynamic_cast<Sister*>(pobj))
        {
            Sister* psister     = (Sister*) pobj;
        }
        else if (dynamic_cast<Brother*>(pobj))
        {
            Brother* pbrother = (Brother*) pobj;
        }

        delete pobj;
    }

    return 0;
}
```

위 코드는 이전 코드와 달리 무조건 다운 캐스트를 하지는 않는다. 위 코드는 dynamic_cast 를 이용해 타입 검사를 한 다음 다운 캐스트를 실행한다. 여기서 타입 검사를 위해 사용하는 dynamic_cast는 상당히 능동적인 캐스트이다. C++ 언어는 여러 가지 종류의 캐스트 연산을 제공하는데, dynamic_cast는 다른 캐스트와 달리 실행 중에 RTTI에 대한 참조를 이용하여 동적으로 캐스트를 수행한나. dynamic_cast에 내한 사용법은 다음과 같다.

> dynamic_cast <자료형>(표현식)

위 형식에서 표현식은 가상 함수와 RTTI를 가지는 클래스에 대한 포인터나 참조형, 혹은 객체일 수 있다. 그리고 자료형 역시 가상 함수와 RTTI를 가지는 객체 포인터나 참조형일 수 있다. 예외적으로 자료형에 void*를 명시할 수도 있다. 표현식과 자료형의 형식만 일치한다면 컴파일러는 컴파일을 허용한다. 표현식과 자료형의 연관 관계와 상관없이 가상 함수와 RTTI를 포함하기만 하면 dynamic_cast는 무조건 컴파일을 허용한다. 원래 C++언어에서 캐스트는 컴파일에 이것이 문법적으로 안전한지를 검증하거나 확인하기 위해서 사용하는데, dynamic_cast는 컴파일러의 허용보다는 실행시 자료형 검증을 위한 목적으로 사용되므로 특별한 경우가 아니라면 컴파일러는 dynamic_cast를 대부분 허용한다. 하지만 컴파일러가 캐스트를 허용한다고 해서 항상 캐스트된 값이 반환되는 것은 아니다. dynamic_cast는 표현식에 기술한 객체를 이용하여 RTTI 정보(type_info) 객체를 얻고, 이것이 자료형에 명시된 클래스 자료형과 일치하는 경우에만 유효한 값을 반환한다. 이때 반환되는 값은 당연히 자료형으로 캐스트된 값이다. 하지만 추적한 RTTI가 자료형과 일치하지 않는 경우에는 NULL이 반환된다. 그래서 앞의 코드에서 조건문에 dynamic_cast를 조건으로 구현하여 객체의 자료형에 따라 능동적으로 다운 캐스트를 처리할 수 있다. 즉, 실행 시간에 자료형 추적을 통하여 능동적으로 다운 캐스트를 수행하는 캐스트가 dynamic_cast이다.

dynamic_cast는 동적으로 자료형을 판단하기 위해 객체 주소를 이용해 RTTI 정보(type_info)를 추적한다. dynamic_cast 외에 RTTI를 사용하는 키워드가 하나 더 있다. typeid가 바로 이것이다.

> typeid(표현식)

typeid는 표현식이 RTTI를 가지고 있다면 표현식의 RTTI 객체를 참조형으로 반환한다. 프로그램은 반환된 RTTI 객체를 이용해 클래스 이름을 얻거나 비교를 수행할 수 있다. typeid를 사용할 때 주의할 것은 객체 포인터가 전달된 경우 객체 포인터 자료형에 대해 별도의 RTTI 정보 참조형이 반환된다는 것이다. 지금까지 RTTI를 위해 구현한 코드를 다음과 같이 다시 구현해 보자.

```cpp
1: #include <iostream>
2:
3: using namespace std;
4:
5: class Family
6: {
7: public:
8:         virtual ~Family ()
9:         {
10:         }
11: };
12:
13: class Sister : public Family
14: {
15: };
16:
17: class Brother : public Family
18: {
19: };
20:
21: int main ()
22: {
23:     while (1)
24:     {
25:             cout << "가족을 선택하세요 (1:자매, 2:형제)   ";
26:
27:             int n;
28:              cin >> n;
29:             Family* pobj;
30:             switch (n-1)
31:             {
32:             case 0: pobj = new Sister;  break;
33:             case 1: pobj = new Brother; break;
34:             default: return 0;
35:             }
36:
37:             if (dynamic_cast<Sister*>(pobj))
38:             {
39:                 Sister* psister    = (Sister*) pobj;
40:             }
41:             else if (dynamic_cast<Brother*>(pobj))
```

```
42:            {
43:                Brother* pbrother = (Brother*) pobj;
44:            }
45:
46:            const type_info& ti1 = typeid (pobj);
47:
48:            const type_info& ti2 = typeid (*pobj);
49:
50:            cout << "(0x" << pobj << ") = " << ti1.name () << endl;
51:
52:            cout << "(0x" << pobj << ") = " << ti2.name () << endl;
53:
54:            delete pobj;
55:        }
56:
57:        return 0;
58: }
```

[소스 8-5]의 실행 결과는 다음과 같다.

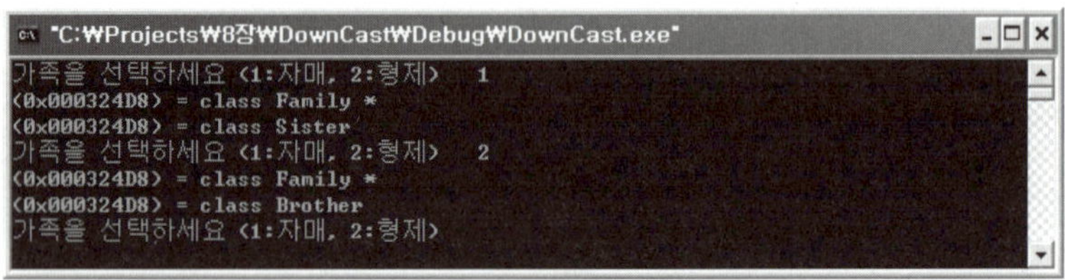

[그림 8-12] typeid를 사용한 RTTI

[소스 8-5]의 46행(typeid(pobj))은 pobj와 typeid( )을 이용해 RTTI 정보를 얻는다. 그리고 48
행(typeid(*pobj))은 pobj가 가리키는 객체, 즉 Sister나 Brother 객체를 이용해 RTTI 정보를
얻는다. 이때 반환되는 RTTI는 각각 Family*의 RTTI 혹은 Sister나 Brother 객체의 RTTI일
것이다. typeid는 전달된 자료형에 따라 다른 RTTI 정보를 반환한다. 같은 객체를 사용하더라
도 포인터를 전달한 경우에는 포인터에 대한 RTTI를 반환하고, 객체를 전달한 경우에는 객체에
대한 RTTI를 반환한다. [소스 8-5]는 이렇게 반환된 RTTI를 이용해 type_info::name 함수를
호출하여 자료형 이름을 출력한다. 46행과 48행에서 반환받은 RTTI가 서로 다르기 때문에 50
행과 52행은 서로 다른 결과를 출력한다.

준비된 미래와 준비되지 않은 미래

RTTI와 dynamic_cast를 이용하면 실행 중에 객체 타입 검사가 가능하기 때문에 안전하게 다운 캐스트를 할 수 있다. 여기서 질문해보자. 왜 다운 캐스트를 하는 것일까? 어떻게 보면 다운 캐스트는 전혀 객체 지향적이지 못하다. 다운 캐스트를 한다는 것은 특정 타입의 객체에 대해 예외적인 동작을 구현한다는 뜻이다. 이것은 마치 클래스를 상속한 다음 재정의하는 것과 비슷하다. 즉, 다운 캐스트로 구현하는 내용은 사실 재정의로 구현했어야 한다는 뜻이다. 재정의로 구현하는 것이 좀 더 객체 지향적이기 때문이다.

재정의를 하기 위해서는 미래 변화 가능성을 예측할 수 있어야 한다. C++에서 재정의는 가상 함수를 사용하기 때문에 상위 클래스를 설계할 때 특정 함수가 재정의될 가능성이 있다면 이것을 사전에 가상 함수로 선언했어야 한다. 그런데 재정의 함수를 모두 예측하고 가상 함수로 설계하기란 현실적으로 힘들다. 가급적 많은 함수를 가상 함수로 설계한다고 해도 실제 구현에 들어가 보면 설계에서 빠진 함수가 나타나기 마련이다. 이때 구현된 내용이 아직 적다면 재정의를 다시 설계해도 된다. 하지만 이미 구현된 내용이 많거나 시간이 오래 지난 다음이라면 재정의를 다시 설계하기란 어렵다. 바로 이때 다운 캐스트를 사용할 수 있다. 그리고 안전한 다운 캐스트를 위해 RTTI와 dynamic_cast를 사용한다.

그렇다고 dynamic_cast를 남용해서는 안 된다. 예측할 수 있는 미래라면 가상 함수와 재정의로 설계하는 것이 좋고, dynamic_cast는 재정의로 설계하지 못한 경우 사용할 수 있는 방법 중 하나로 봐야 한다.

가상 함수 테이블

C++는 가상 함수 테이블을 RTTI에서 또 한 번 사용한다. 가상 함수와 RTTI는 논리적으로 아무런 연관성이 없다. 하지만 컴파일러는 RTTI를 구현하기 위해 가상 함수 테이블을 이용한다. RTTI와 객체의 연결을 위해 C++ 언어는 가상 함수 테이블 앞에 4바이트를 객체와 RTTI의 연결 고리로 사용하고 있다. 이해를 돕기 위해 [그림 8-13]을 보자.

RTTI와 가상 함수를 가지지 않는 클래스의 객체는 멤버 변수만으로 객체 메모리가 생성된다. 이런 경우 당연히 RTTI 정보와 dynamic_cast를 사용할 수 없다. 반면에 가상 함수와 RTTI를 가지는 클래스 객체의 경우 객체 메모리의 맨 앞 4바이트에 가상 함수 테이블 포인터가 생성된다. 여기까지는 앞에서 이야기한 가상 함수 구조이다. 여기에 부가적으로 RTTI를 가지는 경우 가상 함수 테이블에는 맨 처음 4바이트에 RTTI 정보를 가지는 포인터가 생성된다. 이것이 가상 함수만 가지는 클래스와 다른 점이다. 가상 함수만 가지는 클래스는 가상 함수 테이블이 가상

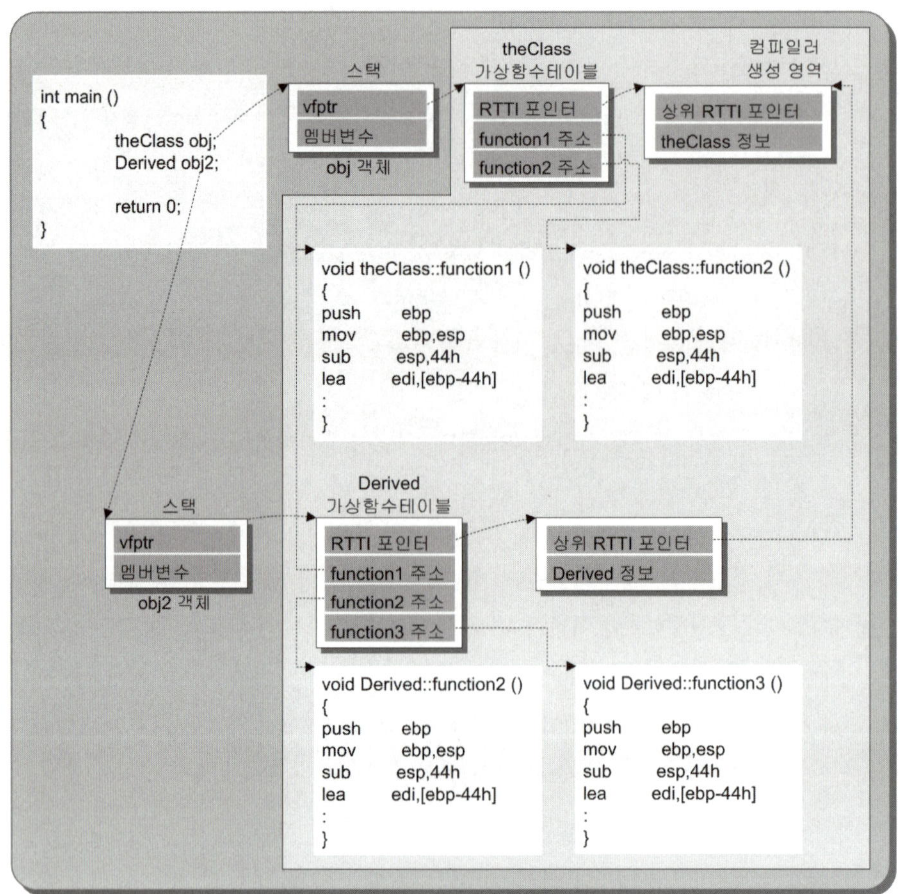

[그림 8-13] RTTI를 사용하는 가상 함수 테이블

함수 주소로만 구성된다. 하지만 가상 함수와 RTTI를 함께 가지는 클래스는 가상 함수 테이블의 최초 4바이트를 RTTI 객체를 가리키는 포인터로 사용하고, 그 다음부터 가상 함수 주소가 순차적으로 설정된다. 이와 같이 C++는 가상 함수 테이블을 빌려 RTTI 정보에 대한 링크를 구현하기 때문에 RTTI를 사용하기 위해서는 반드시 하나 이상의 가상 함수가 있어야 한다. 가상 함수가 하나도 없다면 가상 함수 테이블 자체가 생성되지 않기 때문에 RTTI도 사용할 수 없다.

C++에서 가장 중요한 것 하나를 꼽으라고 한다면 주저하지 않고 가상 함수를 선택할 것이다. 가상 함수의 문법적 요소는 virtual이라는 키워드 하나가 전부이다. 가상 함수는 개념적인 면에서 중요하며, C++에서 클래스를 상속받고 멤버 함수를 재정의하기 위해 필수적인 요소이다. 가상 함수를 사용하지 않는 재정의는 함수를 호출할 때 자료형을 기준으로 재정의된 함수가 호출되지 않는다. 그렇다고 자료형을 기준으로 함수를 호출하기 위해 코드에서 클래스의 모든 자료형을 사용할 수는 없다. 코드를 단순화시키기 위해서는 객체 자료형을 항상 상위 클래스 자료형으로 형변환해야 하고 단순화된 자료형으로 멤버 함수를 호출할 때 재정의된 함수가 제대로 호출되지 않는 문제를 해결하기 위한 수단이 바로 가상 함수이다.

가상 함수는 클래스 설계 시 상위 클래스부터 반영되어야 한다. 하위 클래스를 구현하는 순간에 가상 함수가 필요하다고 뚝딱 선언하고 구현할 수 없다. 가상 함수는 상위 클래스에 선언된 함수를 재정의하는 것이기 때문에 항상 상위 클래스에 선언되어 있어야 한다. 가상 함수를 선언하고 구현하는 개발자는 미래를 예측할 수 있어야 하는데, 어떤 함수를 구현하면서 이것이 미래에 재정의될 가능성이 있다면 해당 함수를 가상 함수로 선언해 두어야 한다. 이렇게 가상 함수는 과거에 설계된 클래스와 미래에 구현될 클래스 사이의 변화 가능성을 연결하는 고리가 되기 때문에 또한 중요하다.

아무리 강조해도 지나치지 않을 정도로 C++에서 가상 함수는 매우 중요하다. 이를 바탕으로 가상 함수에서 파생되는 추가적인 몇몇 개념을 이야기했다. 이 중 추상 클래스는 멤버 함수로 가상 함수를 선언만 하고 구현을 하지 않는 클래스를 말한다. 구현하지 않는 이유는 구현한다 하더라도 하위 클래스에서 항상 재정의되기 때문이다. 이렇게 선언만 하고 구현하지 않는 가상 함수를 순수 가상 함수라고 하고, 문법적으로는 함수 이름 뒤에 '=0'을 붙이면 된다. 그리고 순수 가상 함수를 하나 이상 가지는 클래스를 추상 클래스라고 한다. 추상 클래스는 문법적으로 순수 가상 함수를 하나 이상 가지는 클래스를 말하지만 논리적으로는 자료형으로만 사용되는 클래스를 말한다. 즉, 실제 객체로 생성될 필요는 없으면서 형변환 자료형으로만 사용되는 클래스가 추상 클래스이다. 추상 클래스는 이렇게 문법적인 의미와 논리적인 의미를 동시에 가지고 있지만 가상 함수를 가지는 클래스를 구현하다 보면 자연스럽게 한 곳에서 만나게 된다.

가상 함수에서 문법적 강제 사항은 아니지만 잊지 않고 해야 하는 것이 항상 소멸자를 가상 함수로 구현해야 한다는 것이다. 소멸자가 호출되는 상황은 객체가 파괴될 때이다. 그런데 객체가 파괴될 때 객체는 일반적으로 형변환되어 존재한다. 이렇게 형변환되어 존재하는 객체를 파괴할 때 소멸자가 가상 함수가 아니면 정확하게 소멸자가 호출되지 않는 문제가 발생한다.

가상 함수는 다른 멤버 함수와 달리 메모리 구조적으로 객체에 포함된다. 그렇다고 해서 함수 전체가 포함되는 것은 아니다. 이렇게 하면 객체가 할당될 때마다 많은 메모리가 필요하기 때문에 C++는 가상 함수를 객체에 포함시키면서 메모리를 적게 사용하기 위해 가상 함수 테이블과 테이블의 포인터라는 개념을 사용한다. 가상 함수 테이블은 실제로 가상 함수를 가리키는 포인터 배열로서 클래스 단위로 생성된다. 그래서 아무리 많은 객체가 생성되어도 가상 함수 포인터 테이블은 커지지 않는다. 가상 함수를 가지는 클래스가 많다면 이것도 많이 늘어나겠지만 객체의 개수와 비교하면 클래스 개수는 비교 대상이 되지 못할 정도로 적다. 가상 함수 테이블을 클래스 단위로 생성하고 이를 다시 객체에 포함시키기 위해 C++는 객체가 생성될 때 추가적으로 4바이트 메모리를 할당하고, 객체의 맨 앞에 이것을 배치해 둔다. 그리고 이렇게 배치된 포인터를 가상 함수 테이블과 연결한다. 실제 가상 함수가 객체에 들어간 것은 아니지만 적은 메모리, 정확하게는 4바이트 메모리로 가상 함수를 객체에 포함시킨 것과 같은 효과를 거둘 수 있다. 가상 함수 테이블과 객체가 연결된 상태에서 가상 함수를 호출하면 실행 코드는 객체 맨 앞의 4바이트를 추적하여 가상 함수 테이블을 찾은 다음 재정의된 가상 함수를 호출한다.

마지막으로 가상 함수가 응용되는 또 한 가지는 바로 RTTI와 dynamic_cast이다. RTTI와 dynamic_cast는 실행 시간에 객체 자료형을 판단하는 기능을 제공하기 위해 가상 함수 테이블을 이용한다. 가상 함수 테이블이 클래스 단위로 생성되기 때문에 가상 함수 테이블의 맨 앞 4바이트에 RTTI 정보를 연결해 두고, 객체로 자료형을 판단해야 할 때 사용한다. 이 때문에 RTTI를 사용하기 위해서는 클래스가 반드시 하나 이상의 가상 함수를 가지고 있어야 한다. 그리고 RTTI를 무조건 만들면 메모리가 더 많이 사용되기 때문에 컴파일러는 개발자가 선택적으로 RTTI를 사용하도록 이것을 옵션으로 제공한다. RTTI를 사용하기 위한 컴파일 옵션은 컴파일러에 따라 다양할 수 있기 때문에 개발자는 실제 사용하는 컴파일러의 옵션을 좀 더 살펴볼 필요가 있다.

자료형 변화에 대한 대응

클래스를 재사용하는 방법에는 상속과 함수 재정의만 있는 것이 아니다.
모든 것을 그대로 사용하지만 이전에 사용한 자료형만 바꾸어
재사용하는 경우도 있다. 이것을 탬플릿이라고 한다.
템플릿은 코드 라이브러리를 만들 때 가장 인기 있는 방법 중 하나다.

chapter point

- **함수 템플릿** 기존 함수의 코드는 같지만 자료형을 바꾸어 사용해야 할 때 함수 템플릿을 사용할 수 있다. 이것은 함수를 정의할 때 미지 자료형으로 함수 내부를 구현한 다음 사용할 때 실제 자료형으로 변경하여 함수를 재사용하는 기법이다.

- **클래스 템플릿** 함수 템플릿과 유사하게 클래스 템플릿을 미지 자료형으로 클래스를 구현한 다음 사용할 때 실제 자료형으로 변경하여 재사용하는 기법이다.

- **제네릭 프로그래밍** 코드 재사용성을 높이기 위해 코드를 구현할 때 특정 자료형에 얽매이지 않도록 구현하는 프로그래밍 기법을 제네릭 프로그래밍이라고 한다. C++에서는 이것을 구현하는 수단이 템플릿이다.

9.1 # 함수 템플릿

클래스의 알고리즘 수정과 자료형 수정

C++의 핵심은 재사용이다. 그리고 그 중심에 클래스가 있다. 다른 말로 C++의 핵심은 클래스를 재사용하는 것에 있다는 말이다. 클래스 재사용을 얼마나 잘 하느냐 하는 것이 핵심이다. 그래서 C++의 많은 문법적 요소도 이것을 위해 존재한다. 이전 장에서 이야기한 상속이나 포함, 그리고 가상 함수 등이 모두 클래스 재사용을 효율적으로 하기 위해 존재한다. 그렇다고 해서 C++의 모든 것이 클래스 재사용만을 위해 존재한다는 뜻은 아니다. 중복 정의나 디폴트 인자 같은 것은 클래스 재사용과 상관없이 코드의 직관성을 높이기 위해 존재한다.

C++에서 개발자는 클래스를 재사용하기 위해 포함이나 상속을 사용할 수 있다. 포함이나 상속은 새로운 클래스를 만들면서 기존 클래스를 재사용하는 방법이다. 그런데 새로운 클래스를 만드는 경우 외에도 기존 클래스를 재사용해야 하는 경우는 많다. 예를 들면, 전역 함수를 구현하면서 기존에 존재하는 클래스를 단순히 객체로 선언해 사용하는 경우이다. 이런 경우는 기존 클래스를 포함한 것도 아니고, 그렇다고 상속받은 것도 아니다. 어떻게 보면 코드 구조에 따라 이런 경우가 더 많을 수도 있다. 사실 새로운 클래스를 만들기 위해 사용했다는 것만 빼고 단순히 클래스를 객체 그대로 사용했다는 관점에서 보면 포함도 여기에 해당한다.

클래스 재사용을 다시 정리한 것은 이번 장의 주제인 템플릿을 이야기하기 위해서이다. 종합해보면 개발자가 클래스를 재사용하는 패턴은 상속을 통해 재사용하는 패턴과 클래스를 객체로 생성해 재사용하는 두 가지 패턴이다. 포함은 후자의 패턴에 해당한다. 이 두 가지 패턴을 좀 더 깊이 고민해보자.

상속은 항상 수정을 전제로 한다. 클래스를 상속받는다는 것은 기존 클래스를 상속받아 새로운 멤버를 추가하거나 함수를 재정의한다는 것을 의미한다. 클래스를 상속받은 후 아무런 멤버도 추가하지 않고, 아무런 함수도 재정의하지 않는다면 굳이 상속이 필요할까? 필요 없을 것이다. 결론적으로 상속은 항상 수정을 전제로 한다고 볼 수 있다. 그것이 멤버 변수에 대한 수정이든지 아니면 함수에 대한 수정이든지 항상 수정을 전제한다고 볼 수 있다. 이것을 알고리즘 수정이라고 한다.

반면 기존에 존재하는 클래스를 객체로 선언해 재사용하는 경우는 아무런 수정 없이 그대로 클래스를 재사용한다는 뜻이다. 그런데 이런 재사용에서 한 가지 경우를 더 생각할 수 있다. 기존에 존재하는 클래스를 객체로 선언해 그대로 사용하면서 이 클래스 내부에서 사용하는 변수 자료형을 변경하고 싶을 때가 있다. 앞에서 이야기한 상속은 새로운 변수가 추가되거나 함수를 재정의하는 것을 말하는 것이고, 지금 이야기하는 것은 새로운 변수를 추가하거나 함수를 재정의하는 것이 아니라 변수의 자료형만 변경하고자 하는 경우를 말하는 것이다. 예를 들어 클래스 내부의 정수를 실수로 변경하고 싶다고 해보자. 다음 코드를 살펴보자.

```cpp
class Store
{
private:
    int m_data;

public:
    void set (int data);
    int get () const;
};

void Store::set (int data)
{
    m_data = data;
}

int Store::get () const
{
    return m_data;
}

int main ()
{
    Store st;
    st.set (10);

    cout << "Stort = " << st.get () << endl;

    return 0;
}
```

위 코드에서 Store라는 클래스는 정수 멤버 변수를 선언하고 set과 get 함수를 통해 이 멤버에 값을 저장한 후 반환한다. 예를 들어 이 클래스를 아주 오랜 시간 동안 힘들게 구현했다고 가정하자. 그리고 이렇게 힘들게 구현한 클래스를 다른 곳에서 재사용해야 한다고 하자. 그런데 재사용해야 하는 곳에서 필요한 클래스가 정수가 아니라 실수를 저장하고 반환하는 클래스라면 어떻게 해야 할까? 아마 대부분의 개발자들은 이 클래스 코드 전체를 그대로 복사할 것이다. 그리고 Store라는 클래스 내부에 선언된 m_data의 자료형을 int에서 float로 변경할 것이다. m_data의 자료형을 변경하는 것 외에 set과 get 함수의 인자와 반환값도 수정해야 한다. 이 함수들이 사용하는 자료형도 int에서 float로 변경해야만 수정된 m_data가 정상적으로 사용될 수 있다. 여기서 한 가지 수정이 더 필요할 수도 있다. 만약 이 클래스가 재사용되는 곳이 같은 소프트웨어 내부라면 클래스 이름도 수정해주어야 한다. 같은 소프트웨어 내에서 동일한 이름으로 클래스가 두 개 이상 존재할 수 없기 때문이다.

지금까지 이야기한 과정을 수작업으로 직접 진행할 수도 있다. 하지만 이것이 컴파일러에 의해 자동으로 해결된다면 훨씬 효율적일 것이다. 이렇게 자료형 수정을 컴파일러에 의해 처리하고자 하는 것이 바로 템플릿^{template}이다. 템플릿을 이용하면 지금 이야기한 절차를 컴파일러에 맡길 수 있다. 이것을 상속과 비교해보면 다음과 같이 정리할 수 있다.

- 클래스를 구현하면서 미래에 클래스 내부의 멤버나 알고리즘이 변화될 가능성이 있다면 상속과 재정의를 사용한다. 재정의를 구현할 때는 가상 함수를 사용한다.
- 클래스를 구현하면서 미래에 클래스 자신의 알고리즘은 그대로 사용하지만 내부에서 사용하는 자료형이 변화될 가능성이 있다면 템플릿을 사용한다.

상속과 비교해 템플릿은 클래스를 재사용할 때 클래스 자신의 함수를 수정하지 않는다. 그렇다고 해서 멤버 변수를 추가하지도 않는다. 템플릿은 오직 클래스 내부에서 사용하는 자료형만 수정한다. 결론은 차후에 변화될 것이 클래스의 알고리즘이라면 상속과 재정의를 사용하고, 자료형이라면 템플릿을 사용한다. 많지는 않지만 경우에 따라 이 두 가지를 함께 사용하는 경우도 있을 수 있다. 이것에 대해서도 뒤에서 이야기하겠다.

함수 템플릿

앞에서 이야기한 것은 정확하게는 클래스 템플릿이 필요한 경우이다. 하지만 C++에는 클래스 템플릿만 있는 것이 아니다. 클래스 템플릿과 함께 함수 템플릿도 있다. 사실 이야기 순서로 보면 함수 템플릿이 먼저다. 이번에는 함수 템플릿에 대해 알아보자.

함수 템플릿도 클래스 템플릿과 비슷하다. 즉, 함수 템플릿도 기존에 구현한 함수를 재사용하되 함수 내에서 사용한 자료형을 수정하고자 할 때 사용한다. 다음 코드를 보자.

```cpp
int max (int a, int b)
{
    if (a > b)
        return a;
    else
        return b;
}

int main ()
{
    cout << "max(10, 15) = " << max(10, 15) << endl ;

    return 0;
}
```

앞의 코드에서 max는 두 정수를 인자로 전달받아 이 중에 큰 값을 반환하는 함수이다. 사실 이렇게 작고 단순한 함수를 템플릿으로 구현할 필요는 없다. 모든 예제가 그렇듯이 예제는 가급적이면 단순해야 하기 때문에 max를 사용하는 것일 뿐이다. 이제 max를 템플릿 함수로 수정해보자. max를 템플릿 함수로 수정하면 다음과 같다.

```cpp
template<class T>
T max (T a, T b)
{
    if (a > b)
        return a;
    else
        return b;
}

int main ()
{
    cout << "max(10, 15) = " << max(10, 15) << endl ;
    cout << "max('k', 's') = " << max('k', 's') << endl ;
    cout << "max(10.1, 15.2) = " << max(10.1, 15.2) << endl ;
    cout << "max(20, 30) = " << max(20, 30) << endl ;

    return 0;
}
```

템플릿 함수를 선언하기 위한 키워드는 template이다. 형식적으로는 다음과 같다.

```
template<class T[,class S,class N]>
```

템플릿 함수를 선언할 때 기술하는 template⟨ ⟩은 문법적인 요소이기 때문에 템플릿 함수를 구현할 때 무조건 기술해야 한다. 다음으로 괄호('⟨ ⟩') 속에는 함수에서 사용할 미지(未知)의 자료형 명칭을 class라는 키워드와 함께 나열한다. 앞의 코드에서는 T라고 이름지었는데, C/C++의 명칭 규칙에만 맞는다면 어떤 명칭을 사용해도 상관없다. 하지만 일반적인 변수와 구분하기 위해 템플릿 자료형은 대문자를 사용하는 것이 관례이다. 다음으로 템플릿 선언에서 사용하는 class라는 키워드는 C++의 클래스와 아무 관련이 없다. 여기서 사용하는 class라는 키워드는 미지의 자료형이라는 뜻으로 해석될 뿐이다. 다시 한 번 강조하지만 C++의 클래스와 아무 상관없다. class 키워드 대신에 typename을 사용할 수도 있다.

```cpp
template<typename T>
T max (T a, T b)
{
    if (a > b)
        return a;
    else
        return b;
}
```

앞의 코드는 템플릿 선언에서 미지의 자료형에 class 대신에 typename을 사용했다. 둘 중에 어떤 것을 사용해도 상관없다. 개발자의 개인적 취향일 뿐이다. 여기서 class나 typename은 미지의 자료형으로 해석되기 때문에 위의 코드는 '미지의 자료형 T를 하나 가지는 max라는 템플릿 함수를 선언한다.'라고 해석하면 된다. 이렇게 템플릿 함수를 선언한 다음에 일반적인 함수를 구현하듯이 템플릿 함수를 구현하면 된다. 템플릿 함수를 구현할 때는 앞에서 선언된 미지의 자료형을 이용해 구현해야 한다. max 함수의 경우를 보면 max는 미지의 자료형 T를 반환하도록 구현했다. 그리고 미지의 자료형 a와 b를 인자로 전달받도록 구현되었다. 처음 구현한 함수는 int를 전달받고 int를 반환하도록 구현되었지만 지금 구현된 max는 다양한 자료형에 대해 사용할 수 있도록 구현해야 하기 때문에 특정 자료형으로 구현되면 안 된다. 특정 자료형에 맞게 구현되면 그 자료형으로밖에 사용될 수 없다. 다시 한 번 기억해두자. 템플릿은 알고리즘을 그대로 재사용하면서 자료형만 다른 것으로 변경하는 것이다. 그래서 템플릿을 구현할 때는 미지의 자료형으로 구현해야 한다.

그러나 이것이 절대적인 것은 아니다. 일반적으로 그렇게 구현하라는 뜻이다. 템플릿을 구현하다 보면 논리에 따라 어떤 경우에는 미지의 자료형을 사용할 필요가 없을 때도 있다. 이런 경우에는 템플릿 함수 내에서 특정 자료형을 사용할 수도 있다.

```cpp
template<class T>
T sum (T data[], int datacount)
{
    T s = 0;
    for (int i = 0; i < datacount ;i++)
        s += data[i];

    return s;
}

int main ()
{
    int data[] = {10, 20, 30};
    cout << "sum(data,3) = " << sum (data, 3) << endl;

    return 0;
}
```

앞의 코드는 배열 합을 구하는 sum 함수를 템플릿으로 구현한 코드이다. 이 함수를 보면 미지의 자료형 외에 정수 자료형을 고정시켜 사용한 것을 볼 수 있다. 이와 같이 템플릿 함수라고 해서 항상 미지의 자료형만 사용해야 하는 것이 아니라 고정적인 자료형을 사용할 수도 있다. 템플릿 함수 구현과 관련해서 한 가지만 더 이야기하자면 일반적인 경우에 템플릿 함수가 사용하는 미지의 자료형은 한 가지이다. 앞의 예제들도 그렇다. 하지만 함수 논리 구조상 변화되는 자료형이 여러 개라면 미지의 자료형을 여러 개 사용할 수도 있다.이때는 template⟨ ⟩ 괄호 안에 미지의 자료형을 여러 개 나열하면 된다.

```
template<class T, class S>
void function (T a, S b)
{
}
```

위와 같이 템플릿 함수를 구현한다면 이 템플릿 함수는 미지의 자료형 T와 S를 갖는 함수가 된다. 그리고 미지의 자료형들은 템플릿 함수 내에서 사용된다.

템플릿 함수는 호출할 때 복제되고 컴파일된다

템플릿 함수를 정의한 것만으로 실제 코드가 컴파일되지는 않는다. 최소한 한 곳에서 템플릿 함수를 호출해야만 실제 컴파일이 진행된다. 템플릿 함수를 컴파일할 때 함수 원본을 복사해 미지의 자료형을 실제 자료형으로 변환한 다음 컴파일을 진행한다. 앞에서 구현한 max의 경우를 예로 들어보면 max (10, 15);를 만나는 순간 컴파일러는 max 함수를 복사하고, 미지의 자료형 T를 정수 int로 변환한 다음 컴파일을 수행한다. 템플릿 함수가 컴파일되면 컴파일러는 함수와 함수 호출을 연결한다. 컴파일러는 이 과정을 코드 끝까지 계속 반복한다. 그래서 새로운 자료형으로 호출되는 max를 또 만나면 새로운 자료형에 대해 함수 복사와 컴파일을 반복한다. 그렇다고 항상 복제와 컴파일이 반복되는 것은 아니다. 이미 사용되었던 자료형에 대해 max를 만나면 컴파일러는 기존 코드를 재활용한다. 즉, max에 대해 정수 호출을 다시 만나면 컴파일러는 기존에 복사되고 컴파일된 max를 재활용한다.

이미 눈치 챘겠지만 함수 템플릿은 함수 중복 정의와 비슷하다고 할 수 있다. 다른 점이라고 한다면 함수 중복 정의는 개발자가 직접 자료형 별로 여러 함수를 구현하지만 템플릿은 컴파일러에 의해 자동으로 진행된다는 것이 다르다. 이런 관점에서 앞에서 구현한 함수 템플릿을 함수 중복 정의로 구현하면 다음과 같다.

```
int max (int a, int b)
{
    if (a > b)
        return a;
    else
        return b;
}
```

```cpp
double max (double a, double b)
{
    if (a > b)
        return a;
    else
        return b;
}

int main ()
{
    cout << "max(10, 15) = " << max(10, 15) << endl ;
    cout << "max('k', 's') = " << max('k', 's') << endl ;
    cout << "max(10.1, 15.2) = " << max(10.1, 15.2) << endl ;
    cout << "max(20, 30) = " << max(20, 30) << endl ;

    return 0;
}
```

위와 같이 템플릿 대신에 함수 중복 정의를 이용해도 결과는 동일하다. 하지만 함수 중복 정의는 개발자가 직접 구현해야 하는 코드이기 때문에 새로운 자료형이 등장할 때마다 계속 구현해야 한다. 하지만 함수 템플릿은 새로운 자료형이 등장할 때 컴파일러가 자동으로 복사하고 컴파일하는 것을 수행하기 때문에 새로운 자료형이 등장해도 개발자 입장에서는 전혀 부담스럽지 않다.

템플릿 함수의 결합

앞에서 템플릿 함수와 이것을 호출하는 코드가 어떻게 연결되는지 이야기했다. 가장 일반적이면서 바람직한 것은 템플릿 함수의 미지의 자료형이 호출 코드의 자료형으로 자연스럽게 변경될 수 있는 경우이다. 하지만 자연스럽게 변환될 수 없는 경우도 있다. 다음 코드를 보자.

```cpp
template<class T>
T max (T a, T b)
{
    if (a > b)
        return a;
    else
```

```
            return b;
    }
    int main ()
    {
        cout << "max(10.1, 15) = " << max(10.1, 15) << endl ;

        return 0;
    }
```

위 코드를 보면 max 함수는 미지의 자료형 T 하나를 갖는 함수이다. 그런데 main에서 max 함수를 호출하면서 10.1과 15를 인자로 전달한다. 호출할 때는 실수와 정수를 전달하는데, 이때 템플릿 함수 max의 T는 정수 자료형인 int로 바꾸어야 할까? 아니면 실수 자료형인 double로 바꾸어야 할까? 이렇게 애매한 경우 컴파일러는 컴파일 에러를 발생시킨다. 일반적인 함수라면 자동 형변환이 일어날 수도 있지만 템플릿 함수는 자동 형변환이 일어나지 않는다. 이것을 정리하면 다음과 같다.

- 일반 함수와 달리 템플릿 함수는 인자 자료형 사이에 자동 형변환이 일어나지 않는다.
- 인자의 자료형이 정확하게 일치해야만 함수가 연결된다. 그렇지 않으면 컴파일 에러가 발생한다.
- 일치되지 않을 때는 명시적으로 함수를 따로 구현할 수도 있다.

여기서 세 번째 경우를 앞의 코드로 다시 구현해보면 다음과 같다.

```
template<class T>
T max (T a, T b)
{
    if (a > b)
        return a;
    else
        return b;
}

double max (double a, double b)
```

```cpp
{
    if (a > b)
        return a;
    else
        return b;
}

int main ()
{
    cout << "max(10.1, 15) = " << max(10.1, 15) << endl ;

    cout << "max(10, 15) = " << max(10, 15) << endl ;

    return 0;
}
```

위 코드는 템플릿 함수와 일반 함수를 모두 구현한 예이다. 템플릿 함수는 자동 형변환을 수행하지 않기 때문에 main에서 호출하는 첫 번째 max를 만족시킬 수 없다. main의 첫 번째 max를 보면 인자로 실수인 double과 정수인 int를 동시에 전달한다. 앞에서 템플릿으로 구현한 max는 미지의 자료형으로 T 하나를 받기 때문에 항상 같은 자료형이 전달되어야 한다. 물론 보는 사람에 따라 템플릿 함수인 max를 구현할 때 미지 자료형을 두 개 만드는 것도 생각해 볼 수 있을 것이다. template⟨class T, class S⟩max (T a, S b) {} 이렇게 해도 되지만 명시적으로 함수를 구현해도 된다. 위 코드는 명시적으로 함수를 구현했다. 명시적으로 구현한 함수는 자동 형변환이 일어날 수 있다. 그래서 double max(double a, double b)로 구현했으며, main의 첫 번째 max 호출에서 두 번째 인자 15가 15.0으로 형변환되어 명시적 함수와 연결된다.

이렇게 명시적인 일반 함수와 템플릿 함수가 동일 이름으로 하나의 코드에서 공존할 수 있기 때문에 연결 우선순위가 중요하다. 명시적인 일반 함수와 템플릿 함수가 공존할 때 어떤 함수가 우선적으로 연결되는지 정리하면 다음과 같다.

- 1단계 : 컴파일러는 명시적인 일반 함수에 대해 인자의 자료형이 정확하게 일치하는 함수를 찾아 함수 호출을 연결한다.
- 2단계 : 1단계에서 연결될 수 있는 일반 함수가 없는 경우 컴파일러는 인자의 자료형이 정확하게 일치되는 템플릿 함수가 생성될 수 있는지를 보고, 생성될 수 있다면 해당 함수 템플

릿을 복사하고 컴파일한 다음 함수 호출을 연결한다.

- 3단계 : 1단계와 2단계에 정확히 일치하는 함수가 없는 경우 컴파일러는 일반 함수에 대해서만 자료 형변환 방법을 통해 대응되는 적절한 함수를 찾아 함수 호출을 연결한다.

```cpp
template<class T>
T max (T a, T b)
{
    if (a > b)
        return a;
    else
        return b;
}

double max (double a, double b)
{
    if (a > b)
        return a;
    else
        return b;
}

char* max (char* a, char* b)
{
    if (strcmp (a, b) > 0)
        return a;
    else
        return b;
}

int main ()
{
    cout << "max(\"C\",\"C++\") = " << max ("C", "C++") << endl;

    cout << "max(10, 15) = " << max(10, 15) << endl ;

    cout << "max(10.1, 15) = " << max(10.1, 15) << endl ;

    return 0;
}
```

위 코드에서 main의 첫 번째 max 호출은 char* max(char* a, char* b)와 연결된다. 앞에서 이야기한 1단계가 여기에 해당한다. 다음으로 main의 두 번째 max 호출은 템플릿 함수와 연결된다. 이것이 바로 2단계에서 한 이야기이다. 마지막으로 main의 세 번째 max 호출은 double max (double a, double b)와 연결된다. 일치하는 함수가 없는 경우 마지막으로 자동 형변환된 후에 함수와 연결한다. 이것이 마지막으로 이야기한 3단계에 해당한다. 그런데 지금 이야기한 것은 컴파일러에 상당히 의존적인 내용이다. 여기서 기술한 내용은 표준 컴파일러를 기준으로 이야기했기 때문에 실제는 사용하는 컴파일러에 따라 약간 다를 수도 있다.

템플릿은 소스 코드를 줄일 수는 있지만 실행 코드를 줄이지는 못한다

템플릿은 실제 템플릿 함수를 호출할 때 컴파일러에 의해 소스 복제와 컴파일이 이루어진다. 서로 다른 자료형으로 여러 번의 호출이 있다면 여러 번 함수가 복제되고 컴파일된다. 하지만 소스에는 항상 하나의 템플릿 함수만 보이기 때문에 개발자들은 실제 실행 코드를 작게 만든다고 생각할 수 있다. 그런데 이것은 실제와 다르다. 단지 소스 코드에서만 작게 보일 뿐 실제 실행 코드가 작아지는 것은 아니다. 템플릿은 실행 코드를 작게 만들기 위해 사용하는 기법이 아니다. 단지 자료형이 변경되는 상황에서 소스 코드를 재사용하기 위한 효율적인 기법일 뿐이다.

컴파일러가 템플릿 함수를 복제한다고 했는데, 이렇게 하기 위해 개발자가 코드에서 꼭 지켜야 할 조건이 하나 있다. 컴파일러는 소스 코드를 컴파일할 때 항상 위에서 아래로 진행한다. 그래서 템플릿 함수가 사용되고 복제되기 위해서는 템플릿 함수가 항상 선행 참조될 수 있는 위치에 있어야 한다. 다시 말해 템플릿 함수는 템플릿 함수가 사용되기 전에 정의되어 있어야 한다. 이를 위해 여러 가지 방법이 있겠지만 가장 보편적으로 사용하는 방법은 헤더 파일에 템플릿을 구현하는 방법이다. 헤더에 템플릿을 구현했다고 해서 함수가 여러 번 컴파일되지 않을까 걱정하지 않아도 된다. 앞에서 언급한 것과 같이 템플릿이 사용되기 전에는 절대 컴파일되지 않는다. 헤더 파일에 템플릿을 정의한 다음 이 헤더 파일을 소스에 포함시킨다. 일반적으로 헤더 파일은 소스의 맨 앞에서 포함되기 때문에 사용되기 전에 참조되어야 한다는 템플릿 함수의 조건을 자연스럽게 만족시키게 된다.

9.2 # 클래스 템플릿

함수 템플릿보다 활용가치가 더 높은 클래스 템플릿

함수는 데이터와 분리되어 처리 논리만 갖는다. 그래서 함수에서 사용되는 자료형은 인자를 통해 전달되거나 지역 변수 정도가 전부이다. 물론, 함수가 전역 데이터를 사용할 수도 있지만 이런 함수는 독립성이 떨어지고 당연히 재사용 가능성도 떨어지기 때문에 템플릿에서 이야기하는 함수와는 거리가 멀다. 템플릿에서 이야기하는 함수는 주로 독립적으로 재사용될 수 있는 함수를 말한다. 이런 관점에서 템플릿 함수가 많이 사용되지는 않는다. 하지만 많이 사용되지 않는다는 것이 유용하지 않다는 것이 아니다. 상대적으로 클래스 템플릿, 또는 템플릿 클래스보다 많이 사용되지 않는다는 뜻이다.

템플릿은 미지의 자료형, 다른 말로 추상적인 자료형을 사용하는 함수나 클래스를 말한다. 함수가 클래스보다 자료형을 많이 사용하지는 않기 때문에 템플릿 역시 함수보다는 클래스에서 더욱 유용하다. 클래스 템플릿은 앞에서 이야기한 함수 템플릿과 개념적으로 동일하다. 다른 점은 함수가 아니라 클래스를 대상으로 한다는 것이다. 클래스는 멤버 변수와 멤버 함수로 구성되기 때문에 클래스 템플릿은 클래스 내의 모든 멤버 변수와 멤버 함수를 대상으로 미지의 자료형을 사용하도록 할 수 있다. 다음은 클래스 템플릿의 형식이다.

```
template<class T[,class S,class N]>
class 클래스 템플릿 이름
{
// 클래스 템플릿 정의
};
```

클래스 템플릿의 시작은 함수 템플릿과 마찬가지로 template〈 〉으로 시작한다. 그리고 괄호(〈 〉) 안에는 미지의 자료형을 나열한다. 형식은 템플릿 함수와 동일하다. 클래스 템플릿은 'template〈 〉' 다음에 일반적인 클래스 선언과 같이 클래스를 선언한다. 이때 클래스 내에서 사용하는 자료형을 미지의 자료형으로 추상화해야 한다면 이것을 이용해 멤버 변수나 함수를 선언해야 한다.

```cpp
template<class T>
class Counter
{
    T value;
public:
    T access_value ();
};
```

위와 같이 템플릿 클래스는 멤버 변수와 함수를 선언할 때 미지의 자료형을 모두 사용할 수 있다. 템플릿 클래스에서 미지의 자료형을 선언했다고 해서 항상 사용해야 하는 것은 아니다. 멤버 변수나 함수 중에 자료형이 변경될 필요가 없다면 고정된 자료형으로 변수나 함수를 선언해도 된다. 이렇게 클래스를 선언한 다음에 템플릿 클래스는 멤버 함수 코드를 클래스 외부에 구현해야 한다. 일반 함수와 같이 함수 구현을 선언과 동시에 할 수도 있다. 템플릿 클래스 외부에 멤버 함수를 구현한 예는 다음과 같다.

```cpp
template<class T>
T Counter<T>::access_value()
{
    return value;
}
```

위의 함수 구현은 앞의 예제에서 선언한 Counter 클래스 안에 선언된 access_value 함수를 구현한 것이다. 템플릿 클래스의 멤버 함수 형식은 클래스 선언과 같은 형식의 'template〈 〉'으로 시작해야 하며 클래스 이름 뒤에 괄호('〈 〉')를 기술하고 미지의 자료형을 기술해야 한다. 템플릿 클래스는 클래스가 특정 자료형으로 사용될 때 클래스 이름은 특정 자료형이 붙은 형태로 확장된다. 예를 들어, Counter 클래스가 정수형 int로 사용된다면 Counter 클래스의 이름은 Counter〈int〉로 확장된다. 그래서 멤버 함수를 구현할 때 클래스 이름 뒤에 괄호('〈 〉')를 기술하고, 미지의 자료형을 한 번 더 기술해야 한다. 만약 미지의 자료형이 여러 개라면 괄호를 기술하고 콤마(,)로 구분하여 미지의 자료형을 나열할 수 있다. 다음 코드는 이것의 예이다.

```
template<class T,class S>
T Counter<T,S>::access_value()
{
    return value;
}
```

여기까지가 템플릿 클래스의 멤버 함수를 구현하는 문법적 형식이다. 그 다음은 일반 멤버 함수를 구현하는 것과 동일한 방법으로 구현할 수 있다. 이렇게 클래스 외부에 함수를 구현하는 것이 일반적이지만 클래스 안에 구현할 수도 있다. 앞에서도 잠시 언급한 것과 같이 클래스 안에서 구현하는 방법은 특별한 형식이 없다. 일반 멤버 함수를 클래스 안에 구현하는 것과 같이 구현하면 된다.

템플릿 클래스를 선언한 다음 클래스를 사용할 때, 템플릿 함수와 달리 템플릿 클래스는 바로 사용할 수 없다. 클래스는 객체로 선언되어야 하기 때문에 객체를 선언하기 위한 형식이 필요하다. 템플릿 클래스를 객체로 선언하기 위한 형식은 다음과 같다.

```
클래스 이름<자료형 리스트> 변수명;

클래스 이름* 포인터 변수명 = new 클래스 이름<자료형 리스트>;
```

템플릿 클래스를 객체로 선언하는 형식은 일반 클래스와 같이 변수로 선언하는 방법과 동적으로 할당받는 방법이 있다. 이 형식은 일반 클래스와 동일하다. 다른 것은 클래스 이름 뒤에 항상 괄호('〈 〉')를 기술하고, 괄호 안에 자료형을 나열해야 한다는 것이다. 당연한 말이겠지만 괄호 안에 기술하는 자료형은 템플릿 클래스에 선언된 미지의 자료형과 1:1로 대응되어 치환된다.

```
Counter<int> counter1;
Counter<double> counter2;
Counter<int>* pcounter = new Counter<int>;
```

컴파일러는 컴파일하는 도중에 위와 같은 코드를 만나면 해당 템플릿 클래스를 복사하여 미지의 자료형을 실제 자료형으로 치환한 다음 컴파일을 수행하고, 컴파일된 클래스를 이용해 객체를 생성한다. 그렇다고 항상 복사와 컴파일을 수행하는 것은 아니다. 한 번 등장한 자료형이 다시 사용될 때는 기존에 컴파일해 둔 클래스를 그대로 사용한다. 위의 코드를 보면 세 번째로 객체를 생성하기 위해 사용한 Counter〈int〉가 앞에서 이미 한 번 등장했기 때문에 그대로 재사용한다. 미지의 자료형이 여러 개일 때는 괄호('〈 〉') 안에 자료형을 콤마(,)로 나열하면 된다.

[소스 9-1] stack.h— ClassTemplate.exe

```cpp
1: #include <iostream>
2:
3: using namespace std;
4:
5: template<class T>
6: class Stack
7: {
8: private:
9:     T* m_value;
10:     int m_top;
11:     int m_max;
12:
13: public:
14:     Stack(int sz = 10);
15:     Stack(const Stack& ob);
16:     ~Stack();
17:
18:     Stack& operator=(const Stack& ob);
19:
20:     friend ostream& operator <<(ostream &, const Stack &);
21:
22:     bool isEmpty() const
23:     {
24:         return m_top == 0;
25:     }
26:     bool isFull() const
27:     {
28:         return m_top == m_max;
29:     }
30:     int size() const
31:     {
32:         return top;
33:     }
34:
```

```
35:      bool push(T value);
36:      bool pop (T& value);
37: };
38:
39:
40: template<class T>
41: Stack<T>::Stack(int sz)
42: {
43:      m_top = 0;
44:      m_max = sz;
45:      m_value = new T[m_max];
46: }
47:
48: template<class T>
49: Stack<T>::Stack<T>(const Stack<T>& ob)
50: {
51:      m_top = ob.m_top;
52:      m_max = ob.m_max;
53:      m_value = new T[m_max];
54:      for (int i = 0; i < m_max; i++)
55:          m_value[i] = ob.m_value[i];
56: }
57:
58: template<class T>
59: Stack<T>::~Stack()
60: {
61:      if (m_value)
62:          delete [] m_value;
63: }
64:
65: template<class T>
66: Stack<T>& Stack<T>::operator=(const Stack<T>& ob)
67: {
68:      if (m_value)
69:          delete [] m_value;
70:
71:      m_top = ob.m_top;
72:      m_max = ob.m_max;
73:      m_value = new T[m_max];
74:      for (int i = 0; i < m_max; i++)
75:          m_value[i] = ob.m_value[i];
76:
77:      return *this;
```

```
78: }
79:
80: template<class T>
81: ostream& operator <<(ostream &os, const Stack<T> &op2)
82: {
83:     cout << "[";
84:     for (int i = 0; i < op2.top ; i++)
85:         cout << op2.value[i] << ", ";
86:
87:     cout << endl;
89:     return os;
90: }
91:
92:
93: template<class T>
94: bool Stack<T>::push(T value)
95: {
96:     if (isFull())
97:     {
98:         cout << "Overflow!!!" << endl;
99:         return false;
100:     }
101:
102:     m_value[m_top++] = value;
103:
104:     return true;
105: }
106:
107: template <class T>
108: bool Stack<T>::pop (T& value)
109: {
110:     if (isEmpty ())
111:     {
112:         cout << "Underflow!!!" << endl;
113:         return false;
114:     }
115:
116:     value = m_value[--m_top];
117:
118:     return true;
119: }
```

ClassTemplate.cpp — ClassTemplate.exe

```cpp
 1: #include "Stack.h"
 2:
 3: int main()
 4: {
 5:         Stack<int> s1;
 6:
 7:         cout << "Push..." << endl;
 8:         for (int value = 1;  ; value++)
 9:         {
10:                 if (!s1.push (value))
11:                     break;
12:
13:                 cout << value << endl;
14:         }
15:
16:         cout << endl;
17:
18:         cout << "Pop..." << endl;
19:         while (s1.pop (value))
20:         {
21:                 cout << value << endl;
22:         }
23:
24:         cout << endl;
25:
26:         return 0;
27: }
```

[소스 9-1]은 자료 구조로서 스택을 클래스화한 코드이다. 특정 자료형에 의존하지 않도록 하기 위해 템플릿으로 클래스를 구현했다. Stack.h를 보면 미지의 자료형 T로 Statck 클래스를 구현했다. 이 자료형이 다른 여러 자료형으로 변환될 것이다. 앞에서 이야기한 것과 같이 템플릿 클래스도 필요하다면 고정된 자료형을 사용할 수 있기 때문에 Stack 클래스도 몇몇 고정 자료형을 갖도록 구현했다. Stack.h의 9~11행을 보면 미지의 자료형 T와 고정된 정수 멤버를 선언한 것을 볼 수 있다. 이 정수 멤버는 스택에 저장될 수 있는 최대 크기와 현재 스택의 최상위를 가리키는 용도로 사용될 것이다.

ClassTemplate.cpp에 구현된 main 함수는 앞에서 구현한 Stack 클래스를 정수형으로 사용하는 함수이다. 5행의 Stack〈int〉가 바로 템플릿 클래스를 사용하는 부분이다. 컴파일러는 이 코드를 만나는 순간 Stack.h에 구현된 Stack 클래스를 내부적으로 복제하고 미지의 자료형 T를 int로 치환하여 컴파일한다. 그리고 이렇게 컴파일된 클래스를 연결하여 사용하기 시작한다. 이런 이유 때문에 Stack 클래스는 항상 앞에 존재해야 한다. [소스 9-1]은 ClassTemplate.cpp의 1행에서 Stack 클래스가 구현된 Stack.h를 먼저 포함함으로써 사용하기 전에 참조되도록 한다. 템플릿 외에 Stack 클래스의 원리에 대해서는 자료 구조를 참고하도록 하자. [소스 9-1]의 실행 결과는 다음과 같다.

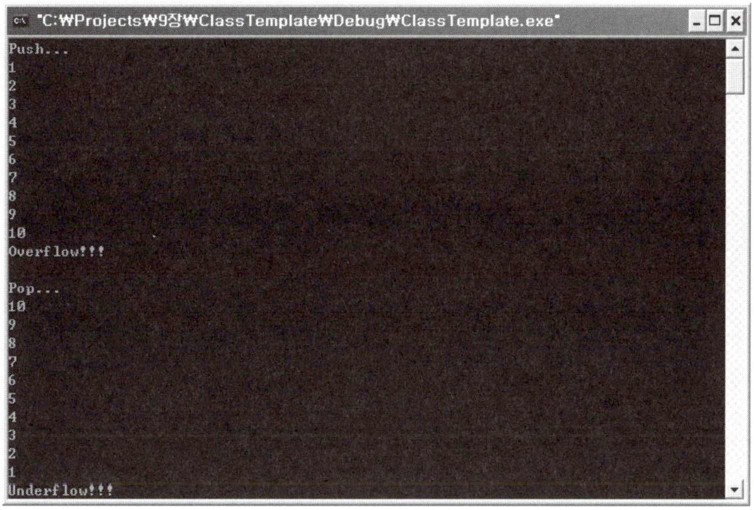

[그림 9-1] ClassTemplate 실행 결과

재정의는 상속에서만 사용하는 것이 아니다

재정의란 클래스를 상속받은 다음에 상속받은 멤버 함수를 다시 구현하는 것을 말한다. 즉, 재정의는 항상 상속을 전제한다. 갑자기 재정의를 다시 이야기하는 것은 재정의가 템플릿에서도 중요한 주제이기 때문이다. 하지만 템플릿에서 이야기하는 재정의는 일반적인 상속 관계의 재정의와 약간 다르다. 템플릿의 재정의는 상속을 전제하지 않는다. [소스 9-1]을 바탕으로 다음 코드를 보자.

```cpp
1: #include "Stack.h"
2:
3: int main()
4: {
5:         Stack<char*> s1;
6:         char str[20];
7:
8:         strcpy (str, "Wonderful tonight");        s1.push (str);
9:         strcpy (str, "Love me tender");           s1.push (str);
10:        strcpy (str, "To sir with love");         s1.push (str);
11:
12:        for (int i = 0;   i < 3 ;i++)
13:        {
14:            char* str;
15:            if (!s1.pop (str))
16:                break;
17:
18:            cout << str << endl;
19:        }
20:
21:        return 0;
22: }
```

[소스 9-2]는 [소스 9-1]에서 구현한 Stack 클래스를 바탕으로 문자열을 스택에 저장하고, 이것을 읽어 출력하는 예제이다. 이때 스택에 저장하는 문자열은 'Wonderful tonight', 'Love me tender', 'To sir with love' 이렇게 세 개로, 논리적으로 보면 이 문자열이 스택에 저장되었기 때문에 이것을 읽어 출력하는 결과 역시 이 세 문자열이 되어야 한다. 하지만 출력 결과를 보면 'To sir with love'만 세 개 출력된다.

[그림 9-2] Class Template.exe 실행 결과(잘못된 Stack 실행 결과)

왜 이렇게 잘못된 출력 결과가 나온 것일까? 바로 6행에서 선언된 문자 배열 때문이다. [소스 9-2]는 스택에 문자열을 저장하기 위해 str로 선언된 문자 배열에 문자열을 복사하고 이 문자 배열을 스택에 전달한다. 정확하게는 문자 배열 이름을 전달한 것이다. C/C++에서 배열 이름은 배열의 시작 주소라는 것을 기억하자. 그래서 배열을 전달한다는 것도 사실은 배열 주소를 전달한 것이다. 이렇게 배열 주소가 전달되었을 때 스택은 이 배열을 복사하지 않고 내부적으로 단지 배열의 주소만 스택에 저장할 뿐이다. 즉, 스택에 저장된 것은 문자열이 아니라 동일한 str 배열에 대한 주소 세 개일 뿐이다.

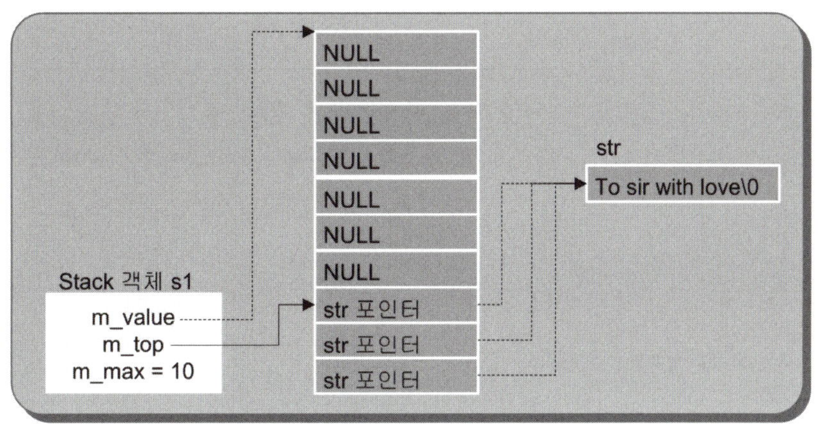

[그림 9-3] Stack에 저장된 배열

[그림 9-3]을 보면 스택은 동일한 배열 str의 주소를 세 개 가지고 있다. 그리고 이 배열은 마지막에 저장한 문자열 'To sir with love'를 가지고 있다. 그래서 'To sir with love'가 세 번 출력된 것이다. 이 문제를 해결하려면 템플릿 재정의를 사용해야 한다.

템플릿 클래스는 미지의 자료형에 대해 클래스를 구현할 수 있도록 한다. 그리고 실제 사용할 때 미지의 자료형을 실제 자료형에 적용시켜 사용한다. 그런데 구현된 템플릿 클래스가 특정 자료형에 대해 논리적으로 잘못 수행된다면 템플릿 클래스의 특정 함수만 재정의할 수 있다. 이것이 바로 템플릿 재정의이다. 앞에서 구현한 Stack 클래스에 문자열을 저장하기 위한 char* 자료형을 재정의하면 다음과 같다.


```
1: #include "Stack.h"
2:
3: Stack<char*>::Stack(int sz)
4: {
```

```cpp
 5:        m_top = 0;
 6:        m_max = sz;
 7:        m_value = new char*[m_max];
 8:        memset (m_value, 0x00, sizeof(char*)*m_max);
 9: }
10:
11: Stack<char*>::Stack<char*>(const Stack<char*>& ob)
12: {
13:         m_top = ob.m_top;
14:         m_max = ob.m_max;
15:         m_value = new char*[m_max];
16:         memset (m_value, 0x00, sizeof(char*)*m_max);
17:         for (int i = 0; i < m_max; i++)
18:         {
19:                 m_value[i] = new char[strlen (ob.m_value[i])+1];
20:                 m_value[i] = ob.m_value[i];
21:         }
22: }
23:
24: Stack<char*>::~Stack()
25: {
26:         if (m_value)
27:         {
28:             for (int i = 0; i < m_max ;i++)
29:                 if (m_value[i])
30:                     delete [] m_value[i];
31:
32:             delete [] m_value;
33:         }
34: }
35:
36: bool Stack<char*>::push(char* value)
37: {
38:         if (isFull())
39:         {
40:             cout << "Overflow!!!" << endl;
41:             return false;
42:         }
43:
44:         m_value[m_top] = new char[strlen (value)+1];
45:         strcpy (m_value[m_top++], value);
46:
47:         return true;
```

```
48: }
49:
50: int main()
51: {
52:         Stack<char*> s1;
53:         char str[20];
54:
55:         strcpy (str, "Wonderful tonight");        s1.push (str);
56:         strcpy (str, "Love me tender");           s1.push (str);
57:         strcpy (str, "To sir with love");         s1.push (str);
58:
59:         for (int i = 0;   i < 3 ;i++)
60:         {
61:             char* str;
62:             if (!s1.pop (str))
63:                 break;
64:
65:             cout << str << endl;
66:         }
67:
68:         return 0;
69: }
```

[소스 9-3]은 이전에 구현된 Stack 클래스를 바탕으로 char* 자료형에 대해 몇몇 멤버 함수를 재정의했다. [소스 9-3]에 재정의된 함수는 전달받은 문자 배열에 대한 포인트를 이용해 스택 안에 독립적인 배열을 할당하고 문자열을 복사하도록 구현했다. 재정의로 구현하는 논리는 템 플릿 클래스가 처리하는 자료형과 논리에 따라 다양할 수 있다. [소스 9-3]에 나타나지는 않았 지만 논리적으로 봤을 때 Stack⟨T⟩& Stack⟨T⟩::operator=(const Stack⟨T⟩& ob) 함수도 재정 의해야 한다. 이렇게 보면 Stack 클래스는 char*에 대해 모두 재정의해야 하는 경우로 볼 수 있 다. 이런 경우 템플릿으로 구현한다는 것이 사실 무의미할 수도 있다. 다음은 [소스 9-3]의 실 행 결과이다.

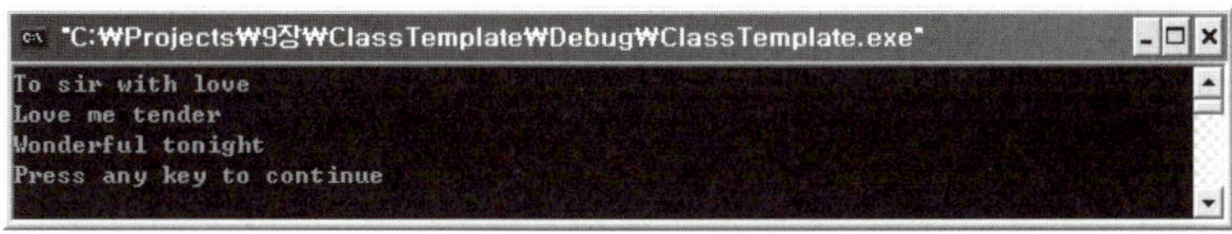

[그림 9-4] Class Template.exe 실행 결과(템플릿 재정의 실행 결과)

[그림 9-4]를 보면 Stack 클래스가 char* 자료형에 대해서도 정확하게 실행되는 것을 볼 수 있다.

템플릿 인자도 함수 인자 규칙과 비슷하다

템플릿은 미지의 자료형을 이용해 함수나 클래스를 구현하고 이것을 실제 자료형 사용에서 재사용하기 위한 언어적 기법이다. 이때 템플릿을 구현하는 곳과 템플릿을 사용하는 곳은 서로 자료형을 주고받는다. 이것을 템플릿 인자라고 한다.

```
template<class T>
class theClass
{
};

int main ()
{
    theClass<int> obj;
    return 0;
}
```

위 코드에서 theClass로 전달되는 int와 class T가 템플릿 인자다. 템플릿 인자는 일반적으로 미지의 자료형을 정의하고 전달한다. 하지만 템플릿 인자에 꼭 미지의 자료형만 정의하고 전달해야 하는 것은 아니다. 논리적으로 필요하다면 템플릿 인자에 실제 자료형을 전달할 수도 있으며, 일반 함수의 인자와 같이 디폴트 인자를 가질 수도 있다. 다음 코드를 보자.

```
template<int max>
class theClass
{
private:
    int m_member[max];
};

int main ()
{
    theClass<10> obj1;
```

```cpp
    theClass<20> obj2;
    return 0;
}
```

위 코드에서 theClass는 정수를 템플릿 인자로 사용했다. 그리고 이 템플릿 인자를 이용해 자신의 다른 멤버를 구현했다. 또 다른 형태로 미지의 자료형과 실제 자료형이 혼합된 형태가 있을 수도 있다.

```cpp
template<class T, int max>
class theClass
{
private:
    T m_member[max];
};
```

이렇게 템플릿 클래스를 정의하면 첫 번째 인자로 전달받은 미지의 자료형으로는 내부의 자료형을 정의하고, 두 번째 인자로 전달받은 int로는 그 자료형의 크기를 정할 수 있다. 또 다른 템플릿의 변형된 모양은 템플릿 인자에 디폴트 인자를 지정하는 것이다.

```cpp
template<class T = int, int max = 10>
class theClass
{
private:
    T m_member[max];
};

int main ()
{
    theClass<> obj1;
    theClass<float, 20> obj2;
    return 0;
}
```

위 코드에서 theClass는 템플릿 인자 두 개로 구현되었으며, 이 템플릿 인자들은 디폴트 인자 형식을 갖는다. 미지의 자료형에 대한 T는 디폴트로 int 자료형을 사용하고, int는 10을 디폴트로 사용한다. 이것을 사용할 때 main의 첫 번째와 같이 obj1 객체를 선언하면 정수 10개를 가지는 obj1이 생성된다. 템플릿을 사용할 때 아무것도 전달하지 않았기 때문에 미지의 자료형은 int로 변환되었고, int는 10으로 변환된 것이다. 하지만 템플릿 인자에 디폴트 인자가 선언된 경우라도 그것을 사용할 때 실제 자료형이나 값을 전달하면 전달한 자료형이나 값이 사용된다. 그래서 두 번째 선언한 obj2는 20개의 실수實數를 가지도록 생성된다.

이렇게 템플릿 인자는 함수에서 사용하는 인자 규칙을 대부분 따르지만 따르지 않는 함수 인자 규칙이 하나 있다. 변수는 템플릿 인자로 사용할 수 없다는 규칙이다. 예를 들어 바로 전에 구현된 theClass를 다음과 같이 사용한다면 컴파일 에러가 발생한다.

```cpp
int main ()
{
    int n;
    cin >> n;
    theClass<int,n> obj1;
    return 0;
}
```

왜 템플릿 인자에 변수를 사용하면 컴파일 에러가 발생할까? 여러 번 강조했지만 템플릿은 실제 사용되는 순간에 컴파일러에 의해 복제와 컴파일이 진행된다. 템플릿은 컴파일에서 클래스 생성 작업이 끝나기 때문에 템플릿에 전달되는 인자는 컴파일하는 순간에 모두 결정되어 있어야 한다. 하지만 변수는 실행 순간에 변할 수 있기 때문에 템플릿에서 사용할 수 없다. 단, 상수형 변수는 변수이지만 컴파일러가 그 값을 추측할 수 있기 때문에 예외적으로 허용된다.

```cpp
int main ()
{
    const int n = 10;
    theClass<int,n> obj1;
    return 0;
}
```

위의 경우가 템플릿 인자로 상수형 변수를 사용한 예이다.

템플릿 클래스의 정적 멤버

마지막으로 살펴볼 사항은 템플릿 클래스에 정적 멤버 변수를 사용하는 경우이다. 정적 멤버 변수는 클래스 외부에서 한 번 더 선언되어야 하기 때문에 템플릿 멤버로 정적 멤버 변수를 선언한 경우 클래스 외부에 동일한 형식으로 한 번 더 선언해주기만 하면 된다.

```
template<class T>
class theClass
{
private:
    T m_member;
public:
    static int m_objCnt;
    static int getObjCnt (void) { return m_objCnt; }
};


template<class T>
int theClass<T>::m_objCnt = 0;
```

앞의 코드와 같이 정적 멤버 변수는 클래스 외부에 한 번 더 선언해주면 된다. 템플릿 멤버를 클래스 외부에 선언할 때는 항상 template< >이 사용된다. 이것이 일반 멤버이든 정적 멤버이든 항상 필요하다. 앞의 코드도 이렇게 구현되었다.

9.3 자료형 추상화와 제너릭 프로그래밍

재사용의 시작은 자료형 추상화부터

우리는 지금까지 재사용에 대해 많은 것을 이야기했다. 상속, 포함, 템플릿 등이 모두 재사용 기법 중 하나로, 궁극적인 목표는 생산성 증대에 있다. 어떤 것을 사용하느냐 하는 것은 중요하지 않다. 개발자는 구현하는 상황에 따라 재사용 기법 중 하나를 사용하면 된다. 그런데 이런 재사용 기법들이 가지는 공통점이 있다. 모든 재사용 기법의 시작은 추상화에서 시작된다는 것이다.

우리가 클래스나 논리를 특정 상황이나 자료형에 의존적이도록 구현하면 그것을 재사용하기 힘
들어진다. 예를 들어 보자. 어떤 상황에서 누군가 '인자로 전달된 정수 배열의 최대값을 구하는
함수를 구현하라.'고 한다면 이때 이 요구사항 그대로 다음과 같이 구현할 수도 있다.

```cpp
int max (int data[], int count)
{
    int max = data[0];
    for (int i = 0; i < count ;i++)
        if (max < data[i])
            max = data[i];

    return max;
}
```

하지만 이렇게 구현하면 이것을 요구한 곳에서밖에 사용할 수 없다. 즉, 정수 최대값을 구현할
때만 사용할 수 있다. 하지만 이것을 추상화시키면 재사용 범위가 훨씬 넓어진다. 앞의 요구 사
항도 '인자로 전달된 배열의 최대값을 구하는 함수를 구현하라.'로 변경할 수 있다. 이번 요구사
항에는 특정 자료형을 요구하지 않았다. 그냥 전달된 배열의 최대값을 구하라고 요구했다. 이
것이 바로 추상화이다. 정확하게는 자료형 추상화에 해당한다. 그렇다면 이런 자료형 추상화를
어떻게 구현할까? 바로 앞에서 이야기한 템플릿을 이용하면 된다.

```cpp
template<class T>
T max (T data[], int count)
{
    int max = data[0];
    for (int i = 0; i < count ;i++)
        if (max < data[i])
            max = data[i];

    return max;
}
```

이 함수는 정수에 대해서도 사용할 수 있지만 실수에 대해서도 사용할 수 있다. 이렇게 함수를

특정 자료형에 의존적으로 구현하는 것이 아니라 추상화된 미지의 자료형으로 구현하면 재사용 범위는 넓어진다.

미지의 자료형과 미래의 자료형

재사용성을 높이기 위해서 자료형 추상화를 잘 해야 한다고 했다. 좀 더 깊게 생각해보자. 자료형을 추상화한다는 것은 그 자료형이 확실히 결정되지 않았다는 것을 말하는 것인데, 이런 추상화에는 미지의 자료형에 대한 추상화와 미래의 자료형에 대한 추상화가 있다. 미지知의 자료형은 전혀 알 수 없는 것이고, 이에 반해 미래의 자료형은 정확하게 모르는 것이다. 예를 들어, 앞에서 템플릿으로 구현한 max라는 함수는 이것이 사용될 때 int로 자료형이 확정될 수도 있고, float로 자료형이 확정될 수도 있다. int와 float 사이에는 어떠한 연관성도 없다. 즉, 전혀 예측하지 못한 자료형에 대해 자료형을 추상화하는 것을 미지의 자료형에 대한 추상화라 한다. 그리고 이것을 구현할 때 템플릿을 사용한다.

이와 비슷하면서 다른 것이 미래의 자료형에 대한 추상화이다. 미래 자료형에 대한 추상화란 연관성 있는 자료형에 대해 공통 자료형을 구현하는 것이다. 이전 장에서 구현한 도형 클래스를 예로 들어보자. 개발자가 사각형, 원, 삼각형에 대해 각각 Rectangle, Circle, Triangle 클래스를 구현하려고 한다. 이때 이것을 바로 구현하는 것이 아니라 공통 자료형으로 DrawObj를 구현하고, DrawOBj를 상속받아 클래스를 구현하는 것이 더 효율적이다. 이때 DrawObj는 미래에 구현될 Rectangle, Circle, Triangle 클래스를 위한 추상 자료형이다. Rectangle, Circle, Triangle은 DrawObj의 하위 클래스로, 상위(부모) 클래스와 하위(자식) 클래스 관계에 있으며 서로 간에도 형제라는 관계가 있다. 이렇게 미래에 구현될 연관성 있는 자료형을 위해 공통 자료형으로 구현하는 자료형을 미래의 자료형에 대한 추상화라 한다.

미지의 자료형에 대한 추상화는 미지의 자료형 사이에 어떤 연관성도 없기 때문에 아주 보편적인 알고리즘을 재사용한다. 그에 반해 미래의 자료형에 대한 추상화는 미래에 구현될 자료형 사이에 어느 정도 연관성이 있기 때문에 알고리즘이 자료형에 의존하게 된다. 만약 미래에 이것이 변경되어야 한다면 상속과 재정의로 수정할 수 있다. 결론적으로 템플릿은 알고리즘이 고정되고 자료형이 변경될 때 사용하고, 상속은 자료형이 고정되고 알고리즘이 변경될 때 사용한다.

제네릭 프로그래밍

재사용성을 높이기 위해서는 특정 자료형에 의존적이지 않도록 자료형을 추상화시켜 코드를 구현해야 한다. 이렇게 자료형을 추상화시켜서 코드를 구현하는 프로그래밍 기법을 제네릭 프로그래밍Generic programming이라 한다. 제네릭 프로그래밍이란 논리적 구현을 특정 자료형에 의존적이지 않게 구현하고, 이를 사용하는 코드는 논리의 조건을 만족하기만 한다면 이것을 여러 자료형에 대해 재사용하는 프로그래밍 기법을 총칭하는 말이다. 바로 지금까지 앞에서 했던 프로그래밍 기법이 바로 제네릭 프로그래밍이다. 앞에서 템플릿으로 구현한 max 함수가 제네릭 프로그래밍 기법으로 구현되었다고 볼 수 있다. 하지만 그 전에 구현된 max는 제네릭 프로그래밍 기법으로 구현된 것이 아니다. 학문적으로는 제네릭 프로그래밍은 상속보다는 템플릿에 더 가깝다.

제네릭 프로그래밍을 사용하면 재사용성이 높아지기 때문에 생산성이 증가한다. 그렇지만 제네릭 프로그래밍을 사용하기 위해서는 먼저 자료형을 추상화해야 하기 때문에 코드를 구현하는 데 더 많은 시간과 노력이 필요하다. 그래서 이것을 귀찮게 생각하기 쉽지만 이것으로 얻을 수 있는 이익은 시간과 노력에 비해 훨씬 크다. 결론적으로 실제 프로그래밍에서 제네릭 프로그래밍을 적극 활용하기를 권장한다.

이번 장의 목표는 코드를 작성할 때 자료형 변화에 융통성 있게 대응하는 방법을 아는 것이다. 자료형과 논리를 구별하고 자료형을 일반화시켜 구현함으로써 이것을 이룰 수 있다. 이것을 다른 말로 제네릭 프로그래밍이라고 한다. 제네릭 프로그래밍은 함수나 클래스를 구현할 때 특정 자료형에 의존하지 않도록 코드를 구현하고, 이것을 여러 자료형에 재사용하는 것을 목표로 한다. 한 번 구현된 함수나 클래스를 더 쉽게, 더 많이 재사용해서 생산성을 높이자는 것이다. 코드를 특정 자료형에 의존하지 않게 설계하는 기법은 상속을 통해서 할 수도 있지만 템플릿으로 할 수도 있다.

템플릿은 제네릭 프로그래밍을 하기 위한 수단으로 미지의 자료형으로 함수나 클래스를 구현하는 C++의 문법적 요소이다. 템플릿은 크게 함수 템플릿과 클래스 템플릿으로 나뉜다. 본질은 동일하지만 함수 하나를 대상으로 하는 경우에는 함수 템플릿을, 클래스 전체를 대상으로 하는 경우에는 클래스 템플릿을 사용한다. 함수 템플릿과 클래스 템플릿을 구현할 때 문법적으로 template〈 〉으로 시작된다. 그리고 괄호(〈 〉)에 미지의 자료형을 나열해 함수나 클래스를 구현한다.

템플릿을 선언한 다음에 논리는 자유롭게 구현할 수 있지만 가급적이면 특정 자료형에 종속되지 않도록 구현하는 것이 좋다. 템플릿으로 구현하는 함수나 클래스가 논리적으로 특정 자료형에 종속되면 자료형만 변환해서 함수나 클래스를 재사용하기가 힘들어진다. 이것은 템플릿 원래의 목적에 배치되기 때문에 좋지 못하다. 그래서 가급적이면 템플릿을 구현할 때는 미지의 자료형을 사용하면서 알고리슴도 특성 자료형에 종속석이지 않는 논리를 사용하는 것이 좋다.

CHAPTER 10

STL

템플릿을 이용해 직접 코드 라이브러리를 만들 수도 있다.
하지만 자주 사용될 가능성이 있는 것은 이미 C++ 안에 표준 라이브러리로
만들어져 있다. 이것을 STL(Standard Template Library)이라고 한다.
표준을 이용하면 가독성과 플랫폼 이식성이 좋아진다.

chapter point

- 네임스페이스 C++는 물리적으로 분리된 소스 코드 사이에 논리적으로 함께 사용되는 클래스나 함수, 또는 변수가 있는 경우 이들을 묶을 수 있는 수단으로 네임스페이스라는 것을 제공한다.
- STL C++가 제공하는 표준 클래스 라이브러리로서 템플릿으로 구현되어 있다. 따라서 개발자는 클래스를 사용할 때 사용하는 자료형으로 클래스 자료형을 변경하여 사용할 수 있다.
- 예외 처리 try ~ catch 구문을 이용하면 예외 관련 코드를 한곳에 모아 처리할 수 있다. 이것을 이용하면 프로그램 코드를 정상 코드 위주로 구현할 수 있고 중복되는 예외 코드를 줄일 수 있다.

10.1 네임스페이스

물리적 이름 공간과 논리적 이름 공간

소프트웨어를 개발하다 보면 여러 개발자들이 동시에 프로그래밍을 진행하는 경우가 있다. 이 때 가장 문제가 되는 것이 이름 충돌에 대한 부분이다. 예를 들어 first.cpp라는 코드를 개발하는 개발자가 필요에 의해 int var;라는 전역 변수를 선언했을 때 second.cpp라는 코드를 개발하는 개발자가 int var;라는 동일한 이름의 전역 변수를 선언하면 링크 단계에서 동일한 전역 변수가 두 개가 되기 때문에 에러가 발생한다. 이것은 두 가지 관점에서 생각해 봐야 한다. 첫째는 이 전역 변수가 두 개의 소스 모듈에서 공유를 위해 의도적으로 선언된 경우, 둘째는 각 소스 모듈에서 전역 변수를 독립적으로 사용하기 위해 선언한 경우가 있다. 이 두 가지 경우에 따라 이것을 해결하는 방법도 약간 차이가 있다.

만약 첫 번째 경우처럼 여러 소스 모듈에서 공유 목적으로 전역 변수를 선언한 경우라면 extern 이라는 키워드로 이것을 해결할 수 있다. 특별한 지시 없이 전역 변수를 선언하면 컴파일러는 이 전역 변수를 해당 소스 코드에 무조건 생성한다. 그래서 서로 다른 소스 코드에서 동일한 이름으로 전역 변수를 선언하면 동일한 이름의 변수가 여러 개 되기 때문에 링크에서 에러가 발생하는 것이다. 이때 하나의 소스 코드는 전역 변수로 선언하고, 다른 소스 코드는 extern이라는 키워드로 선언하면 컴파일러는 이것을 유일한 전역 변수로 통합한다. 즉, extern 없이 선언된 소스 코드를 기준으로 전역 변수를 생성하고, 다른 소스 코드는 이 전역 변수를 참조하도록 컴파일해준다. 결론적으로 공유 목적으로 여러 소스 코드에서 선언되는 전역 변수는 하나의 소스 코드만 변수를 선언하고 다른 소스 코드는 extern 키워드로 선언해야 한다.

```cpp
// first.cpp
int var = 0;

// second.cpp
extern int var;
```

위 코드에서 var는 나머지 소스 코드에서 extern으로 선언되었기 때문에 하나로 통합된다. 여기서 extern으로 선언되는 전역 변수는 초기화가 없으니 주의하도록 하자. extern으로 선언하면서 변수 초기화를 하면 extern 키워드는 무시된다.

앞의 경우가 의도적인 것이라면 두 번째 경우는 의도적인 경우가 아니다. 즉, 독립적으로 전역 변수를 사용하기 위해 서로 다른 소스 코드에서 선언한 변수가 뜻하지 않게 같은 이름으로 충돌하는 것은 의도적이지 않게 발생한 문제이다. 이때 가장 쉽게 해결할 수 있는 방법은 변수 이름을 다른 것으로 변경하는 것이다. 하지만 이 방법은 좋지 않다. 왜냐하면 여러 개발자가 소프트웨어를 개발하다 보면 이런 현상이 자주 발생하기도 하고, 변수 이름을 수정하면 이것을 사용하는 모든 코드를 찾아 수정해야 하기 때문에 수정 범위가 커진다. 이를 해결하기 위한 가장 좋은 해결책은 바로 static 키워드를 사용하는 것이다. 전역 변수를 선언할 때 static으로 변수를 선언하면 컴파일러는 해당 변수를 소스 단위의 독립 변수로 생성한다.

```cpp
// first.cpp
static int var = 0;

// second.cpp
static int var = 10;      // 각각 초기화 값을 가질 수 있고, 가지는 것이 좋다.
```

즉, 위와 같이 전역 변수를 선언하면 var는 각 소스에 독립되어 링크할 때 에러가 발생하지 않는다. static 키워드를 지역 변수에 사용하면 정적 변수가 되는데, 이런 정적 변수는 함수가 리턴된 다음에도 해당 변수 값을 계속 유지시킨다. 이런 변수와 달리 전역 변수를 선언할 때 static 키워드를 사용하면 해당 변수는 소스 코드 단위로 독립적인 전역 변수가 된다. 그래서 전역 변수의 이름 충돌을 방지할 때 유용하게 사용할 수 있다.

함수의 이름도 이와 비슷하다. 예를 들어 여러 소스 코드에서 동일 이름으로 전역 함수를 구현하면 링크 단계에서 에러가 발생한다. 이때 이 전역 함수가 소스 코드마다 독립적으로 만들어져야 한다면 전역 함수 이름 앞에도 static 키워드를 붙일 수 있다.

```cpp
// first.cpp
static void function ()
{
}
// second.cpp
static void function ()
{
}
```

위 코드와 같이 구현하면 각 소스 코드에서 구현한 function 함수는 독립적이다. 이렇게 static 키워드를 이용하면 모듈화 작업으로 소스 코드를 개발할 때 유용하다. 그런데 이 방법은 물리적 파일을 기준으로 이름을 독립시키기 때문에 논리적으로 이름을 독립해야 할 때는 사용할 수 없다. 예를 들어, 어떤 개발자가 first.cpp와 second.cpp를 개발하고, 다른 개발자가 third.cpp와 fourth.cpp를 개발할 예정이라고 하자. 이때 first.cpp와 second.cpp를 개발하는 개발자가 이 두 개의 소스 코드에서 전역 변수 하나를 공유하기 위해 var라는 변수를 선언하려고 한다. 당연히 두 개의 소스가 전역 변수 하나를 공유해야 하기 때문에 하나의 소스 코드는 var를 그냥 선언하고, 다른 소스 코드는 extern으로 전역 변수를 선언해야 한다. 그런데 공교롭게도 third.cpp와 fourth.cpp를 개발하는 개발자 역시 이런 경우가 발생해 var를 선언한다면 변수 이름 충돌 문제가 발생한다. 이때는 static 키워드를 사용할 수가 없다. static 키워드가 유용하기는 하지만 물리적 파일로만 이름을 독립시킬 수 있기 때문에 좀 더 복잡한 소프트웨어를 이름 충돌 없이 개발하기 위해서는 이것을 뛰어 넘는 논리적인 방법의 작명이 필요하다. 이것이 바로 다음에 이야기할 네임스페이스이다.

네임스페이스

C++로 개발하는 소프트웨어는 C에 비해 이름을 많이 짓게 된다. 작게는 변수 이름부터 시작해서 함수 이름, 클래스 이름 등 많은 이름을 짓게 된다. 이렇게 많은 이름을 짓기 때문에 C++ 프로그램에서는 가끔 의도하지 않게 이름 충돌 문제가 발생한다. 개발하는 소프트웨어 규모가 작다면 이런 문제가 발생하지 않을 수도 있지만 조금만 큰 규모의 소프트웨어를 개발하다 보면 이런 문제가 흔히 발생한다. 이때 가장 간단한 해결 방법은 앞에서 이야기한 것과 같이 충돌되는 이름을 변경하거나 static 키워드를 사용하는 것이다. 하지만 이 방법은 노력과 시간이 많이 들고, 물리적 파일로만 이름을 독립시킬 수 있다는 문제 때문에 큰 규모의 C++ 프로그램에서는 사용하기가 힘들다. 그래서 C++는 좀 더 효율적이고 체계적인 방법으로 이름 충돌을 해결할 수 있는 방법을 제공한다. 이것이 바로 네임스페이스^{name space}이다.

네임스페이스를 그대로 해석하면 이름 공간이다. 좀 더 정확하게는 논리적인 이름 공간이다. 이는 물리적 소스 파일을 뛰어 넘어 논리적인 단위로 이름 공간을 관리한다. 원리는 간단하다. 이름이 필요한 모든 것을 서로 다른 이름 공간으로 캡슐화하는 것이다. 즉, 변수나 함수, 또는 클래스를 서로 다른 네임스페이스로 캡슐화하는 것이다. 이렇게 서로 다른 네임스페이스로 캡슐화하면 서로 같은 이름이라도 다른 네임스페이스 안에서 사용하게 되므로 이름이 충돌되지 않는다. 먼저 네임스페이스의 형식을 살펴보자.

```
namespace 이름공간 명칭
{
    // 변수 정의
    // 함수 정의
    // 클래스 정의
}
```

네임스페이스는 namespace라는 키워드로 시작한다. 그리고 C/C++의 이름 규칙에 따라 이름 공간으로 사용할 이름을 지정한 다음 중괄호('{ }')를 기술하고 그 사이에 변수나 함수, 또는 클래스를 정의한다. 이때 정의하는 변수나 함수, 또는 클래스는 일반적인 구현과 동일하게 구현하면 된다. 네임스페이스를 기술할 때는 문법적으로 닫는 중괄호 ('}') 뒤에 세미콜론(';')을 삽입하지 않으니 주의하도록 하자. 앞에서도 이야기한 것과 같이 이렇게 변수나 함수, 그리고 클래스를 네임스페이스 안에 정의하면 이 이름들이 다른 곳에 정의된 이름과 동일해도 컴파일러는 이들의 이름을 다르게 해석한다.

```
namespace firstSpace
{
    int var = 5;
}

namespace secondSpace
{
    double var = 3.1416;
}
```

이 코드에서 int 타입의 변수 var와 double 타입의 변수 var의 경우와 같이 동일한 이름의 전역 변수를 사용할 때 네임스페이스를 사용한다. 두 var 변수가 네임스페이스에 묶여 있지 않다면 컴파일이나 링크 단계에서 에러가 발생한다. 같은 소스 코드 안에 있다면 컴파일 에러가, 다른 소스 코드에 있다면 링크에서 에러가 발생할 것이다. 하지만 위 코드는 서로 다른 네임스페이스에 묶여 있기 때문에 에러가 발생하지 않는다. 위 코드에서는 변수만 선언했는데, 네임스페이스 안에는 함수나 클래스, 또는 구조체 등 다양한 것을 선언할 수 있다.
네임스페이스에 필요한 변수나 함수, 또는 클래스를 선언한 다음에 코드에서 사용할 때 반드시 선언된 명칭과 함께 네임스페이스를 기술해야 한다. 앞에서 선언한 var를 코드에서 사용한다면 다음과 같을 것이다.

```cpp
int main ()
{
    cout << firstSpace::var << endl;
    cout << secondSpace::var << endl;

    return 0;
}
```

위 코드를 보면 변수 이름과 함께 네임스페이스 이름을 함께 기술한 것을 볼 수 있다. var 앞에 기술된 firstSpace와 secondSpace가 네임스페이스 이름이다. 네임스페이스 이름 다음에는 콜론 두 개(`::`)가 따라오고 그 다음에 변수명을 기술한다. 여기서 사용하는 콜론 두 개는 범위 지정 연산자scope resolution operator로, C++에서 클래스 이름이나 네임스페이스 이름 등을 기술할 때 사용한다. 이것에 대해서는 앞서 언급한 적이 있다. 앞의 코드에서는 변수를 사용했지만 함수나 클래스가 네임스페이스 안에 있다면 이것들을 사용할 때도 같은 방법으로 사용한다. 그런데 만약 이런 상황에서 네임스페이스 이름을 기술하지 않는다면 어떻게 될까? 당연히 컴파일 에러가 발생한다. 뒤에서 다시 한 번 이야기하겠지만 네임스페이스 이름을 기술하지 않으면 컴파일러는 무조건 해당 요소를 전역 이름 공간에서 찾는다. 물론, 전역 이름 공간에 var가 선언되어 있다면 문제가 없겠지만 전역 이름 공간에 var가 없다면 컴파일 에러가 발생한다. 결론적으로 네임스페이스 안에 선언된 요소를 사용할 때는 항상 네임스페이스 이름과 콜론 두 개를 함께 기술해야 한다는 것이다.

네임스페이스가 논리적으로 이름 공간을 분리하여 이름 충돌을 줄일 수 있도록 하지만, 코드에서 이것을 사용할 때는 네임스페이스 이름을 항상 기술해야 하기 때문에 코드 사용을 불편하게 하는 경향이 있다. 그래서 C++는 디폴트 네임스페이스를 지정할 수 있는 기능을 제공한다. 이 것에 대해서는 뒷부분에서 다시 이야기하도록 하겠다.

네임스페이스는 논리적인 이름 공간으로, 개념적으로 물리적 소스 코드의 상위 개념이다. 서로 다른 소스 코드에서 동일한 네임스페이스를 선언하면 논리적으로 하나의 네임스페이스에 묶인 다. 당연한 말이지만 같은 소스 코드에 분리된 형태로 동일 이름의 네임스페이스를 선언하면 이 것 역시 같은 네임스페이스에 묶인다.

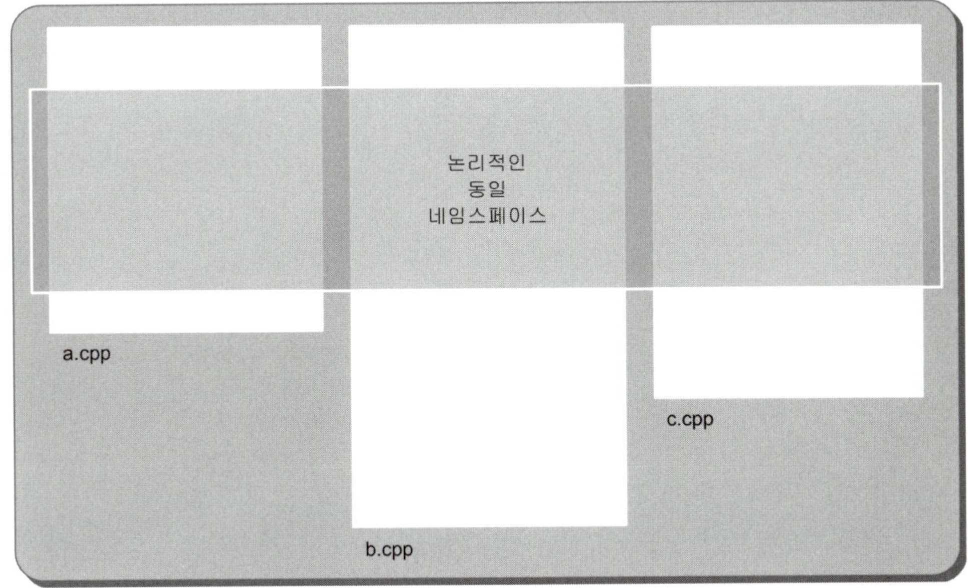

[그림 10-1] 소스 코드 파일과 네임스페이스

[그림 10-1]은 서로 다른 소스 코드에 선언된 같은 네임스페이스가 논리적으로 하나의 네임스페이스에 묶인다는 것을 표현한 것이다. 네임스페이스에서 소스 파일 이름은 중요하지 않다. 같은 이름의 네임스페이스를 사용하느냐가 논리적 이름 공간을 구분하는 중요한 기준이 된다. 이제 이것 외에 몇몇 변형된 형태로 네임스페이스를 선언하는 경우를 알아보자.

```
namespace
{
    int var;
}
```

위 코드는 네임스페이스를 선언하면서 네임스페이스 이름을 생략한 경우로 같은 소스 코드에서만 사용할 수 있다. 이는 static 키워드로 전역 변수나 함수를 선언하는 것과 같다. 즉, 같은 소스 코드에서 사용할 때는 네임스페이스 이름 없이 사용할 수 있다. 네임스페이스의 또 다른 형태로 네임스페이스가 중첩된 형태가 있을 수 있다.

```
namespace Outer
{
    namespace Inner
    {
        int var = 10;
    }
}
```

네임스페이스를 중첩하면 이것을 사용할 때 중첩되는 모든 이름을 기술해야 한다.

```
int main ()
{
    cout << Outer::Inner::var << endl;
    return 0;
}
```

중첩된 네임스페이스도 네임스페이스 이름을 모두 기술한다는 점을 제외하면 중첩되지 않은 네임스페이스와 동일하다. 그렇다면 왜 불편하게 네임스페이스를 중첩할까? 중첩된 네임스페이스는 계층적인 모듈화 작업을 할 때 유용하다. 예를 들어, 유저 인터페이스와 관련된 부분을 하나의 이름 공간으로 분리하고자 한다면 이것을 ui라는 이름으로 네임스페이스를 만들면 된다. 그런데 이 ui 네임스페이스 내의 여러 기능들을 다시 메뉴, 단축키, 화면 유저 인터페이스 등으로 세분화하고자 한다면 어떻게 해야 할까? 바로 이때 중첩된 네임스페이스를 사용한다. 또, 중첩된 네임스페이스를 잘 사용하면 이름의 충돌뿐만 아니라 계층적인 코드 문서화 작업도 쉽게 할 수 있다. 중첩된 네임스페이스를 사용하지 않는다면 모든 기능을 전부 구현한 다음에 이것을 다시 추출하여 기능별로 분류한 후에 문서화 작업을 진행해야 한다. 하지만 중첩된 네임스페이스 자체가 체계적으로 분류된 문서의 성격을 어느 정도 가지고 있기 때문에 중첩된 네임스페이스를 사용함으로써 문서화 작업을 쉽게 마칠 수 있다.

C++의 모든 선언은 네임스페이스에 포함된다

네임스페이스는 C++의 기본 요소로 묵시적으로 사용되고 있다.

```cpp
int var = 10;

int main ()
{
    cout << var << endl;
    return 0;
}
```

위의 코드가 이전까지 사용했던 코드이다. 위 코드는 네임스페이스를 명시적으로 사용하지 않지만 C++ 컴파일러에 의해 묵시적으로 사용되고 있다. C++ 컴파일러는 특별히 명시하지 않은 선언을 무조건 전역 네임스페이스에 묶는다. 즉, 특별히 명시하지 않은 선언은 전역 네임스페이스를 사용하는 선언이라고 보면 된다. 그래서 위 코드에서 var는 전역 네임스페이스에 묶인 변수 선언이라고 볼 수 있다. 그리고 이 전역 네임스페이스는 묵시적으로 사용되기 때문에 코드에서 특별히 명시하지 않고 var를 사용하면 컴파일러는 전역 네임스페이스에서 이것을 찾아 연결한다. 물론 특별히 명시하고자 한다면 전역 네임스페이스도 명시할 수 있다. 이때 사용하는 키워드가 바로 콜론 두 개이다. 콜론 두 개는 범위 지정 연산자로서도 사용되지만 특별히 네임스페이스 이름 없이 사용하면 전역 네임스페이스를 의미한다.

```cpp
int var = 10;

namespace theNameSpace

{
    double var = 3.1416;
}

int main ()
{
    cout << ::var << endl;
    cout << theNameSpace::var << endl;
    return 0;
}
```

앞의 코드와 같이 전역 네임스페이스를 지정할 때 콜론을 명시적으로 기술하면 코드를 읽는 개발자나 컴파일러 모두가 코드를 쉽게 읽을 수 있다.

네임스페이스 쉽게 사용하기

네임스페이스가 이름 공간 분리와 체계적인 관리를 할 수 있게 도와주기는 하지만, 항상 네임스페이스 이름을 기술해야 하기 때문에 불편하다. 이를 어느 정도 해결하기 위해 C++ 컴파일러는 using이라는 키워드와 몇몇 기능을 제공한다. 먼저 using 키워드는 코드에서 묵시적으로 사용할 이름 공간을 명시하도록 한다.

```cpp
namespace theNameSpace
{
    double var = 3.1416;
}

using namespace theNameSpace;

int main ()
{
    cout << var << endl;          // using을 사용했기 때문에
                                  // theNameSpace::을 생략할 수 있다.
    return 0;
}
```

위 코드와 같이 코드에서 묵시적으로 사용할 네임스페이스가 있다면 using namespace로 명시하고 이름을 생략하면 된다. 위 코드는 보는 사람에 따라 using namespace의 효율성을 의심할 수도 있다. theNameSpace라는 이름 하나를 생략하기 위해 using namespace를 사용한다는 것은 오히려 비효율적이기 때문이다. 그러나 이것은 예제의 단순함 때문에 생기는 문제다. 만약 theNameSpace 안에 많은 변수나 함수, 또는 클래스가 선언되어 있고 이것을 코드에서 광범위하게 사용하고 있다면 using namespace는 분명히 효율적이다. 또, using namespace는 코드 가독성을 높이는 데도 도움을 준다. using namespace 특성상 코드의 제일 위쪽에서 기술되는데, 코드를 읽는 사람이 using namespace를 통해 사전에 사용할 이름 공간을 파악하게 되기 때문에 코드의 가독성이 높아진다.

using 키워드는 namespace 키워드와 함께 묵시적으로 사용할 네임스페이스 이름 전체를 명시할 수 있다. 이런 기능 외에 using 키워드는 혼자 사용될 때 네임스페이스 안의 특정 선언에 대해 묵시적 사용을 명시할 수 있다. 다음 코드를 보자.

```cpp
namespace theNameSpace
{
    double var = 3.1416;
    void function ()
    {
    }
}

using theNameSpace::function;

int main ()
{
    cout << theNameSpace::var << endl;
    function ();      // 여기서 theNameSpace는 생략할 수 있다.

    return 0;
}
```

위 코드는 using 키워드를 이용해 function 함수가 어떤 네임스페이스에 있는지를 명시적으로 컴파일러에게 알려 주기 때문에 네임스페이스 이름을 생략할 수 있다. 이는 특정 요소 하나에 대해서만 명시하기 때문에 다른 요소를 사용할 때는 네임스페이스 이름을 명시해야 한다. 위의 코드에서 theNameSpace::var가 이런 경우이다. 여기서 theNameSpace을 생략하면 컴파일 오류가 발생한다.

using 키워드뿐만 아니라 namespace 키워드도 네임스페이스 선언 외에 단독으로 사용할 수 있다. 단독 사용 시 namespace 키워드는 네임스페이스의 원래 이름과 다른 별명을 붙일 수 있다. 네임스페이스에 별명을 붙이는 목적은 여러 가지가 있을 수 있는데, 일반적인 목적은 네임스페이스에 축약형 이름을 붙이려 할 때이다.

```cpp
namespace Outer
{
    namespace Inner
    {
        int var = 10;
    }
}

namespace shortName = Outer::Inner;

int main ()
{
    cout << shortName::var << endl;

    return 0;
}
```

위 코드에서 var는 중첩된 네임스페이스 안에 선언되어 있기 때문에 사용할 때 이를 모두 기술해야 한다. 이때 위 코드에서와 같이 namespace 키워드와 함께 축약형 이름으로 다시 선언하면 코드에서 축약된 이름을 사용할 수 있다. 여기서 '='은 대입의 의미가 아니라 새로운 정의를 의미한다. using과 관련하여 마지막으로 알아야 할 사항은 using이 컴파일하는 소스 코드에만 영향을 준다는 사실이다. 이 때문에 만약 다른 소스 코드에서 동일한 네임스페이스를 묵시적으로 사용하고자 한다면 소스 코드마다 using 키워드를 사용해야 한다.

std 네임스페이스

C++는 자신들이 제공하는 표준 함수나 클래스를 표준 템플릿 라이브러리^{STL : Standard Template Library}로 제공한다. 표준 템플릿 라이브러리에 대한 좀 더 자세한 사항은 뒤에서 이야기하겠다. 여기서는 네임스페이스와 관련된 부분만 먼저 이야기하겠다. C++가 제공하는 표준 템플릿 라이브러리에는 많은 전역 함수와 클래스가 있다. 이것을 그냥 제공하면 기존에 다른 개발자가 만든 부분과 이름 충돌이 발생할 수 있기 때문에 C++는 표준 템플릿 라이브러리를 std라는 네임스페이스로 캡슐화해 제공하고 있다. 그래서 표준 템플릿 라이브러리를 사용할 때는 표준 함수나 클래스 이름 앞에 항상 std::을 기술하거나 앞에서 이야기한 using namespace를 이용해 std를 명시해주어야 한다.

```cpp
#include <iostream>

using namespace std;

int main ()
{
    cout << "Hello world~~" << endl;
    std::cout << "Hello world~~" << std::endl;
    return 0;
}
```

이 코드에서 using namespace std;는 앞으로 std라는 네임스페이스를 묵시적으로 사용한다는 것을 알리는 코드이다. std 네임스페이스 안에는 C++ 이 제공하는 표준 템플릿 라이브러리가 선언되어 있는데, 우리가 입·출력에서 사용하는 cout와 cin, 그리고 endl이 여기에 포함되어 있다. 위 코드에는 이것만 나와 있지만 유용하게 사용하는 string, list, vector, map과 여러 유용한 함수가 모두 여기에 포함되어 있다. 이 모든 것을 외우기보다는 C++의 표준 템플릿 라이브러리를 사용할 때는 항상 using namespace std;를 기술한다고 이해해두자.

네임스페이스는 클래스가 아니다

네임스페이스는 문법적으로 선언하는 모양이나 사용하는 모양이 클래스와 유사하기 때문에 가끔 이것을 클래스로 착각하는 개발자들이 있다. 하지만 이것은 클래스가 절대 아니다. 클래스는 객체를 생성하기 위한 자료형이다. 클래스를 이용해서는 객체를 생성할 수 있지만 네임스페이스는 그렇게 할 수 없다. 이것은 단지 이름 충돌을 막기 위해 전역 변수나 함수, 또는 클래스, 구조체 등의 바깥에 하나의 이름을 더 부여한 공간에 지나지 않는다. 그래서 네임스페이스로는 이름 공간 분리 외에 어떠한 것도 추가하지 않는다. 절대 다음과 같은 코드를 상상하지 말도록 하자.

```cpp
namespace theNameSpace
{
    int var = 10;
    class theClass
    {
    };
}
```

```cpp
int main ()
{
    theNameSpace obj;            // 이 코드는 컴파일되지 않는다.
    cout << obj.var << endl;     // 이 코드 역시 컴파일되지 않는다.

    theNameSpace::theclass obj;  // 이 코드는 합당한 코드이다.

    return 0;
}
```

위 코드에서 theNameSpace를 이용해 객체를 선언하려는 코드는 논리적으로나 문법적으로 잘못된 코드이다. 만약 객체를 만들려고 한다면 네임스페이스에 포함된 클래스를 이용할 수는 있다. 하지만 네임스페이스 이름만으로 객체를 생성하려 해서는 안 된다. 네임스페이스는 클래스가 아니기 때문이다.

네임스페이스 안에 클래스를 선언하는 것과 유사한 소스 구조가 있는데, 중첩된 클래스가 이런 구조와 유사하다. 다음 코드를 보자.

```cpp
class OuterClass
{
public:
    class InnerClass
    {
    };
};

int main ()
{
    OuterClass::InnerClass obj1;
    OuterClass obj2;

    return 0;
}
```

위 코드에서 InnerClass 클래스는 OuterClass 클래스에 중첩되게 선언되었다. 이렇게 클래스를 선언한 경우에 OutClass는 네임스페이스의 목적을 가진다. 즉 위 코드에서 OutClass는 이름 공간으로서 이름 충돌을 방지하기 위해 사용되었다고 볼 수 있다. 하지만 네임스페이스와는 달리 class 키워드로 선언되었기 때문에 클래스로서도 사용될 수 있다. 그래서 이를 이용해 객체를 생성할 수도 있다. 위 코드에서 obj2가 이렇게 생성된 객체이다. 중첩된 클래스는 이름 공간을 분리하기 위해서도 사용되지만 클래스 내부에서만 사용되는 클래스를 선언하기 위해서도 사용된다.

```cpp
class theClass
{
private:
    class PrivateClass                      // 이 클래스는 theClass 외부에는 은폐된다.
    {
    };

    PrivateClass m_member;
};

int main ()
{
    theClass obj1;
    theClass::PrivateClass obj2;    // 클래스 외부에 은폐된 클래스이기 때문에
                                    // 컴파일 에러가 발생한다.

    return 0;
}
```

위 코드는 이전과 달리 중첩된 클래스인 PrivateClass를 private:로 선언했다. 따라서 이 클래스는 theClass 밖으로는 노출되지 않는다. 이때 theClass는 이름 공간을 분리하기 위해 사용된 것이 아니다. theClass는 일반적인 클래스와 같이 객체를 생성하기 위해 사용되었다. 은폐는 멤버 변수나 함수만 하는 것이 아니라 필요하다면 특정 클래스를 은폐할 수도 있다. 가끔은 중첩된 내장 클래스도 이름 공간 분리와 은폐를 위해 유용하다.

 ## 예외 처리

예외 처리란

코드 구현 시 if 같은 제어문을 많이 사용하면 코드의 가독성이 떨어진다. 그래서 가급적이면 제어문을 많이 사용하지 말고 코드가 위에서 아래로 흘러가도록 작성하는 것이 좋다. 그런데 코드를 작성하다 보면 어쩔 수 없이 제어문을 사용해야만 하는 순간이 있다. 바로 예기치 않은 상황이 발생했을 때이다. 예기치 않은 상황이 발생했을 때 프로그램은 if 같은 제어문을 이용해 코드의 예외 상황을 판단하고 적절한 처리를 수행하는데, 이것을 예외 처리라고 한다. 예외 상황은 늘 반복되기 때문에 전체 코드에서 예외 처리가 차지하는 비중은 엄청나게 크다. 이렇게 엄청나게 많은 예외 처리를 가만히 분석해보면 예외 처리 코드가 어느 정도 정형화된 모양을 가지고 반복되고 있다는 사실을 알 수 있다. 이렇게 반복되는 코드를 계속 작성하면 코드 크기가 커지고 코드 관리가 어려워지는 등 여러 가지 문제점이 생긴다. 그래서 반복되는 예외 처리를 좀 더 구조적으로 처리하기 위한 것이 C++의 예외 처리이다.

C++의 예외 처리는 반복되는 예외 처리를 구조화해서 정형화된 몇가지 패턴으로 예외 처리를 수행할 수 있게 도와준다. 그리고 구조화 과정 중에 예외를 클래스로 캡슐화하기 때문에 제어문을 적게 사용하도록 도와준다. if 같은 제어문을 적게 사용하면 코드는 위에서 아래로 흘러가는 직렬화 구조를 갖게 된다. 직렬화 구조를 갖는 코드는 읽기 쉽기 때문에 가독성이 높아진다. 결론적으로 직렬화 코드와 중복되는 예외 처리 코드를 패턴화시켜 처리하기 위해 예외 처리를 적극적으로 사용하도록 하자.

```
try
{
    // 정상적인 처리 코드
}
catch (타입1)
{
    // 첫 번째 예외 처리 패턴
}
[catch (타입n)
{
    // n 번째 예외 처리 패턴
}]
catch(...)
```

```
{
    // 기타 예외 처리 패턴
}
```

예외 처리는 try와 catch 사이에 정상적인 코드 흐름을 구현한다. 이 사이의 코드는 예외가 발생하지 않았을 때 코드가 실행되는 경로이다. 그런데 이 사이의 코드가 실행 중에 예외 상황이 발생하면 catch로 실행 흐름을 옮겨 실행을 한다. try와 catch 사이의 예외는 저절로 발생하지 않는다. 예외는 예외 상황을 판단한 코드에 의해 발생되어야 한다. 코드에서 예외를 발생시킬 때 사용하는 키워드는 throw이다.

```
throw [값];
```

throw 키워드는 뒤에 특정 값을 함께 기술하거나 생략할 수 있다. throw 뒤에 특정 값을 명시하면 이 값의 자료형을 catch에서 받게 된다. 그래서 try와 함께 구현되는 catch는 throw에서 발생할 수 있는 다양한 자료형에 대해 여러 개가 나열되어야 한다. 만약 throw에 기술한 값의 자료형이 catch에 구현되지 않으면 catch(...)에서 처리되지 않는 기타 예외를 일괄 처리하게 된다. catch(...)는 처리되지 않는 기타 예외를 모두 모아 처리하기 위한 예외 블록을 의미한다. 그래서 catch(...)는 일반적으로 다른 catch 블록의 맨 뒤에 위치한다. catch(...)가 필수적인 것은 아니지만 예외 처리의 안전성을 확보하기 위해 기술하는 것이 바람직하다.

throw 키워드는 뒤에 특정 값을 가지지 않을 수도 있다. 이런 throw는 try와 catch 사이에서 사용하지 않는다. 이것은 try, catch가 중첩되어 있을 때 안쪽의 catch 블록에서 발생한 예외를 밖의 catch로 전달할 때 사용하는 관용적 문법이다. 즉, 안쪽 catch가 처리할 수 없는 특정 예외를 밖의 catch로 전달하고자 할 때 사용한다.

catch 블록은 예외를 처리하기 위한 블록으로서 예외 처리가 끝나면 catch 다음 블록을 실행한다. try와 catch 사이의 정상 처리 코드 역시 예외가 발생하지 않으면 catch 다음 블록을 실행하기 때문에 catch 다음 블록은 정상적인 실행일 때나 예외가 발생했을 때나 실행되는 공통실행 블록이라고 할 수 있다. 이것을 그림으로 표현하면 다음과 같다.

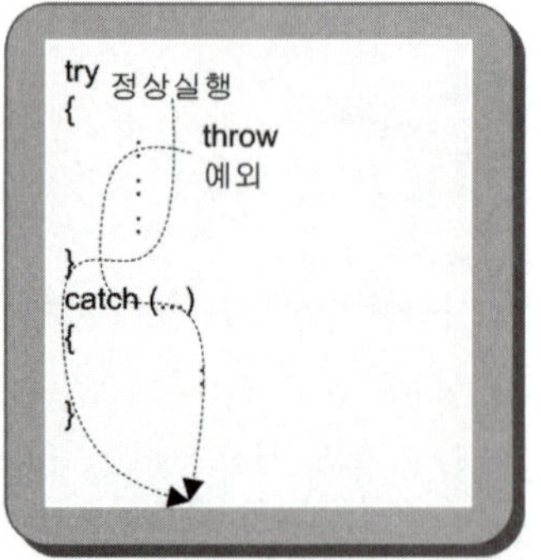

[그림 10-2] 예외 처리 구조


```cpp
1: #include <iostream>
2:
3: using namespace std;
4:
5: int main ()
6: {
7:         try
8:         {
9:             int a, b;
10:             cout << "두 정수를 입력하세요 : ";
11:             cin >> a >> b;
12:
13:             if (b == 0)
14:                 throw a;
15:
16:             cout << a << " / " << b << " = " << a/b << endl;
17:         }
18:         catch (int e)
19:         {
20:             cout << e << "를 0으로 나눌수 없습니다." << endl;
21:         }
22:         catch(...)
23:         {
24:             cout << "알 수 없는 예외가 발생했습니다." << endl;
25:         }
26:
27:         return 0;
28: }
```

[소스 10-1]은 예외 처리 흐름을 보여주기 위한 코드로서 두 개의 정수를 입력받아 나눈 결과를 보여 준다. 코드는 두 개의 정수를 입력받은 도중에 0이 입력되면 예외 상황으로 인식하고 예외를 발생시킨다. 예외 처리 블록은 예외가 발생했을 때 예외 메시지를 출력하고 프로그램을 종료한다. 사실 [소스 10-1]과 같이 하나의 예외만 발생시키는 경우에는 try와 catch를 이용한 예외 처리가 오히려 코드를 복잡하게 만든다. 이 코드는 단지 try와 catch의 예외 처리 구조를 보여주기 위한 것이다. 실제 try와 catch는 다양한 자료형의 예외가 반복적으로 발생할 때 이것을 몇몇 자료형으로 블록화시켜 처리하고자 할 때 사용한다.

앞의 코드에서 두 번째 입력된 정수 b가 0인 경우에는 나눗셈을 실행할 수 없기 때문에 throw 키워드로 예외를 발생시킨다. throw 다음에 예외와 함께 값을 명시한다. 이 값은 catch에 동일 자료형이 기술되어 있는 경우 여기에 그대로 전달된다. 이 값이 꼭 정수일 필요는 없다. 그리고 꼭 예외를 발생시킨 값을 명시할 필요도 없다. 이 값은 정수형일 수도 있고 문자열일 수도 있다. 그리고 뒤에서 이야기할 클래스 객체일 수도 있다. 이 값은 예외를 처리하기 위해 전달되는 값일 뿐이기 때문에 예외를 처리하는 입장에서 사용할 수 있는 어떤 값이라도 상관없다. [소스 10-1]은 예외 처리에서 예외를 발생시킨 나누는 값을 보여주기 위해 a 값을 전달했다.

catch의 마지막에 catch(...)가 기술되었는데, [소스 10-1]에서는 정수형의 예외만 발생하기 때문에 이 예외 처리 코드는 실행되지 않을 것이다. 하지만 앞에서도 언급한 것과 같이 가급적이면 catch의 마지막 블록은 안전성을 위해 catch(...)로 종료하는 것이 좋다. 다음은 [소스 10-1]의 실행 결과이다.

[그림 10-3] 예외 처리 실행

함수를 거슬러 올라가는 예외 처리

throw로 예외를 발생시키면 예외 처리는 발생된 예외 처리 자료형이 발견될 때까지 try와 catch을 찾아 계속 올라간다. 여기서 올라간다는 표현은 함수 호출을 역으로 거슬러 올라간다는 뜻이다. 역으로 거슬러 올라가는 함수의 단계는 몇 단계라도 상관없다. 이것이 try와 catch를 강력하게 만드는 핵심 요인이다. 만약 throw로 발생한 예외 함수를 거슬러 올라가지 못한다면 모든 함수에 try와 catch를 기술해야 한다. 한두 줄로 구현된 코드에도 모두 try와 catch를 기술해야 한다. 모든 함수가 try와 catch를 가져야 한다고 생각해보면 엄청난 양의 코드가 예외 처리를 위해 구현되어야 할 것이다. 이것은 오히려 개발자를 힘들게 할 뿐이다. 하지만 throw로 발생한 예외는 함수를 거슬러 올라갈 수 있기 때문에 모든 함수에 이것을 기술하지 않아도 된다. throw가 함수를 거슬러 올라갈 수 있기 때문에 에러 반환을 대신할 수도 있다. 보통 함수를 구현할 때 에러의 반환과 함수 결과의 반환을 하나의 함수 반환값으로 구현해야 하는 경우가 있는데, 이때 만약 함수 반환값으로 이 두 가지를 구현해야 한다면 함수 내의 구현 코드와 함수 반환 코드 모두 복잡해질 수밖에 없다. 이때 throw가 함수를 거슬러 올라갈 수 있다는 특징을 이용하면 함수 반환은 정상적인 반환만 처리하고 에러는 throw로 처리할 수 있어 코드를 간결하게 구현할 수가 있다.

또 여러 함수가 여러 단계를 거쳐 호출된 상황에서 에러를 한 번에 최상위 함수에 전달해야 할 때도 throw가 유용하게 사용된다. 만약 throw를 사용하지 않는다면 중간에 호출되는 함수들이 다음 호출한 함수의 반환값을 받아 이것을 밖으로 계속 전달해줘야 하기 때문에 코드가 복잡해진다. 이때도 throw가 함수를 거슬러 올라간다는 특징을 이용하면 한 번에 최상위 함수에 에러 발생을 알려줄 수 있기 때문에 코드 구조가 간결해진다.

```cpp
int function2 ()
{
    return -1;            // 에러 발생
}

int function1 ()
{
    int ret = function2 ();
    if (ret == -1)        // 에러 발생
        return ret;

    // 정상적인 처리

    return 1;
}

int main ()
{
    try
    {
```

```cpp
        int ret = function1 ();
        if (ret == -1)              // 에러 반환
            throw ret;

        cout << ret << endl;        // 정상적인 반환
    }
    catch (int e)
    {
        cout << "에러 발생" << endl;
    }

    return 0;
}
```

위 코드는 여러 단계에 걸쳐 호출되는 함수에서 반환값을 에러 반환과 정상적인 반환으로 구분하여 처리하는 코드이다. 호출되는 함수가 반환값으로 에러 반환을 판단해 직접 전달하기 때문에 코드 구조가 복잡하다. 이때 throw를 사용하면 에러 반환을 최상위에 있는 catch에 한 번에 전달할 수 있기 때문에 코드가 간단해진다. 다음 그림은 throw가 모든 함수 호출을 역으로 거슬러 올라가서 catch에 예외를 직접 전달하는 것을 나타낸 그림이다.

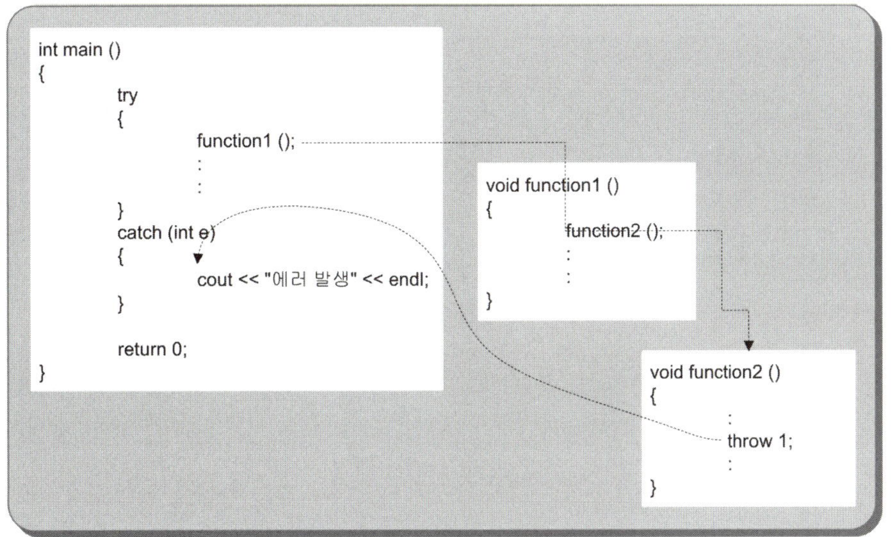

[그림 10-4] 함수를 역으로 거슬러 올라가는 throw

그렇다면 어떤 함수에 throw를 기술하고 어떤 함수에 try와 catch를 기술해야 하는 것일까? try와 catch를 기술하는 원칙에 대해 특별히 정리된 기준이나 문법은 없다. 하지만 경험적으로 볼 때 다음과 같은 기준으로 기술하는 것이 좋을 것이다. 함수는 크게 줄거리를 이어가는 함수와 단위 연산이나 논리를 처리하는 함수로 나누어진다. 이 때 줄거리를 이어가는 함수가 바로 try와 catch를 기술하는 기준 함수가 된다. 그리고 단위 논리 함수는 throw로 예외를 발생시키는 함수가 된다. 줄거리 함수는 try와 catch로 블록을 형성하고, 그 안에서 단위 논리 함수를 호출하게 된다. 단위 논리 함수는 수행 중에 예외 상황이 발생하면 throw 키워드로 예외를 발생시킨다. throw는 함수를 거슬러 올라갈 수 있기 때문에 언제나 줄거리 함수에서 구현되어 있는 try와 catch를 만나 예외를 처리하게 된다.

다음 코드는 앞 장에서 구현한 Stack을 예외 처리로 다시 구현한 것이다. Stack 클래스의 push와 pop 함수가 예외 처리를 사용하도록 하였다. 특히 pop 함수는 스택에 저장되어 있는 값을 반환해야 하는데, 이때 반환값은 항상 정상적인 스택 반환을 하고 더 이상 반환할 값이 없을 경우 예외를 반환하도록 구현했다.


```cpp
1: #include <iostream>
2:
3: using namespace std;
4:
5: template<class T>
6: class Stack
7: {
8: private:
9:         T* m_value;
10:         int m_top;
11:         int m_max;
12:
13: public:
14:         Stack(int sz = 10);
15:         Stack(const Stack& ob);
16:         ~Stack();
17:
18:         Stack& operator=(const Stack& ob);
19:
20:         friend ostream& operator <<(ostream &, const Stack &);
21:
```

```cpp
22:          bool isEmpty() const
23:          {
24:               return m_top == 0;
25:          }
26:          bool isFull() const
27:          {
28:               return m_top == m_max;
29:          }
30:          int size() const
31:          {
32:               return top;
33:          }
34:
35:          void push(T value);
36:          T pop ();
37: };
38:
39: template<class T>
40: Stack<T>::Stack(int sz)
41: {
42:          m_top = 0;
43:          m_max = sz;
44:          m_value = new T[m_max];
45: }
46:
47: template<class T>
48: Stack<T>::Stack<T>(const Stack<T>& ob)
49: {
50:          m_top = ob.m_top;
51:          m_max = ob.m_max;
52:          m_value = new T[m_max];
53:          for (int i = 0; i < m_max; i++)
54:               m_value[i] = ob.m_value[i];
55:      }
56:
57: template<class T>
58: Stack<T>::~Stack()
59: {
60:     if (m_value)
61:          delete [] m_value;
62: }
63:
64: template<class T>
```

```cpp
65: Stack<T>& Stack<T>::operator=(const Stack<T>& ob)
66: {
67:         if (m_value)
68:             delete [] m_value;
69:
70:         m_top = ob.m_top;
71:         m_max = ob.m_max;
72:         m_value = new T[m_max];
73:         for (int i = 0; i < m_max; i++)
74:             m_value[i] = ob.m_value[i];
75:
76:         return *this;
77: }
78:
79: template<class T>
80: ostream& operator <<(ostream &os, const Stack<T> &op2)
81: {
82:         cout << "[";
83:         for (int i = 0; i < op2.top ; i++)
84:             cout << op2.value[i] << ", ";
85:
86:         cout << endl;
87:
88:         return os;
89: }
90:
91: template<class T>
92: void Stack<T>::push(T value)
93: {
94:         if (isFull())
95:             throw "Overflow!!!";
96:
97:         m_value[m_top++] = value;
98: }
99:
100: template <class T>
101: T Stack<T>::pop ()
102: {
103:     if (isEmpty ())
104:         throw "Underflow!!!";
105:
106:     return m_value[--m_top];
107: }
```

[소스 10-2]의 Stack.h를 보면 91~107행에서 구현한 push와 pop 함수가 자신의 에러를 반환 값이 아닌 예외로 처리한 것을 볼 수 있다. 특히 pop 함수는 Stack에 저장되어 있는 값이 있을 경우 함수 반환값으로 반환해야 하는데, 에러 역시 pop 함수의 반환값으로 반환해야 하는 문제가 발생한다. 동시에 두 의미를 가지는 값을 반환하기 위해 값의 범위를 정해 에러와 정상적인 반환을 구별하거나 함수 인자를 통해 정상적인 반환을 다시 구현해야 한다. 이전 장은 함수 인자를 통해 정상적인 반환을 구현했다. 하지만 여기서는 예외 처리인 throw로 간단히 해결할 수 있다. 여기서는 함수의 반환을 무조건 정상적인 반환으로 생각하고 에러는 예외 처리로 구현한다. 이렇게 함으로써 코드 구조가 이전보다 간결해질 수 있다. 단 이렇게 예외 처리로 에러를 처리하는 구조에서는 반드시 이 함수 밖에 예외를 처리하기 위한 try와 catch를 구현해주어야 한다. 만약 이 구조에서 try와 catch를 구현하지 않는다면 예외가 발생한 경우에 다운될 수도 있다.


```cpp
1: #include "Stack.h"
2:
3: int main()
4: {
5:      Stack<int> s1(10);
6:
7:      try
8:      {
9:              cout << "Push..." << endl;
10:             for (int value = 1;  value <= 10 ; value++)
11:             {
12:                     s1.push (value);
13:
14:                     cout << value << endl;
15:             }
16:
17:             cout << endl;
18:
19:             cout << "Pop..." << endl;
20:             while (1)
21:             {
22:                     int value = s1.pop ();
23:                     cout << value << endl;
24:             }
```

```
25:
26:            cout << endl;
27:        }
28:        catch (char* e)
29:        {
30:            cout << e << endl;
31:        }
32:        catch (...)
33:        {
34:            cout << "예기치 않은 에러가 발생했습니다." << endl;
35:        }
36:
37:        return 0;
38: }
```

[소스 10-3]에서 또 하나 유심히 봐야 할 것이 있다. 이전의 예제와 달리 [소스 10-3]은 예외가 발생했을 때 예외에 대해 설명하는 문자열을 던지고 있는데, 이것은 예외 문자열을 바로 메시지로 사용하기 위해서다. 문자열뿐만 아니라 개발자가 원한다면 어떤 데이터라도 예외 처리 데이터로 던질 수 있다. 다음은 실행 결과이다.

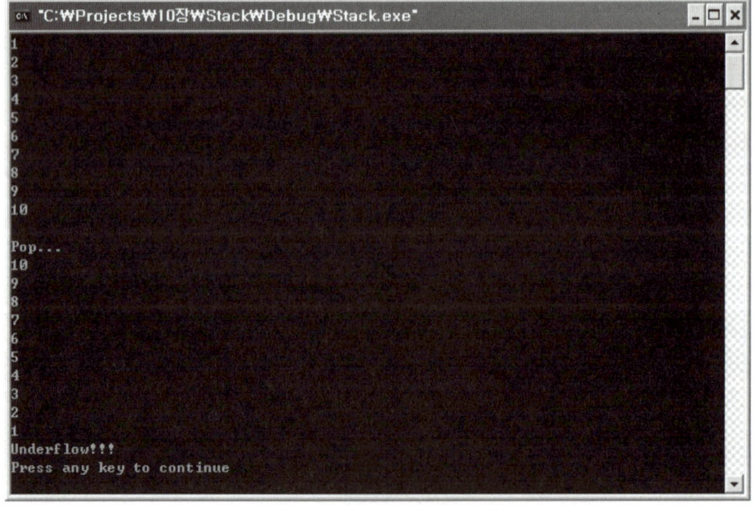

[그림 10-5] stack.exe 실행 결과(함수를 사용하는 예외 처리)

예외 클래스로 예외 정보 구조화

앞의 예제들은 예외가 발생했을 때 단순히 정수나 문자열을 예외 정보로 발생시키고 예외를 처리했다. 단순한 예제나 소프트웨어를 개발할 때는 이렇게 할 수도 있지만 규모가 큰 소프트웨어를 개발한다면 예외 정보도 좀 더 체계적으로 발생시키고 관리할 필요가 있다. 이것을 위해 여러 가지 방법을 생각해 볼 수 있는데, 많이 사용하는 방법 중 하나가 예외 정보를 클래스화시키는 방법이다. 예외 정보를 클래스화시키는 방법은 상용 라이브러리나 C++ 표준 템플릿 라이브러리STL에서도 사용하는 일반적인 방법이다.

예외 정보를 클래스화시키는 것은 예외 정보를 하나의 클래스로 묶는 것부터 시작한다. 예외 정보에서 가장 일반적인 것은 예외가 발생한 이유를 설명하는 문자열이나 어떤 코드에서 예외를 발생시켰는지를 알리기 위한 포인터 값을 생각할 수 있다. 이런 정보를 하나의 클래스로 묶으면 된다. 그리고 예외를 발생시켜야 할 때 객체를 이용해 예외를 발생시키면 된다. [소스 10-3]의 Stack에서 발생시킨 예외를 클래스로 구조화시키면 다음과 같을 것이다.


```
 1: #ifndef EXCEPTION_H
 2: #define EXCEPTION_H
 3:
 4: #include <iostream>
 5:
 6: using namespace std;
 7:
 8: class Exception
 9: {
10: protected:
11:         char* m_msg;
12:         void* m_sender;
13:
14: public:
15:         Exception (char* msg, void* sender)
16:         {
17:             m_msg   = msg;
18:             m_sender= sender;
19:         }
20:
21:         virtual void reportError ()
22:         {
```

```
23:            cout << m_msg << endl;
24:            cout << "sender = " << m_sender << endl;
25:        }
26: };
27:
28: #endif
```

Stack.h — Stack.exe

```
1: #include <iostream>
2: #include "Exception.h"
3:
4: using namespace std;
5:
6: template<class T>
7: class Stack
8: {
9:        :
10:       :
11: };
12: :
13: :
14: template<class T>
15: void Stack<T>::push(T value)
16: {
17:     if (isFull())
18:         throw Exception ("Overflow!!!", this);
19:
20:     m_value[m_top++] = value;
21: }
22:
23: template <class T>
24: T Stack<T>::pop ()
25: {
26:     if (isEmpty ())
27:         throw Exception ("Underflow!!!", this);
28:
29:     return m_value[--m_top];
30: }
```

```cpp
1: #include "Stack.h"
2:
3: int main()
4: {
5:         Stack<int> s1(10);
6:
7:         try
8:         {
9:             cout << "Push..." << endl;
10:             for (int value = 1;  value <= 10 ; value++)
11:             {
12:                 s1.push (value);
13:
14:                 cout << value << endl;
15:             }
16:
17:             cout << endl;
18:
19:             cout << "Pop..." << endl;
20:             while (1)
21:             {
22:                 int value = s1.pop ();
23:                 cout << value << endl;
24:             }
25:
26:             cout << endl;
27:         }
28:         catch (Exception& e)
29:         {
30:             e.reportError ();
31:         }
32:         catch (char* e)
33:         {
34:             cout << e << endl;
35:         }
36:         catch (...)
37:         {
38:             cout << "예기치 않은 에러가 발생했습니다." << endl;
39:         }
40:
41:         return 0;
42: }
```

[소스 10-4]는 예외 정보를 클래스화시키기 위해 Exception이라는 클래스를 구현했다. 이 클래스는 생성자로 예외에 대한 메시지와 예외를 발생시킨 코드의 주소를 전달받아 자신의 멤버에 이것을 저장한다. 그리고 Exception은 reportError라는 가상 함수를 선언하고 구현하고 있는데, 이 함수는 자신이 멤버로 가지고 있는 예외 정보를 예외 메시지로 출력하기 위한 함수이다. 이 함수를 가상 함수로 선언한 것은 Exception 클래스를 상속하기 위해서다. 이런 구조가 중요하다. 여기서 Exception 클래스는 예외 정보를 클래스로 캡슐화하는 것과 함께 이것을 상속 가능하도록 하여 미래에 구현될 다른 코드에서 자신만의 예외 클래스를 구현할 수 있도록 하고 있다. 이렇게 상속 가능하도록 구현하면 미래의 코드는 추가적인 예외 정보가 필요할 때 이 클래스를 상속받아 새로운 클래스를 정의한 다음에 필요한 멤버를 추가하고 reportError 함수를 재정의함으로써 예외 클래스를 재사용하면서 확장할 수 있게 된다. reportError 함수 외에 필요한 함수들을 모두 가상 함수로 선언할 수 있다.

이렇게 예외 정보를 클래스화한 다음에 이제 이를 이용해 예외를 발생시켜야 한다. Stack.h의 18과 27행을 보면 이전과 달리 앞에서 클래스화한 Exception 클래스를 임시 객체로 선언하고 예외 발생 정보로 사용한 것을 볼 수 있다. 앞 장에서 이야기한 것과 같이 클래스 이름만 기술하면 C++ 컴파일러는 내부적으로 임시 변수를 생성한다. 원래 임시 변수는 함수가 반환된 경우 바로 제거되어야 하지만 throw에서 생성한 임시 변수는 catch에서 이것을 받아 처리를 마칠 때까지 계속 남아 있다. 일반적인 임시 변수와 예외 처리에서 사용하는 임시변수는 동작에서 약간 차이가 난다.

Stack.h의 18행과 27행에서 객체로 발생시킨 예외는 Stack.cpp의 28~31행의 catch에서 처리된다. 28~31행에 기술된 타입이 Exception이기 때문에 Stack.h의 18과 27행에서 발생시킨 예외는 여기서 처리된다. 처리 코드는 Exception 타입 객체를 이용해 가상 함수로 구현된 reportError 함수를 호출하여 예외 메시지를 화면에 출력한다. 필요하다면 추가로 코드를 구현할 수도 있다. 여기서 주의 깊게 봐야할 부분은 Exception 타입 객체를 받을 때 참조형('&')으로 객체를 받았다는 것이다. 사실 참조형이나 일반 객체 타입, 어느 쪽으로 받아도 되지만 일반 객체로 받으면 catch와 throw 사이에 Exception e = Exception ("Underflow!!!", this); 관계가 성립하기 때문에 복제 생성자가 동작하게 된다. 여기서는 복제 생성가 호출되지 않도록 하기 위해 참조형으로 예외 객체를 받은 것이다. 이것은 문법적인 강제 사항은 아니기 때문에 일반 객체를 받을 수도 있다. [소스 10-4]의 출력 결과는 이전과 거의 동일하다.

지금까지 예외 정보를 클래스로 캡슐화하는 방법을 알아보았는데, 상속을 통해 좀 더 체계적으로 관리하고 사용할 수 있다. [소스 10-4]에서 구현한 Exception 클래스는 가장 보편적인 관점에서 예외를 캡슐화한 것이다. 그런데 특정 예외에 대해 좀 더 구체적인 정보를 캡슐화하고 싶다면 이것을 상속받아 새로운 예외 클래스를 구현할 수 있다. 다음 코드는 메모리가 부족한 상황에서 사용할 수 있는 메모리 관련 예외를 클래스로 구현한 것이다.

[소스 10-5] Exception.h – Stack.exe

```
1: #ifndef EXCEPTION_H
2: #define EXCEPTION_H
3:
4: #include <iostream>
5:
6: using namespace std;
7:
8: class Exception
9: {
10:       :
11:       :
12: };
13:
14: classMemoryException : public Exception
15: {
16: public:
17:     MemoryException (void* sender) :
18:         Exception ("Out of memory!!!", sender)
19:     {
20:     }
21:
22:     virtual void reportError ()
23:     {
24:         Exception::reportError ();
25:
26:         cout << "메모리 할당 코드를 점검하시오." << endl;
27:     }
28: };
29:
30: #endif
```

Stack.cpp – Stack.exe

```
1: #include "Stack.h"
2:
```

```cpp
3: char* AllocMemory (unsigned int size)
4: {
5:     char* data = NULL;    // (char*) malloc (size);
6:     if (data == NULL)
7:         throw MemoryException (AllocMemory);
8:
9:     return data;
10: }
11:
12: int main()
13: {
14:         Stack<int> s1(10);
15:
16:         try
17:         {
18:             char* data = AllocMemory (1000000000);
19:             delete [] data;
20:             :
21:             :
22:         }
23:         catch (MemoryException& e)
24:         {
25:             e.reportError ();
26:         }
27:         catch (Exception& e)
28:         {
29:             e.reportError ();
30:         }
31:         catch (char* e)
32:         {
33:             cout << e << endl;
34:         }
35:         catch (...)
36:         {
37:             cout << "예기치 않은 에러가 발생했습니다." << endl;
38:         }
39:
40:         return 0;
41: }
```

[소스 10-5]에서 Exception.h는 Exception을 상속받아 MemoryException을 구현했다.
MemoryException은 'Out of Memory!!!'라는 메시지를 디폴트로 Exception 클래스에 전달하

고 reportError 함수를 재정의했다. 이 코드에서는 새롭게 추가한 멤버가 없지만 새로운 멤버를 추가할 수도 있다. [소스 10-5]의 Stack.cpp에서 7행이 MemoryException 클래스를 이용해 예외를 발생시키는 코드이다. 이 예외 역시 다른 예외와 같이 catch 블록에서 처리되는데, 이것을 처리하는 catch 블록은 Stack.cpp의 23~26행에 있다. [그림 10-6]은 [소스 10-5]의 실행 결과이다.

[그림 10-6] 예외 클래스의 상속

위 결과에서 출력된 '메모리 할당 코드를 점검하시오.'는 MemoryException에 재정의된 reportError에서 출력한 것이다. 예외 클래스를 상속하고 처리할 때 주의해야 할 사항이 하나 있다. 예외 클래스를 catch로 여러 개 나열할 때 컴파일러는 항상 위쪽 catch부터 비교해 오기 때문에 가끔 의도하지 않는 곳에서 예외 처리 블록이 실행되는 경우가 있다. 예를 들어 MemoryException과 Exception을 모두 catch에서 사용해야 하는 경우를 생각해보자. 이것이 두 개 모두 필요한 상황에서 만약 Exception의 catch를 위쪽에 배치하면 항상 이 예외 블록만 실행되는 문제가 발생한다. MemoryException은 Exception의 하위 클래스이기 때문에 'B는 A이다.'의 관계가 성립한다. 그리고 컴파일러는 예외를 처리하기 위해 항상 위쪽부터 이것을 비교한다. 이런 상황에서 MemoryException 객체가 예외로 발생해도 위쪽에 있는 Exception의 catch도 조건을 만족하기 때문에 이 블록만 실행된다. 그래서 상속 관계를 갖는 예외 클래스를 사용할 때는 반드시 하위 클래스부터 catch에 나열해야 한다. 결론적으로 예외 클래스를 catch에 나열할 때는 하위 클래스부터 나열하고, 항상 마지막은 catch(...)로 종결하도록 하자.

```
try
{
    // 정상 처리 코드
}
catch (하위 클래스)
{
}
catch (상위 클래스)
```

```
{
}
catch (...)
{
}
```

C++ 표준 예외 처리 클래스

앞 예제에서 메모리 할당 예외를 클래스화하기 위해 MemoryException을 구현했는데, 사실 이 것은 C++ 표준 예외 처리 클래스인 bad_alloc으로 이미 구현되어 메모리 할당 연산자인 new 에 의해 내부적으로 이미 사용되고 있다. 그래서 우리는 메모리를 할당할 때 항상 이것에 대해 생각하고 대비해야 한다. 만약 메모리 할당을 코드로 구현하였다면 다음과 같이 구현해야 정확 하다.

```cpp
int main ()
{
    char* data = NULL;
    try
    {
        data = new char[1000000000];
    }
    catch (bad_alloc& e)
    {
        cout << e.what () << endl;
    }
    catch (...)
    {
    }

    delete [] data;

    return 0;
}
```

위 코드는 new 연산자를 이용해 고의적으로 엄청난 양의 메모리를 할당하여 new에서 에러가
발생하도록 유도하고 있다. 실행 환경에 따라 에러가 발생하지 않을 수 있으니 위 코드에서 항
상 에러가 발생한다고 생각하지는 말자. 만약 new가 메모리 할당을 수행하는 도중에 에러가
발생하면 new는 에러를 반환하지 않고 bad_alloc 객체로 캡슐화된 정보를 예외로 발생시킨다.
그래서 new를 이용하는 코드는 위와 같이 반드시 bad_alloc을 catch로 처리해야 한다. 여기서
bad_alloc 객체로 호출하는 what 함수는 앞에서 우리가 구현한 reportError와 같이 에러에 대
한 정보를 출력하는 함수이다. C++는 bad_alloc 외에 표준 예외 처리 클래스를 몇 개 더 준비
해 두고 있다([표 10-1]).

[표 10-1] C++ 표준 예외 클래스

예외 클래스	의미
bad_alloc	new에서 메모리 할당에 실패했을 때 발생한다.
bad_cast	dynamic_cast에서 참조 타입으로의 캐스트에 실패했을 때 발생한다.
bad_exception	예외 처리에서 일치하는 catch가 없을 때 발생한다.
bad_typeid	잘못된 typeid 객체 함수를 호출할 때 발생한다.
ios_base::failure	iostream 라이브러리 함수에서 발생할 수 있다.

[표 10-1]의 예외 클래스 중에 bad_cast 예외는 RTTI와 dynamic_cast를 이용해 동적인 캐스
트를 할 때나 변환될 수 없는 클래스의 참조형으로 변환을 시도할 때 발생한다. 참조형으로의
캐스트는 참조형의 특성상 에러가 발생한 경우에도 반드시 참조형을 받아야 한다. 그런데 타
입이 잘못되어 참조를 받을 수 없을 때는 반환값을 줄 수도 없고 주지 않을 수도 없기 때문에
bad_cast 예외를 발생시킨다.

```cpp
class Shape
{
public:
    virtual void virtualfunc() const {}
};

class Circle : public Shape
{
public:
    virtual void virtualfunc() const {};
};
```

```
int main()
{
        Shape obj;
        Shape& ref_shape = obj;
        try
        {
                Circle& ref_circle = dynamic_cast<Circle&>(ref_shape);
        }
        catch (bad_cast& e)
        {
            }
        return 0;
}
```

이 코드에서 Circle& ref_circle = dynamic_cast⟨Circle&⟩(ref_shape);는 ref_shape를 Circle 참조형으로 반환할 수 없기 때문에 반환을 피하기 위해 bad_cast 예외를 발생시킨다.

생성자와 소멸자의 예외 처리

try와 catch를 이용한 예외 처리는 직관적 코드와 구조화를 위해 사용하는 것이 좋지만 필수적인 것은 아니다. 하지만 가급적이면 생성자와 소멸자 안에서는 try와 catch를 이용해 예외를 처리하는 것이 좋다. 만약 try와 catch를 이용해 예외 처리를 하지 않으면 시스템에 심각한 영향을 미칠 수 있기 때문이다.

```
class theClass
{
public:
    theClass();
    ~theClass();
};

theClass::theClass()
{
    throw 0;
}

theClass::~theClass()
```

```cpp
{
    throw 0;
}

int main ()
{
    theClass* pobj = NULL;
    try
    {
        pobj = new theClass;
    }
    catch (...)
    {
    }

    cout << "생성된 객체 주소 : " << pobj << endl;
    delete pobj;
    return 0;
}
```

위 코드와 같이 생성자에서 예외가 발생하면 생성자가 끝까지 실행되지 않을 뿐만 아니라 객체 메모리도 생성되지 않는다. 여기서 생성자 밖에서 처리하는 예외 처리는 중요하지 않다. 중요한 것은 생성자 함수가 끝까지 실행되지 않았기 때문에 객체 메모리가 생성되지 않는다는 것이다. 객체 메모리는 항상 생성자가 정상적으로 반환되어야만 생성된다. 그래서 생성자에서 예외 발생 가능성이 조금이라도 있다면 반드시 생성자 안에서 예외를 처리해야 한다. 소멸자 역시 이와 비슷하다. 만약 소멸자에서 예외가 발생해서 소멸자가 끝까지 실행되지 않으면 객체 메모리가 삭제되지 않는 문제가 발생한다. 소멸자의 경우 할당된 객체뿐만 아니라 정적으로 선언된 객체의 메모리도 해제되지 않는다. 생성자와 소멸자는 예외 발생 가능성이 조금이라도 있다면 생성자와 소멸자 안에 예외 처리를 구현하여 생성자와 소멸자가 정상적으로 리턴되도록 구현하자.

10.3 표준 템플릿 라이브러리

아쉽지만 STL

C++는 프레임워크 언어가 아니다. C++는 Java나 .NET 같은 프레임워크 언어와 달리 언어 엔진이 존재하지 않는다. 그래서 실행 중에 언어적으로 위험한 코드를 검증하거나 해제되지 않은 메모리를 탐지하여 해제해주는 기능을 수행할 수 없다. C++에서 컴파일 코드는 기계가 이해할 수 있는 상태로, 컴퓨터 시스템은 기계어 코드를 그대로 실행할 뿐이다. 또 C++는 다른 프레임워크 언어와 달리 자체적으로 제공하는 프레임워크 라이브러리를 가지고 있지 않다. C++는 마치 모래나 시멘트 같은 원천적인 건축 자재와 같다. 모래나 시멘트를 섞어 다양한 모양의 다른 건축 자재를 만들 수는 있지만 이미 사용하기 좋게 만들어진 요소를 가지고 있지는 않다. 이런 점이 C++의 매력을 반감시키기는 하지만 언어 자체적으로 매우 강력하고, 섬세하기 때문에 노력만 한다면 거의 모든 것을 구현할 수 있다.

C++는 언어 자체적으로는 매우 강력하지만 언어가 제공하는 프레임워크 라이브러리가 존재하지 않는다는 아쉬운 점이 있다. 하지만 C++도 언어와 별개로 재사용할 수 있는 강력한 라이브러리를 제공하고 있다. 이것이 바로 표준 템플릿 라이브러리인 STL이다. STL은 C++ 언어로 구현된 재사용될 수 있는 소스 라이브러리로 C++ 언어 자체가 제공하는 것이 아니다. 언어의 일부가 아니기 때문에 원하지 않는다면 사용하지 않을 수도 있다. 하지만 STL은 C++ 언어를 사용해 아주 범용성 있게 구현되어 있기 때문에 실제 코드에 적용하기 좋은 구조를 취하고 있다. STL 이 범용성을 가지고 있다는 말은 템플릿으로 구현되어 있다는 말이다. 그래서 개발자는 STL의 다양한 요소를 특정 타입으로 변환해서 사용할 수가 있다. STL에서 T는 9장에서 이야기한 템플릿을 의미한다. 템플릿은 미지의 자료형으로 구현된 클래스나 함수를 말한다. STL은 템플릿을 이용해 미지의 자료형으로 구현되어 있기 때문에 실제 사용할 때는 특정 자료형으로 변환해 사용할 수 있다. STL은 매우 강력하며 광범위한 소스 라이브러리로서 크게 네 가지로 구분할 수 있다.

- 컨테이너^{containers}
- 반복자^{iterators}
- 함수 객체^{function objects}
- 알고리즘^{algorithms}

STL의 가장 기본은 컨테이너이다. 간단히 말하면 컨테이너는 특정 타입 원소들의 집합을 말한다. STL을 사용하지 않는 C/C++는 배열이나 링크드 리스트 등을 이용해 특정 타입 원소의 집합을 만드는데, 이것을 STL로 구현한 것이 바로 컨테이너이다. 그리고 컨테이너 안의 요소를 순차적으로 액세스하기 위해 사용되는 것이 반복자이다. 반복자는 컨테이너 안에 있는 집합 요소를 일관된 방법으로 액세스하기 위한 클래스이다. 컨테이너를 사용하는 알고리즘이나 함수는 반복자를 통해 컨테이너 안에 저장된 요소에 접근하기 때문에 서로 다른 종류의 컨테이너라 하더라도 같은 방법으로 논리를 처리할 수 있게 된다. 반복자는 컨테이너와 컨테이너 안에 저장되어 있는 요소 사이의 중간자 역할을 한다고 볼 수 있다.

알고리즘은 컨테이너가 소유한 원소들을 처리하기 위한 범용적인 논리를 말한다. STL의 알고리즘에는 컨테이너 원소들을 검색, 정렬, 수정하는 등 다양한 기능이 있다. STL은 데이터와 처리 동작을 구분한다. 데이터의 관리는 컨테이너가, 처리는 알고리즘이 담당한다. 그리고 반복자가 이 둘 사이를 연결한다. 알고리즘은 반복자를 통해 컨테이너에 액세스하고 수정한다. 그리고 이들 사이에는 자료형을 추상화해서 처리하는 제네릭 프로그래밍이 있다.

마지막으로 함수 객체가 있는데, 함수 객체는 함수처럼 호출할 수 있는 클래스 객체를 말한다. 이것에 대해서는 뒤의 실제 코드를 보며 다시 이야기하도록 하자.

데이터 집합은 컨테이너로

컨테이너는 STL이 원소 집합을 관리하기 위해 제공하는 클래스로 범용적인 데이터 관리를 간단히 수행할 수 있다. STL이 제공하는 컨테이너는 크게 두 가지 종류가 있다.

- 시퀀스 컨테이너sequence container : 컨테이너 내의 모든 원소들이 자신의 순서 위치를 인식할 수 있는 컨테이너 클래스이다. 순서 위치를 인식하는 기준은 데이터의 크기와 상관없이 추가되거나 삽입된 위치이다. STL의 시퀀스 컨테이너 클래스에는 vector, deque, list가 있다.
- 연관 컨테이너associative container : 컨테이너 내의 모든 원소들이 정렬 기준에 의해 자동 정렬되는 컨테이너이다. 이것은 추가/삽입 순서와 상관없이 항상 값에 의해 정렬된다. STL의 연관 컨테이너 클래스에는 set, multiset, map, multimap이 있다. 연관 컨테이너가 값에 의해 정렬된다고 해서 목적을 정렬로 생각해서는 안 된다. 정렬을 통한 빠른 검색이 목적이다.

먼저 시퀀스 컨테이너부터 살펴보자. 시퀀스 컨테이너 클래스의 대표 주자는 vector이다. vector는 내부적으로 사신이 관리하는 원소를 동적인 배열로 관리한다. 언어직으로 존재하는 배열은 두 가지 특징이 있다. 하나는 배열 요소들이 메모리상에서 연속적이라는 것이고 다른 하나는 그 크기가 고정되어 있다는 것이다. 이중에 vector는 첫 번째 특징만 따른다. 즉, 요소들이 연속적이지만 크기가 고정되어 있지는 않다. 그래서 메모리만 허용한다면 아무리 많은 요소라도 vector에 저장할 수 있다. vector는 저장되는 요소들이 연속적이라는 특징을 가지기 때문에 요소들을 액세스할 때 랜덤하게 액세스할 수 있다. 물론 순차적으로 액세스할 수도 있다. 또 vector는 요소들을 항상 연속된 메모리 공간에 관리하기 때문에 맨 앞과 뒤에 삽입할 때는 성능에 문제가 없지만 중간에 삽입할 때는 성능에 문제가 발생할 수도 있다. 만약 중간에 요소가 삽입되면 삽입되는 뒤쪽 요소를 모두 밀어내어야 하기 때문이다. 이런 특징을 알고 있어야 특정 상황에서 적당한 컨테이너를 선택할 수 있다.

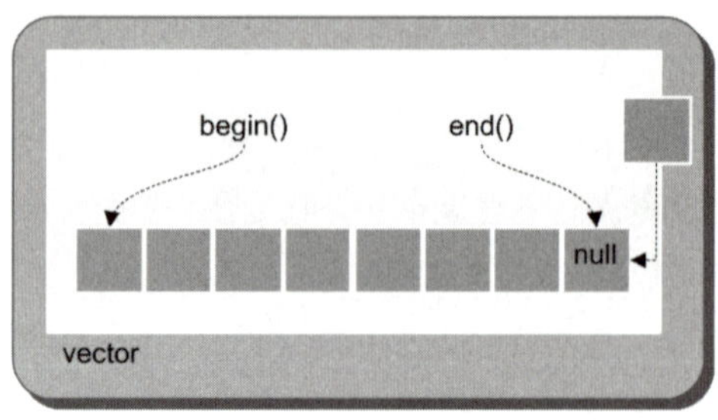

[그림 10-7] vector의 구조

[소스 10-6] vector.cpp – vector.exe

```cpp
1: #include <iostream>
2: #include <vector>
3:
4: using namespace std;
5:
6: int main ()
7: {
8:         vector<int> coll;
9:
10:        for (int i = 1; i <= 10 ;i++)
11:            coll.push_back (i);
12:
13:        for (i = 0; i < coll.size () ;i++)
14:        {
15:            int r = rand()%coll.size();
16:            cout << coll[r] << ' ';
```

```
17:         }
18:
19:         cout << endl;
20:
21:         return 0;
22: }
```

[소스 10-6]은 vector를 사용하는 가장 전형적인 예제이다. STL의 vector를 사용하기 위해 제일 먼저 할 일은 2행과 같이 vector가 선언된 헤더를 포함하는 것이다. STL에서 vector가 선언된 헤더 이름이 vector이다. 일반적인 헤더와 달리 STL의 헤더들은 .h가 없다는 것에 주의하자. 다음으로 vector를 사용하기 위해 using namespace std;를 명시해야 한다. STL의 클래스와 함수들은 모든 std라는 네임스페이스 안에 선언되어 있다. 다음으로 vector는 템플릿 클래스이기 때문에 템플릿을 사용하기 위한 방법으로 객체를 선언해야 한다. [소스 10-6]의 8행이 바로 이 부분이다. [소스 10-6]은 int 타입을 저장하는 객체 coll을 선언하고 사용한다.

vector 객체를 생성한 다음에 요소들을 추가하거나 삽입해야 한다. vector 객체에 요소를 추가하거나 삽입할 때 사용하는 함수는 다음과 같다.

[표 10-2] vector의 요소 삽입과 제거 함수

함수	의미
insert(pos, elem)	pos로 지정된 나열자 위치에 elem 복사본을 요소로 삽입한다. 반환값은 새로운 요소의 위치를 반환한다.
insert(pos,n,elem)	pos로 지정된 나열자 위치에 n 개의 elem 복사본을 요소로 삽입한다. 반환값은 없다.
insert(pos,beg,end)	beg과 end 사이의 모든 요소를 복사하여 반복자 pos가 가리키는 위치에 삽입한다. 반환값은 없다.
push_back(elem)	끝에 elem의 복사본을 추가한다.
pop_back( )	마지막 요소를 제거한다. 제거된 원소를 반환하지 않는다.
erase(pos)	반복자 pos가 가리키는 위치의 요소를 제거한다. 반환값은 다음 요소의 위치이다.
erase(beg,end)	beg과 end 사이의 원소를 제거한다. 반환값은 다음 요소의 위치이다.
resize(num)	요소 개수를 num 개로 변경한다.
resize(num,elem)	요소 개수를 num 개로 변경한다. 새로운 요소는 elem의 복사본이다.
clear( )	모든 요소를 제거한다.

[소스 10-6]은 push_back 함수를 호출하여 1~10까지의 정수를 vector 객체의 맨 뒤에 삽입한다. vector는 시퀀스 컨테이너이기 때문에 삽입한 순서대로 저장된다. 이렇게 데이터를 저장한

다음에는 이것을 액세스할 수 있다. vector 객체에 저장된 데이터 요소를 액세스하는 방법에는 두 가지가 있다. 첫 번째는 랜덤하게 액세스하는 방법이고, 두 번째는 순차적으로 액세스하는 방법이다. 첫 번째 방법은 vector에서만 가능하다. [소스 10-6]의 13~17행은 랜덤하게 vector 를 액세스하는 코드이다. [소스 10-6]은 랜덤한 액세스를 보여주기 위해 난수를 이용해 배열 인 덱스를 생성한 다음 이것을 사용하도록 코드를 구현했다. vector 클래스는 '[ ]'를 연산자 중복 정의하고 있기 때문에 랜덤하게 액세스할 때 일반 배열과 같이 '[ ]'를 이용할 수 있다. vector는 진짜 배열이 아니다. vector는 랜덤한 액세스를 위해 '[ ]' 외에 다음과 같은 함수를 제공한다.

[표 10-3] vector 요소의 직접 액세스

함수	의미
at(idx)	인덱스가 idx인 요소를 반환한다. 만약 idx가 범위를 벗어나면 예외를 발생시킨다.
[idx]	인덱스가 idx인 요소를 반환한다(에러 검사를 하지 않는다).
front( )	첫 번째 요소를 반환한다(요소가 있는지는 검사하지 않는다).
back	마지막 요소를 반환한다(요소가 있는지는 검사하지 않는다).

다음은 [소스 10-6]의 실행 결과이다.

[그림 10-8] vector.exe 실행 결과(vector 사용)

반복자

vector에 저장된 데이터에 접근할 때는 랜덤하게 접근할 수도 있지만 순차적으로 접근할 수도 있다. vector에 저장된 데이터에 순차적으로 액세스할 때는 반복자를 사용한다.

반복자는 컨테이너 안에 저장된 요소들을 순서대로 액세스하기 위한 클래스이다. 반복자는 기 존의 포인터와 같은 인터페이스를 제공하기 때문에 포인터와 비슷한 방법으로 사용할 수 있다. 반복자는 데이터를 순환 구조로 액세스하기 위한 추상화 개념의 클래스이다. 그래서 내부구현 은 달라도 저장된 데이터를 순차적으로 액세스하기 위해 사용되는 것을 모두 반복자라 부른다. 반복자 중에는 특별한 기능을 제공하는 반복자도 있다. 가령 vector를 위한 반복자는 랜덤한 액세스를 지원하지만 list를 위한 반복자는 랜덤한 액세스를 지원하지 않는다. 이런 차이가 있기는 하지만 반복자로서 모든 반복자는 순차적 액세스를 지원한다.

반복자는 모든 컨테이너 클래스들이 지원하고 당연히 vector도 반복자를 지원한다. 컨테이너 클래스들이 반복자를 얻을 때 사용하는 함수는 다음과 같다.

[표 10-4] 컨테이너의 반복자 접근 함수

함수	의미
begin( )	첫 번째 요소에 대한 반복자를 반환한다.
end( )	마지막 요소 뒤를 가리키는 반복자를 반환한다.
rbegin( )	역방향 순서에서 첫 번째 요소에 대한 역방향 반복자를 반환한다.
rend( )	역방향 순서에서 마지막 요소에 대한 역방향 반복자를 반환한다.

컨테이너로부터 얻은 반복자는 데이터에 접근하기 위해 사용할 수 있다. 이때 다음 함수를 호출한다. 반복자를 이용해 컨테이너에 포함된 데이터에 접근하는 것은 반복자 자체가 데이터가 아니기 때문이다. 다시 한 번 강조하지만 반복자는 컨테이너에 포함된 데이터를 순차적으로 접근하기 위한 클래스이다.

[표 10-5] 반복자 함수

함수	의미
*iter	실제 요소에 대한 읽기 액세스를 제공한다.
iter->member	실제 요소의 멤버에 대한 읽기 액세스를 제공한다. 요소가 클래스인 경우에만 사용할 수 있다.
++iter	전방향으로 전진한다. 반환값은 새로운 위치이다.
iter++	전방향으로 전진한다. 반환값은 예전 위치이다.
--iter	역방향으로 전진한다. 반환값은 새로운 위치이다.
iter--	역방향으로 전진한다. 반환값은 예전 위치이다.
iter1 == iter2	두 반복자가 같은지를 판단한다.
iter1 != iter2	두 반복자가 다른지를 판단한다.

위 함수들은 모든 반복자들이 지원하는 일반적인 함수들이다. 이것 외에 랜덤 액세스가 가능한 반복자는 추가적으로 다음 함수들을 제공한다.

[표 10-6] 랜덤 액세스 반복자 함수

함수	의미
iter[n]	현재 반복자 위치에서 n 번째 요소의 액세스를 제공한다.
iter+=n	n 요소만큼 전방향 전전한다(n이 음수라면 역방향 전진).
iter-=n	n 요소만큼 역방향 전전한다(n이 음수라면 전방향 전진).
iter+n	n 번째 이후의 요소의 반복자를 반환한다.
n+iter	n 번째 이후의 요소의 반복자를 반환한다.
iter-n	n 번째 앞쪽의 요소의 반복자를 반환한다.
iter1 - iter2	iter1과 iter2의 거리를 반환한다.
iter1 < iter2	iter1이 iter2보다 앞쪽에 위치하는지 판단한다.
iter1 > iter2	iter1이 iter2보다 뒤쪽에 위치하는지 판단한다.
iter1 <= iter2	iter1이 iter2보다 앞쪽에 위치하거나 같은 위치인지를 판단한다.
iter1 >= iter2	iter1이 iter2보다 뒤쪽에 위치하거나 같은 위치인지를 판단한다.

[표 10-6]과 같은 랜덤 액세스를 지원하는 반복자에는 vector와 deque의 반복자가 있다. [소스 10-6]은 인덱스를 이용해 vector에 저장된 요소에 랜덤하게 접근했는데 vector의 반복자를 이용하면 다음과 같이 순차적으로 접근할 수도 있다.

[소스 10-7] vector.cpp – vector.exe

```
1: #include <iostream>
2: #include <vector>
3:
4: using namespace std;
5:
6: int main ()
7: {
8:      vector<int> coll;
9:
10:      for (int i = 1; i <= 10 ;i++)
11:          coll.push_back (i);
12:
13:      vector<int>::iterator it = coll.begin ();
14:      while (it != coll.end ())
15:      {
16:          cout << *it << ' ';
```

```
17:              ++it;
18:          }
19:
20:          cout << endl;
21:
22:          return 0;
23: }
```

[소스 10-7]은 먼저 13행에서 vector의 반복자를 얻기 위해 begin 함수를 호출한다. begin 함수는 vector에 저장된 맨 첫 요소를 액세스하기 위한 반복자를 반환한다. vector뿐만 아니라 모든 컨테이너 클래스들은 begin 함수를 호출하여 반복자를 얻는다. 이렇게 얻은 반복자를 이용하여 vector에 저장된 요소를 순차적으로 액세스하게 되는데, 이때 일반적으로 end 함수가 반환하는 반복자 전까지 루프를 돌면서 순차적으로 요소를 액세스한다. 주의할 것은 end 함수가 반환하는 반복자는 마지막 요소 다음을 가리키기 때문에 루프를 돌 때는 반드시 end 이전까지 돌아야 한다는 것이다. 컨테이너 클래스들은 요소를 저장할 때 실제 저장된 요소보다 항상 하나 더 많이 요소를 저장한다.

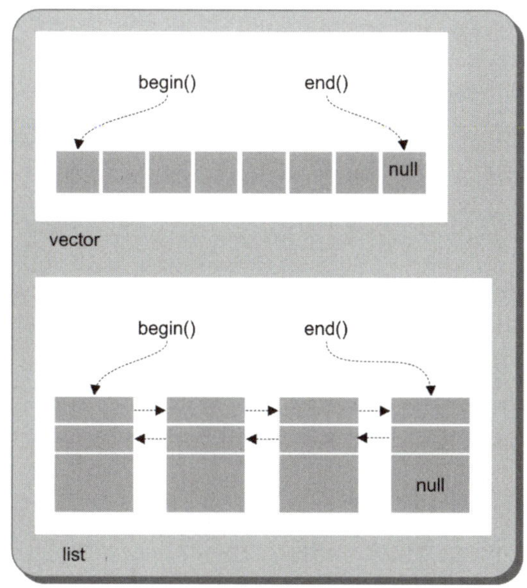

[그림 10-9] 컨테이너 클래스의 데이터 저장

반복자는 데이터가 아니기 때문에 실제 데이터에 접근하기 위해 [표 10-5]의 *iter 함수를 호출해야 한다. *iter는 포인터와 같은 형식을 가지고 있지만 실제 포인터가 아니기 때문에 이것을 포인터가 가리키는 값이라고 오해하면 안 된다. *iter는 단지 반복자에 정의되어 있는 연산자 중복 정의 함수를 호출하기 위한 형식일 뿐이다. 반복자에 정의되어 있는 *iter 중복 정의 함수는 자신이 가리키는 실제 데이터를 반환한다. 그리고 반복자를 이용해 다음 반복자로 이동하기 위해 [표 10-5]의 iter++ 함수를 호출해야 한다. 이 부분이 [소스 10-7]의 17행이다. iter++ 함수 역시 연산자 중복 정의 함수이다. 실제 반복자를 1 증가시키지는 않는다. 단지 ++ 가 C/C++에서 직관적으로 1 증가를 의미하기 때문에 이것을 모방한 것일 뿐이다. 반복자의 나머지 함수도 대부분 이와 비슷하다. 컨테이너 안에 저장되어 있는 데이터를 직관적이면서 동일한 인터페이스로 접근하도록 도와주는 것이 바로 반복자이다. [소스 10-7]의 실행 결과는 다음과 같다.

[그림 10-10] stack.exe 실행 결과(반복자를 이용한 vector의 순차적 접근)

[소스 10-7]에서 vector를 이용한 순차적인 액세스를 알아보았다. 사실 vector는 랜덤한 액세스를 지원한다는 것이 다른 컨테이너 클래스와 다른 점이기 때문에 vector와 vector의 반복자를 사용할 때는 이 부분에 더 많은 관심을 두기 바란다. 랜덤한 액세스를 지원하는 컨테이너 클래스의 반복자들이 지원하는 함수가 [표 10-6]의 함수들이다.

Deque

다음으로 알아볼 컨테이너는 deque로, "double-ended queue"의 약자이다. 그래서 vector와 달리 deque는 컨테이너의 앞과 뒤에 요소를 삽입할 수 있다. 물론 vector 역시 insert 함수를 사용하면 앞과 뒤에 요소를 삽입할 수 있지만 vector는 요소를 뒤에 삽입할 때보다 앞에 삽입할 때의 속도가 느리다는 단점이 있다. 하지만 deque는 요소를 삽입하는 동작 시간이 앞이냐 뒤냐에 상관없이 모두 빠르게 수행된다.

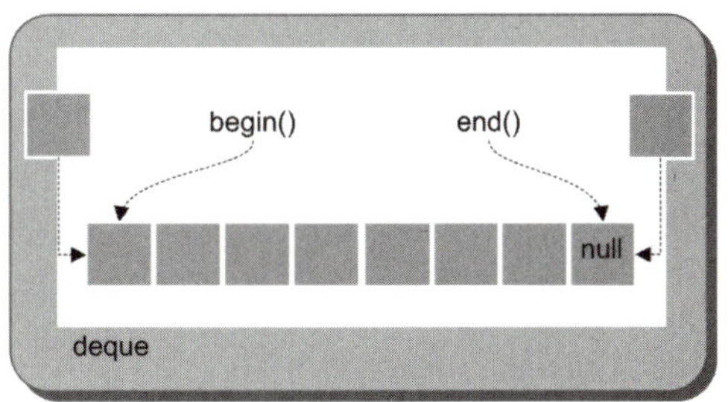

[그림 10-11] deque의 구조

[소스 10-8]은 deque를 이용하는 코드이다.

[소스 10-8] deque.cpp – deque.exe

```cpp
1: #include <iostream>
2: #include <deque>
3:
4: using namespace std;
5:
6: int main ()
7: {
8:         deque<float> coll;
9:
10:        for (int i = 1; i <= 10 ;i++)
11:            coll.push_front (i*1.1);
12:
13:        deque<float>::iterator it = coll.begin ();
14:        while (it != coll.end ())
15:        {
16:            cout << *it << ' ';
17:            ++it;
18:        }
19:
20:        cout << endl;
21:
22:        return 0;
23: }
```

deque를 사용하기 위한 헤더는 deque이므로 [소스 10-8]의 2행을 보면 이것을 포함한 것을 볼 수 있다. deque는 vector와 상당히 비슷하다. 하지만 vector와 달리 앞과 뒤에 직접적으로 요소를 추가/삭제할 수 있다. 그래서 이를 위한 함수인 push_front와 pop_front 함수를 제공한다. [소스 10-8]의 11행을 보면 데이터를 앞에 삽입하기 위해 push_front 함수를 호출한 것을 볼 수 있다. 물론 뒤에 삽입할 때는 push_back 함수를 호출할 수도 있다. 이 외에 반복자를 이용한 데이터 접근 방법은 다른 컨테이너와 거의 유사하다. 다음은 [소스 10-8]의 실행 결과이다. [소스 10-8]은 push_front 함수를 호출하여 deque의 앞쪽에 데이터를 삽입했기 때문에 가장 마지막에 삽입한 것부터 출력된 것을 볼 수 있다.

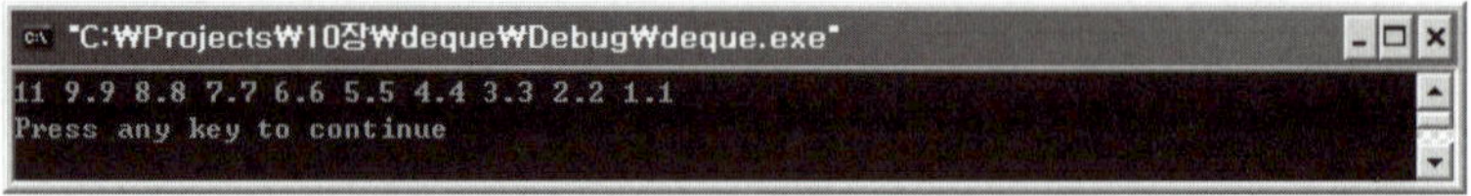

[그림 10-12] deque.exe 실행 결과(deque 사용)

List

list는 이중 링크드 리스트^{doubly linked list}이다. 리스트 안의 각 요소들은 자신만의 노드 메모리를 할당 받으며, 이전 노드와 다음 노드에 대한 참조를 가지고 있다. 그리고 이 참조를 이용해 리스트 안의 각 요소들을 탐색한다. 이런 구조 때문에 리스트는 랜덤한 액세스를 지원하지 않고 순차적인 접근만 허용한다. 예를 들어 일곱 번째 요소를 액세스할 경우 첫 번째 요소부터 여섯 번째 요소까지 순차적으로 액세스한 다음에 일곱 번째 요소에 접근해야 한다.

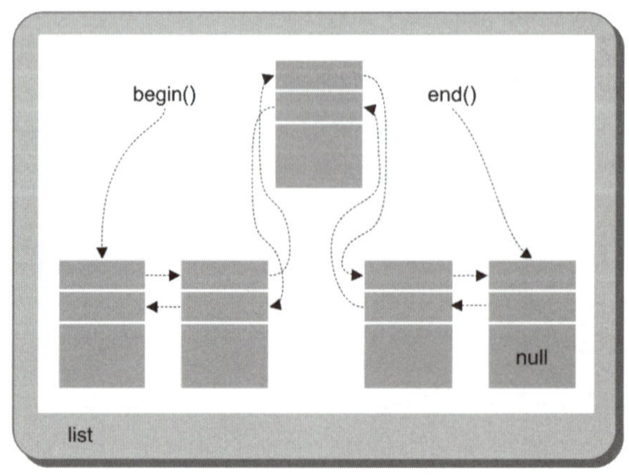

[그림 10-13] list의 구조

리스트는 순차적 접근밖에 지원하지 않지만 어떤 위치에서도 빠르게 삽입/삭제가 이루어진다는 것이 장점이다. list는 삽입될 위치에 링크 주소만 변경하면 되기 때문에 중간에 데이터를 삽입할 때 vector나 deque에 비해 매우 빠르다. [소스 10-9]는 리스트를 사용하는 예이다.

[소스 10-9] list.cpp — list.exe

```cpp
1: #include <iostream>
2: #include <list>
3:
4: using namespace std;
5:
6: int main ()
7: {
8:         list<char> coll;
9:
10:        for (char c = 'a'; c <= 'z' ;c++)
11:            coll.push_back (c);
12:
13:        list<char>::iterator it = coll.begin ();
14:        while (it != coll.end ())
15:        {
16:            cout << *it << ' ';
17:            ++it;
18:        }
19:
20:        cout << endl;
21:
22:        cout << "순차 접근 : ";
23:        while (!coll.empty ())
24:        {
25:            cout << coll.front () << ' ';
26:            coll.pop_front ();
27:        }
28:
29:        cout << endl;
30:
31:        return 0;
32: }
```

[소스 10-9]는 list를 이용해 a부터 z까지 문자를 삽입하고, 이것을 순차적으로 출력하는 코드이다. 이전의 컨테이너 클래스들과 같이 리스트를 사용하기 위해서는 list 헤더를 포함해야 한다. [소스 10-9]의 2행이 이 부분이다. [소스 10-9]는 11행에서 push_back 함수를 호출하여 list의 맨 뒤에 데이터를 삽입했는데, insert 함수를 이용하여 중간에 데이터를 삽입할 수도 있다. 이때 삽입 속도는 맨 뒤나 앞에 삽입할 때와 동일하다. 리스트 역시 다른 컨테이너들과 같이 반복자를 지원하기 때문에 반복자를 이용해 데이터에 접근할 수 있다. 리스트는 순차적 액세스를 위한 함수도 제공하는데 front와 pop_front 같은 함수이다. front 함수는 맨 앞의 데이터를 반환하는 함수이고 pop_front는 맨 앞의 요소를 리스트로부터 제거하는 함수이다. [소스 10-9]의 23~27행 부분이 순차적인 액세스를 구현한 코드이다. 다음은 [소스 10-9]의 실행 결과이다.

[그림 10-14] list.exe 실행 결과(list의 사용)

연관 컨테이너

연관 컨테이너는 정렬 기준에 따라 자신의 원소들을 자동으로 정렬한다. 정렬 기준은 값이나 값을 위해 정의된 키를 비교하는 함수에 의해 결정된다. 컨테이너의 원소를 비교하는 기준은 디폴트로 '<' 연산자가 담당한다. 그러나 원한다면 개발자가 정의한 정렬 기준을 제공할 수도 있다. 연관 컨테이너들은 일반적으로 이진 트리와 같은 구조로 되어 있다. 그래서 모든 요소들은 하나의 부모와 두 개의 자식으로 구성된다. 이 자식들 중에 왼쪽은 자신보다 작은 값을, 오른쪽은 자신보다 큰 값을 저장한다. 다음은 STL에 정의되어 있는 연관 컨테이너들이다.

- `set` : set은 요소들이 가진 값에 따라 정렬되는 컨테이너이다. 같은 값을 가지는 요소들은 하나만 존재할 수 있다.
- `multiset` : multiset은 동일한 데이터가 중복 가능하다는 점을 제외하고는 set과 동일하다.
- `map` : map은 키와 값을 쌍으로 가지는 컨테이너이다. map은 데이터를 정렬할 때 키를 기준으로 정렬한다. 이때 동일한 키는 단 하나만 있을 수 있다.

• `multimap` : multimap은 키의 중복을 허용한다는 점을 제외하고 map과 동일하다.

연관 컨테이너들은 저장 데이터를 정렬 기준에 따라 정렬하기 때문에 빠른 탐색을 목표로 할 때 유용하다. 먼저 set과 multiset부터 보자.


```cpp
1: #include <iostream>
2: #include <set>
3:
4: using namespace std;
5:
6: int main ()
7: {
8:         set<int> coll;
9:
10:         coll.insert (3);
11:         coll.insert (2);
12:         coll.insert (4);
13:         coll.insert (1);
14:         coll.insert (6);
15:         coll.insert (5);
16:         coll.insert (2);
17:
18:         set<int>::iterator it = coll.begin ();
19:         while (it != coll.end ())
20:         {
21:             cout << *it << ' ';
22:             ++it;
23:         }
24:
25:         cout << endl;
26:
27:         return 0;
28: }
```

set과 multiset은 set이라는 헤더에 구현되어 있다. 그래서 set과 multiset을 사용할 때는 먼저 set 헤더를 포함해야 한다. set과 multiset은 저장된 데이터를 항상 정렬하기 때문에 시퀀스 컨테이너가 제공하는 push_back이나 push_front 같은 함수를 제공하지 않는다. 개념적으로 순차적인 앞/뒤가 없기 때문이다. 대신 insert 함수만 제공할 뿐이다. 삭제할 때는 erase 함수를 사용한다. [소스 10-10]을 보면 10~16행에서 insert 함수를 호출하여 데이터를 삽입하고 정렬하여 저장한다. 연관 컨테이너는 데이터를 정렬할 때 이진 트리를 이용하기 때문에 [소스 10-10]의 10~16행에서 저장한 데이터는 다음과 같이 이진 트리를 구성한다.

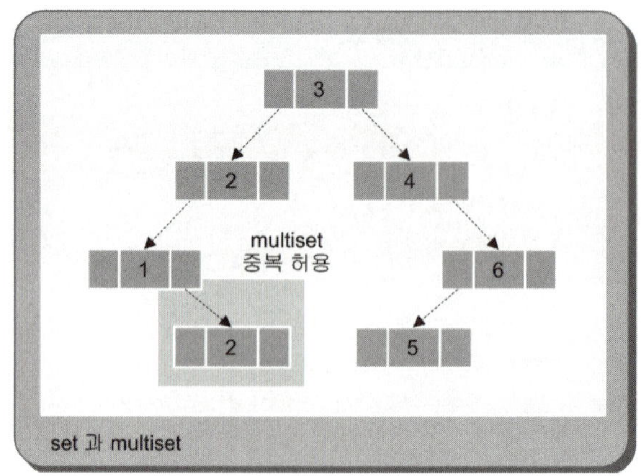

[그림 10-15] set과 multiset의 구조

set과 multiset은 위 그림과 같이 이진 트리로 데이터를 저장하기 때문에 빠른 탐색을 지원한다. 탐색을 위해 호출하는 함수는 find이다. 물론 set과 multiset도 반복자를 이용한 순차적 액세스를 지원한다. [소스 10-10]은 19~23행에서 반복자를 이용한 순차적 액세스를 구현했다. 여기서 순차적 액세스란 저장된 순서가 아닌 정렬된 순서를 말한다. 그래서 이것의 출력 결과는 항상 정렬되어 출력된다.

[그림 10-16] set.exe 실행 결과(set과 multiset의 반복자 사용)

set과 multiset은 데이터를 정렬할 때 '<' 연산자를 사용한다. 이것은 오름차순 정렬인데, 만약 내림차순으로 정렬해야 한다면 set의 두 번째 템플릿 인자로 정렬 기준을 변경할 수 있다. 예를 들어 내림차순으로 데이터를 정렬해야 한다면 다음과 같이 할 수 있다.

```
set<int,greater<int>> coll;
```

위와 같이 set 객체를 선언하면 set에 저장되는 데이터는 내림차순으로 정렬된다. 여기서 greater〈int〉는 템플릿 형태로 구현된 STL 함수 객체이다. set과 multiset의 유일한 차이점은 저장되는 값의 중복을 허용한다는 것이다.

map과 multimap

map과 multimap은 set과 multiset과 같지만, 저장하는 데이터가 키와 데이터의 쌍이라는 것이 다르다. 그리고 이때 키를 기준으로 정렬하기 때문에 저장된 데이터를 키로 빠르게 탐색할 수 있다는 것이 차이점이다. 다음은 map을 이용한 예이다.

[소스 10-11] map.cpp – map.exe

```
1: #include <iostream>
2: #include <map>
3: #include <string>
4:
5: using namespace std;
6:
7: int main ()
8: {
9:         map<int,string> coll;
10:
11:        coll.insert (make_pair(6, string("tagged")));
12:        coll.insert (make_pair(3, string("a")));
13:        coll.insert (make_pair(1, string("this")));
14:        coll.insert (make_pair(5, string("of")));
15:        coll.insert (make_pair(7, string("strings")));
16:        coll.insert (make_pair(2, string("is")));
17:        coll.insert (make_pair(4, string("map")));
18:
19:        map<int,string>::iterator it = coll.begin ();
20:        while (it != coll.end ())
21:        {
22:            cout << it->second << ' ';
23:            ++it;
24:        }
```

```
25:
26:            cout << endl;
27:
28:            return 0;
29: }
```

[소스 10-11]은 map을 이용해 정수와 문자열을 키와 값으로 삽입하고 이것을 순차적으로 출력하는 예제이다. map과 multimap은 map이라는 헤더에 구현되어 있기 때문에 [소스 10-11]은 map이라는 헤더를 포함하는 것으로 시작된다. 다음으로 map⟨int,string⟩ coll;로 정수 int와 string을 키와 값으로 갖는 map 객체를 선언한다. map은 항상 키와 값으로 데이터를 구성하기 때문에 값을 삽입할 때도 키와 값을 같이 삽입해야 한다. 키와 값을 구성할 때 유용하게 사용할 수 있는 함수가 make_pair이다. make_pair 함수를 호출하여 키와 값을 구성한 다음 insert 함수를 호출하여 데이터를 map 객체에 삽입한다. 이렇게 삽입된 키와 값은 키를 기준으로 정렬되어 map 객체에 저장된다. 반복자를 이용해 순차적으로 저장된 데이터를 액세스해보면 키를 기준으로 정렬된 값이 액세스된다. [소스 10-11]의 19~24행에서 키를 기준으로 정렬된 값을 출력하는데, 이것의 결과는 다음과 같다.

[그림 10-17] map.exe 실행 결과(map과 multimap의 반복자 사용)

map에서 반복자를 이용해 데이터를 액세스할 때 이전 컨테이너 클래스들과의 차이점은 키와 값을 각각 액세스할 수 있다는 것이다. 반복자를 이용해 키를 액세스할 때 사용하는 멤버는 first이고, 값을 액세스할 때 사용하는 멤버는 second이다. 그래서 [소스 10-11]의 22행에서 it에서 second로 접근하는 멤버는 값을 액세스하는 코드이다.

map은 항상 키를 기준으로 데이터를 정렬하기 때문에 [소스 10-11] 에는 구현되어 있지 않지만 빠른 탐색을 위해 map을 사용할 수도 있다. 이때 호출하는 함수가 set과 multiset에서 잠시 언급한 find이다. 만약 아래와 같이 코드를 구현하면 map은 5라는 키로 저장된 데이터를 빠르게 탐색하고 값을 출력할 것이다.

```
cout << coll.find (5)->second << endl;
```

map은 find 외에 '[ ]' 연산자를 제공하기 때문에 마치 배열처럼 데이터를 액세스할 수도 있다. 이때 '[ ]'에 사용되는 데이터는 키로 바로 값을 반환하기 때문에 앞의 코드와 같이 second 멤버를 따로 지정하지 않아도 된다. 즉 map의 '[ ]'가 반환하는 값은 '[ ]'로 지정된 키를 찾고, 이것의 second를 반환한다.

```
cout << coll[5] << endl;
```

앞의 코드는 바로 이전 코드와 동일하다. '[ ]'는 find와 거의 동일하다. '[ ]'는 바로 값을 반환받는다는 것만 다르다. 여기서는 map을 주로 알아봤지만 multimap도 거의 동일하다. multimap은 중복되는 값을 허용한다는 것만이 차이점이다.

알고리즘

STL은 컨테이너에 저장된 요소를 처리하기 위한 표준 알고리즘을 제공하는데 이것을 STL 알고리즘이라고 한다. STL 알고리즘은 컨테이너 요소들을 검색, 복사, 수정, 수치 처리할 때 사용할 수 있는 다양한 기본 기능을 제공한다. 이들은 컨테이너의 멤버 함수가 아니라 전역함수이다. 그리고 이들은 컨테이너의 요소를 처리할 때 일관되게 반복자를 사용한다. 그래서 하나의 알고리즘 함수는 구조적으로 특별히 문제가 없다면 다양한 컨테이너를 처리할 수 있다. 이런 구조는 객체 지향적인 구조가 아니라 제네릭 프로그래밍 구조이다. 하나의 클래스에 모든 요소를 구현하는 것은 객체 지향적인 구조이다. 하지만 제네릭 프로그래밍 구조는 분리된 여러 요소가 추상적인 자료형으로 인터페이스되어 특정 자료형에 의존하지 않고 서로를 처리하는 것을 말한다. 어떤 것을 사용하느냐 하는 것이 중요하지는 않다. 어떤 것을 이용하든지 재사용을 통해 생산성을 높일 수 있으면 된다. 알고리즘은 제네릭 프로그래밍 구조로 되어 있을 뿐이다.

STL 알고리즘은 컨테이너 클래스와 분리된 헤더에 구현되어 있기 때문에 STL 알고리즘을 사용할 때 제일 먼저 할 것은 알고리즘 헤더를 포함하는 것이다. STL 알고리즘은 대부분 algorithm 헤더에 구현되어 있다. 그리고 몇몇 수치 관련 알고리즘은 numeric 헤더에 정의되어 있다.

```
#include <algorithm>
#include <numeric>
```

여기에 구현되어 있는 알고리즘은 다음과 같은 요소들로 구성되어 있다.

- 요소를 수정하지 않는 알고리즘
- 요소를 수정하는 알고리즘
- 제거 알고리즘
- 변경 알고리즘
- 정렬 알고리즘
- 정렬된 범위 알고리즘
- 수치 알고리즘

그리고 이들 각 요소에는 다시 다양한 종류의 알고리즘 함수가 구현되어 있다. 이들 모두를 나열하고 사용법을 알아보는 것은 이 책의 범위를 벗어나기 때문에 각 부분에서 핵심적인 것만 사용법을 알아보자. 먼저 요소를 수정하지 않는 알고리즘 함수이다.

[표 10-7] 요소를 수정하지 않는 알고리즘

함수	의미
for_each( )	각각의 요소에 대해서 특정 동작을 수행한다. 특정 동작은 함수나 함수 객체로 지정된다.
count( )	요소의 개수를 반환한다.
count_if( )	특정 조건에 적합한 요소의 개수를 반환한다.
min_element( )	가장 작은 값을 가지는 요소를 반환한다.
max_element( )	가장 큰 값을 가지는 요소를 반환한다.
find( )	인자로 전달된 값과 동일한 값을 가지는 첫 번째 요소의 위치를 반환한다.
find_if( )	기준에 적합한 첫 번째 요소의 위치를 반환한다.
iter1 - iter2	iter1과 iter2의 거리를 반환한다.

요소를 수정하지 않는 알고리즘을 사용하는 예는 다음과 같다.


```
1: #include <iostream>
2: #include <algorithm>
3: #include <vector>
```

```
4:
5: using namespace std;
6:
7: void print (int data);
8:
9: int main ()
10: {
11:         vector<int> coll;
12:
13:         for (int i = 1; i <= 10 ;i++)
14:             coll.push_back (rand ()%100);
15:
16:         for_each (coll.begin (), coll.end (), print);
17:
18:         cout << endl;
19:
20:         cout << "최대값 : " <<
21:             *max_element (coll.begin (), coll.end ());
22:         cout << endl;
23:
24:         cout << "최소값 : " <<
25:             *min_element (coll.begin (), coll.end ());
26:         cout << endl;
27:
28:         return 0;
29: }
30:
31: void print (int data)
32: {
33:         cout << data << ' ';
34: }
```

[소스 10-12]는 먼저 2행에서 알고리즘 함수를 사용하기 위해 algorithm 헤더를 포함한다. 그리고 vector 객체 coll을 선언한 다음에 0~99 사이의 난수 10 개를 만들어 vector 객체에 삽입한다. 여기까지는 특별할 것이 없다. 하지만 16행을 보면 알고리즘 함수인 for_each 함수를 호출하고 vector 객체의 첫 번째 반복자와 마지막 반복자를 인자로 넘기며 print 함수 포인터를 전달하는 것을 볼 수 있다. for_each는 첫 번째와 두 번째 인자로 전달된 반복자를 순환하면서 세 번째 인자로 전달된 함수를 각 요소에 대해 호출해 준다. 그리고 개발자는 세 번째 인자로 전달된 함수를 목적에 맞게 구현하면 된다. [소스 10-12]는 31~34행에서 각 요소를 단순히 출력하도록 구현했다.

여기서 중요한 것은 for_each가 vector만 지원하는 것이 아니라 반복자를 지원하는 모든 컨테이너를 지원한다는 것이다. 그래서 이 코드를 list, deque, map 등 어떤 컨테이너용으로도 그대로 사용할 수 있다. 이뿐 아니라 for_each의 세 번째 인자에 전달하는 함수를 출력이 아닌 다른 형태로 구현한다면 형태에 따라 for_each의 기능이 달라진다. for_each는 인자로 전달된 반복자를 순환하면서 인자로 전달된 함수를 호출해주는 공통 알고리즘인 것이다.

[소스 10-12]의 21행과 25행에 사용한 max_element와 min_element 함수도 이와 비슷하다. 이것은 첫 번째와 두 번째 인자로 전달된 반복자를 순환하면서 최소값과 최대값을 찾아 반복자를 반환해 준다. 그래서 반환된 반복자를 *iter로 사용하면 최소값과 최대값을 바로 사용할 수 있다. 이것 역시 vector 뿐만 아니라 다른 컨테이너 객체에 대해서도 그대로 사용할 수 있다. 이와 같이 알고리즘은 컨테이너에 저장된 데이터를 반복자로 액세스하고 처리하기 위한 공통 논리를 가지고 있다. [소스 10-12]의 실행 결과는 다음과 같다.

[그림 10-18] min_max.exe 실행 결과(요소를 수정하지 않는 알고리즘)

[표 10-7]은 요소를 변경하지 않는 알고리즘이다. 이와 달리 다음 [표 10-8]은 STL 알고리즘 중에 요소를 변경하는 알고리즘 함수들이다.

[표 10-8] 요소를 수정하는 알고리즘

함수	의미
for_each( )	각각의 요소에 대해서 특정 동작을 수행한다. 특정 동작은 함수나 함수 객체로 지정되는데, 이들은 요소를 참조형으로 전달받아 값을 변경한다.
copy( )	첫 번째 요소로 시작하는 범위를 복사한다.
transform( )	두 범위의 요소들을 결합하거나 변경한다.
merge( )	두 범위의 요소들을 병합한다.
swap_range( )	두 범위의 요소들을 교환한다.
fill( )	각각의 요소를 주어진 값으로 교체한다.
generate( )	각각의 요소를 특정 동작의 결과값으로 교체한다.
replace( )	특정 값을 가지고 있던 요소를 다른 값으로 교체한다.

[표 10-8]의 요소를 수정하는 알고리즘 중에 for_each는 세 번째 인자로 전달하는 함수를 어떻게 구현하느냐에 따라 요소를 수정하지 않는 알고리즘에도 포함되고, 요소를 수정하는 알고리즘에도 포함된다. 다음 코드를 보자.

[소스 10-13] min_max.cpp – min_max.exe

```
1: #include <iostream>
2: #include <algorithm>
3: #include <vector>
4:
5: using namespace std;
6:
7: void print (int data);
8: void add_ten (int& data);
9:
10: int main ()
11: {
12:         vector<int> coll;
13:
14:         for (int i = 1; i <= 10 ;i++)
15:             coll.push_back (rand ()%100);
16:
17:         for_each (coll.begin (), coll.end (), print);
18:
19:         cout << endl;
20:
21:         cout << "최대값 : " <<
22:             *max_element (coll.begin (), coll.end ());
23:         cout << endl;
24:
25:         cout << "최소값 : " <<
26:             *min_element (coll.begin (), coll.end ());
27:         cout << endl;
28:
29:         cout << "모든 요소에 10을 더한다." << endl;
30:         for_each (coll.begin (), coll.end (), add_ten);
31:
32:         for_each (coll.begin (), coll.end (), print);
33:
34:         cout << endl;
35:
```

```
36:         return 0;
37: }
38:
39: void print (int data)
40: {
41:         cout << data << ' ';
42: }
43:
44: void add_ten (int& data)
45: {
46:         data += 10;
47: }
```

[소스 10-13]은 [소스 10-12]에서 구현한 코드에 요소를 변경하는 for_each를 30행에서 한 번 더 호출했다. 30행에서 호출하는 for_each는 세 번째 인자로 add_ten이라는 함수를 전달받는데, 이 함수는 44~47행에서 인자로 전달된 데이터 참조형을 이용해 10을 더하도록 구현되었다. 이때 add_ten 함수에 전달되는 참조형 데이터는 컨테이너에 저장된 데이터에 대한 참조형이기 때문에 이번에 사용된 for_each는 컨테이너의 데이터를 변경하는 for_each가 된다. 이와 비슷하게 [표 10-8]의 알고리즘 함수들은 모두 컨테이너 데이터를 수정한다.

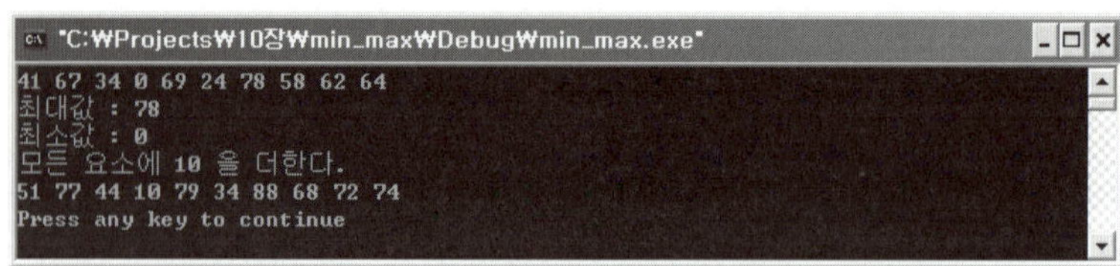

[그림 10-19] min_max 실행 결과(요소를 수정하는 알고리즘)

요소를 수정하는 알고리즘의 또 다른 형태가 제거 알고리즘이다. 제거 알고리즘은 컨테이너에 저장된 데이터 하나를 수정하거나 다른 범위에 복사된 요소들을 제거할 수 있다.

[표 10-9] 제거 알고리즘

함수	의미
remove( )	주어진 값과 동일한 요소를 제거한다.
remove_if( )	주어진 기준을 만족하는 요소를 제거한다.
remove_copy( )	특정 범위의 원본을 복사한 다음 remove( )를 실행한다.

remove_copy_if( )	특정 범위의 원본을 복사한 다음 remove_if( )를 실행한다.
unique( )	연속으로 중복된 요소를 제거한다.
unique_copy( )	특정 범위의 원본을 복사한 다음 unique( )를 실행한다.

제거 알고리즘과 함께 변경 알고리즘과 정렬 알고리즘에는 다음 함수들이 있다.

[표 10–10] 변경 알고리즘

함수	의미
reverse( )	요소의 순서를 뒤집는다.
reverse_copy( )	요소의 순서를 뒤집는 동안 요소를 복사한다.
rotate( )	요소의 순서를 순회한다.
rotate_copy( )	요소의 순서를 순회하는 동안 요소들 복사한다.

[표 10–11] 정렬 알고리즘

함수	의미
sort()	모든 요소를 정렬한다. 정렬 알고리즘은 퀵 소트다.
stable_sort()	sort( )와 동일하나 머지 소트에 기반을 두고 있다.
partial_sort()	힙 소트에 기반을 두고 있다.

위의 알고리즘 중에서 정렬 알고리즘은 대부분 랜덤 액세스를 위해서 랜덤 반복자를 필요로 한다. 그래서 vector나 deque와 같이 랜덤 반복자를 지원하는 컨테이너 클래스에 대해서만 이들을 사용할 수 있다.

[소스 10–14] sort.cpp – sort.exe

```
 1: #include <iostream>
 2: #include <algorithm>
 3: #include <vector>
 4:
 5: using namespace std;
 6:
 7: void print (int data);
 8: bool compare (int data1, int data2);
 9:
```

```cpp
10: int main ()
11: {
12:         vector<int> coll;
13:
14:         for (int i = 1; i <= 10 ;i++)
15:             coll.push_back (rand ()%100);
16:
17:         cout << "정렬전 : ";
18:
19:         for_each (coll.begin (), coll.end (), print);
20:
21:         cout << endl;
22:
23:         cout << "정렬후 : ";
24:
25:         sort (coll.begin (), coll.end ());
26:         //    sort (coll.begin (), coll.end (), compare);
27:
28:         for_each (coll.begin (), coll.end (), print);
29:
30:         cout << endl;
31:
32:         return 0;
33: }
34:
35: void print (int data)
36: {
37:         cout << data << ' ';
38: }
39:
40: bool compare (int data1, int data2)
41: {
42:         if (data1 > data2)
43:             return true;
44:         else
45:             return false;
46: }
```

[소스 10-14]는 25행에서 sort 함수를 호출하여 컨테이너에 저장된 정수를 정렬한다. 정렬하는 데이터는 첫 번째 인자와 두 번째 인자로 전달한 반복자 사이의 데이터다. 이때 sort 함수는 인자로 전달된 반복자에 랜덤하게 접근하기 때문에 정렬하는 컨테이너는 반드시 vector나 deque

와 같이 랜덤한 반복자를 지원하는 컨테이너여야 한다. 만약 list와 같이 랜덤한 반복자를 지원하지 않는 반복자를 전달하면 컴파일에서 오류가 발생한다. 기본적으로 정렬 알고리즘은 오름차순으로 데이터를 정렬하는데, 만약 내림차순으로 데이터를 정렬하고자 한다면 26행과 같이 정렬에서 값을 비교하기 위한 함수나 함수 객체를 세 번째 인자로 전달하면 된다. [소스 10-14]는 40~46행에 이 함수를 구현했는데, STL이 제공하는 함수 객체를 사용할 수도 있다.

[표 10-12] STL 함수 객체

함수 객체	의미
plus<type>( )	파라미터1 + 파라미터2
minus<type>( )	파라미터1 − 파라미터2
multiplies<type>( )	파라미터1 * 파라미터2
divides<type>( )	파라미터1 / 파라미터2
modulus<type>( )	파라미터1 % 파라미터2
less<type)( )	파라미터1 〈 파라미터2
greater<type>( )	파라미터1 〉 파라미터2
less_equal<type>( )	파라미터1 〈= 파라미터2
greater_equal<type>( )	파라미터1 〉= 파라미터2

[소스 10-14]의 26행은 다음과 같이 고쳐 사용할 수도 있다.

```
sort (coll.begin (), coll.end (), greater<int>());
```

위 코드는 함수객체를 이용해 내림차순으로 정렬하는 코드이다. STL에 정의되어 있는 함수 객체를 사용할 때는 추가적으로 functional 헤더를 포함해야 한다. 다음은 [소스 10-14]의 실행 결과이다.

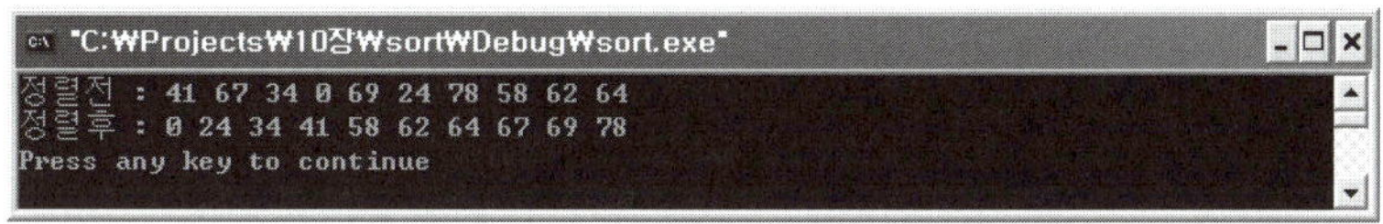

[그림 10-20] sort.exe 실행 결과(정렬 알고리즘)

지금까지 STL의 알고리즘을 알아보았다. STL은 여기 기술한 알고리즘 외에도 더 많은 알고리즘 함수를 제공하는데, 이 부분은 STL의 표준 문서를 참고하기 바란다.

10.4 파일 입·출력

마지막으로 STL의 파일 입·출력에 대해 알아보자. STL은 C++의 표준 입·출력 클래스를 상속받아 파일 입·출력을 지원하는데, 바로 ifstream과 ofstream이다.

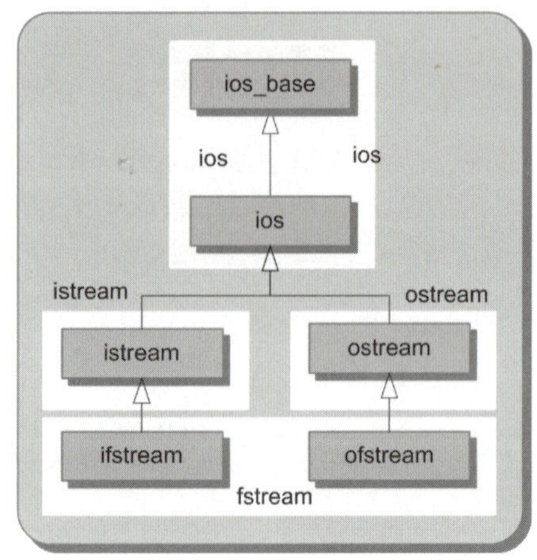

[그림 10-21] ifstream과 ofstream

위 그림과 같이 ifstream과 ofstream은 표준 입·출력 클래스인 istream과 ostream에서 파생된 클래스이다. istream과 ostream은 또한 표준 입·출력 객체인 cin과 cout의 원형 클래스이므로 ifstream과 ofstream 역시 cin과 cout와 비슷한 방법으로 파일 입·출력을 한다. 즉 기본적으로 파일로부터 값을 입력 받을 때는 '>>' 연산자를 이용하고, 출력할 때는 '<<' 연산자를 사용한다. cin과 cout의 차이점은 cin과 cout의 경우 이미 객체로 선언되어 있기 때문에 바로 사용할 수 있지만 ifstream과 ofstream은 클래스로만 구현된 상태이므로 이것을 사용할 때는 객체를 선언해야 한다는 점이다.

```
ifstream infile("data.txt");     // 파일 입력 객체
ofstream outfile("data.txt");    // 파일 출력 객체
```

위 코드에서 infile와 outfile이 파일 입·출력 객체이다. 파일 입·출력 객체들은 입력과 출력 대상을 파일로 하기 때문에 파일을 개방하고 사용하기 위한 몇몇 사전 동작을 필요로 한다는 것이 표준 입·출력과 약간 다르다. 파일 입·출력을 위해 ifstream과 ofstream이 제공하는 함수는 다음과 같다.

[표 10-13] ifstream과 ofstream 함수

함수	의미
ifstream( ),ofstream( )	ifstream과 ofstream의 생성자들은 인자로 전달 받은 파일명을 이용해 파일을 개방한다.
open( )	명시적으로 파일을 개방한다.
is_open( )	파일이 개방되었는지를 묻는다.
read( )	이진 모드 파일로부터 특정 크기의 데이터를 읽는다.
write( )	이진 모드 파일로부터 특정 크기의 데이터를 쓴다.
close( )	명시적으로 파일을 닫는다.

파일 입·출력을 구현할 때 제일 먼저 해야 하는 것은 파일을 개방하는 것이다. ifstream과 ofstream을 이용해 파일을 개방하는 방법에는 두 가지가 있다. 첫 번째 방법은 생성자를 통해 개방하는 것이고, 두 번째는 명시적으로 open 함수를 호출해 파일을 개방하는 것이다. 생성자를 통해 파일을 개방하는 방법은 앞의 코드와 같이 객체를 생성하면서 생성자 인자로 파일 명을 전달하면 된다. open 함수로 파일을 개방하는 방법은 다음과 같다.

```
void ifstream::open(const char *s, ios_base::openmode mode = ios_base::in);
void ofstream::open(const char *s, ios_base::openmode mode = ios_base::out |
ios_base::trunc);
```

ifstream과 ofstream의 open 함수는 첫 번째 인자로 파일명을 전달받고, 두 번째 인자로 파일 개방 모드를 전달 받는다. 두 번째 인자는 디폴트 인자이므로 반드시 전달해야 하는 것은 아니다. 두 번째 인자로 전달되는 디폴트 값은 ifstream의 경우 입력용 텍스트 파일을 개방하고, ofstream의 경우 출력용 텍스트 파일을 개방한다. 만약 다른 모드로 파일을 개방하고자 한다면 다음 표의 값을 추가로 사용할 수 있다.

[표 10-14] 파일 개방 모드

모드	의미
ios_base::out	출력용으로 파일을 개방한다.
ios_base::in	입력용으로 파일을 개방한다.
ios_base::app	추가 모드로 파일을 개방한다. 데이터 추가만 가능하다.
ios_base::ate	파일을 개방하면 파일 끝으로 파일 포인터를 보낸다. 파일 포인터를 임의의 위치로 옮길 수 있다.
ios_base::trunc	파일이 이미 존재할 경우 크기를 0으로 만든다.
ios_base::nocreate	기존에 파일이 존재하지 않으면 파일 열기가 실패한다.
ios_base::binary	이진 파일 모드로 개방한다.

생성자나 open 함수를 통해 파일을 개방한 다음에 파일이 정상적으로 개방되었는지를 판단하기 위한 함수는 is_open이다. is_open 함수는 파일이 정상적으로 개방된 경우 true를 반환하고, 개방되지 않으면 false를 반환한다. 파일을 개방한 다음 개방한 파일이 텍스트 파일이라면 '>>'와 '<<' 연산자를 이용해 파일 입·출력을 수행할 수 있다. 만약 개방한 파일이 바이너리라면 read와 write 함수를 이용해 파일 입·출력을 수행할 수 있다. 다음은 파일 입·출력 예제로 main 함수 인자로 텍스트 파일 이름을 전달받아 파일을 화면에 출력하는 예제이다.

[소스 10-15] fileio.cpp — fileio.exe

```cpp
1: #include <iostream>
2: #include <fstream>
3: #include <string>
4:
5: using namespace std;
6:
7: int main (int argc,char *argv[])
8: {
9:         ifstream infile;
10:
11:      if (argc < 2)
12:           return 0;
13:
14:         infile.open (argv[1]);
15:      if (!infile.is_open ())
16:           return 0;
17:
```

```
18:            int i = 1;
19:            string line;
20:            while (getline (infile, line))
21:            {
22:                cout << i++ << " : " << line << endl;
23:            }
24:
25:            infile.close();
26:
27:            return 0;
28: }
```

ifstream과 ofstream을 사용하기 위해서는 먼저 fstream 헤더를 포함해야 한다. [소스 10-15]의 2행이 이 부분이다. 14~15행은 ifstream 객체를 이용해 파일을 개방하는 부분이다. 파일로부터 문자열을 읽고 출력하는 코드는 20~23행까지이다. 파일에서의 입·출력도 cin과 cout를 이용한 입·출력과 동일하다. 앞에서도 언급한 것과 같이 ifstream와 ofstream은 istream과 ostream의 하위 클래스이기 때문에 콘솔 입·출력과 동일한 방법으로 입·출력을 구현할 수 있다. 이렇게 읽어 들인 문자열은 cout을 이용해 출력한다. 이때 문자열 라인의 번호를 위해 정수 변수 i를 이용해 1씩 증가시키면서 라인 번호를 출력한다. 마지막으로 파일 입력이 모두 끝난 다음에 close 함수를 호출하여 개방된 파일을 닫는다. close 함수는 ofstream과 istream의 소멸자에서 자동 호출되지만 명확성을 위해 close 함수를 호출해주는 것이 바람직하다. 위 예제는 main 함수를 통해 파일명을 입력받기 때문에 실행할 때 실행 파일명과 함께 출력할 파일명을 함께 기술해야 한다.

C:\Projects\10장\fileio\Debug>fileio ..\fileio.cpp

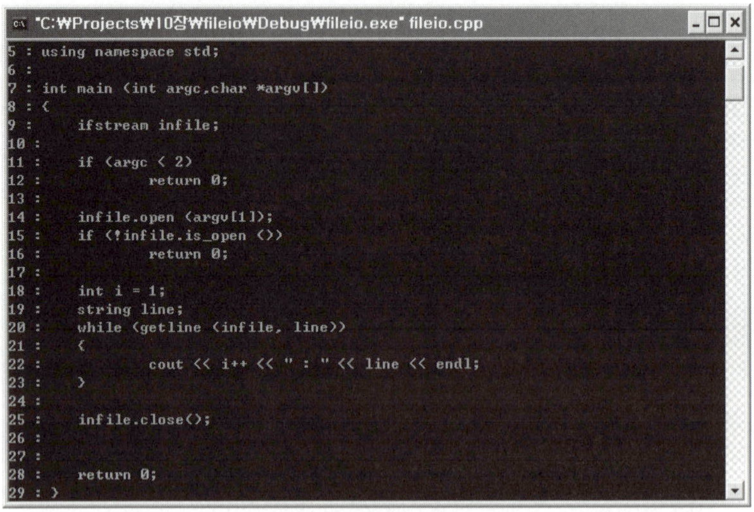
"C:₩Projects₩10장₩fileio₩Debug₩fileio.exe" fileio.cpp
5 : using namespace std;
6 :
7 : int main (int argc,char *argv[])
8 : {
9 :   ifstream infile;
10 :
11 :   if (argc < 2)
12 :   return 0;
13 :
14 :   infile.open (argv[1]);
15 :   if (!infile.is_open ())
16 :   return 0;
17 :
18 :   int i = 1;
19 :   string line;
20 :   while (getline (infile, line))
21 :   {
22 :   cout << i++ << " : " << line << endl;
23 :   }
24 :
25 :   infile.close();
26 :
27 :
28 :   return 0;
29 : }

[그림 10-22] ifstream과 ofstream을 이용한 파일 입 · 출력

이번 장에서 살펴본 내용은 앞에서 다루지 않은 C++ 언어의 기타 여러 요소들이다. 그래서 이들 사이에 특별한 연관성은 없다. 하지만 이들 하나하나는 모두 중요한 의미를 가지고 있다. 먼저 네임스페이스는 큰 소프트웨어 프로젝트를 진행할 때 매우 유용하다. 흔히 사람들은 변수 이름이나 함수 이름, 또는 클래스 이름을 비슷하게 짓는 경향이 있는데, 이때 이름이 같은 요소들이 존재하면 링크 단계에서 에러가 발생한다. 이때 가장 좋은 해결 방법이 바로 네임스페이스이다. 네임스페이스는 개별 소스 파일에 정의된 클래스나 함수를 공통 이름으로 묶어 정의할 수 있는 방법이다. 여러 소스에 걸쳐 선언된 동일한 네임스페이스는 하나의 이름 공간으로 인식된다. 그래서 논리적인 기능이나 목적별로 네임스페이스를 할당하고 이것을 사용함으로써 이름 충돌로 발생하는 문제를 사전에 예방할 수 있게 된다.

다음으로 예외 처리는 반복되는 에러 처리를 구조화된 몇몇 패턴으로 구현할 수 있게 한다. 또한 예외 처리와 논리를 분리함으로써 코드는 간결해진다. 즉, try와 catch 사이에는 정상 상황에서 처리되는 논리를 구현하고, catch에는 예외에 필요한 코드를 구현함으로써 이것을 읽는 개발자가 논리에 좀 더 집중할 수 있게 한다. 이것은 반복되는 예외 코드를 줄임으로서 전체적으로 코드의 크기를 작게 하고, 코드 가독성을 높이는 결과를 가져온다. Java 같은 언어와 달리 C++는 언어적으로 예외 처리를 강제하지 않기 때문에 개발자들이 예외 처리를 잘 사용하지 않는 경향이 있다. 하지만 C++ 예외 처리를 잘 사용하면 얻는 이점이 크기 때문에 습관을 들이고 적극적으로 사용할 것을 권한다.

마지막으로 STL에 대해서 알아보았다. C++는 언어적으로 프레임워크를 지원하지는 않지만 매우 유용한 라이브러리인 STL을 제공한다. 이것은 템플릿을 기반으로 한 소스 라이브러리이다. 그래서 특정 요소를 실제 사용하기 전까지는 소스가 링크되지 않는다. 실제 STL의 요소를 사용해야만 해당 요소가 참조되고 컴파일된다. 그리고 소스 형태의 라이브러리이기 때문에 실행 속도가 빠르다. STL이 제공하는 요소들은 데이터를 저장하기 위한 컨테이너 클래스, 저장된 요소에 접근하기 위한 반복자 그리고 컨테이너에 저장된 요소들을 다양한 알고리즘으로 처리하기 위한 함수 객체와 알고리즘으로 구성되어 있다. 이들은 대부분 추상적인 자료형에 대한 반복자를 인터페이스로 서로 연결하기 때문에 특정 자료형에 종속되지 않는다. 그래서 소프트웨어 개발에서 아주 보편적으로 사용할 수 있다. 그렇다고 STL의 모든 요소들이 모든 자료형에 독립적인 것은 아니다. 정렬 알고리즘과 같은 몇몇 사항들은 특정 형태의 자료형만을 인식한다. 하지만 이때도 특정 형태의 자료형을 요구하는 것이지 특정 자료형을 요구하는 것은 아니기 때문에 자료형 종속적이라고 보기는 힘들다.

이 책에서 다룬 STL은 공식적인 STL 문서에 비하면 아주 일부분이다. 공식적인 STL은 방대한 내용을 포함하기 때문에 이 책의 범위를 벗어나다. 좀 더 깊이 있게 STL을 사용하고자 한다면 공식 STL 문서를 레퍼런스 형태로 참조하도록 하자.

★ S

★ T

★ U

★ V